Anthony Pople · Alban Berg

Große Komponisten und ihre Zeit

Anthony Pople
(Herausgeber)

ALBAN BERG
UND SEINE ZEIT

LAABER-VERLAG

Die Deutsche Bibliothek – CIP-Einheitsaufnahme

Pople, Anthony (Hrsg.):
Alban Berg und seine Zeit / Anthony Pople (Hrsg.).
(The Cambridge Companion to Berg)
Aus dem Engl. von Susanne Gänshirt, Ute Henseler. –
Laaber-Verlag : Laaber, 2000 (Große Komponisten und ihre Zeit)
    ISBN 3–89007–298–4

Übersetzung: Susanne Gänshirt, Ute Henseler
© der englischen Ausgabe Cambridge University Press
© 2000 by Laaber-Verlag, Laaber
Nachdruck, auch auszugsweise,
nur mit Genehmigung des Verlages.
Gesamtherstellung: Friedrich Pustet, Regensburg
ISBN 3–89007–298–4
Umschlagbild: Alban Berg, Gemälde von Lilly Steiner, um 1930
(Sammlungen der Gesellschaft der Musikfreunde in Wien)

INHALTSVERZEICHNIS

Teil 3: Nach Wozzeck

Teil 4: Ausklang

ANHANG

VORWORT

Ein Buch dieser Art wird von vielen gemacht. Vor allem geht mein Dank an die Autoren, von denen manche außerordentliche Geduld bis zum Erscheinen ihrer Arbeit im Druck gezeigt und verschiedentlich Hilfe geleistet haben, die weit über das Liefern von Beiträgen hinausging. Besonders habe ich Douglas Jarman für eine Reihe von ermutigenden Gesprächen im Planungsstadium des Buches und meinem Freund und Kollegen Neil Boynton für viele Diskussionen über Berg und sein musikalisches Umfeld in Wien während der 1920er Jahre zu danken.

In der Londoner Niederlassung der Universal Edition begegneten mir die Herausgeber der Werke Bergs, Eric Forder und Robert Hahn, mit großem Entgegenkommen. Von der Cambridge University Press standen mir Emma Smith und Caroline Murray mit Rat und Tat zur Seite, und Penny Sousters Geduld sowie ihre Ermutigung haben viel dazu beigetragen, das Buch über seine lange Entstehungszeit zu begleiten. Ich möchte auch Craig Ayrey, Ian Darbyshire und Ronald Woodley für ihre Unterstützung danken. Die Universität von Lancaster gewährte mir 1996 ein Freisemester, das ich teilweise auf die Bearbeitung dieses Bandes verwendete. Vor allem aber habe ich Angela, Lucy und Flora (die mitten in der Entstehungsphase geboren wurde) zu danken, die stets bemüht waren, die häusliche Umgebung so zu gestalten, wie es zu einer erfolgreichen Verwirklichung des Unternehmens nötig war.

Ein letzter Dank gilt den Verlagen für die freundliche Genehmigung zum Abdruck der Notenbeispiele.

CHRONIK

1885 – Am 9. Februar kommt Alban Maria Johannes Berg im ersten Wiener Bezirk, im »Schönbrunner Haus«, Tuchlauben Nr. 8, zur Welt. Er ist das dritte von vier Kindern des Buch- und Kunsthändlers Conrad Berg (1846–1900) und seiner Frau Johanna, geborene Braun (1851–1926). Berg wird sein ganzes Leben in Wien wohnen. In seiner Kindheit und Jugend verbringt er jedes Jahr mehrere Monate auf dem 1894 von Conrad Berg erworbenen »Berghof« am Ossiacher See.
  – Johann Strauß (Sohn): *Der Zigeunerbaron.*
1886 – Oskar Kokoschka am 1. März in Pöchlarn geboren.
1887 – Georg Trakl am 3. Februar in Salzburg geboren.
1888 – Das Wiener »Hoftheater« bezieht sein neues Haus am Ring (»Die Burg«), gebaut nach Plänen von Carl von Hasenauer und Gottfried Semper.
1890 – Egon Schiele am 12. Juni in Tulln geboren.
  – Franz Werfel am 10. September in Prag geboren.
  – Fritz Lang am 5. Dezember in Wien geboren.
  – Henrik Ibsen: *Hedda Gabler.*
1893 – Edvard Munch: *Der Schrei.*
1894 – Gustav Mahler: *Zweite Symphonie.*
1895 – Paul Hindemith am 16. November in Hanau geboren.
  – Johannes Brahms: *Vierte Symphonie op. 98.*
  – Frank Wedekind: *Der Erdgeist.*
  – Die Geburt des Films: Die Brüder Skladanowsky stellen im Berliner »Wintergarten« das »Bioskop« und die Brüder Lumière im Pariser »Grand Café« den »Cinématographe« vor.
1896 – Hugo Wolf: *Italienisches Liederbuch.*
  – Anton Bruckner stirbt am 11. Oktober in Wien.
1897 – Johannes Brahms stirbt am 3. April in Wien.
  – Am 8. Oktober wird Gustav Mahler Direktor der Wiener Hofoper.
  – Eine Gruppe junger, avantgardistischer Künstler um Gustav Klimt, die sich bereits 1892 vom Verband des »Künstlerhauses« getrennt hatte, gründet die »Secession«. Ihr Motto lautet »Der Zeit ihre Kunst – Der Kunst ihre Freiheit« Das von Josef Olbrich entworfene, 1898 fertiggestellte Ausstellungsgebäude der Künstlervereini-

gung markiert den Beginn des architektonischen Wiener Jugendstils.

1898 – Kaiserin Elisabeth I. von Österreich fällt am 10. September in Genf dem Attentat eines italienischen Anarchisten zum Opfer.

– Marie und Pierre Curie entdecken das Radium und untersuchen die Radioaktivität (hierfür Physiknobelpreis 1903).

1899 – Johann Strauß (Sohn) stirbt am 3. Juni in Wien.

– Arnold Schönberg: *Verklärte Nacht op. 4* für Streichsextett.

– Karl Kraus gründet die Kulturzeitschrift »Die Fackel«. Mit Essays, Glossen, Gedichten etc. kämpft er gegen die »Verlotterung« der Sprache, der Gesellschaft und der Kultur seiner Zeit. Er entwickelt eine Form der Sprachkritik, die Zitate zum Zeugen gegen ihre Urheber umkehrt. Der geschliffene Sprachstil und die moralischen Ansichten von Kraus werden zum Vorbild für Alban Berg.

1900 – Bergs Vater stirbt am 30. März.

– Berg erleidet seinen ersten Asthmaanfall am 23. Juli. Dieses Leiden wird Berg bis zu seinem Tode belasten. Die 23 wird Bergs »Schicksalszahl«. In seinen Werken ist die symbolische Verwendung der 23 nachweisbar.

– Friedrich Nietzsche stirbt am 25. August in Weimar.

– Sigmund Freud: *Die Traumdeutung.*

– Max Planck: »Quantentheorie«.

1901 – Die »Universal-Edition« wird am 1. Juni in Wien gegründet.

– August Strindberg: *Totentanz.*

1902 – Gustav Klimt vollendet seinen monumentalen *Beethovenfries* für die vierzehnte Ausstellung der »Wiener Secession«.

1903 – Berg fällt durch die Matura. Er schreibt an seinen Freund und ersten Biographen Hermann Watznauer: »Schicksalspossen nennst Du mein Fiasko in der Schule, ich finde so wenig Possenhaftes daran, daß ich weinen möchte, wenn ich daran denke --- es ist ein Drama mit traurigstem Ausgang --- eine Tragödie --- [...]. Der 13. Juni 1903 [Tag der schriftlichen Prüfung] hat mir meine ganze Lust abgeschnitten --- ich bin ein öder Mensch [...]«.
Seine Depression, durch Krankheit und ein unglückliches Liebeserlebnis verstärkt, gipfelt in einem Selbstmordversuch.

– Arnold Schönberg: Symphonische Dichtung *Pelleas und Melisande op. 5.*

– Anton Bruckners *9. Symphonie* in Wien uraufgeführt.

– Hugo Wolf stirbt am 22. Februar in Wien. Berg nimmt am Begräbnis teil.

- Alfred Roller übernimmt – in Zusammenarbeit mit Gustav Mahler – die Ausstattung von Opernproduktionen an der Wiener Hofoper im Sinne des Wagnerschen «Gesamtkunstwerkes» (bis 1907).
- Arthur Schnitzler: *Reigen.*
- Die ersten Motorflüge der Brüder Wright.

1904 – Berg besteht die Matura.
- Die Familie Berg braucht nach dem Tode des Vaters ein geregeltes Einkommen. So absolviert Alban Berg einen Kurs als Rechnungspraktikant im Amt der Niederösterreichischen Statthalterei. Im Oktober tritt er seinen Dienst im Amt an. Im Zusammenhang damit schreibt er sich als außerordentlicher Hörer in der juristischen Fakultät der Universität Wien ein; nach einem Jahr hat er eine Prüfung über Staatsverrechnungswissenschaft nachzuweisen.
- Berg wird im Herbst Schüler Arnold Schönbergs. Sein Kontakt mit Schönberg verdankt sich dem Zufall, daß sein Bruder »Charly« (eigentl. Karl) in der Zeitung »Neue musikalische Presse« eine Annonce Arnold Schönbergs entdeckt, in der dieser für seinen Unterricht in Harmonielehre und Kontrapunkt wirbt. Schönberg wird Bergs künstlerisch wie menschlich bedingungslos verehrter Lehrer und Mentor. Bei Schönberg lernt Berg Anton Webern kennen, dem er lebenslang in enger Freundschaft verbunden bleiben wird.

Ohne kompositorische Ausbildung hatte Berg vor seinem Unterrichtsantritt bei Schönberg bereits weit über hundert Lieder für das häusliche Musizieren komponiert.

Aus einem Zeugnis Schönbergs für Alban Berg:
»Schon aus Bergs frühesten Kompositionen, so ungeschickt sie auch gewesen sein mögen, konnte man zweierlei entnehmen. Erstens, daß Musik ihm eine Sprache war, und daß er sich in dieser Sprache tatsächlich ausdrückte; und zweitens: überströmende Wärme des Fühlens [...] Mit ihm konnte ich Kontrapunkt arbeiten wie nicht mit vielen meiner Schüler. Und davon möchte ich eine fünfstimmige Doppelfuge für Streichquintett erwähnen, welche überaus voll an Kunststücken war.«
- Frank Wedekind: *Die Büchse der Pandora.*

1905 – Berg sieht eine zensurfreie Aufführung von Wedekinds *Büchse der Pandora* mit einem einführenden Vortrag von Karl Kraus vor geladenem Publikum am 29. Mai in Wien.
- Richard Strauss: *Salome.*
- Albert Einstein: »Spezielle Relativitätstheorie«.

1906 – Eine Erbschaft, die im November 1905 Bergs Mutter zugefallen war, verbessert die finanzielle Situation der Familie Berg. So wird es Alban Berg möglich, im Oktober 1906 seine Beamtenlaufbahn zu beenden und sich verstärkt der Komposition zu widmen.
– Berg begegnet Helene Nahowski, seiner späteren Frau.
– Arnold Schönberg: *Kammersymphonie op. 9.*
– Robert Musil: *Die Verwirrungen des Zöglings Törleß.*
– Otto Wagners »Wiener Postsparkassenamt«, Höhepunkt des architektonischen »Nutzstils«, wird fertiggestellt.
– Henrik Ibsen stirbt am 23. Mai in Kristiania (=Oslo).
1907 – Bergs erste Vertonung des Gedichts *Schließe mir die Augen beide* von Theodor Storm für Gesang und Klavier im Stil des romantischen Liedes.
– Gustav Mahler tritt von der Direktion der Hofoper zurück und verläßt Wien. Seine Freunde und Verehrer, darunter Alban Berg, verabschieden ihn am 9. Dezember auf dem Wiener Westbahnhof.
– Feruccio Busoni: *Entwurf einer neuen Ästhetik der Tonkunst.*
1908 – *Klaviersonate op. 1.*
Berg schreibt im Juni 1907:
» [...] Heuer beendige ich bei Schönberg die Kontrapunktstudien – und freue mich sehr, seine Zufriedenheit – wie ich durch Zufall erfuhr – erlangt zu haben. Nun geht's im folgenden Herbst auf die Komposition. Über Sommer will ich fleißig arbeiten, teils darauf loskomponieren (ich mache jetzt so für mich eine Klaviersonate), teils Kontrapunkt wiederholen (sechs- bis achtstimmige Chöre und eine Fuge mit zwei Themen für Streichquintett und Klavierbegleitung)«.
Ursprünglich war die Klaviersonate dreisätzig geplant. Als Berg aber nach Abschluß des ersten Satzes Schwierigkeiten mit der Fortführung hat, entscheidet er sich, bestärkt durch seinen Lehrer, die Sonate einsätzig zu belassen.
– Felix von Weingartner wird Direktor der Hofoper (bis 1911)
– Adolf Loos: *Ornament und Verbrechen.*
1909 – *Vier Lieder nach Hebbel und Mombert op. 2.*
– Arnold Schönberg: *Fünf Orchesterstücke op. 16.*
– Richard Strauss: *Elektra.*
1910 – *Streichquartett op. 3.*
Arnold Schönberg schreibt 1940 über das Quartett:
»Eines ist sicher, daß sein Streichquartett mich in unglaublichster Weise überraschte durch die Fülle und Ungezwungenheit seiner

Tonsprache, die Kraft und Sicherheit der Darstellung, die sorgfältige Durcharbeitung und die bestechende Originalität.«

– Berg beendet sein Studium bei Schönberg.
– Igor Strawinsky: *L'oiseau de feu*.
– Egon Schiele: *Selbstportrait schreiend*.

1911 – Alban Berg und Helene Nahowski heiraten am 3. Mai. Im Herbst beziehen sie ihre gemeinsame Wohnung im 13. Wiener Bezirk, Trauttmansdorffgasse 27.

– Berg erstellt im Auftrag der Universal-Edition Klavierauszüge von Schönbergs *Gurreliedern* und Schrekers Oper *Der ferne Klang* (bis 1912).

– Arnold Schönberg übersiedelt nach Berlin und übernimmt eine Dozentur am »Sternschen Konservatorium«.

– Gustav Mahler kehrt schwerkrank nach Wien zurück. Er stirbt am 18. Mai.

– Uraufführung von Gustav Mahlers *Lied von der Erde* in München am 20. November im Beisein Alban Bergs.

– Arnold Schönberg vollendet seine »Harmonielehre«.

– Richard Strauss: *Der Rosenkavalier*.

– Adolf Loos: *Haus am Michaeler Platz* (»Das Haus ohne Augenbrauen«).

1912 – *Fünf Orchesterlieder nach Ansichtskarten-Texten von Peter Altenberg op. 4*.

– Arnold Schönberg: *Pierrot lunaire op. 21*.

– Am 26. Juni wird die *Neunte Symphonie* von Gustav Mahler unter Bruno Walter in Wien uraufgeführt.

– Franz Kafka: *Das Urteil*.

– August Strindberg stirbt am 14. Mai in Stockholm.

1913 – *Vier Stücke für Klarinette und Klavier op. 5*.

– Am 31. März erlebt Wien einen seiner größten Musikskandale. Arnold Schönberg leitet im Großen Musikvereinssaal ein Orchesterkonzert. Auf dem Programm stehen die *Sechs Stücke für Orchester op. 6* von Anton Webern, die *Sechs Gesänge nach Gedichten von Maurice Maeterlinck op. 13* von Alexander Zemlinsky, die *Kammersymphonie op. 9* von Arnold Schönberg, zwei der fünf *Altenberg-Lieder* von Alban Berg (Nr. 2 und 3) und die *Kindertotenlieder* von Gustav Mahler. Veranstalter ist der »Akademische Verband für Literatur und Musik in Wien«.

Aus der Reichspost vom 1. April 1913:

»Man konnte erwarten, daß die vielen anwesenden Freunde des künstlerischen Gastes das Konzert, dessen Programm selbstverständlich aus Werken der modernsten Richtung bestand, zu lebhaften Demonstrationen benützen werden. Doch es kam noch ärger! Schönberg erschien, wurde beifällig begrüßt und wollte sechs Stücke für Orchester, eine kleine Suite kurzer Sätze von Anton v. Webern, einem Schüler Schönbergs, mit dem Konzertvereinsorchester dirigieren. Als sich in den einzelnen Takten nach längerer Zeit und nach beständigen direkten Mißtönen und einzelnen Instrumentalkapriolen durchaus keine Harmonie einstellen wollte, bemächtigte sich eines Teiles des im Parterre anwesenden, größtenteils aus Musikern bestehenden Publikums ein hörbares Gelächter, welchem man betreffs dieser musikalischen Wüsteneien, die man uns als ›Klangstudien‹ und ›Gehöreffekte‹ erklärte, eine gewisse Berechtigung nicht absprechen kann. Darüber großer demonstrativer Beifall und Hervorrufe des Komponisten. Es folgten nach längerer, von beständigem Kampfe zwischen Beifall und Zischen erfüllten Pause vier Orchesterlieder von Alexander v. Zemlinsky [...]. Diese gingen noch an; denn sie besitzen, wenigstens die ersten drei [...], etwas melodische Ansätze.

Das Publikum beruhigte sich wieder allmählich. Als aber nun die Kammersinfonie op. 9 in einem Satz von Schönberg daran kam, welche als Kammermusikwerk für 15 Soloinstrumente vor einigen Jahren schon einen lebhaften Widerstand erregte, konnten sich die Freunde der Musik über dieses geradezu ernste Tonstück, welches in dieser erweiterten Form nicht genießbarer wurde, und in welchem jedes Instrument sozusagen ad libitum spielt, nicht halten und brachen in Lachen und laute Meinungsäußerungen aus. Darob wüster Lärm auf den Galerien, zahllose Hervorrufe, auf der zweiten Galerie – wie es schien – eine obligate Rauferei.

Die Sache wurde nicht besser, als nun der große Wolf-Interpret, der Tenorist Borettan [Boruttau] erschien und mit dem von Alban Berg vertonten ›Ansichtskartentexten‹ von Peter Altenberg beginnen wollte. Es erhob sich schon bei dem ersten ›blühenden Unsinn‹ abermaliges Gelächter. Borettan selbst mahnte zur Ruhe, ein junger Herr, wie man uns mitteilt, der Präsident des Verbandes, [...] rief vom Podium hinunter eine unqualifizierbare Drohung, daß er ›die Ruhestörer abführen lassen würde‹. Dennoch wurde der zweite ›Ansichtskartentext‹ noch angehört, als aber die letzte Zeile bei dem Worte ›hinaus‹ so unsagbar lächerlich in einem hohen Ton ausklang, war kein Halten mehr und eine wüste Szene von unverständlichem Durcheinanderschreien, tosendem Beifall usw. begann.«

13

- Berg veröffentlicht bei der Universal-Edition seinen »Führer zu Schönbergs Gurreliedern«.
- Anton Webern: *Sechs Bagatellen für Streichquartett op. 9*
- Skandal um die Uraufführung von *Le Sacre du printemps* von Igor Strawinsky am 29. Mai in Paris, Théâtre des Champs-Elysées.
- Franz Werfel, Walter Hasenclever und Kurt Pinthus gründen die Sammlung expressionistischer Literatur »Der jüngste Tag«.

1914 – *Drei Orchesterstücke op. 6.* Gewidmet »Meinem Lehrer und Freunde Arnold Schönberg in unermeßlicher Dankbarkeit und Liebe«.
Das Werk besteht, dem »mahnenden Rat« Schönbergs entsprechend, aus drei »Charakterstücken«: *Präludium, Reigen* und *Marsch.* Zum letzten Satz schreibt Berg: »Endlich wieder ein langer Satz, nach so viel kurzem! Er ist länger als die fünf Orchesterlieder zusammen.«
- Berg sieht am 14. Mai in den Wiener Kammerspielen den *Woyzeck* von Georg Büchner mit Albert Steinrück in der Titelrolle. Er entscheidet sich sofort, das Werk zu vertonen.
- 28. Juni. Serbische Nationalisten ermorden in Sarajevo den Thronfolger Österreich-Ungarns Franz Ferdinand. »Julikrise«. Am 28 Juli Ausbruch des ersten Weltkriegs mit der Kriegserklärung Österrreich-Ungarns an Serbien.
- Georg Trakl stirbt am 3. November in Krakau an einer Überdosis Kokain.

1915 – Berg wird in die Armee eingezogen und im Ungarischen Kiralyhida stationiert. Aufgrund seiner schlechten gesundheitlichen Verfassung wird er bald für den Frontdienst untauglich erklärt und ins Wiener Kriegsministerium versetzt. Hier bleibt er bis zum Kriegsende im Dienst.
- Alexander Skrjabin stirbt am 27. April in Moskau.

1916 – Franz Joseph I, Österreichs vorletzter Kaiser, stirbt am 21. November in Wien (Schönbrunn).
- Die »Schlacht um Verdun« (Februar bis Dezember) wird zur blutigsten und verlustreichsten Materialschlacht des ersten Weltkriegs.
- Albert Einstein: »Allgemeine Relativitätstheorie«.

1917 – Im Sommer ist das Libretto des *Wozzeck* abgeschlossen.

1918 – Mit dem Verlust des ersten Weltkriegs zerfällt die Habsburger Monarchie. Am 31. Oktober trennt sich Ungarn von Österreich. Kaiser Karl I. dankt im November ab.
- Schönberg gründet den »Verein für musikalische Privataufführungen«. Berg wird einer der »Vortragsmeister« des Vereins.

14

In einem von Berg entworfenen Prospekt heißt es:

»Der [...] Verein hat den Zweck, Arnold Schönberg die Möglichkeit zu geben, daß er seine Absicht: Künstlern und Kunstfreunden eine wirkliche und genaue Kenntnis moderner Musik zu verschaffen, persönlich durchführe«. Strenge Verhaltensregeln sollen die bei öffentlichen Konzerten moderner Musik üblichen Querelen verhindern und so eine ungestörte Konzentration auf die Musik ermöglichen. Unter anderem sind bei Veranstaltungen des Vereins Beifalls- wie Mißfallensäußerungen gleichermaßen untersagt.

— Frank Wedekind stirbt am 9. März in München.

— Gustav Klimt stirbt am 6. Februar in Wien.

— Moritz Schlick: *Allgemeine Erkenntnislehre.*

1919 — Franz Werfel: *Der Gerichtstag.*

1920 — Ludwig Wittgenstein: *Tractatus logico-philosophicus* .

1921 — Berg stellt seine Oper *Wozzeck* op. 7 fertig. Er widmet das Werk Alma Mahler-Werfel.

Das Dramenfragment *Woyzeck* des Sturm und Drang-Dichters Georg Büchner (1813–1837) wurde angeregt durch einen Prozeßbericht über einen Eifersuchtsmord, den ein Barbier und ehemaliger Soldat namens Johann Christian Woyzeck verübt hatte und für den er 1824 hingerichtet wurde. Ein Sozialdrama um Angehörige der untersten gesellschaftlichen Schicht war es zu Büchners Zeit ein gewagtes Novum.

Berg schreibt über seine Textfassung für die Oper:

»Abgesehen von kleineren Text-Strichen, -zusätzen und -umgruppierungen, reichlichen scenischen Bemerkungen und von Verlegung der Schauplätze und auftretenden Personen etc etc, habe ich von den 26 ganz losen Scenen [...] 9 ganz gestrichen, 3 in eine zusammengezogen und die somit verbleibenden 15 Scenen auf 3 Akte verteilt.«

Die Handlung: Der Soldat Wozzeck wird von seinem Hauptmann und vom Doktor gleichermaßen ausgenutzt und mißbraucht. Als seine Geliebte, Marie, mit der er ein uneheliches Kind hat, ihn mit einem Tambourmajor betrügt, ergreift ihn wilde Eifersucht. Der Gepeinigte gerät zunehmend in ein Dilirium aus Aberglauben, Wahnvorstellungen und Mordphantasien. In einem Augenblick der Raserei ersticht er Marie. Beim Versuch, die Tatwaffe zu beseitigen, ertrinkt Wozzeck im Waldteich. Nicht begreifend, was geschehen ist, bleibt das Kind allein zurück.

Die Musik zeichnet sich durch eine große formale Strenge aus. Jeder Akt besteht aus fünf Szenen. Im ersten Akt entsprechen die Szenen »Charakterstücken« (Suite – Rhapsodie – Marsch und Wiegenlied – Passacaglia – Andante affetuoso). Der zweite Akt ist als Symphonie in fünf Sätzen angelegt (Sonate – Fantasie und Fuge – Largo – Scherzo – Rondo martiale). Die Szenen des dritten Aktes schließlich sind fünf »Inventionen« (über ein Thema, einen Ton, einen Rhythmus, einen Sechsklang, eine Achtelbewegung). Vor der letzten Szene ist ein instrumentales Zwischenspiel eingeschoben, in dem das gesamte Geschehen der Oper quasi im Zeitraffer musikalisch rekapituliert wird.

- Der »Verein für musikalische Privataufführungen« wird wegen Geldmangels aufgelöst.

1922 – Im Selbstverlag bringt Berg, mit finanzieller Hilfe von Alma Mahler-Werfel, den Klavierauszug des *Wozzeck* heraus.
- Stefan Zweig: *Amok.*
- Mit »Triergon« wird das erste ausgereifte Licht-Ton-Film Verfahren vorgestellt (V. H. Vogt, J. Masolle und J. Engl).

1923 – Im Februar teilt Schönberg seinen Schülern die »Methode der Komposition mit zwölf nur aufeinander bezogenen Tönen« mit.
- Werke Bergs werden bei der Universal-Edition verlegt.
- Auf Anregung Hermann Scherchens arrangiert Berg *Drei Bruchstücke aus Wozzeck* für eine Konzertaufführung.
- Uraufführung der ersten beiden Sätze der *Orchesterstücke op. 6* in Berlin unter Anton Webern.
- Sigmund Freud: *Das Ich und das Es.*

1924 – Uraufführung der *Bruchstücke aus Wozzeck* im Juli in Frankfurt am Main unter Hermann Scherchen mit durchschlagendem Erfolg.
- Im Sonderheft der »Musikblätter des Anbruch« zu Schönbergs fünfzigstem Geburtstag erscheint Bergs Aufsatz »Warum ist Schönbergs Musik so schwer verständlich?«.
- Berg wird der »Musikpreis der Stadt Wien« verliehen.
- Ferruccio Busoni stirbt am 27. Juli in Berlin.
- Franz Kafka stirbt am 3. Juni in Kierling (Klosterneuburg).

1925 – *Kammerkonzert für Klavier und Geige mit dreizehn Bläsern* vollendet. Das innere Programm der drei Sätze des Werkes lautet: »Freundschaft, Liebe und die Welt«.
Aus einem Brief Bergs an Schönberg vom 9. Februar 1925:
»Lieber verehrter Freund Arnold Schönberg! Die Komposition dieses Konzerts, das ich Dir zu Deinem fünfzigsten Geburtstag [am

13. September 1924] gewidmet habe, ist erst heute, an meinem vierzigsten, fertig geworden. Verspätet überreicht, bitte ich Dich, es dennoch freundlich entgegenzunehmen; umsomehr als es – seit jeher Dir zugedacht – auch ein kleines Denkmal einer nunmehr zwanzigjährigen Freundschaft geworden ist: In einem musikalischen Motto [Aller guten Dinge...], das dem ersten Satz vorangestellt ist, sind die Buchstaben Deines, Anton Weberns und meines Namens, soweit dies in der Notenschrift möglich ist (nämlich A–D–S–C–H–B–E–G, A–E–B–E und A–B–A–B–E–G) in drei Themen (bzw. Motiven) festgehalten, denen eine bedeutende Rolle in der melodischen Entwicklung dieser Musik zugefallen ist.

[Es folgt eine analytische Beschreibung Bergs, die die Nutzung der Zahl 3 auf verschiedenen Ebenen des Werkes hervorhebt.]

Wenn ich dennoch in dieser Analyse fast nur von jenen Dingen gesprochen habe, die eine Beziehung zur Dreizahl haben, so geschah es: Erstens, weil das gerade die Ereignisse sind, die (zugunsten aller anderen musikalischen) von niemandem bemerkt werden würden. Zweitens, weil sich als Autor ja viel leichter von solchen Äußerlichkeiten reden läßt, als von den inneren Vorgängen, an denen dieses Konzert gewiß nicht ärmer ist als irgend eine andere Musik.«

– Berg schreibt sein erstes zwölftöniges Werk, seine zweite Vertonung von Theodor Storms *Schließe mir die Augen beide* für Gesang und Klavier. Das Stück basiert auf einer symmetrischen Allintervallreihe seines Schülers Fritz Heinrich Klein (1892–1977).

– *Wozzeck* wird am 14. Dezember an der Berliner Staatsoper unter Erich Kleiber uraufgeführt. Leo Schützendorf singt die Titelpartie, Sigrid Johanson die Marie. Die Reaktionen sind geteilt.

– Franz Kafka: *Der Prozeß*.

1926 – *Lyrische Suite* für Streichquartett. Das Werk ist teilweise zwölftönig. Ihm liegt die selbe Reihe zugrunde, wie dem zweiten *Storm-Lied*. Die *Lyrische Suite* ist Alexander von Zemlinsky gewidmet. Mit dem Titel bezieht sich Berg auf dessen *Lyrische Symphonie* und betont zugleich den intimen, nicht sonatenhaften Charakter seines Werkes. Berg verarbeitet – er chiffriert gewissermaßen – seine geheimgehaltene, unglückliche Leidenschaft für Hanna Fuchs-Robettin. Das »Kernmotiv« des Werkes, bestehend aus den Tönen H–F–A–B steht für die Namen Hanna Fuchs und Alban Berg. Neben Wagners *Tristan* zitiert Berg aus Zemlinskys *Lyrischer Symphonie* die Passage »Du bist mein eigen, mein eigen«. Die Folge der sechs Sätze

17

zeichnet sich durch eine Zuspitzung der Tempi in die Extreme aus. Das Werk endet mit einem *Largo desolato* in trostloser Agonie. Als geheimes Programm läßt sich diesem Satz Charles Baudelaires Gedicht »De profundis clamavi« aus *Les Fleurs du Mal* unterlegen.

– Premiere des *Wozzeck* in Prag am 11. November unter Otokar Ostrcil mit Vaclav Novák in der Titelpartie.

– Franz Kafka: *Das Schloß*

– Fritz Lang: *Metropolis*

1927 – Am 13. Juni erlebt der *Wozzeck* seine Premiere in Leningrad unter Wladimir Dranischnikow.

– Das *Kammerkonzert für Klavier und Geige mit dreizehn Bläsern* wird am 19. März in Berlin unter Hermann Scherchen mit großem Erfolg uraufgeführt.

– Das »Kolisch-Quartett« (Wiener Streichquartett) erhält das Alleinaufführungsrecht für die *Lyrische Suite*. Es spielt die Uraufführung im Januar in Wien. Das »Kolisch-Quartett« wird zu einem der großen internationalen Vorkämpfer für die Musik der »Wiener Schule«.

– Berg plant eine neue Oper, schwankt jedoch als Textvorlage zwischen *Und Pippa tanzt* (1906) von Gerhard Hauptmann und den beiden *Lulu* -Dramen von Frank Wedekind.

Aus einem Brief Bergs an seinen Freund Soma Morgenstern vom 27. November:

»Außerdem bin ich in einer schweren Krise. Seit Wochen befaßte ich mich mit der *Lulu*-Einrichtung, [...] da sah ich mir die eben im Burgtheater neu inszenierte *Pippa* an und der Effekt ist, daß ich ganz schwankend geworden bin. [...] Du kannst Dir denken, daß mir selbst alles, was Für und Wider spricht, bewußt ist. Für *Lulu*: die mir, und dem was man von mir erwartet entsprechende Steigerung nach *Wozzeck*. [...] Gegen *Lulu*: die Gewagtheit des Stoffes, die so groß ist, daß es mir passieren könnte, daß ich nach jahrelanger Arbeit ein Werk in der Schublade hab', das nur vor geladenem Publikum aufführbar ist. – Die trotz unserer guten Bearbeitungsideen nach wie vor bestehende große Schwierigkeit, einen so aufs Dialektische gestellten Text wie den Wedekinds auf die Opernbühne zu bringen, wo man kaum ein Wort versteht.

Für *Pippa*: die von vornherein gegebene Musikalität dieser Dichtung [...] die leichtere Möglichkeit daraus ein Opernbuch zu machen [...].

Gegen *Pippa*: die etwas verschwommene Symbolik dieses Märchens, das gegen Schluß etwas ›abrutscht‹ und der Umstand, daß es rein menschlich und allgemeinkünstlerisch keine Steigerung gegen-

18

über *Wozzeck*, sondern eher ein Abbauen in diesen Belangen bedeuten könnte, ein Zurückziehen der Front!«
Wohl noch 1927 entscheidet sich Berg für die *Lulu*.
– Stefan Zweig: *Verwirrung der Gefühle*
– Werner Heisenberg: »Unschärferelation«
– Charles Lindbergh gelingt der erste Nonstop-Flug über den Atlantik von New York nach Paris.

1928 – Orchesterfassung der *Sieben frühen Lieder*.
– Bearbeitung dreier Sätze der *Lyrischen Suite* für Streichorchester.
– Anton Webern: *Symphonie op. 21*.
– Luis Buñuel und Salvador Dali: *Der andalusische Hund*.

1929 – Im Frühjahr ist Bergs Texteinrichtung der *Lulu*, eine weitgehend auf das Handlungsgerüst zusammengestrichene Fassung der beiden Lulu-Dramen *Erdgeist* und *Die Büchse der Pandora* von Wedekind, abgeschlossen.
Wedekind konfrontiert in seinen antinaturalistischen Dramen die heuchlerische Moral und Prüderie der Gesellschaft seiner Zeit mit einer »Wirklichkeit der Triebe und Gefühle« und spielt sie dialektisch durch.
Lulu ist keine reale Gestalt. Sie verkörpert das Prinzip einer durch keine gesellschaftlichen Normen getrübten Sinnlichkeit. Reihenweise verfallen ihr Männer und kommen zu Tode. Die Schuld an ihrem Untergang liegt weniger bei Lulu als bei deren eigener sexueller Doppelmoral. Mehr und mehr verstrickt sich Lulu in die Bedingungen der Gesellschaft, sinkt herab, wird zur Hure gemacht und endet als Opfer eines Lustmörders.
Im Zentrum der Oper steht das *Lied der Lulu*:
»Wenn sich die Menschen um meinetwillen umgebracht haben, so setzt das meinen Wert nicht herab. Du hast so gut gewußt, weswegen Du mich zur Frau nahmst, wie ich gewußt habe, weswegen ich Dich zum Mann nahm. Du hattest Deine besten Freunde mit mir betrogen, Du konntest nicht gut auch noch Dich selber mit mir betrügen. Wenn Du mir Deinen Lebensabend zum Opfer bringst, so hast Du meine ganze Jugend dafür gehabt. – Ich habe nie in der Welt etwas anderes scheinen wollen, als wofür man mich genommen hat. Und man hat mich nie in der Welt für etwas anderes genommen als was ich bin.«
– Berg hält seinen *Wozzeck-Vortrag*, in dem er über die Form der Oper und über seine musikalischen und musikdramatischen Absichten Auskunft gibt.

19

– Berg unterbricht die Arbeit an der *Lulu*, um für die Sängerin Ruzena Herlinger eine Konzertarie zu schreiben. Von Mai bis August entsteht die *Le Vin* über einen Text von Charles Baudelaire (vom Komponisten auch mit deutschem Text als *Der Wein* in der Fassung von Stefan George).

– Mit dem großen Erfolg der Produktion des *Wozzeck* in Oldenburg (Premiere am 5. März) unter Johannes Schüler, mit Josef Lex in der Titelpartie beginnt der Siegeszug der Oper.

Josef Lex über den Erfolg der Premiere:

»Da brach es plötzlich los. Das waren aber keine Pfiffe, kein wüstes Schreien und Brüllen oder übler Lärm von Krachinstrumenten – nein, das war das stürmische Brausen eines Beifalls, wie ich ihn noch nie in einem Theater erlebt hatte. Ein Orkan der Begeisterung tobte gegen den geschlossenen Vorhang, daß er von dem ungestümen Anprall erzitterte. Als sich der Vorhang nach einiger Zeit wieder hob, sahen wir fassungslos in ein tobendes Haus. Und das Seltsamste war – die Leute von der ›Störungskolonne‹ im ersten Rang waren die Begeistertsten. [...] Die lang zurückgehaltene Spannung des tief erschütterten Publikums entlud sich nun wie eine ungeheure Explosion.

Es war ein Erfolg ohnegleichen. Wieviele Vorhänge es waren – es konnte nicht mehr festgestellt werden. Der ermüdete Vorhangzieher mußte von einem Kollegen abgelöst werden.

Der *Wozzeck* hatte in der ›Provinz‹ eingeschlagen! Alban Berg wurde triumphal gefeiert. Sein Werk hatte einen neuen Sieg errungen und sich mit unserer Aufführung den Weg zu einer breiteren Straße freigemacht. Wir hatten den Beweis erbracht, daß die geniale Oper nicht nur an wenigen großen Bühnen aufgeführt werden konnte.«

– Uraufführung der Streichorchesterfassung der *Lyrischen Suite* in Berlin am 31. Januar.

– Berg wird ins Preisrichterkollegium des »Kunstpreises der Stadt Wien« berufen.

– Clemens Krauss wird Direktor der Hofoper (bis 1934).

– Hugo von Hofmannsthal stirbt am 15. Juli in Wien (Rodaun).

1930 – *Wozzeck*-Premiere in Wien am 30. März unter Clemens Krauss.

– Uraufführung der Konzertarie *Der Wein* am 4. Juni mit Ruzena Herlinger unter Hermann Scherchen.

– Berufung Bergs in die »Preußische Akademie der Künste«.

– Robert Musil beginnt den *Mann ohne Eigenschaften*

- Uraufführung aller *Drei Orchesterstücke op. 6* unter Johannes Schüler in Oldenburg.
- *Der blaue Engel* mit Marlene Dietrich, Regie Josef von Sternberg.
1931 - Varèse: *Ionisation.*
- Fritz Langs erster Tonfilm: *M – Eine Stadt sucht einen Mörder.*
- Charlie Chaplin: *Lichter der Großstadt.*
1932 - Alban und Helene Berg erwerben das »Waldhaus« am Wörthersee.
- *Der Wein* wird am 20. Juni im Rahmen des Festes der »Internationalen Gesellschaft für neue Musik« (IGNM) in Wien unter der Leitung von Anton Webern aufgeführt.
- Willi Reich gründet nach dem Vorbild der »Fackel« »23 – Eine Wiener Musikzeitschrift«.
1933 - »Machtergreifung« der Nationalsozialisten. Am 30. Januar ernennt Paul Hindenburg Adolf Hitler zum Kanzler des Deutschen Reiches. Das »Ermächtigungsgesetz« vom 24. März gibt Hitler diktatorische Vollmachten. »Gleichschaltung«: Verbot aller Parteien, außer der NSDAP.
- Berg ist Juror für die erste Preisverleihung der »Hertzka-Gedächtnis-Stiftung«. Unter den ersten Preisträgern sind seine Schüler Otto Jokl und Julius Schloß.
- Durch die sich verdüsternde politische Lage gibt es für Berg immer weniger Aufführungsmöglichkeiten seiner Werke. Seine finanzielle Situation spitzt sich zu.

Aus einem Brief Bergs an Yella Hertzka vom 11. Oktober:
»Liebwerte Frau Direktor,
da bis heute die mir seit Juni d. J. zuletzt bewilligte monatliche Rate von 700 Schilling nicht eingelangt ist, muß ich annehmen, daß die U.E. diese Zahlungen nunmehr eingestellt hat [...].
Sie waren so lieb, gnädige Frau, als sie erfuhren, daß die Kürzung der mir durch Jahre gezahlten Monatsrente von 1000 auf 700 Schilling mich ungemein konsternierte und deprimierte, mich ganz spontan anzurufen um mir die Versicherung zu geben, daß Sie im Notfalle ›auch noch da seien‹. Dieser mir wirklich takt- und liebevollst zu bedenken gegebene Satz gibt mir – nun, wo dieser Notfall eingetreten ist, – den Mut, an Sie Frau Direktor, bzw. an die U.E. mit folgender Bitte heranzutreten:
Die U.E. möge mir ermöglichen, bis zur Vollendung der *Lulu* materiell durchzuhalten. [...]
Meine Bitte geht also dahin, mir die materielle (und damit auch moralische) Möglichkeit zu geben, die *Lulu* in dieser Zeit zu einem

21

gedeihlichen Ende zu führen, indem mir die U.E. die bisherige Rente bis zu diesem nunmehr genau absehbaren Zeitpunkt weiterzahlt.

Sie, liebwerte Frau Direktor, bitte ich noch im besonderen, die Erfüllung meines Ansuchens dadurch krönen zu wollen, daß Sie ohne ängstliche Bedenken und ohne mir zu grollen, erfolgen möge.«

1934 – Particell der *Lulu* abgeschlossen. Das Werk ist zwölftönig. Jedem Charakter der Oper ist eine Reihe zugeordnet. Im Mittelpunkt steht die Reihe der Lulu. Die Reihen der »Trabanten der Lulu« (der Männer und der Gräfin) werden durch verschiedene Permutationsverfahren aus dieser Reihe abgeleitet. Wie schon im *Wozzeck* verleiht Berg der *Lulu* strukturelle Kohärenz, indem er konsequent sowohl historische musikalische Formen (wie die Sonate) als auch eigene formale Schöpfungen (wie die »Monoritmica«) nutzt. Gleichzeitig sind zahlenmäßige Ordnungen und Zahlensymbolik im Werk allgegenwärtig.

 – Um Berg materiell zu helfen, arrangiert Schönberg, daß die »Library of Congress« in Washington die autographe Partitur des *Wozzeck* für 6000 Dollar erwirbt.

 – Berg stellt auf Anregung Otto Klemperers *Symphonische Stücke aus der Oper Lulu* zusammen. Erich Kleiber plant die Uraufführung in Berlin, die jedoch durch die politische Situation zunehmend behindert wird.

Aus einem Brief Kleibers an Berg vom 24. Oktober:

»Dann kann nur passieren, daß es [die UA der »Lulu-Suite«] mir von ganz oben herunter verboten wird – und das könnte und würde ich dann <u>natürlich</u> nur mit meinem sofortigen Abgang beantworten. [...] Ich habe Dich in Berlin ans Licht gebracht, ich habe Dich in der neuen Welt vermittelt, wo für Dich <u>kein</u> Platz ist, hab' ich auch nichts zu suchen.«

Die Uraufführung findet am 30. November an der Berliner Staatsoper statt, doch im Anschluß agitiert die Presse, wie kurz zuvor gegen Furtwänglers Aufführung der *Symphonie Mathis der Maler* von Hindemith, nun auch gegen Kleiber und Berg. Am 5. Dezember wird Kleiber – zwei Tage nach Furtwängler – von der Berliner Staatsoper entlassen.

 – Anton Webern: *Konzert op. 24.*

1935 – Von April bis August unterbricht Berg ein zweites Mal seine Arbeit an der Lulu, um das von Louis Krasner in Auftrag gegebene *Vio-*

linkonzert zu schreiben. Sicherlich bewegt ihn zu dieser Entscheidung auch das hohe Honorar von 1500 Dollar. Am 22. April stirbt Manon Gropius, die Tochter von Alma Mahler-Werfel und Walter Gropius im Alter von achtzehn Jahren an Kinderlähmung. Berg verarbeitet dieses für ihn erschütternde Erlebnis im Konzert. Er eignet das Konzert Manon Gropius mit der Widmung »Dem Andenken eines Engels« zu. Am Schluß, gleichsam als Erlösung nach der Katastrophe, erklingt der Choral »Es ist genug« von Johann Rudolf Ahle (1625–73) in der Harmonisation von J. S. Bach aus der Kantate BWV 60 *O Ewigkeit du Donnerwort*.

Aus einem Brief Bergs an Alma Mahler-Werfel:

»Meine Almschi, ich weiß nicht, wann ich Dich sehen werde und ob ich – auch nur in einer wortlosen Umarmung – das Unsagbare zum Ausdruck werde bringen dürfen. Ich will auch brieflich nicht versuchen, dort Worte zu finden, wo die Sprache versagt [...]. Aber dennoch: eines Tages – noch bevor dieses fürchterliche Jahr zu Ende sein wird – mag Dir und Franz aus einer Partitur, die

dem Andenken eines Engels

geweiht sein wird, das erklingen, was ich fühle und wofür ich heute keinen Ausdruck finde.«

- Bearbeitung des *Adagio* aus dem *Kammerkonzert* als Trio für Geige, Klarinette und Klavier.

- Eine von Erich Kleiber geplante Aufführung der *Symphonischen Stücke aus der Oper Lulu* in Brüssel am 23. Februar kommt nicht zustande. Kleiber sieht sich gezwungen, das als »entartet« gebrandmarkte *Lied der Lulu* zu streichen. Außerdem hält er das »zu wenig geprobte« *Ostinato* für nicht aufführungsreif. Einer Aufführung der verbleibenden drei Sätze stimmt Berg nicht zu.

- Berg zieht sich, als Folge eines Insektenstiches, der sich zu einem Furunkel auswächst, eine schwere Blutvergiftung zu. Auch eine Bluttransfusion kann ihm nicht mehr helfen. Alban Berg stirbt am 24. Dezember im Wiener Rudolfsspital. Am 28. Dezember wird er auf dem Hietzinger Friedhof beigesetzt.

- Die *Lulu* bleibt unvollendet. Die Partitur bricht im dritten Akt nach 268 Takten ab. Weitere Teile des Aktes sind in den *Symphonischen Stücke aus der Oper Lulu* enthalten. Zu den übrigen Teilen des Schlusses der Oper existiert nur das Particell. Die Witwe Helene Berg tritt an Schönberg, Webern und Zemlinsky mit dem Wunsch heran, *Lulu* nach dem Particell zu vollenden. Alle lehnen jedoch ab.

Daraufhin untersagt Helene Berg die Vollendung des Fragments von dritter Hand.

- Anton Webern: *Das Augenlicht op. 26*

1936 - Uraufführung des *Violinkonzertes* in Barcelona am 19. April durch Louis Krasner unter Leitung von Herrmann Scherchen.

- Bartok: *Musik für Saiteninstrumente, Schlagzeug und Celesta*

1937 - Uraufführung der fragmentarischen *Lulu* in Zürich am 2. Juni unter der Leitung von Robert Denzler

- Willi Reich veröffentlicht seine Biographie »Alban Berg. Mit Bergs eigenen Schriften und Beiträgen von Theodor Wiesengrund-Adorno und Ernst Krenek«.

1949 - Eine - nach dem Krieg wieder mögliche - konzertante Aufführung der *Lulu* des Österreichischen Rundfunk am 15. Februar wird allgemein als »unbefriedigend« bezeichnet. Es entbrennt eine Kontroverse um die Möglichkeit einer Vollendung des dritten Aktes. Ein Brief von Theodor W. Adorno an Helene Berg vom 23. November mag zeigen, mit welchem Engagement diese geführt wurde:

»Was zunächst die Ablehnung Schönbergs anbelangt, so bin ich der Überzeugung, daß seine Motive [...] nicht eben der allerreinsten Art sind. Wir haben oft gemeinsam von seiner Eifersucht gesprochen. Sie, Alban und ich; [...] ich scheue mich nicht, auszusprechen, daß der Gedanke, durch seine Weigerung Albans entscheidendes Werk um sein Nachleben zu bringen, ihn verlocken wird. Und auch im Gespräch mit Webern stieß ich auf eine Art von Kälte, die nur mühsam als Ehrfurcht von dem zu akzeptierenden Schicksal sich maskierte. Er sagte, im Tone seiner Bauernweisheit, ein Werk wie Schuberts« *h-moll-Symphonie* sei doch auch unvollendet und lebe. Aber diese Analogie ist sophistisch. [...] Jeder Mensch, der nur eine Ahnung vom Theater hat, als welches seinem Wesensgesetz nach auf ein Publikum irgendwie verwiesen ist, weiß, daß eine unvollendete Oper [...] nicht lebensfähig wäre. [...] Und ich möchte meine Hand dafür ins Feuer legen, daß Alban meine Ansicht gebilligt hätte. Man braucht nur seine minutiöse und raffinierte Sorge um die Aufführbarkeit alles dessen, was er schrieb zu kennen [...], um dessen sich versichert zu halten, daß er eine unaufführbare Oper als Absurdität betrachtet hätte und sein Werk, als nicht zu Ende instrumentiertes, als verloren. Ich meine, gerade die Ehrfurcht vor diesem aufs <u>Realisieren</u> gerichtete Element in ihm verlangt, daß man die *Lulu* zu Ende bringt. [...]

Ich bin mir der ungeheuren Schwierigkeit, Langwierigkeit und Verantwortlichkeit der Arbeit nur allzu gründlich bewußt. Kein Einzelner kann es leisten. <u>Die Orchestration der *Lulu* ist nur kollektiv möglich.</u> Und eben darauf ziele ich.«

1967 – Helene Berg gründet – dem Willen ihres Mannes entsprechend – die »Alban Berg Stiftung«. Die Stiftung finanziert sich aus den Erträgen des Bergschen Werkes. Sie nutzt diese Mittel zur Förderung »bedürftiger, begabter Musikstudenten« und »zur Pflege des Andenkens und der Werke Alban Berg's«.

1979 – Die sogenannte »integrale« Fassung der *Lulu* – mit dem von Friedrich Cerha zur Aufführung eingerichteten dritten Akt – erlebt am 24. Februar am Théâtre National de l'opéra de Paris unter der Leitung von Pierre Boulez ihre Premiere. Cerhas Fassung findet breite Anerkennung auch unter Bergs Schülern.

(Oliver Korte)

EINLEITUNG

Anthony Pople

Geht man nach der Zahl der Aufführungen und Einspielungen und nach dem Wohlwollen, mit dem diese aufgenommen werden, dann erreicht Bergs Musik im ausgehenden 20. Jahrhundert ein größeres Publikum als zu jeder früheren Zeit. Seitdem das Erscheinen von Friedrich Cerhas Ausgabe im Jahr 1979 es endlich ermöglichte, *Lulu* vollständig zu hören, hat diese Oper *Wozzeck* hinsichtlich Popularität und Wertschätzung seitens selbst kritischer Hörer überflügelt. In den Katalogen droht die *Lulu-Suite* das seit jeher beliebte *Violinkonzert* an Zahl der Aufnahmen zu übertreffen.

Auch wenn es längst nicht mehr modern ist, »Was-wäre-wenn-Fragen« in bezug auf Komponisten zu stellen, die frühzeitig starben, veranlaßt mich die Popularität gerade der letzten Kompositionen Bergs, mich gelegentlich derartigen müßigen Spekulationen zuzuwenden. Bergs kompositorische Technik im Schlußakt von *Lulu* und im *Violinkonzert* ist auffällig konzentriert und flüssig und straft den langen Reifungsprozeß der Oper Lügen. Seine Bereitschaft, eine umfangreiche Liste von zukünftigen Projekten zusammenzustellen, als sich die Arbeit an der Oper dem Ende näherte – ein drittes Violinkonzert, ein Kammermusikstück mit Klavier, eine Symphonie, ein Stück für das Radio oder den Film –, könnte vermuten lassen, daß er nach einer langen Phase der Frustration während der Komposition der ersten beiden Akte gleichsam vor Kreativität barst. Das *Violinkonzert* würde sich gut in dieses Muster einfügen. Obwohl einem sicherlich die Kürze der Zeit, in der es fertiggestellt wurde, nicht verborgen bleiben kann, bleibt es ein Werk, das nahezu unbeirrbar zusammenfügt, was für Berg eine neue Balance zwischen Komplexität und Verständlichkeit darstellte. Im Alter von fünfzig Jahren kannte er sich selbst und die Wege, die er als Komponist gegangen war, gut genug, um seine Arbeitsweise so einzurichten, daß seine musikalischen Eingebungen nicht ins Stocken gerieten.

Alle diese Überlegungen übersehen natürlich eine Reihe von entschieden negativen Faktoren. Die Nationalsozialisten waren in Deutschland an der Macht und hatten auf das Leben in Österreich bereits großen Einfluß. Bergs finanzielle und private Situation war prekär, aber noch empfand er für Wien soviel, daß er sich nicht wie so viele andere veranlaßt sah, ins Ausland zu gehen. Auch in biologischer Hinsicht sprach vieles gegen ihn: Sein eigener Vater war in den Mittfünfzigern gestorben, und Berg selbst war in seinen letzten Jahren bei schlechter Gesundheit. Hätte er länger gelebt, wäre seine Musik in Österreich bis 1945 offiziell geschmäht worden, und im Nachkriegseuropa wäre er als eine Art musikalischer »Dinosaurier« angesehen worden. Durch Faktoren wie diese

26

erweisen sich weitergehende Spekulationen über die Leistungen eines älteren Berg als nahezu unmöglich.

So können wir »*für jedes Lächeln seines hellen und doch so rätselvollen Antlitzes, für jede Note seines unfaßbar dichten, erhabenen Werkes*«[1] dankbar sein, wie Willi Reich in einem Nachruf schrieb. Darüber hinaus entspringt Bergs gegenwärtige Popularität eher einer Art Wiederentdeckung als einer unmittelbaren Kontinuität der Wertschätzung seit seinen Lebzeiten[2]. In der Erkenntnis dieser beiden Tatsachen soll mit dem vorliegenden Band sowohl jedes seiner größeren Werke erörtert als auch Bergs kultureller Horizont und musikalisches Schaffen eingeordnet werden, sowohl vor dem Hintergrund seiner eigenen Zeit als auch hinsichtlich seiner Ausstrahlung auf die Musikkultur des 20. Jahrhunderts.

Im ersten Teil des Buches führt uns Christopher Hailey in die Heimat Bergs im Wiener Vorort Hietzing. Andrew Barker entwickelt ein Profil der den Komponisten prägenden Verbindungen zu bedeutenden Persönlichkeiten des Wiener Kulturlebens, und Raymond Geuss untersucht, wie Bergs Musik in den Schriften eines Mannes abgehandelt wurde, der sowohl ein talentierter Kompositionsschüler Bergs als auch einer der größten Philosophen des 20. Jahrhunderts war: Theodor W. Adorno.

Die folgenden Kapitel im zweiten Teil haben die Untersuchung der Musik selbst zum Gegenstand, angefangen bei Bergs frühesten Kompositionen und kulminierend im größten Erfolg seines Lebens, der Oper *Wozzeck*. Der zentralen Bedeutung dieses Meisterwerks für die Entwicklung Bergs wird zu Beginn des dritten Teils des Buches in drei Kapiteln nachgegangen, die untersuchen, wie Berg seinen musikalischen Horizont in den frühen zwanziger Jahren erweiterte. Denn sein vielleicht größtes Talent bestand darin, seine Erfahrungen ständig zu erweitern und immer wieder neue Erkenntnisse aus ihnen zu gewinnen, so daß fast alles, was er tat, ihm irgendwann zugute kam. Von dieser bemerkenswerten menschlichen Eigenschaft und weniger von irgendeiner Abneigung, Veränderung durch Neues zu akzeptieren, ist die deutliche Tendenz seines Werks, entweder im Wien um 1900 oder in seinem komplexen persönlichen Leben und der Welt seiner Freunde und Wegbegleiter verwurzelt zu sein, abzuleiten. Der dritte Teil untersucht außerdem die Musik nach *Wozzeck* und schließt dabei eine Erörterung Judy Lochheads über den Charakter Lulus aus der Sicht der jüngsten feministischen Theorie ein.

Das Kapitel der New Yorker Professorin erinnert uns daran, daß die Wirkung von Bergs Musik, obgleich schon latent in deren Substanz – was auch immer man darunter verstehen mag – angelegt ist, trotzdem einer Entwicklung unterliegt und mannigfaltige Facetten aufweist. Dieses Thema ist Gegenstand der Untersuchung Arnold Whittalls im letzten Teil des Buches. Sie zeigt, wie Aspekte der Bergschen Synthesetechnik in Musik entdeckt werden können, die entweder eindeutiger konstruktiv oder referentiell ist oder – vielleicht am häufigsten – pluralistisch und dem Historischen gegenüber aufgeschlossen ist. Daß diese letzteren Merkmale so oft als wesentlich sowohl für ein postmodernes Zeitalter als auch für Bergs künstlerische Veranlagung angesehen werden, erklärt zumindest teilweise, warum der Komponist nicht – wie Adorno einmal in dessen Gegenwart bemerkt hat – der Außenminister in seinem Traumland[3], sondern späteren Generationen bis in unsere Zeit ein vielgeliebter Botschafter des Modernismus geworden ist.

Anmerkungen

1   Willi Reich, *Alban Berg*, S. 17.
2   Willi Reich, *Leben und Werk*, S. 97.
3   Theodor W. Adorno, *GS 13*, S. 366.

ASPEKTE

WO BERG ZU HAUSE WAR: SEIN LEBEN AN DER PERIPHERIE

Christopher Hailey

> *»Die Althietzinger waren zum Drängen nicht geboren, und die neu Hinzugezogenen waren, wie ich, für die Dauer hingezogen, weil man sich hier, in Alt-Hietzing, nie zu drängen hatte«[1].*

Wiens überschäumende Kultur um die Jahrhundertwende gleicht in der Geschwindigkeit, mit der Ideen umgesetzt wurden, einer Explosion von aufgestauten Energien und instabilen Teilen, die lange unter dem Druck einer bemerkenswert dichten sozialen, kulturellen und physischen Atmosphäre der Stadt gestanden hatten. Wiens zentral gelegener erster Verwaltungsbezirk war ein Magnet von außergewöhnlicher Anziehungskraft. Wie in einem Sonnensystem umkreisten die äußeren Bezirke das Zentrum in ungleichen Planetenbahnen. Die Quellen dieser Kraft – die Hofburg und deren bürokratischer Verwaltungsapparat, das Parlament und das Rathaus, die Banken und die Börse, die Universität und die Akademien, die Hofoper, das Burgtheater und der Musikverein – brachten genug erwähnenswerte Begebenheiten, Intrigen und Klatsch hervor, um die Kolumnen der mehr als zwei Dutzend städtischen Zeitungen und Revolverblätter zu füllen und darüber hinaus erregte Kaffeehaus-Debatten über Kunst, Politik, Philosophie und Sex zu nähren. Im ersten Bezirk traf´man sich, aber nur wenige lebten auch dort. Peter Altenberg bewohnte zwar ein kleines Hotelzimmer in der Dorotheagasse und Karl Kraus schlief tagsüber in seiner Mietwohnung in der »Dominikanerbastei«, aber sie bildeten in der Inneren Stadt eine Ausnahmne. Das Pochen im Herzen Wiens fand in den die Innenstadt umlagernden Außenbezirken seine Resonanz.

Zwischen 1850 und 1904 wurde Wien in 21 Verwaltungsbezirke eingeteilt; ihre Errichtung war gemeinsam mit dem Bau der Ringstraße und des Gürtels, der Kanalisation des Wienflusses und der Anlage der Stadtbahn Teil eines Prozesses, in dessen Verlauf die weit verstreuten Bezirke zu einer aufstrebenden Metropole zusammengeschweißt wurden[2]. Trotzdem blieben Unterschiede bestehen. Geographie, Geschichte, stadtansässige Industrie und Wirtschaft, vor allen Dingen aber Einkommen, Stand, Beruf oder ethnische Zugehörigkeit der Bewohner gaben jedem Bezirk seine besondere Eigenart. Im Zusammenspiel dieser Eigentümlichkeiten brachen sich die vom ersten Bezirk ausgehenden Impulse wie in einem Prisma als kultureller und intellektueller Regenbogen des Wien des Fin-de-Siècle.

31

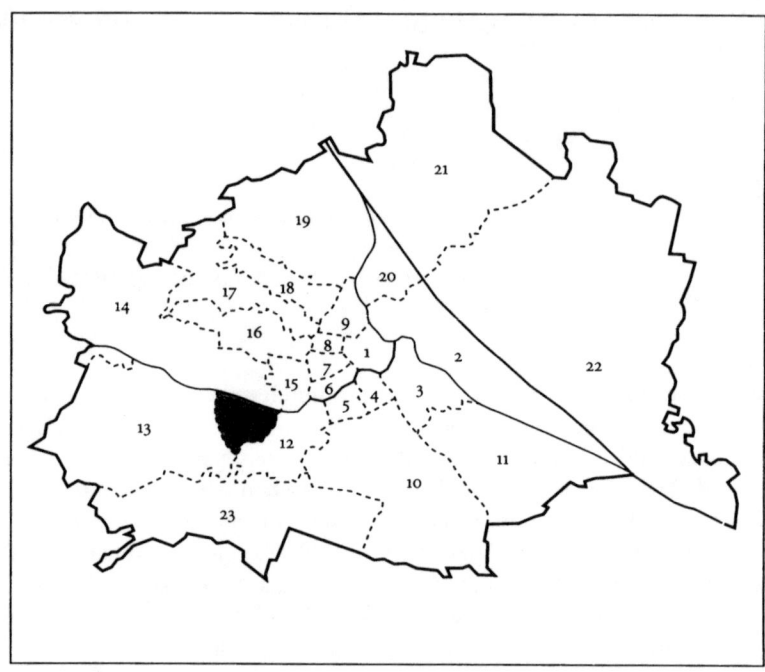

Die zeitgenössischen Verwaltungsbezirke Wiens (zu Lebzeiten Bergs gehörte vieles von dem, was heute zum 14. Bezirk zählt, zu Hietzing). Die schattierte Fläche markiert die Lage von Alt-Hietzing und Schönbrunn.

Legende

1 Innere Stadt	9 Alsergrund	16 Ottakring
2 Leopoldstadt	10 Favoriten	17 Hernals
3 Landstraße	11 Simmering	18 Währing
4 Wieden	12 Meidling	19 Döbling
5 Margareten	13 Hietzing	20 Brigittenau
6 Mariahilf	14 Penzing	21 Floridsdorf
7 Neubau	15 Rudolfsheim-	22 Donaustadt
8 Josefstadt	Fünfhaus	23 Liesing

Die inneren Bezirke zwei bis neun profitierten aufgrund der Nähe zum Zentrum von der Attraktivität des ersten Bezirks. Diejenigen, die in den unmittelbar an das Stadtzentrum angrenzenden Vierteln wohnten, taten es aus Zweckmäßigkeit. So lag Gustav Mahlers Wohnung im Landstraßenbezirk in Fußnähe zur Oper. Und Franz Schreker und Joseph Marx wählten Margareten auf Grund seiner Nähe zur Akademie. Sigmund Freud lebte in Alsergrund nahe der Universität. Im dritten, fünften und neunten Bezirk waren auch viele Diplomaten, Kaufleute und Beamte zu Hause. In der Leopoldstadt wohnten zahlreiche Juden aus der Arbeiter- und Mittelklasse Wiens, und der achte Bezirk war die elegante Adresse für viele ihrer aufstrebenden Verwandten. Jenseits des sogenannten Gürtels, der äußeren, 1873 fertiggestellten Ringstraße, lagen die Bezirke zehn bis 21. Sie verbanden Wien mit dem Umland, das vom Wienerwald bis zur ungarischen Tiefebene reichte. In diesen äußeren Bezirken verlief das Leben ruhiger. Carl Moll lebte im belaubten »Olympia« der Hohen Warte in der Nähe der Weinberge des 19. Distrikts. Arthur Schnitzler hingegen hatte seine Villa im eher städtische Eleganz ausstrahlenden Währing. Für diejenigen, die sich nach Landleben sehnten, boten sich die malerischen Kleinstädte und Dörfer rings um Wien an. So lebte und arbeitete Hugo von Hofmannsthal in Rodaun, und Anton Webern pflegte seinen bescheidenen alpinen Garten in Mödling.

Die Innere Stadt wartete mit den Unwägbarkeiten des Lebens überhaupt auf, während es in den umgebenden Bezirken nur galt, den Alltag zu meistern. Auch in den äußeren Bezirken gab es Restaurants und Cafés, die aber nur von ortsansässiger Kundschaft frequentiert wurden. Hier kannte man die Ladeninhaber und Händler beim Namen, und es gab Nachbarn, mit denen man sich über so grundlegende Dinge wie das Wetter, die Fleischpreise und natürlich die anderen Nachbarn unterhalten konnte. Hier konnte man der urtümlichen Weisheit des alteingesessenen Wieners begegnen, die auf dem Meinungsaustausch und den Erfahrungen des Alltagslebens basiert und unsere Vorstellungen vom »Zuhausesein« nährt. Diese äußeren Bezirke boten ideale Ausgangspunkte für die Bestimmung der Entfernung zwischen Wiens Innerer Stadt und der jenseits davon liegenden Welt gleichsam wie in einer Dreiecksberechnung.

Das Herz von Wiens 13. Bezirk, Alt-Hietzing, liegt an der Westseite des kaiserlichen Lustschlosses Schönbrunn, wo eine Reihe von Geschäften, Bäckereien, Cafés und Hotels dem Flecken den Hauch von gepflegter Selbstzufriedenheit gibt[3]. Am einen Ende sind die Pfarrkirche aus dem 15. Jahrhundert und das Postamt, das in der ehemaligen Sommerresidenz des kaiserlichen Außenministers untergebracht ist, augenscheinliche Zeugen der größeren Bereiche von Kirche und Staat; am anderen Ende bilden die an der Hietzinger Hauptstraße zusammengeführten Straßenbahnlinien einen sichtbaren Hinweis auf das zwanzig Minuten entfernt liegende hauptstädtische Zentrum im Osten.

Hietzing ist ein angenehmer Ort. Der Bezirk wird bestimmt von kaiserlichem Gelb und verschiedenen Schattierungen von Grün, von Ulmen-, Ahorn-, Kastanien- und Birkenbäumen sowie Platanen und Plätzen, Gärten sowie schattigen Innenhöfen. Neben dem prächtigen Gelände von Schönbrunn, dessen Schloß und Gärten im frühen 18. Jahrhundert errichtet wurden, gibt es zahlreiche weitere Parkanlagen einschließlich dem Maxing- und dem Hügel-Park, verschiedene schön angelegte Friedhöfe und den ausgedehnten Lainzer Tiergarten[4]. Trotz des Verkehrs, der in den letzten Jahrzehnten von den Hauptver-kehrsadern nicht mehr bewältigt werden kann, herrscht der Eindruck von beständiger Ruhe immer noch vor. Nur Vögel und einige Käuzchen vom Schönbrunner Zoologischen Garten (gegründet 1752; er ist der älteste in Europa) unterbrechen die Stille. Man findet zwar Villen – Hietzing ist das, was man einen Nobelbezirk nennt – aber wenig Protzerei. So wie das Schloß und sein Park sich eine ländliche Qualität trotz ihrer früheren Pracht zu bewahren vermochten, so reihen sich Hietzings Landsitze und hochherrschaftliche Mietshäuser unter die weniger anziehende Nachbarn im unübersichtlichen Gewirr seiner Straßen ein.

Zum Zeitpunkt ihrer Eingemeindung 1892 waren Alt-Hietzing und die benachbarten Gemeinden Ober- und Unter St. Veit, Speising sowie Lainz mit Baumschulen, Molkereien, Weinbergen und Weideland, die den Hauptanteil des Handels ausmachten, aber auch einigen wenigen Industrien – wie Fleischproduktion und und Textilfabrikation – noch überwiegend ländlich geprägt. Zur Jahrhundertwende hatte sich Hietzing als Ort etabliert, den sich Aristokraten, höhere Verwaltungsbeamte und Akademiker sowie ein paar Künstler, Musiker, Schriftsteller, Schauspieler und Sänger als ihr Zuhause erwählten. Gustav Klimt und Egon Schiele arbeiteten hier, und Johann Strauß, der erste Erfolge bei Dommayer am Hietzinger Platz gefeiert hatte, baute seine Villa in der Maxingstraße gegenüber von Schönbrunn. Emil von Sauer lebte an der Hietzinger Hauptstraße. Zu den Ortsansässigen zählten auch die Schriftstellerin Berta von Suttner und der Autor Hermann Bahr, die Sopranistin der Hofoper Marie Gutheil-Schoder, der Schauspieler Hans Moser sowie die Geliebte des Kaisers, der Burgtheaterstar Katharina Schratt. Und nach Hietzing zog 1905 auch Johanna Berg mit ihren beiden jüngsten Kindern Alban, 20 und Smaragda, 19 Jahre alt. Mit Ausnahme der drei Jahre zwischen 1908 und 1911 sollte Alban Berg in Hietzing den Rest seines Lebens verbringen und dort – und weniger in der Inneren Stadt, wo er aufgewachsen war – die Strategien entwickeln, mit denen er die Ideen seiner Jugend in die Kunstwerke seiner Reifezeit umsetzte.

Im Herbst 1920 zog Soma Morgenstern – zu dieser Zeit Jurastudent in den Endzwanzigern – von seinem spärlich möblierten Zimmer nahe der Universität in den 13. Bezirk, wo er Ruhe zur Vorbereitung auf sein Doktorexamen zu finden hoffte. Eigentlich sollte es nur eine vorübergehende Verlegung des Wohnorts sein, denn nach der Verleihung des Doktortitels beabsichtigte er, wieder in die Innere Stadt zurückzuziehen und dort seine berufliche Laufbahn zu beginnen. Stattdessen blieb er für die nächsten zwölf Jahre in Hietzing[5].

Eines schönen Freitagnachmittags Ende September des Jahres 1920 war Morgenstern auf seinem Weg in die Innere Stadt, um dort vor einem Konzertbesuch Freunde in einem Café zu treffen. Er stieg in die Straßenbahnlinie 59, die von Hietzing in die Innere Stadt fuhr, und als er sich unter der Handvoll Fahrgäste umsah, fiel sein Blick auf ein attraktives Paar, das ganz in das Studium einer Partitur vertieft war. Morgenstern war von der Intensität, mit der die beiden den Notenband – eine Partitur von Mahlers Zweiter Symphonie, dem Werk, das er später am Abend auch hören sollte – studierten, ebenso wie von der edlen Erscheinung des Paares fasziniert. »Das hohe Paar«, dachte er – ein Eindruck, der wie er zugab, eher von der Faszination durch die Frau als durch irgendwelches Interesse an ihrem Begleiter hervorgerufen wurde[6].

Im Herbst des Jahres 1920 befanden sich Helene und Alban Berg in den Mittdreißigern und waren fast zehn Jahre miteinander verheiratet. Seit Mai 1911 wohnten sie in einer im Parterre gelegenen Dreizimmerwohnung in der Trautt-mansdorffgasse, einer ruhigen, baumgesäumten Straße mit zwei- und dreistöcki-gen Mietshäusern, die von der Maxingstraße in einem Bogen abzweigt und auf die wieder in die Maxingstraße mündende Gloriettegasse zuläuft: ein Zusam-menspiel von klaren Linien und Winkeln, durch das sich Theodor W. Adorno – durchaus naheliegend – an Cézanne erinnert fühlte[7]. Die Wohnung Bergs, deren Front direkt auf die Ecke Trauttmansdorffgasse/Woltersgasse ging, gewährte nach hinten heraus den Blick auf einen großen, wildwüchsigen Garten und war damit typisch für Hietzing in seiner Kombination aus städtischer Rechtschaf-fenheit und ländlicher Trägheit. Hietzings Zentrum und Schönbrunn waren nur wenige Schritte entfernt – genauso wie die Villa, in der Helene Berg geboren worden war und wo ihre Eltern immer noch lebten.

Helene war das dritte von insgesamt vier Kindern im Haushalt von Franz (geboren 1849) und Anna (geboren 1859) Nahowski. Die älteste Tochter Carola (geboren 1877) war das Kind aus der ersten Ehe Annas mit Johann Heyduck, die geschieden worden war. Anna (geboren 1882), Helene (geboren 1885) und Franz Joseph (geboren 1889) waren mit großer Wahrscheinlichkeit die Kinder von Franz Nahowski, auch wenn die Familienlegende behauptete, daß Helene und Franz die illegitimen Abkömmlinge eines elfjährigen Verhältnisses seien, das ihre Mutter mit Kaiser Franz Joseph I. zwischen 1878 und 1889 gehabt ha-be[8]. Die Villa der Nahowskis in der Hetzendorferstraße (heute Maxingstraße 46) liegt in der Tat in günstiger Nähe zu Schönbrunn. Für seine Verabredungen am frühen Morgen (normalerweise ein Frühstück gegen vier Uhr) pflegte der Kaiser das Schloßgelände durch eine schmale, unauffällige Gartentür zu verlassen, die Straße zu überqueren, durch einen Seiteneingang in der Weidlichgasse in die Villa zu gelangen – er hatte seinen eigenen Schlüssel – und eine gewundene Treppe zu Anna Nahowskis privatem Salon hinaufzusteigen[9]. Mit dem Ende der Affäre (nachdem der Kaiser eine Liaison mit Katharina Schratt begonnen hatte) ließen die Spannungen im Nahowskischen Haushalt nach, und die Kinder wuchsen in einer Atmosphäre von bürgerlicher Ehrbarkeit und geübter Diskre-tion auf.

Helene Nahowski fiel Alban Berg erstmals in der Konzertsaison 1906/1907 auf. Als er entdeckte, daß sie eine Nachbarin war, die nicht mehr als fünf Geh-minuten von seiner Wohnung entfernt lebte, besuchte er ihre Straße oft, ver-schwand aber, sobald sie erschien. Groß, dünn und jugendlich unbeholfen, war er beim Auskundschaften leicht ausfindig zu machen. Am Karfreitag 1907 schließlich arrangierte Helenes Bruder Franz, der sich nur zu gut in die mißliche Lage des jungen Mannes einfühlen konnte, ein Treffen, indem er Berg in den Familiengarten lockte und dann seine Schwester holte[10]. Zu einer Zeit, als Hochzeiten nicht gerade selten einen Wettlauf gegen die Uhr darstellten, zeugt die vierjährige Werbung, die folgte, von der strengen Wahrung des Anstands, aber auch von den starken Bedenken, die Franz Nahowski gegenüber dem spindeldürren Freier seiner Tochter hegte.

Dabei war nichts Anstößiges an Alban Bergs Herkunft[11]. Seine Familie stand sozial gesehen ziemlich genau auf derselben Stufe mit den Nahowskis. Albans Schwester Smaragda hatte den Sohn des Freiherrn von Eger, den Präsidenten jener »KK Privilegierten Südbahngesellschaft«, in der Franz Nahowski als Beamter arbeitete, geheiratet[12]. Alban und Smaragda (geboren 1886), die in einer extrem engen Beziehung, nicht unähnlich derjenigen von Helene und Franz, zueinander standen, waren die jüngsten von insgesamt vier Kindern. Ihr Vater Conrad (geboren 1846) betrieb eine Import-/Exportfirma, und die Mutter Johanna Braun (geboren 1851) leitete den familieneigenen Buch- und Devotionalienladen. Die älteren Brüder Albans und Smaragdas, Hermann (geboren 1872), der in Amerika lebte, und der in Wien gebliebene Charly (geboren 1881) folgten ihrem Vater beide in das Exportgeschäft. Es war ein wohlhabender Haushalt des ersten Bezirks mit verschiedenen Dienern, einer Erzieherin und einem geregelten Lebensablauf einschließlich behaglicher Sommer auf dem »Berghof«, dem am See gelegenen Familiensitz in Kärnten, kaum 200 Kilometer vom Landhaus der Nahowskis in der Steiermark entfernt.

Bergs Eltern förderten nicht nur kulturelle Neigungen, sondern genossen auch ihre Kontakte zu einigen von Wiens Musikberühmtheiten, den Pianisten und zeitweiligen Sommernachbarn Alfred Grünfeld ebenso eingeschlossen wie den gelegentlichen Einkäufer im Devotaliengeschäft und Besucher der Familie, Anton Bruckner. Die Kinder waren aufgeweckt, hübsch, musikalisch und wußten die kulturellen Ereignisse in ihrem Umfeld zu nutzen. Charly war ein glühender Wagnerianer, ein Leser der »Fackel« und ein enthusiastischer Förderer des umstrittenen Hofoperndirektors Gustav Mahler. Smaragda, eine Schülerin von Leschetizky, war Klavierbegleiterin, die in späteren Jahren führende Sängerinnen wie Lula Mysz-Gmeiner, Anna Bahr-Mildenburg, Marie Gutheil-Schoder oder Frieda Leider betreute. Außerdem gehörte sie dem Zirkel um Karl Kraus, Peter Altenberg, Gustav Klimt, Max Oppenheimer und Egon Friedell an. Nur kurzzeitig verheiratet, machte sie aus ihrer lesbischen Veranlagung keinen Hehl. Alban, dessen bescheidene Fähigkeiten als Sänger und Pianist verrieten, daß sich seine Aufmerksamkeit gleichermaßen auf Musik, Literatur und Kunst richtete, war der verhätschelte Amateurkomponist, dessen Lieder Mittelpunkt der festlichen familiären Anlässe bildeten.

Conrad Bergs frühzeitiger Tod im Jahre 1900 ließ die Familie in einer gewissen finanziellen Unsicherheit zurück. Aber durch den Tod von Johanna Bergs kinderloser Schwester Julie Weidmann 1905 erbte die Familie ein kleines Vermögen und umfangreichen Immobilienbesitz einschließlich der Villa an der Hietzinger Hauptstraße, in die sie noch im Oktober desselben Jahres zog. Diese plötzliche Schicksalswende mag Berg veranlaßt haben, seine Zukunft zu überdenken. Er hatte gerade das zweite Jahr seiner unbezahlten Buchführungslehre im österreichischen Staatsdienst begonnen. Die Stelle galt als sehr begehrt, weil sie Aussicht auf eine sichere Zukunft mit großzügiger Pension bot, und war nur durch den Einfluß eines Familienfreundes in hoher Position zu erhalten gewesen. Nachdem Berg seine Lehrzeit 1906 abgeschlossen und sein Anstellungsdekret erhalten hatte, gab er seine vielversprechende Karriere auf, um sich ganz der Musik zu widmen. Seine Freiheit war nicht einfach zu erlangen gewesen, und er beschwichtigte die Mutter durch seine Zusage, den Besitz der Familie zu verwalten. Als ein gelegentlich beschäftigter »Möchtegernkünstler« war Berg ein »armseliger« Kandidat für eine Heirat, und um 1909 gab selbst der einfühlsame Peter Altenberg dem Paar den scherzhaften Rat: *»Ein junger Künstler wie Sie«,* sagte er zu Alban, *»heiratet nicht die Tochter eines Hofbeamten!«* »Ein solch schönes, vornehmes Mädchen«, sagte er zu Helene, *»heiratet nicht so einen jungen Bohemien. Aus dem wird nix!«*[13].

Soma Morgenstern sollte die Bergs erst im Juni 1923 näher kennenlernen. Zuvor hatten sie sich aber bereits häufig gesehen und festgestellt, daß sie eine Reihe gemeinsamer Freunde hatten. Als Morgenstern eines Tages die Straßenbahn bestieg – wieder war es die Linie 59, diesmal auf ihrem Weg nach Hietzing – wurde er von Alban Berg gegrüßt. Der folgende Austausch war herzlich, endete aber abrupt, als Morgenstern, der seine Mutter in der Mariahilfstraße besuchen wollte, mit einem hastigen »Auf Wiedersehen« aus der Bahn sprang. Aus Höflichkeit war er nämlich bereits über seine Haltestelle hinausgefahren.

Einige Tage später traf er Helene Berg auf den Stufen des Hietzinger Postamtes. Als er ihr erzählte, wie erfreut er gewesen war, die Bekanntschaft ihres Ehemanns gemacht zu haben, sah sie erstaunt auf. Es scheint, daß Berg an diesem Tag verdrießlich nach Hause zurückgekommen war, weil Morgensterns plötzlicher Abgang *»an einer Haltestelle, wo kein Hietzinger je was zu suchen g'habt hat«*[14], wie eine fadenscheinige Entschuldigung wirkte, um die Unterhaltung zu beenden. Als Morgenstern die Umstände erklärte, war Helene sichtbar erleichtert und bat dringend darum, ihren Mann anzurufen: *»Er hat im ernst geglaubt, daß er Sie belästigt hat. So ist der Alban. So sind sie, die Schönbergianer, alle…Einerseits sehr eingebildet, und dann wieder Minderwertigkeitsgefühle. Ich verstehe nicht, wie das zusammengeht. Vielleicht können Sie mir das mal erklären.«*[15] Noch am selben Nachmittag stattete Morgenstern seinen ersten Besuch in der Trauttmansdorffgasse 27 ab.

Die Wohnung der Bergs zu betreten, hieß in einen Hort wohlgeordneter bürgerlicher Behaglichkeit zu kommen. Die Einrichtung war solide und geschmackvoll, ohne Bevorzugung einer bestimmten Stilrichtung. Die Bilder und Photographien, die dicht an dicht an den Wänden hingen, stellten verehrte Persönlichkeiten dar – meistens Musiker und Schriftsteller – oder waren Reproduktionen von Meisterwerken; dazwischen hingen einige geschätzte Originale. Betrat man Bergs Arbeitszimmer – einen der beiden zur Trauttmansdorffgasse hinausgehenden Räume –, blickte man entlang der rückwärtigen und linksseitigen Wand auf die vom Boden bis zur Decke reichenden Regale seiner Bibliothek, die nicht besonders groß, aber auserlesen war. Es fanden sich die wichtigsten Klassiker der Literatur und Musik ebenso wie zahlreiche Handbücher. Das Herz der Sammlung aber bildete ein Corpus von Werken, die zu den Vorlieben der Wiener im Fin-de-siècle zählten: Die Dramen Ibsens, die Werke Strindbergs, einige Bände von Balzac und Maeterlinck, vor allen Dingen aber die Werke von Wiener Autoren wie unter anderen Kraus' *Fackel*, Peter Altenbergs dünne Bändchen, Schriften von Bahr, Kokoschka, Hofmannsthal und Loos.

Unter diesen Männern machte Morgenstern ein Pantheon von fünf »Hausgöttern« aus – Peter Altenberg, Karl Kraus, Gustav Mahler, Adolf Loos und Arnold Schönberg –, die Berg nachhaltig beeinflußten und für ihn dauerhafte Leitbilder blieben. Sie spiegelten die Verschmelzung von Härte und Empfindsamkeit, Fatalismus und Leidenschaft, die Bergs eigene psychische Konstitution charakterisierten. Mahler war ein Kindheitsidol, dessen Symphonien an den österreichischen Charakter und das Landleben gemahnten. Die Bewunderung für Loos, den Architekten strenger Villen und funktionaler öffentlicher Gebäude, keimte auf, als der taube Architekt der unpopulären Musik Schönbergs, die er nicht hören konnte, seine unterstützende Stimme verlieh. Vor Altenberg, dem freundlichen Prediger von Frischluft, Natur, vegetarischer Kost und Verehrer vorpubertärer Mädchen, standen die meisten Wiener ratlos da, als ob ihre gutmütige Tolerierung seiner Exzentrik als Immmunisierungsstrategie gegen die von Übersättigung herrührende Gefühllosigkeit, die er mitten unter ihnen entlarvte, ausgereicht hätte. Für Berg war er ein Heiliger. Kraus dagegen war ein zorniger Moralapostel – rechthaberisch, streitsüchtig, mißtrauisch und mit greller Stimme –, dessen Tiraden gegen die gegenwärtigen Verhältnisse die Gemüter heftig erregten. Die wachsende Leserschaft seines journalistischen Alter ego, der »Fackel«, zeugte ebenfalls von Wiens Vermögen der Selbstimmunisierung[16].

Bergs Verbindung zu Schönberg reichte fast zwanzig Jahre zurück, bis zu jener Zeit, als der ältere Mann – nach zweieinhalb Jahren aus Berlin zurückgekehrt – begann, Privatstunden zu geben, weil der Start seiner Karriere in Wien mißlungen war. Als Jude aus dem zweiten Bezirk ohne Verbindungen zur Akademie oder Universität und nur in geringem Maße versehen mit den Fertigkeiten, die ihn als Künstler oder Dirigent ausgezeichnet hätten, blieb Schönberg ein im Selbststudium ausgebildeter Außenseiter. Seine ungestüme Persönlichkeit und sein offensichtliches Genie hatten ihm zwar einige prominente Förderer einschließlich Gustav Mahler eingebracht, aber diese Unterstützung sollte ihm wenig nützen, als er gemeinsam mit seinem Schwager Alexander von Zemlinsky ein ehrgeiziges Unternehmen – die »Vereinigung schaffender Tonkünstler« – zur Propagierung neuer Musik ins Leben rief. Denn diese brach schon nach einer Konzertsaison zusammen[17]. Auf lange Sicht von größerer Bedeutung waren die Energien, die Schönberg auf das Unterrichten verwendete. Denn in Wien vermochte ein Außenseiter durch einen großen Schülerkreis ein gewisses Maß an Autorität zu erlangen. Dies gelang auch Karl Kraus mit Hilfe der Leserschaft seiner »Fackel«.

Langsam hatte Schönberg seinen eigenen Kreis – die erste Generation von dem, was später eine »Schule« genannt werden sollte und neben Alban Berg Anton Webern, Heinrich Jalowetz, Erwin Stein sowie Joseph Polnauer einschloß – versammelt, der für seine Präsenz in der kulturellen Landschaft Wiens sorgte[18]. Diese frühen Jahre ungefähr zwischen 1904 und 1911 waren sowohl berauschend als auch quälend für den Lehrer und seine Schar gewesen und schlossen eine rasche Folge künstlerischer Durchbrüche, Premieren, Eröffnungen, Skandale und Kontroversen ebenso ein wie persönliche oder eheliche Krisen und dramatischen Selbstmord[19]. Die *Erste Kammersymphonie*, das *Zweite Streichquartett* und die *George-Lieder* etablierten Schönberg als allseits bekannte Persönlichkeit. Seine Gemälde ließen ihn in den Strudel der österreichischen Avantgarde geraten, und die Aufführungen von Kompositionen seiner Schüler brachten ihm Ansehen als Lehrer. In jener Zeit entstanden auch dauerhafte Verbindungen. Mahler, Kraus, Loos, Altenberg, Klimt, Kokoschka, Wedekind, Strindberg, Balzac, Dehmel und George – für den Schönbergkreis waren das mehr als die Namen verehrter Helden; sie kamen einem Schlachtruf gleich. Es waren auch die Jahre, als dieser Kreis – enger gezogen durch Überzeugung und stärker geworden durch Opposition – jene angreifbare Mischung aus Arroganz und Minderwertigkeitskomplexen annahm, die Helene Berg zwanzig Jahre später so großes Kopfzerbrechen bereiten sollte. In den frühen Schönbergjahren wandelte sich die Schülerclique in eine Phalanx von wahren Gläubigen.

Als Morgenstern Berg erstmals begegnete, lag Bergs Bekanntheit wohl noch hauptsächlich in seiner Verbindung zu Schönberg begründet. Schönberg war häufiger Gegenstand ihrer Unterhaltungen, und Berg versäumte es nie, von seinem Lehrer mit Liebe und Hochachtung zu sprechen, was Helene einmal dazu bewegte, mit folgender Bemerkung zu unterbrechen: »*Du wirst nie glauben, wie die alle vernarrt sind in Schönberg! Wenn sie diskutiert haben und der Schönberg aufg'standen ist und im Zimmer umherging, lief ihm immer einer mit der Aschenschale nach.*« – »*Auch Alban?*« fragte Morgenstern. – »*Er? Er erst recht!*«[20]

Diese Idolisierung verrät das hohe Maß an Ehrfurcht und Beklommenheit, und Berg gab seine Schwierigkeiten, sich von dem überwältigenden Einfluß seines Lehreres zu befreien, offen zu. Es war ein Dilemma, das Berg einmal als das zentrale Problem seines Lebens beschrieb, »*ein Problem, an dem ich jahrzehntelang trage ohne es lösen zu können u. an dem ich auch zugrunde gehn werde*«[21].

Bis 1911 waren die meisten Schönberg-Studenten der ersten Generation selbständig geworden. Webern, Jalowetz und Stein hatten sich für eine Dirigentenlaufbahn entschieden, und im Mai desselben Jahres erhielt Berg endlich die Erlaubnis, Helene Nahowski zu heiraten[22]. Berg bestritt sein Leben immer noch durch die Verwaltung des Familienvermögens, aber letztlich gaben ihm die Vorbereitung von Klavierausgaben und die Unterrichtung einiger Privatschüler ebenso wie die Hietzinger Adresse des Ehepaares den Anschein von beruflicher Bedeutsamkeit[23].

Auch für Schönberg nahm vieles allmählich Gestalt an. 1909 hatte er einen Generalvertrag mit der Universal-Edition, Wiens neuestem und angesehenstem Musikverlag, geschlossen. Zu den ersten Werken, die dort erschienen, gehörte seine weithin gerühmte *Harmonielehre* aus dem Jahr 1911. Schönberg wurde endlich als Lehrer von Rang anerkannt, und im Wintersemester 1910/11 erhielt er die Erlaubnis, Privatkurse in Harmonielehre und Kontrapunkt an der Akademie zu geben. Der Erfolg dieser Veranstaltungen gab ihm bereits einen Vorgeschmack darauf, wie es sich im Falle der offiziellen Anerkennung durch die Fakultät verhalten würde, die dann 1912 erfolgte.

Die Musikgeschichte hätte sicher einen anderen Verlauf genommen, wenn Schönberg in Wien geblieben wäre, seine Position an der Akademie akzeptiert und sich zugestanden hätte, ein festes Mitglied der städtischen Elite zu werden. Aber im Sommer des Jahres 1911 verließ er Wien plötzlich und ging im Herbst erneut nach Berlin[24]. Es war eine unüberlegte Entscheidung, die unter Schönbergs Wiener Studenten und seinen Förderern Verwirrung stiftete. Für die nächsten fünf Jahre zwischen 1911 und 1915 wurden ihre Zeit, Energie und Fähigkeiten aufs äußerste beansprucht, um die Ansprüche ihres Meisters zu erfüllen[25]. Die Konzerte, Vorlesungen und Publikationen, die sie während dieser Jahre einschließlich der triumphalen *Gurrelieder*-Premiere und dem berüchtigten »Skandalkonzert« von 1913 arrangierten, trugen dazu bei, dem abwesenden Schönberg in Wien eine – wenn auch umstrittene – Präsenz zu garantieren. Die Jahre hartgeprüfter Hingabe waren zugleich durch zunehmende Spannungen gekennzeichnet, die von Schönbergs künstlerischen Schaffenskrisen und Selbstzweifeln ebenso herrührten wie von denjenigen seiner Studenten, die dabei waren, ihre eigenen künstlerischen und Berufsidentitäten aufzubauen.

Anton Webern hat wohl am meisten gelitten. Als selbstbewußter junger Mann mit beachtlicher Ausbildung und großem Talent kam er zu Schönberg und verließ ihn als Nervenbündel und voller Unsicherheit, aber auch als genialer Komponist. Seine Bemühungen, eine Dirigentenkarriere zu starten, mißlangen völlig. Und er verbrachte mehr als ein Jahrzehnt herumlungernd neben seinem Lehrer, der ihn trotzdem mit einer Freundschaft von solcher Intimität belohnte, daß er für den Rest seines Lebens davon gezeichnet bleiben sollte. Schönbergs

Dominanz lag nicht nur darin begründet, daß er über die Zeit seines Studenten verfügte und Loyalität von ihm forderte, sondern war auch das Ergebnis seines Vermögens, die Studenten seine Qualen mitleiden und die moralischen Imperative, die ihn trieben, verinnerlichen zu lassen.

Anders als Webern kam Berg anfangs mit nicht mehr als Enthusiasmus zu Schönberg. Ohne Weberns Fertigkeiten und Ausbildung war er zwar schüchterner, seine Abhängigkeit aber auch mit weniger Problemen behaftet. Er hatte zuviel zu lernen, um an tiefgreifenden Zweifeln zu leiden – die sollten erst später kommen. 15 Jahre lang war Berg Schönbergs fleißigster Student und derjenige, der die Geldmittel beschaffte. Er schrieb Einführungen zu seinen Werken, las seine Noteneditionen Korrektur, fertigte den Index zur *Harmonielehre* an und war während der ganzen Zeit – und bis zum Ende seines Lebens – ein loyaler Briefpartner.

Diese Loyalität wurde immer wieder auf die Probe gestellt, denn Bergs Psyche war häufige Zielscheibe vernichtender Angriffe eines Mannes, der sich das Recht nahm, sich in nahezu jede Angelegenheit seines Schülers einzumischen. In seinen Briefen und ihren periodischen persönlichen Treffen machte Schönberg klar, daß er seinen Studenten abwechselnd für faul, schlampig, untätig, einen zu langsamen Arbeiter oder ausschließlich mit seinen Krankheiten beschäftigt hielt, und warf ihm vor, fahrlässig mit seiner Gesundheit umzugehen, unklar in seinem Denken, finanziell und emotional zu abhängig von seiner Mutter und der Familie seiner Frau und gefangen in deren belanglosem Geschwätz und sozialen Ansprüchen zu sein. »*Sie sind bös, weil ich Ihnen geschrieben habe, Sie hätten geträumt! Aber ich möchte Sie gerne noch viel böser machen. So bös, dass Sie einmal aufspringen und mir [...] einen Häfen um den Schädel hauen!*«[26] Bergs zahlreiche gewundene Geständnisse, klägliche Entschuldigungen und Versprechen, sich zu bessern, trugen wenig dazu bei, seinen Lehrer zu besänftigen oder dessen Verhalten zu ändern. Ende des Jahres 1915 schließlich kam es zu einem Bruch zwischen den beiden Männern, der mehr als ein Jahr andauerte. [27]

Eines Abends im März 1925 ging Soma Morgenstern zum Konzerthaus, um eine Karte für die Aufführung von Mahlers *1. Symphonie* zu kaufen. An der Tür sah er eine sehr erregte Helene Berg, die ihn flehentlich um Hilfe bat. Anscheinend war ein junger Mann aus Frankfurt, der bei ihrem Mann studieren wollte, für drei Uhr am Nachmittag eingeladen worden und war dann einfach nicht gegangen: »*Er blieb zur Jause und ging auch nach der Jause nicht, und redete in Alban so hinein, daß er schon ganz blaß vor Erschöpfung ist. Alban verstand gar nicht, was er da zusammen redete. Nach der Jause sagten wir ihm, daß wir mit der Alma zum Konzert verabredet sind und früher in die Stadt müßten. Er sagte, er kommt mit. Und er ist nicht weggegangen. Er ist mit uns gefahren, hat sich eine Karte gekauft, ist gleich mit uns in die Loge gekommen und steht jetzt weiter vor Alban und redet in ihn hinein. Alban hat mich heruntergeschickt. Wir sind nach dem Konzert bei der Alma eingeladen. Er wird bestimmt mitgehn wollen. Sie müssen uns retten!*«[28]

Morgenstern betrat den Saal, und was er sah, bestätigte Helenes Beschreibung. *»In der Loge, wo Alma mit ihrer Entourage saß, stand Alban, vor ihm eine schmale, neben Alban sehr kleine Gestalt, und redete tatsächlich auf ihn ein. Als Alban mich erblickte, hob er beide Arme hoch, aber nicht wie ein Grüßender, sondern wie ein Ertrinkender«*[29]. Kein Bild konnte den Unterschied zwischen Alban Berg und Arnold Schönberg besser zum Ausdruck bringen, als die Situation, wie Berg unter der lästigen Aufmerksamkeit des jungen Theodor Wiesengrund Adorno nach Luft rang[30]. Schönberg würde einen derartigen Ansturm niemals geduldet haben, hätte sich sofort durchgesetzt und dem »Schnösel« sicherheitshalber einige Schläge versetzt. Aber der Unterschied geht noch über Bergs Mangel an Entschiedenheit oder Autorität hinaus. Es war schlicht eine Frage der geistigen Aufnahmefähigkeit. Berg war einfach nicht in der Lage, ein Bündel neuer Informationen und Ideen schnell zu verarbeiten. Adorno hielt Bergs Behauptung, daß er ein Gedicht von Karl Kraus nicht beim ersten Hören erfassen könne, für Koketterie[31]. Bergs Aussage war aber keineswegs eine Pose. Hermann Watznauer, der väterliche Mentor des jungen Berg, machte folgende vielsagende Beobachtungen bei seinem jugendlichen Freund: *»Die Gesichtszüge und die Haltung schienen oft müde und abgespannt, und wenn er im Konzertsaal oder in der Oper einem ihm neuartigen Musikwerke lauschte, hielt er den Mund ein wenig geöffnet, was einen ungünstigen Eindruck hervorrief. Es hatte den Anschein, als ob er nicht imstande gewesen wäre, das, was er hörte, zu fassen. Anders aber stellte er sich in den Stunden der Ausspannnung, der Ruhe dar, in der Geborgenheit, im stillen Kreis der Freunde. Dann leuchtete der ganz bezwingende Zauber seiner durchgeistigten Jugend aus den großen klaren Augen...«*[32]

In der Geborgenheit seiner eigenen vier Wände konnte Berg die von außen kommenden Anregungen in dem ihm gemäßen Tempo aufgreifen, und mit Hilfe einiger großzügiger Schlucke seines Lieblingscognacs vermochter er sich sogar in hitzige Debatten einzuschalten, obwohl Morgenstern uns berichtet, daß seine Diskussionsfähigkeit im krassen Gegensatz zu seinem Eifer stand, sich daran zu beteiligen[33]. Zu Hause konnte sich Berg Vergnügungen hingeben, die ihm in früherer Zeit Schönbergs hochmütige Verachtung eingebracht hätten.

Eines Nachmittags machte Morgenstern, der jetzt selbst in der Trauttmansdorffgasse wohnte, in der Bergschen Wohnung Halt, wo er die beiden während einer sehr lebhaften Jause antraf. Berg, von fünf Frauen umringt – Helene, Smaragda und drei ihrer Freundinnen – fühlte sich sichtlich wohl. Morgenstern blieb nur einen Moment, und als Berg ihn zur Tür begleitete, sagte er fröhlich: *»Du, was die zusammentratschen! Das ist schon wie ein Rausch!«*[34]

Tatsächlich mochte Berg Klatsch und auch Kartenspiele. Er genoß die kleinen Förmlichkeiten der Unterhaltung und des geselligen Beisammenseins, die zu den Ritualen seiner Klasse gehörten. Für den gemäßigten »Bohemien« Morgenstern waren die Bergs, die in einer Welt lebten, in der Einladungen zum Mittagessen, Tee und Abendessen eine große Rolle spielten, ausgesprochen bürgerlich. Selbst in den frühen 20er Jahren, als die Inflation ihr Einkommen schmälerte, gelang es Helene durch die umsichtige Verwaltung ihres Vermögens, den gesunden Appetit ihres Mannes zu befriedigen. Berg, so bemerkte Adorno einmal, »*adelt den Alltag in Bezug auf das Vergnügen*«. Ihr zu Hause beschrieb er folgendermaßen: »*Die Atmosphäre hatte, das Wort recht verstanden, stets etwas Herrschaftliches. Der erste Grund dafür war die selbstverständliche Haltung gut Gewöhnter...Nichts in ihrem Lebensstil war Bohème. Kaum je sah ich eine Wohnung, in der ich mich wohler fühlte; sie hatte etwas Weiträumiges, Larges, das zum Bergschen Ideal des Jovialen sehr genau paßte*«[35].

Die sich aus der Behaglichkeit ergebende Routine begünstigte Bergs langsames, methodisches Arbeiten und bot ihm die Möglichkeit, seinen Tagesablauf dementsprechend zu gestalten. Solche Häuslichkeit steckte an, und unter dem Einfluß Bergs lernte selbst Adorno den Wert von ein wenig Selbstbeschränkung kennen. »*Sicherlich war ich damals tierisch ernst*«, schrieb er später, »*und das konnte einem reifen Künstler auf die Nerven gehen. Aus lauter Verehrung trachtete ich, nie etwas zu sagen, als was ich für besonders tief hielt*«. Und zuvor notierte er: »*Mein eigener philosophischer Ballast fiel wohl für Berg zuweilen unter die Kategorie dessen, was er fad nannte; ich machte einmal einen Spaß darüber, ohne daß er mir ernstlich widersprochen hätte*.«[36]

Adorno beschrieb Berg als toleranten und liberalen Lehrer. Sein Unterricht hatte nichts von jenen einschüchternden Momenten, die Schönberg gegenüber seinen Studenten zeigte. Mit Geduld und Methode führte er durch Harmonielehre und Kontrapunkt, Kompositionlehre lehrte er durch maßvolle, genau bedachte Ermutigung. Obwohl Berg der Unterricht Schönbergs am Herzen lag, war nichts Doktrinäres in Bergs Lehrmethode. Sein musikalischer Geschmack war katholisch und schloß einige zeitgenössische französische, deutsche, italienische und osteuropäische Komponisten ein, die wenig oder gar keine Beziehung zur »atonalen Revolution« hatten. Berg unterrichtete ohne Drohgebärden, er wurde niemals scharf oder aggressiv. Es wurde ihm unbehaglich bei dem Gedanken an die Art des Unterrichts und der Musik seines Lehrers. Der Unterricht fand normalerweise in seinem Arbeitszimmer statt und endete oft mit vierhändigem Klavierspiel, einem Besuch in einem Café oder einem langem Spaziergang im Schönbrunner Schloßpark.

Bergs Studenten dienten sich nicht an, sondern halfen ihrem Lehrer, wie Berg Schönberg geholfen hatte, indem sie seine Partituren vorbereiteten, Teile davon kopierten und Korrekturfahnen überprüften. Aber sie begleiteten ihn nicht in seinen Ferien und nur selten auf seinen Reisen. An der geschätzten Routine des Alltags dagegen, zu der der Besuch von Konzerten, des Theaters, Kinos und Fußballspielen gehörte, nahmen sie teil[37]. Nur wenige seiner Studenten entwickelten dauerhafte persönliche Bindungen zu ihrem Lehrer, die meisten gingen nach Ende ihres Studiums eigene Wege. Ohne Zweifel spielten die Themen, die Berg besonders am Herzen lagen, eine große Rolle. Dazu gehörten vor allen Dingen die Wiener »Hausgötter« Altenberg, Kraus, Loos und Mahler, und sicherlich wird er auch versucht haben, eine ausgesprochene Loyalität gegenüber dem größeren Schönbergschen Themenkomplex zu fördern. An die kulturelle Front wie Schönberg schickte er seine Studenten aber nicht. Bergs Toleranz unterschied ihn von anderen Schönbergianern ebenso wie *»das Bedürfnis des überaus Schmerzempfindlichen und Anfälligen, der Tyrannis des Kollektivs so gut es ging, auszuweichen«*[38], wie Adorno bemerkte.

Nach dem Bruch 1915 hatte sich die Beziehung Bergs zu Schönberg langsam wieder erholt, und 1918 bot Schönberg seinem früheren Studenten das »Du« an. Während der ersten Nachkriegsjahre hatte das Gewicht des Schönbergkreises innerhalb von Wiens Kultur abgenommen. Die großen Vorkriegsskandale und Kontroversen gehörten der Vergangenheit an und waren zu Legenden eines anderen Zeitalters geworden. Gelegentlichen öffentlichen Musikaufführungen begegnete ein selbsternanntes Publikum von Enthusiasten der Neuen Musik, das sich durch seine Aufgeschlossenheit von der Masse unterschied, mit Respekt. Der »Verein für musikalische Privataufführungen«, der 1918 gegründet wurde, beerbte die »Vereinigung schaffender Tonkünstler«, obwohl der durch die Veranstalter vorgegebene private Rahmen – nur Mitglieder waren zugelassen und Rezensenten der Zugang verwehrt – die öffentliche Wirkung beträchtlich einschränkte[39]. So wurden die Einstellung regelmäßig veranstalteter Konzerte 1921 und das offizielle Ende der Organisation zwei Jahre später in der kulturellen Gemeinschaft Wiens kaum wahrgenommen.

Als Adorno 1925 in Wien ankam, war er überrascht, den Schönbergkreis viel weniger festgefügt vorzufinden, als er dachte: *»Schönberg, wieder verheiratet, lebte in Mödling; er wurde, so dünkte es zumindest der alten Garde, von seiner jungen und eleganten Frau ein wenig von den Freunden aus der heroischen Zeit isoliert. Webern wohnte wohl bereits draußen in Maria Enzersdorf. Man sah sich nicht häufig. Berg klagte besonders darüber, daß er mit Webern und mit Steuermann, an dem er sehr hing, selten zusammenkomme, und machte dafür die keineswegs formidable Größe Wiens verantwortlich.«*[40]

Das Nachkriegs-Wien, das auf nicht viel mehr als eine Provinzhauptstadt der kleinen Alpenrepublik gestutzt worden war, stellte nicht länger die treibende kulturelle Kraft dar, die es einstmals war, und die Ehre, einer ihrer Außenseiter zu sein, verlor an Reiz. Die kreativen Künstler begannen, sich jenseits der engen Grenzen des österreichischen Hinterlandes um kulturelle Resonanz zu bemühen. So stellte der »Verein« zum Beispiel Verbindungsleute zu den Neue-Musik-Vereinigungen im Ausland her und diente als Vorbild für die 1923 gegründete »International Society for Contemporary Music«. Die Wiener Abteilung der ISCM, der »Verein für neue Musik«, ließ sozusagen die Wiener Abteilung des »Vereins für musikalische Privataufführungen« wieder aufleben, indem sie vertraute Gesichter der alten Garde mit solchen der jüngeren Mitglieder des Kreises um Schönberg mischte. So wurde das Quartett von Schönbergs Schwager Rudolf Kolisch ein international anerkanntes Ensemble für neue Musik.

Auch Schönberg suchte Gelegenheiten zum Unterrichten und Dirigieren im Ausland. Zu Beginn des Jahres 1926 verließ er dann Wien, um eine Meisterklasse an der Preußischen Akademie der Künste in Berlin anzunehmen. Es war sein dritter Aufenthalt in der deutschen Hauptstadt, und als er in Berlin eintraf, war eine Oper Alban Bergs gerade Stadtgespräch.

Die Anerkennung Bergs als Komponist kam spät. Sein erster großer Auftritt, die Premiere zweier seiner *Altenberg-Lieder* (op. 4) 1913, endete in einem Skandal, nach dem das Werk spurlos in der Versenkung verschwand[41]. Andere Werke, wie die *Klaviersonate op. 1*, *Vier Lieder op. 2*, das *Streichquartett op. 3* und die *Stücke für Klarinette op. 5* wurden in Studentenkonzerten oder im Rahmen der Vereinskonzerte aufgeführt und fanden daher außerhalb Wiens wenig Beachtung. Erst im April 1923 unterzeichnete Berg einen Vertrag mit der Universal-Edition – seine ersten drei mit Opus-Nummern versehenen Werke sowie die Klavierstimme zum *Wozzeck* hatte er noch auf eigene Kosten publiziert. Im weiteren Verlauf des Jahres erregten die Aufführungen zweier seiner insgesamt *Drei Orchesterstücke op. 6* in Berlin und des *Streichquartetts* auf den Salzburger Festspielen Aufsehen. Aber erst die Aufführung von Auszügen des *Wozzeck* auf dem Internationalen Musikfestival in Frankfurt im Sommer 1924 sollten Alban Berg zu jener Berühmtheit machen, der Adorno einige Monate später so angestrengt versuchte, zu imponieren. Die Frankfurter Aufführung bereitete für den atemberaubenden Erfolg der *Wozzeck*-Premiere in Berlin im Dezember 1925 den Boden. Mit vierzig war Berg nicht länger nur ein Mitglied im Gefolge Schönbergs, sondern eine eigenständige Persönlichkeit. Die *Wozzeck*-Premiere machte ihn berühmt und verhalf ihm – zumindest für eine geraume Zeit – zu finanzieller Unabhängigkeit.

Während seiner letzten zehn Lebensjahre wurde Berg als gefeierter Komponist zur öffentlichen Person. Aufführungen seiner Werke führten ihn in Städte überall in Deutschland sowie nach Prag, Brüssel, Paris, Winterthur und Leningrad. Selbst Wien zollte seinem Sohn mit einer brillianten Produktion des *Wozzeck* an der Staatsoper Tribut. Berg hielt Vorlesungen über seine Musik, wurde für seine Verdienste geehrt, in Zeitungen erwähnt und im Radio interviewt. Er saß in Jurys und wohnte Festivals in England, der Schweiz, Deutschland und Italien bei, wo er sich mit Kollegen und zahlreichen seiner Wegbegleiter wie Béla Bartók, Edward J. Dent, Gregor Fitelberg, Zoltán Kodály, Charles Koechlin, Gian Francesco Malipiero, Albert Roussel und Ernst Toch austauschte, und verkehrte mit Politikern, Aristokraten und Finanziers. Durch seine Freundschaft mit Alma Mahler und Franz Werfel wurde er bei Gerhart Hauptmann und Sinclair Lewis eingeführt, und Wiener Literaturgrößen wie Hermann Broch, Stefan Zweig oder Elias Canetti rühmten sich seiner Bekanntschaft. Auch Bewunderer aus dem Ausland wie George Gershwin fanden den Weg in die Trauttmansdorffgasse. Der Wohlstand ermöglichte Berg den Kauf eines Autos – eines Ford-Cabriolets –, seine Briefe schrieb er jetzt nur noch mit der Schreibmaschine, und 1932 erwarb er eine Villa am Wörthersee, das »Waldhaus«. Wie Schönberg wurden auch Berg attraktive Angebote aus Frankreich,

England und sogar Amerika gemacht, Wien zu verlassen. Zweimal, 1925 und 1930, bot ihm Franz Schreker eine Position an der Hochschule für Musik in Berlin an. Trotz guten Zuredens durch Schönberg lehnte Berg beide Angebote ab.

Es war nicht die schmeichelhafte offizielle Anerkennung, die Berg in Wien hielt. 1924 nahm er dankbar den Kunstpreis der Stadt Wien an; aber als ihm der Titel eines Honorarprofessors angeboten wurde, lehnte er diesen angeblich mit der lakonischen Bemerkung *»zu spät – Alban Berg genügt«*[42] ab. Mag sein, daß er zu viele Jahre abseits zugebracht hatte, als daß er sich als Insider in dem Milieu, in dem er – anders als Schönberg – geboren wurde und aufgewachsen war, wohlgefühlt hätte. Man berichtet sich, daß er sich auch nach dem Erfolg des *Wozzeck* gelegentlich eine Oper von den Stehplätzen aus ansah. Er war weiterhin ein eifriger Leser der »Fackel« und 1932 einer der Gründer des durch die »Fackel« angeregten Kulturjournals »23. Eine Wiener Musikzeitschrift«, die sein Student Willi Reich herausgab[43].

Ein Grund für seinen Verbleib in Wien war die große Rolle, die seine Familienangelegenheiten und –verantwortlichkeiten spielten, vor allem seitdem seine Eltern älter wurden[44] Seinen Geschwistern Smaragda und Charly stand Berg auch weiterhin nahe (Hermann war 1920 in Amerika verstorben). Hinzu kam, daß Helenes Bruder Franz, dem Alban und Helene eng verbunden waren, zunehmend durch gefährliche Anfälle von Paranoia behindert wurde. Außerdem waren Freundschaften gerade jetzt, wo Bergs erhöhtes Einkommen es ihm erlaubte, die sinnlichen Genüsse seiner Geburtsstadt mehr zu genießen, nicht weniger wichtige Gründe für den Verbleib in Wien.

Hauptsächlich dürfte Bergs Verharren in Wien aber auf die Bedürfnisse seiner kreativen Persönlichkeit zurückzuführen sein. Im vergangenen Lebensjahrzehnt hatte Berg hart daran gearbeitet, seine Trägheit und Unentschlossenheit, die seine Produktion in früheren Jahren gehemmt hatten, zu überwinden. *»Seitdem er mit dem sensationellen Erfolg der Wozzeck-Suite bei den Musikfestspielen in Frankfurt am Main sozusagen Blut geleckt hatte, war er ein durchaus energischer Arbeiter geworden«*[45], stellte Soma Morgenstern dann auch fest. In dieser Hinsicht konnte Berg sich der Unterstützung seiner Frau, die alles tat, um eine seinen Bedürfnissen entgegenkommende Atmosphäre zu schaffen, gewiß sein. Morgenstern berichtet, daß sie Berg sogar in sein Arbeitszimmer einsperrte, um ihn zum Arbeiten zu zwingen. Dieser behauptete jedoch, sich in solchen Fällen mit einer Flasche Cognac, die er unter dem Sofa versteckt hielt, getröstet zu haben[46].

Es spielt keine Rolle, ob Helene tasächlich von dem Cognac wußte, wie sie nach Bergs Tod behauptete. Morgenstern hingegen ist sich sicher, daß das nicht zutrifft. Wie auch immer: entscheidend ist, daß Berg glaubte, ein Geheimnis zu haben, ein Geheimnis mehr, das er mit einem Freund teilen konnte[47]. Bergs Vorliebe für Geheimnisse und Klatsch erhielt beiden die Freundschaft. Seine Seitensprünge – die Beziehung zu Hanna Fuchs-Robettin war nur eine von verschiedenen Affairen und erotischen Liaisons – waren ein Lieblingsthema, und Freunde wie Soma Morgenstern oder Rudolf Kolisch ebenso wie seine vertrautesten Studenten wurden häufig als Eingeweihte und Vermittler mit einbezogen. Daneben sollten aber auch die Bekenntnisse in der Korrespondenz Bergs nicht unberücksichtigt bleiben. Denn Briefe waren sein bevorzugtes Medium, um Freundschaften zu kultivieren und Leidenschaften zu kanalisieren. Im Grunde stellten sie jedoch eine andere Form der Reserviertheit und eine Methode dar, andere zu benutzen, um den Standort des eigenen Ichs, der sich immer wieder verschob, zu verstecken. Jedenfalls wußte Helene Berg wahrscheinlich von den Affairen oder konnte sie zumindest erahnen und wird selbst einige gehabt haben, so – gebilligt und ermutigt durch ihren Mann – mit Soma Morgenstern. Dieser überlegte es sich anders, und zwar nicht aufgrund von bürgerlichen Skrupeln, sondern weil ihm Helenes Liebe zu Berg und dessen Abhängigkeit von ihr wichtiger erschienen[48].

Die Opfer, die Bergs Umkreis erbringen mußte, lagen in distanzierter Rücksichtnahme auf seine künstlerischen Bedürfnisse begründet. Adorno bemerkte einmal, daß Berg *»die eigene Person … vorsichtig und gleichgültig in eins«* behandele, *»wie das Musikinstrument, das er sich war. Gern sprach und schrieb er von sich, lieber von seiner Musik. Aber dem fehlte jede Spur von Eitelkeit; es klang, als fühlte er sich kaum nur identisch mit sich, eher als hätte er über den von ihm geschätzten Komponisten Alban Berg zu berichten«* [49].

»Bergs empirisches Dasein«, schrieb Adorno an anderer Stelle, *»unterstand dem Primat der Produktion; er schliff sich selbst als ihr Instrument, und seine erworbene Lebensklugheit lief nur drauf hinaus, Bedingungen herzustellen, die ihm gestatteten, eigenen psychischen Schwächen und psychologischen Widerständen das œuvre abzuzwingen«*[50]. Essen und Trinken, Klatsch und romantische Verwicklungen gehörten zu den Bedingungen, die diese Kreativität unterstützten, und Berg vermochte seine Vergnügungen ohne eine Spur von Egoismus zu teilen. Physische Voraussetzung für Bergs Schaffenskraft war seine unmittelbare Umgebung, die es ihm erlaubte, an der Welt aus sicherer Entfernung teilzuhaben.

Es kam zum Paradox in Bergs letztem Lebensjahrzehnt, daß mit dem zunehmenden Rücken in den Mittelpunkt der Gesellschaft sein physischer und psychischer Rückzug zunahm und seine Etabliertheit und Passionen ihn zusehends von seinen Werken isolierten und in deren Gestalt einflossen. Und je mehr sich der politische Horizont durch Ereignisse verdunkelte, die sein kulturelles Universum ins Wanken brachten, desto mehr zog er sich in sein Privatleben in Hietzing und sein ländliches Refugium am Wörthersee zurück, das er sein »Konzentrationslager«[51] nannte, weil die ruhelose Außenwelt ausgeschlossen blieb. Es war schwarzer Humor mit einer Spur von Scham eines Mannes, der zu offenem Widerstand unfähig war[52]. Adorno beobachtete, daß Berg während seiner letzten Lebensjahre seiner zunehmenden Isolierung mit einer Strategie diplomatischer Verstellung entgegenwirkte: »*Ich nannte ihn den Außenminister seines Traumlands, und er hat darüber gelacht*«[53].

Bei künstlerischen Entscheidungen geht es immer um das Finden von Perspektiven und das Ringen um einen Standpunkt. Jeder Künstler muß seine Mitte finden, und Berg – ein Gewohnheitsmensch, geformt durch sein Land und seine Umgebung – fand seine Mitte in einer von ihm in einem außenliegenden Bezirk Wiens erschaffenen Welt, die er verschiedentlich als »*das End der Welt*« bezeichnete[54]. Es war ein Ort bürgerlicher Ehrbarkeit und diskret geteilter Geheimnisse, ein vor Konfrontation geschützter Ort, an dem er die Impulse von Wiens Innerem Distrikt im ihm gemäßen Tempo aufnehmen und die Anregungen der dahinter liegenden Welt integrieren konnte. Es war auch der Ort, von dem aus er leicht seine Zukunft auf sich nehmen konnte, während er noch auf die Welt seiner Eltern zurückblickte. Deren Annehmlichkeiten waren Voraussetzung für seine Arbeit und Hintergrund seiner vieldeutigen und geheimnisvollen Partituren. Diese Annehmlichkeiten waren auch der Puffer für Herausforderungen, die ihn aus dem Gleichgewicht zu bringen drohten – seien es seine erotischen Verwicklungen oder moralische Kompromisse, die eine in den Wahnsinn verfallende Welt ihm abverlangte, oder die Ansprüche eines ruhelosen und getriebenen Mannes, der sein Lehrer und Meister war.

Schönberg gehörte nicht zu den von Morgenstern aufgezählten »Hausgöttern«. Mit Kraus, Loos, Altenberg und Mahler erinnerte sich Berg seiner eigenen Identität und Erfahrungen – der Hitzigkeit der Kaffeehaus-Debatten des ersten Bezirks, der Utopie eines geregelten Lebens in den außerhalb gelegenen Bezirken, der zerbrechlichen, tragischen Schönheit der menschlichen Seele oder der großartigen und melancholischen Einsamkeit seiner geliebten Kärntner Landschaft. Schließlich verstärkten deren Biographien und Werke Bergs Sinn für Heimat und das Gefühl der Zugehörigkeit. Arnold Schönberg hingegen kannte kein Zuhause, er war weder an Raum noch Zeit gebunden. Seine unberechenbaren Stellenwechsel, häufigen Reisen, bewegten Sommerzeiten und seine verwirrenden Wohnungswechsel ließen kein Zugehörigkeitsgefühl aufkommen. Dies alles spricht für einen Mann, der in einer Sphäre von Ideen, Geschichte und Sehnsucht zu Hause war; einen Mann mit Ambitionen, innerem Antrieb, Energie, immer im Transformationsprozeß, in rastloser Eroberung neuen Terrains und pausenlos bemüht, vorwärtszukommen. Bergs lebenslange Verbindung zu Schönberg stellte eine erregende, zugleich aber auch furchterregende Kreisbahn um eine sich ständig drehende Achse dar. Schönberg bot gleichsam den Kompaß für einen orientierungslosen Menschen.

Trotz aller Loyalität zu Schönberg war Berg auf Distanz bedacht. Er widerstand Schönbergs zweimaliger Forderung – vor und nach dem Ersten Weltkrieg –, mit ihm nach Berlin zu gehen. Und in späteren Jahren suchte er Ausflüchte, um Schönbergs wiederholten Einladungen, die Ferien gemeinsam zu verbringen, zu entgehen. Er wird sogar Bedauern verspürt haben, als Schönberg 1933 nach Amerika ging, wohin Berg, wie er wußte, nicht folgen konnte. Neben seiner Beziehung zu Schönberg nutzte er sein seßhaftes Leben, seine Familie, seine Gewohnheiten und sein Lebensumfeld als Bollwerk, hinter dem er seine eigene Identität und ästhetische Persönlichkeit aufbaute: aus einer Synthese der gegensätzlichen Impulse seiner Geburtsstadt, aus seinem Instinkt für kritische Analyse, aus klangfarblicher Sinnlichkeit, emotionalem Affekt, sorgfältiger Konstruktion und struktureller Feinheit[55].

Berg errichtete das Land seiner Träume in der Nähe seiner Jugend. Die Modelle, denen er folgte, die Texte, die er auswählte und die Themen, die er verfolgte, erklären sich aus den Passionen des ersten Bezirks in der erregten und widersprüchlichen Welt vor dem Krieg. Der Einfluß dieser Impulse wurde abgefedert durch sein Leben an der Peripherie in einer Welt gemächlicher Behaglichkeit, in der Alban Berg im »Heiligtum« seines Privatseins der süßen Verlockung seines Charakters nachgeben und einen Werkkomplex schaffen konnte, der aus der innigen Umarmung zweier Lebenswelten entsprang.

Anmerkungen

1 Morgenstern, *Alban Berg*, 1999, S. 55.

2 Zu den Bezirken Wiens s. Felix Czeike (Hg.), *Historisches Lexikon Wien*, 3 Bde., Wien 1992–1994, sowie Christian Brandstätter, Günter Treffer u. Anna Lorenz (Hg.), *Stadtchronik Wien. 2000 Jahre in Daten, Dokumenten und Bildern*, Wien 1986.

3 Alt-Hietzing heißt das direkt an das Schönbrunner Schloßgelände angrenzende Herz des Bezirks. Der 13. Bezirk Hietzing wurde 1892 durch Zusammenlegung der Gemeinden Baumgarten, Breitensee, Hacking, Hietzing, Lainz, Ober St.-Veit, Penzing, Unter St.-Veit, Schönbrunn, Speising und aus Teilen von Hadersdorf, Hütteldorf, Mauer und Auhof gebildet (1938 wurden die Gemeinden nördlich des Wienflusses einschließlich Penzing, Breitensee, Baumgarten, Hütteldorf und Hadersdorf-Weidlingau zum 14. Bezirk Penzing zusammengefaßt). Bezüglich Hietzings zu Zeiten Bergs s. Helga Gibs, *Hietzing. Zwischen gestern und morgen*, Korneuburg 1996 und Erich Alban Berg, *Als der Adler noch zwei Köpfe hatte*, insbesondere die Kapitel »Der Nobelbezirk Hietzing und seine Bewohner«, S. 93–105 und »Der Kaiser«, S. 141–156.

4 Bis 1918 war der Lainzer Tiergarten kaiserliches Jagdrevier und wurde erst 1919 öffentlich zugänglich. Zu Hietzing sollte er offiziell aber erst seit 1956 gehören.

5 Soma Morgenstern gab seine berufliche Laufbahn Mitte der zwanziger Jahre auf, um Kolumnist und Romanschriftsteller zu werden. Mit dem Aufkommen des Nationalsozialismus verließ er Wien und siedelte sich in New York an. Der Herausgeber von Morgensterns *Alban Berg und seine Idole*, Ingolf Schulte, weist mit Hilfe von Meldezetteln nach, daß Morgenstern tatsächlich erst im Januar 1921 nach Hietzing zog und daß sein Umzug in eine Wohnung in Alt-Hietzing (Maxingstraße 30) im Oktober des darauffolgenden Jahres

erfolgte (Morgenstern, *Alban Berg*, S. 41, Anm. 1). Um den Fluß von Morgensterns Erzählung nicht zu unterbrechen, habe ich mich dennoch entschieden, Morgensterns Chronologie zu übernehmen.

6 Morgenstern, *Alban Berg*, S. 45ff.

7 Adorno, *GS* 13, S. 341.

8 Anna Nahowskis Tagebücher, die sich auf die Jahre als Geliebte des Kaisers beziehen,
sind von Franz Saathen unter dem Titel *Anna Nahowski und Kaiser Franz Joseph. Aufzeichun-
gen*, Wien 1986, herausgegeben worden. Die Behauptung, daß der Kaiser Vater zweier ihrer Kinder sei, konnte nie genetisch nachgewiesen werden.

9 Details der Affäre Anna Nahowskis mit dem Kaiser werden von Erich Alban Berg in *Als
der Adler noch zwei Köpfe hatte* wiedergegeben (S. 155ff.). Er beruft sich auf Helene Berg.

10 Erich Alban Berg, *Als der Adler noch zwei Köpfe hatte*, S. 95ff.

11 Für die Erörterungen über die Familie Berg beziehe ich mich größtenteils auf zwei Bücher
Erich Alban Bergs (*Der unverbesserliche Romantiker* und *Alban Berg. Leben und Werk*).

12 Smaragda Berg heiratete Adolf Freiherr von Eger am 21. April 1907, am 23. Dezember
desselben Jahres wurden sie geschieden.

13 Morgenstern, *Alban Berg*, S. 65.

14 Ebd., S. 56.

15 Dass.

16 Zu Bergs Verhältnis zum literarischen Wien s. Kap. 2 sowie Susanne Rode, *Alban Berg und
Karl Kraus*.

17 Die Vereinigung schaffender Tonkünstler wurde am 23. April 1904 gegründet und gab im
Verlauf der Konzertsaison 1904/5 zwei Orchesterkonzerte, von denen das zweite die
Premiere von Schönbergs *Pelleas und Melisande* sowie Zemlinskys *Meerjungfrau* im Programm hatte. Außerdem veranstaltete die Vereinigung vier Liederabende, von denen der
letzte am 11. März 1905 zugleich auch das letzte Konzert der Organisation war.

18 Zwischen 1904 und 1905 lehrte er an der Schwarzwald-Schule im 1. Bezirk, an der Webern, Jalowetz und Egon Wellesz (alle studierten Musikwissenschaft an der Universität) zu
seinen Schülern zählten.

19 Der Selbstmord war derjenige des Malers Richard Gerstl (1883–1908), der eine Affaire mit
Schönbergs Frau hatte. Schönberg war seit 1907, als er selbst in der Malerei experimen-
tierte, mit Gerstl befreundet gewesen.

20 Morgenstern, *Alban Berg*, S. 356.

21 Ebd., S. 356.

22 Alban Berg und Helene Nahowski heirateten am 9. Mai 1911, ungeachtet der Tatsache,
daß ihr Vater auf einer protestantischen Trauung bestand, um gegebenenfalls die von ihm
befürchtete Scheidung zu erleichtern.

23 Bergs berufliche Haupbeschäftigung bestand zu dieser Zeit in seiner Arbeit für die Universal-Edition, für die er die Klavierauszüge zu Schönbergs *Gurreliedern* und Franz Schrekers Oper *Der ferne Klang* vorbereitete.

24 Um die Enttäuschung der Akademie in Grenzen zu halten, behauptete Schönberg, daß es
nicht der richtige Zeitpunkt für eine Rückkehr nach Wien sei.

25 Für diese Jahre bietet der Briefwechsel Schönbergs mit Berg detaillierte Informationen (S.
Berg-Schoenberg-Correspondence)

26 17.5.1915, in: *Berg-Schoenberg Correspondence*, S. 241.

27 Für den musikalischen Hintergrund des Zerwürfnisses s. Kap. 5.

28 Morgenstern, *Alban Berg*, S. 17.

29 Ebd., S. 118.

30 Bezüglich Adornos persönlicher und intellektueller Beziehung zu Berg s. Kap. 3.

31 Adorno, *GS* 13, 357.
32 Watznauer nach Erich Alban Berg, *Der unverbesserliche Romantiker*, S. 53. Der Architekt Hermann Watznauer (1875–1939) war ein Freund der Familie Berg und nahm nach dem Tod Conrad Bergs die Rolle von Bergs väterlichem Freund ein.
33 Morgensten, *Alban Berg*, S. 101.
34 Ebd., S. 313.
35 Adorno, *GS* 13, S. 362f.
36 Ebd., S. 361.
37 Berg war ein Anhänger des Fußballclubs »Rapid«, der an der Hüttendorfer Pfannwiese, nur wenige Gehminuten von Bergs Wohnung entfernt, spielte.
38 Adorno, *GS* 13, S. 360f.
39 Berg beteiligte sich an der Formulierung der Statuten des Vereins und war einer seiner »Vortragsmeister«.
40 Adorno, *GS* 13., S. 360.
41 S. Kap. 2 und 5. Die *Altenberg-Lieder* wurden erst 1953 veröffentlicht.
42 Erich Alban Berg, *Alban Berg*, S. 41.
43 Zwischen 1923 und 1937 erschienen 33 Ausgaben der Zeitschrift, deren Titelblatt Berg entwarf.
44 Johanna Berg starb 1926, Franz Nahowski 1925 und Anna Nahowski 1931.
45 Morgenstern, *Alban Berg*, S. 99.
46 Ebd., S. 298.
47 Bzgl. des musikalischen Aspekts von Bergs Vorliebe für komplizierte Geheimnisse s. Kap. 8.
48 Morgenstern, *Alban Berg*, S. 376ff.
49 Adorno, *GS* 13, S. 344.
50 Ebd., S. 367.
51 *Alban Berg. Leben und Werk in Daten und Bildern*, hg. v. Erich Alban Berg, Frankfurt/Main ²1985, S. 45f.
52 Morgenstern erzählt in *Alban Berg* (S. 364, 378) die oft zum Besten gegebene Geschichte, wie Berg von der Reichsmusikkammer aufgefordert wurde, seine arische Abstammung nachzuweisen. Als er von Morgenstern gefragt wurde, warum er die Formulare, statt sie auszufüllen, nicht wie Ernst Krenek weggeworfen habe, soll Berg geantwortet haben: »*Krenek ist nicht mit Helene verheiratet*«, so hat er seine eigene Feigheit mit dieser Geste der Illoyalität gegenüber seiner Frau noch vergrößert.
53 Adorno, *GS* 13, S. 366.
54 S. etwa Bergs Briefe an Schönberg vom 13. Sept. 1912 (Typoskript im Staatlichen Institut für Musikforschung Berlin) und 10. Februar 1913 in: *Berg-Schoenberg Correspondence*, S. 113, S. 157.
55 Vgl. Christopher Hailey, *Between Instinct and Reflection: Berg an the Viennese Dichotomy*, in: Jarman (Hg.), *The Berg Companion*, S. 221–234.

GEISTIGE GEFECHTE: BERG UND DIE KULTURPOLITISCHEN ANSCHAUUNGEN IN »WIEN UM 1900«

Andrew Barker

Am Abend des 31. März 1913, als Arnold Schönberg zwei von Bergs insgesamt *Fünf Orchesterliedern nach Ansichtskarten von Peter Altenberg* op.4 dirigierte, brach im Großen Saal des Wiener Musikvereins Unruhe aus. Das Publikum rief, daß Komponist und Schriftsteller ins Irrenhaus gehörten – sehr wohl wissend, daß Altenberg Patient der am Stadtrand gelegenen Staatlichen Irrenanstalt »Steinhof« war. Handgreiflichkeiten entstanden, die Polizei wurde gerufen, und Erhard Buschbeck, ein Freund Bergs und der Veranstalter des Konzerts, wurde festgenommen, nachdem er sich mit dem Operettenkomponisten Oscar Straus geprügelt hatte. In der Gerichtsverhandlung bemerkte Straus, daß das dumpfe Geräusch der Ohrfeige das Harmonischste des ganzen Konzerts gewesen sei[1].

Das »Skandalkonzert« ist zwar als Legende in die moderne Musikgeschichte eingegangen, aber bisher ist weder der symbolische Gehalt der Veranstaltung vollständig zu Bewußtsein gekommen noch wie bezeichnend – wenn auch in ziemlich extremer Weise – der Konzertverlauf für das kulturelle Leben in der Stadt als Ganzes ist. Denn das berühmte »Wien um 1900« in seiner kulturellen Blüte des– heute meist genauso klischeehaft gesehen wie das andere Wien von Johann Strauß und Sachertorte – war gespalten in Fraktionen und zeichnete sich durch Gehässigkeit und gelegentlich auch Gewalt aus. Meistens konzentrierten sich die Aggressionen auf einen Mann, den Alban Berg verehrte: den Satiriker Karl Kraus (1874–1936), einen engen Freund Altenbergs, dem handgreifliche Auseinandersetzungen nicht unbekannt waren. 1897 ersetzten Fäuste den Verstand, als der in Budapest geborene Felix Salten, Autor von *Bambi*, den Satiriker ohrfeigte, weil dieser behauptet hatte, daß seine Beherrschung der deutschen Grammatik alles andere als perfekt gewesen wäre[2]. 1906 wurde Kraus durch Marc Henry, Conferencier im Kabarett »Nachtlicht«, bewußtlos geschlagen, nachdem Kraus diesen in seiner Zeitschrift *Die Fackel* angegriffen hatte. Andere Fehden beschränkten sich auf tiefe Antipathien, manchmal sogar unter Künstlern, die sich in denselben nur beschränkt zugänglichen Kreisen bewegten und eine ähnliche Ästhetik vertraten. Die Maler Oskar Kokoschka und Max Oppenheimer – beide dem »besseren Dreibund«, bestehend aus Kraus, Loos und Altenberg, eng verbunden[3] – lagen sich seit 1910 in den Haaren, da Kokoschka davon überzeugt war, daß »Mopp«, wie Oppenheimer sich selbst nannte, sein Werk plagiierte[4]. Es ist kein Zufall, daß Künstler ausschließlich distinguierte

Porträts von Kraus, Loos und Altenberg sowie von Schönberg und Webern anfertigten.

Die feindselige und sogar gewaltsame Aufnahme seiner *Altenberg-Lieder* kann den trägen und träumerischen Berg nicht wirklich überrascht haben, denn der junge Komponist gehörte ebenfalls zu den enthusiastischen Partisanen im intellektuellen Schlachtfeld des Wien der späten Kaiserzeit. Den geistesgestörten Dichter einfach nur wieder ins Gespräch gebracht zu haben, kam einem Akt der Solidarität gleich, weil immer mit der Aufgebrachtheit des bürgerlichen Wiener Publikums gerechnet werden mußte. Auch wäre Berg nicht darüber bestürzt gewesen, daß sein Freund Altenberg, der ihn 1907 mit seiner zukünftigen Frau Helene Nahowski zusammenbrachte, wenig von seinen Liedern hielt[5]. Nach dem Konzert schrieb Altenberg an Franz Schreker, der kurz zuvor die einzigartig erfolgreiche Wiener Premiere der *Gurrelieder* Schönbergs dirigiert hatte: *»Ich verstehe nichts von dieser letzten ›modernen Music‹, meine Gehirn-Seele hört, spürt, versteht nur noch Richard Wagner, Hugo Wolf, Brahms, Dvorák, Grieg, Puccini, Richard Strauß! aber das moderne Frauenantlitz verstehe ich wie die Bergalm und meinen geliebten Semmering«[6]*.

In einem undatierten, wahrscheinlich aber um 1910 geschriebenen Brief an Adolf Loos (1870–1933) scholt Altenberg den Architekten wegen seiner exzessiven Bewunderung von Schönberg, Kokoschka und der Avantgarde-Dichterin Else Lasker-Schüler, von der regelmäßig Beiträge in der *Fackel* erschienen. Der Ton ist typisch für Altenberg, wenn er seiner Meinung Nachdruck verleihen wollte: *»Deine Oskar Kokoschka-Else Lasker-Schüler-Arnold Schönberg Vorliebe beweist genau den Tiefpunkt deiner geistig-seelischen Maschinerie«[7]*.

Aber als er von Berg inständig gebeten wurde, dem öffentlichen Aufruf im Herbst 1911 zur Unterstützung des nahezu mittellosen Arnold Schönberg Nachdruck zu verleihen, war Altenbergs Antwort eindeutig: *»Selbstverständlich und mit innerer Verpflichtung«[8]*.

Von den drei Männern des aus Kraus, Loos und Altenberg (eigentlich Richard Engländer, 1859–1919) bestehenden Dreibunds stand Berg letzterem, der der mit einigen Jahren Vorsprung älteste in der Gruppe war, persönlich am nächsten. Erstmals sahen sie sich 1906, und im folgenden Jahr führte Bergs Schwester Smaragda ihn in die Clique um Altenberg ein, die sich im Löwenbräu in der Teinfaltstraße traf. Es ist ganz offensichtlich, daß der ältere Dichter einen Narren an Berg gefressen hatte, denn unter seinen zahlreichen Briefen an Smaragda finden sich mehrfach Erwähnungen von dessen Adel. So lautete eine seiner typischen Formulierungen *»Alban, der adeligste Jüngling«[9]*. Obwohl Altenberg um die lesbische Veranlagung Smaragdas wußte, war er eine Zeitlang sehr in sie verliebt. Das »Verhältnis« war zwischen September 1909 und Januar 1910 besonders intensiv, und der fünfzigjährige Dichter scheute sich nicht, Bergs direkte Intervention zu erbitten, als sich die Dinge zum Schlechten wandten: *»Ich komme als Künstler, zu Ihnen als Künstler —. Helfen Sie mir! Ich habe Ihre von mir*

54

vergötterte Schwester gekränkt, verletzt –. Legen Sie, ich flehe Sie an, ein gutes Wort für mich ein bei der Theuren, damit ich wieder lebensfähig, leidensfähig werde –. Möge Gott es Ihnen lohnen. Ich flehe sie an, meine Qualen mir zu erleichtern! Smaragda soll mir verzeihen Ihnen zuliebe«[10].

Altenbergs Gefühle für Helene Nahowski-Berg waren ähnlich tief. Gertenschlank, groß und mit langem blondem Haar entsprach sie seinem Ideal. Berg, der wußte, daß der exzentrische Dichter keine wirkliche Gefahr darstellte, weil er bekanntermaßen das Unerreichbare liebte, scheint weder Ressentiment noch Eifersucht gehegt zu haben. Er war sich darüber im klaren, daß Altenberg ihm den Zutritt zu einem Künstlerkreis vermittelt hatte, den er mit einer an Ehrfurcht grenzenden Inbrunst bewunderte. Berg erwähnte Altenberg häufig in seinen Briefen an Helene und betonte darin oft, Grundzüge mit dem Dichter gemeinsam zu haben – nicht bloß bezüglich der künstlerischen Auffassung, sondern auch in persönlicher Hinsicht und auf triviale Weise, wie etwa in der Angewohnheit des Nägelkauens[11].

Altenberg bildete das Zentrum eines Kreises, zu dem auch Kraus und Loos gehörten und der außerdem den vielseitig gebildeten Schauspieler und Erzähler Egon Friedell (1878–1938) sowie Gustav Klimt (1862–1918) einschloß, dessen Gemälde Kraus für ziemlich armselig hielt. Im Juni 1908 begleitete Berg Klimt und Altenberg zur Großen Kunstausstellung, die von Werken Klimts dominiert wurde[12]. Altenberg faßte seine Eindrücke in einer Prosaskizze zusammen, in der er »von Raum 22« als der »Gustav-Klimt-Kirche der modernen Kunst«[13] spricht. Ein Brief vom 1. Juli 1908 an seine zukünftige Frau zeigt, wie gut integriert sich Berg jetzt in dieser einflußreichen Gruppe von Wiener Künstlern und Intellektuellen fühlte: *»Nachmittag ging ich dann in die Kunstschau ... Da war's so still anfangs ... dann floh ich die Kaffeehaus-Terrasse, denn das Geklimper begann und da kamen sie alle aufmarschiert: die von der Altenberg-Seite – – dann die Klimt-Gruppe – – dann einsam Karl Kraus– – wir gesellten uns zueinander, zwei Einsame. Abends traf ich dann mit Smaragda am Altenberg-Tisch ... im Löwenbräu zusammen und dann ging Smaragda mit Ida nachhaus!! Ich traf mit Karl Kraus zusammen, auch Dr. Fritz Wittels war dabei, und das war recht schön«*.[14]

Für Bergs Unterwürfigkeit ist es typisch, daß er erst 1920 in einem Brief an Webern, in dem er seine Nähe zu Zemlinsky thematisierte, zu schreiben vermochte: *»...meine Unkenntnis in Dingen der Malerei u. namentlich Kraus' Verurteilen Klimts [hielt mich] davor zurück, meine Begeisterung für diesen allzu laut werden zu lassen«*.[15]

Altenberg war bei dem »Skandalkonzert« selbst nicht anwesend; von seiner Anstalt war ihm aber Ausgang gewährt worden, um der Generalprobe am Morgen des 31. März beizuwohnen. Obwohl Altenberg alles über den Aufruhr während des Konzerts erfuhr, reagierte er nicht unmittelbar auf diese Begebenheit. Stattdessen sandte er Berg eine Kopie seines letzten Buches aus dem Jahr 1912, *Semmering*, das Berg bereits schon besaß[16]. Auch in Steinhof fuhr der Dichter fort, wie besessen zu schreiben und in unnachahmlicher Weise auf das, »was der Tag bringt«, zu reagieren (*Was der Tag mir zuträgt* lautet der Titel des Buches, dem Bergs frühe *Altenberg-Lieder* aus dem Jahr 1906 entnommen sind[17]). Drei Tage nach dem »Skandalkonzert«, am 3. April, schrieb Altenberg unter dem Titel *Alma* eine kurze Prosaskizze, die sich nur auf Begebenheiten beziehen kann, die Altenberg bei der Generalprobe erlebt hat. Diese Skizze vermeidet jede Bezugnahme auf Bergs Vertonung seiner Worte und konzentriert sich stattdessen auf das unangebrachte Verhalten Alma Mahlers, einer engen Freundin der Bergs, während der Probe der *Kindertotenlieder*. Diese Lieder sollten das öffentliche Konzert eigentlich beschließen, die Aufführung mußte aber aufgrund des durch die *Altenberg-Lieder* hervorgerufenen Lärms abgebrochen werden. Altenbergs Skizze beschreibt, wie Alma in Trauerkleidung mit einem jungen Mann herumschäkert, während »das dritte *Kindertotenlied* weinte«[18]. Mit wenigen Strichen entwirft er eine vernichtende Miniatur der leichtfertigen Reaktion Almas auf die *Kindertotenlieder*, die auf unheimliche Weise den Tod ihrer Tochter Anna Maria 1906 vorwegnahmen – den Alma offensichtlich als Bestrafung infolge der Komposition auffaßte[19]. Obwohl der junge Mann in der Skizze Altenbergs nicht namentlich erwähnt wird, kann es sich nur um Oskar Kokoschka (1886–1980) gehandelt haben, der – wie Altenberg wußte – von der Wiener Leserschaft mit ihrem guten Gespür für Skandale sofort als solcher erkannt werden würde[20]. Der Affäre mit Alma Mahler, die Stadtgespräch war, gedachte der Maler in einem seiner größten Werke, der *Windsbraut* (1913), das seine ekstatische Verbindung mit der Geliebten darstellte. Altenbergs vielsagende Miniatur wurde erst 1915 zusammen mit einer Widmung an Gustav Mahler, die auffälligerweise im Originalmanuskript fehlt, veröffentlicht. Die Skizze und besonders die Widmung müssen in provokativer Absicht publiziert worden sein, zumal Alma gerade ihre Beziehung zu Kokoschka beendet und ein Verhältnis mit dem Architekten Walter Gropius, einem der führenden Köpfe der Bauhausbewegung, begonnen hatte. Alma zog erfolgreich vor Gericht, und die Skizze Altenbergs verschwand aus allen folgenden Ausgaben des Buches *Fechsung*[21]. Bald darauf gebar Alma ihre Tochter Manon Gropius, deren frühzeitiger Tod Berg zu seinem *Violinkonzert*, das sein letztes Werk werden sollte, inspirierte[22].

Ich beginne mit diesen Anekdoten, weil sie zeigen, in welchem Ausmaß die Welt, die Alban Berg formte, eine inzestuöse war, in der nicht nur jeder jeden kannte, sondern darüber hinaus weitgehend auch mit dessen Angelegenheiten vertraut war. Diese Lebenswelten sind als »Wiener Kreise« aufgefaßt worden, deren Schnittmenge Kraus, Loos und Schönberg bildeten und in deren Segmenten man die Namen von Berg und Altenberg findet[23]. Zu dieser Welt gehörte auch Helene Nahowski (1885–1976), von der das Gerücht umging, daß sie die illegitime Tochter des betagten Kaisers Franz Joseph (1830–1916) sei[24].

Ihr überwiegend im privaten Rahmen verbrachtes Leben mag erklären, warum sich Frau Berg in späteren Jahren jedweder öffentlichen Kenntnisnahme der Leidenschaft ihres Mannes für Hanna Fuchs-Robettin widersetzte. Hanna war nicht nur die Schwester von Franz Werfel (einem der populärsten Schriftsteller seiner Zeit, den Kraus von Grund auf verachtete), sondern auch die Schwägerin von Alma Mahler-Werfel. Seinem literarischen Herrn treu ergeben, hielt auch Berg nicht viel von Werfel, aber wegen der engen Freundschaft der Bergs zu Alma Mahler pflegte er – wie er es in einem Brief an Helene nannte – eine »Quasi-Freundschaft«[25] zu ihm. Als ob diese Beziehungen nicht schon verworren genug gewesen wären, war Anna Mahler, die überlebende Tochter von Gustav und Alma, zeitweise mit dem Komponisten Ernst Krenek verheiratet, der wiederum Alban Berg nahe stand.

Die aus Schönberg, Kraus, Loos, Altenberg und Kokoschka bestehende Achse, die ohne Frage die ganze Geschichte jenes Wien umspannte, das Bergs frühes Künstlerleben bestimmte, war aber auch darüber hinaus von größter Bedeutung für ihn. In einem Brief vom Juni/Juli 1903 schrieb Berg an seinen Freund Paul Hohenberg: *»So haben wir denselben Geschmack, was mich sehr freut, denn in einigem geht er ja auseinander: Kraus, Altenberg!!«*[26] Mehr noch – diese frühe Begeisterung geriet nie ins Wanken, und mehr als 30 Jahre später bemerkte Soma Morgenstern in seiner Rede anläßlich des Begräbnisses von Berg, daß dieser den »Adel einer neuen Zeit, die Peter Altenberg, ihr großer Seher, verkündete: [den] Adel der Natürlichkeit«[27] besessen habe. Diese Natürlichkeit, die sich in einer funktionalen Ästhetik, die Literatur auf ihre Essenz reduzierte, manifestierte, war ein Merkmal der Schriften Altenbergs, die eine ganze Generation Wiener Intellektueller – allen voran Karl Kraus – ansprach. Altenbergs Werke bildeten eine literarische Parallele zu dem, was Adolf Loos auf dem Gebiet der Architektur erreichen wollte, und für kurze Zeit versuchten Altenberg und Loos sogar, in einem Gemeinschaftsunternehmen zwecks Veröffentlichung ihrer Ideen zusammenzuarbeiten. Die kurzlebige Zeitschrift *Kunst* (1903–1904) wurde von Altenberg herausgegeben, mit einem von Loos unter dem Titel *Das Andere* redigierten Abschnitt, dessen Absicht nicht weniger als die »Einführung Abendländischer Kultur in Österreich« gewesen war.

In literarischer Hinsicht galt, daß das, was Berg für gut befand, im großen und ganzen auch sein Lehrer Schönberg und sein Mitschüler Webern mochten. Wie das folgende Zitat zeigt, gab es einen Konsens unter ihnen, wer von Bedeutung war. Schönberg erklärte in Erinnerung an Webern 1945: *»[Es] ist klar, daß [Webern] seine Meinung über Karl Kraus, Peter Altenberg, Peter Rosegger, Gustav Mahler und mich nie geändert hat. Das waren seine ›Fixsterne‹ «*[28].

Sich an seine Jahre in Wien erinnernd, äußerte sich der in Paris lebende Schönberg-Schüler Max Deutsch (1892–1982) sich sehr bestimmt darüber, wer den Ton bei Berg und seinen Zeitgenossen angegeben hatte: *»...da gab es vier Leute –*

Schönberg den Musiker, Karl Kraus den Schriftsteller, Adolf Loos den Architekten und Peter Altenberg, den Dichter.«[29]

In einem Brief an Berg vom 13. Dezember 1911, als es Schönberg von Wien nach Berlin zog, um dort sein Glück zu versuchen, erklärte Webern: *»Es wäre so schön, wenn alle Leute, die heute etwas sind, in einer Stadt beisammen wären, im regsten Verkehr. Schönberg, Klimt, Altenberg, Loos, Kraus, wir, Kokoschka und viele andere«*[30].

Auffälligerweise enthält diese Liste großer Namen nicht diejenigen so bedeutender Wiener Persönlichkeiten par excellence wie Freud, Hofmannsthal oder Schnitzler, und der Grund hierfür läßt sich am besten in zwei Worten zusammenfassen: Karl Kraus. In Hinsicht auf Mahler aber war Kraus unentschlossen, aber diesbezüglich vermochte sich Berg seine Unabhängigkeit zu bewahren. Das Ausmaß seines intellektuellen Vertrauens in den Satiriker zeigt sich im Entwurf eines Briefs, den Berg anläßlich des 50. Geburtstags von Kraus am 28. April 1928 niederschrieb. An den »verehrten Meister« adressiert und mit »in ewiger Gefolgschaft« unterzeichnet, schrieb Berg dort, daß er aufgrund seiner Schüchternheit 25 Jahre lang sein Bedürfnis, seiner Ergebenheit Ausdruck zu verleihen, unterdrückt habe. Jetzt, in einem Ton von übertriebener Achtung, der an seine Briefe an Schönberg erinnert, schreibt er, was er fühlt: *»Den Dank für das Beispiel, das Sie mir durch Ihre in allen Kunst- und Lebensfragen nachahmenswerte Erscheinung seit meiner Jugend gaben u. auch noch, wo ich bald 40 Jahre alt bin, immer noch geben. Den Dank für die unermeßliche Wonne, die mir Ihr geschriebenes Wort bereitet...«*[31].

Durch die von 1899 bis 1936 erscheinende *Fackel* und durch seinen direkten persönlichen Kontakt hatte Kraus tatsächlich eine zentrale Bedeutung für die Entwicklung von Bergs Einstellung zu Leben und Kunst. Genauso wichtig war Kraus für Schönberg, auch wenn die Beziehung in diesem Fall mehr eine zwischen Gleichgestellten war. Berg fand es schwierig, wenn nicht unmöglich, sich selbst auf vernünftige Art gegen diejenigen, vor denen er Ehrfurcht hatte, zu behaupten. Für die zukünftige Entwicklung von Bergs Kunst war vielleicht von größter Bedeutung, daß Kraus den von der Zensur verbotenen deutschen Dramatiker Frank Wedekind (1864–1918) bei einem ausgewählten Wiener Publikum einführte. Aufgrund des Verbots blieb *Die Büchse der Pandora*, das zweite von Wedekinds Lulu-Stücken – das erste war *Erdgeist* gewesen –, bis nach dem Tode des Dramatikers unaufgeführt. Aber am 29. Mai 1905 veranstaltete Kraus eine Privataufführung, in der er selbst als der verhinderte Schauspieler, der er war, sogar eine kleine Rolle übernahm. Sowohl für den Autor des Stücks als auch für Berg sollte es ein Ereignis mit dauerhaften Folgen werden. Wedekind, der die Rolle von Jack in der letzten Szene übernahm, fand in der jungen Schauspielerin, die sein Opfer Lulu spielte, seine zukünftige Frau Tilly. Sie erinnert sich an die Aufführung: »Im vollbesetzten Zuschauerraum saß als einer unter vielen ein zwanzigjähriger junger Mann, der aussah wie ein Engel. Ein Jahrzehnt später wurde die Welt gewahr, welch nachhaltigen Eindruck das Stück, die Aufführung und die Rede von Karl Kraus auf ihn gemacht hatten. Er hieß Alban Berg und komponierte dann eines Tages die Oper *Lulu*«[32].

Als Berg Kraus 1934 zum 60. Geburtstag gratulierte, fügte er einen sechstaktigen Auszug aus *Lulu* mit den Worten Alwas an Lulu »Eine Seele, die sich im Jenseits den Schlaf aus den Augen reibt«[33], hinzu, mit denen Kraus vor beinahe 30 Jahren seine Einführung in *Die Büchse der Pandora* eingeleitet hatte.

Wedekind begeisterte sich damals auch für den nahezu unbekannten Georg Büchner (1813–1837), der die dramatische Vorlage für Bergs *Woyzeck* lieferte. Büchner war bereits von dem galizisch-jüdischen Autor Karl Emil Franzos entdeckt worden, der die *Woyzeck*-Fragmente 1875 zuerst in der »Wiener Neuen Freien Presse« publiziert hatte[34]. Dann wurde Büchners Sache mit besonderer Energie von Hugo von Hofmannsthal, für den Karl Kraus nicht mehr als Geringschätzung übrig hatte, vorangetrieben. Während Kraus damit beschäftigt war, die Reputation des großen Wiener Possenschreibers Johann Nestroy (1801–1862) wiederherzustellen, publizierte Hofmannsthal 1912 Büchners Kurzgeschichte *Lenz* in seiner außerordentlich einflußreichen Anthologie *Deutsche Erzähler*. Büchners triumphaler Gang durch die Theatergeschichte unseres Jahrhunderts kann auf die Wiener Aufführung seiner Komödie *Leonce und Lena* 1911 zurückgeführt werden, während Hofmannsthal so weit ging, eine eigene Bearbeitung des *Woyzeck* mit einer Ergänzung des Fragments um einen Schluß zu liefern. Zum Gedenken an Büchners hundertsten Todestag wurde *Woyzeck* auf sein Betreiben in München im November 1913 erstmals auf die Bühne gebracht. Ein Jahr später fand die Wiener Premiere statt, die Berg zur Komposition seiner ersten großen Oper veranlaßte.

Auch wenn Kraus von Frank Wedekind viel gehalten haben mag, ist es für die Vielheit in der Einheit, die den »Dreibund« charakterisierte, typisch, daß Altenberg Wedekind gar nicht schätzte. Berg, der so sensibel auf alle drei reagierte, wird vermutlich Egon Friedell – der auch eine Rolle in der Privataufführung der *Büchse der Pandora* übernommen hatte – seine *Altenberg-Anekdoten* im Kabaret »Fledermaus«, das von seiner Gründung 1907 bis zu seiner Umwandlung in ein Stripteaselokal sechs Jahre später von der Wiener intellektuellen Elite besucht wurde, rezitiert gehört haben:

»Das Gespräch über Frank Wedekind

Wir saßen einmal nachts im Kaffeehaus, und da kam Frank Wedekind vorbei. Peter Altenberg sagte: ‹Ha, da kommt der bleiche Schurke!› ‹Aber geh, Peter›, sagte ich, ‹versöhne dich doch wieder mit ihm›. ‹Was!?!› sagte Peter, ‹ich mich mit ihm versöhnen?? Das ist ganz ausgeschlossen! Mit jedem andern meiner Todfeinde könnte ich mich eher versöhnen!! Aber mit dem nicht! Denn warum? Bei allen übrigen waren es mehr oder weniger privatpersönliche, subjektive Animositäten! Aber den hasse ich doch objektiv!! Von dem trennen mich Welten! Der ist der Satan, der Beelzebub, der Antichrist auf Erden!› ‹Nun ja›, sagte ich, ‹aber wenn er dir dreihundert Kronen leiht?› ‹Was heißt das!?! Er leiht sie mir doch nicht!!‹«[35]

Durch die *Fackel*, die seitens Wedekind und Altenberg unterstützt wurde, lernte eine ganze Generation junger Künstler und Intellektueller in Mitteleuropa, die Welt auf eine sehr spezifische Weise wahrzunehmen. Ludwig Wittgenstein zum Beispiel nahm Ausgaben von Kraus' Zeitschrift mit in seinen über einem Norwegischen Fjord thronenden Zufluchtsort. Mit Hilfe des überaus präzisen und gezielten Gebrauchs des Deutschen, das Kraus wie kein anderer beherrschte – keine andere Sprache besitzt einen Skeptiker wie ihn –, warf er auf oft urkomische Weise ein kritisches Auge auf die sozialen, politischen und künstlerischen Eigenheiten des absterbenden Habsburger Kaiserreichs. Es war eine sehr eingeschränkte Sichtweise, mit dem Vorurteile (gegen Klimts Malerei oder Freuds Psychologie zum Beispiel) genauso nachdrücklich wie Begeisterungsfähigkeit artikuliert wurden. Über allem stand der Miniaturen-Schriftsteller Altenberg – gesundheitsfanatisch, drogensüchtig, alkoholkrank, um junge Mädchen werbend und für viele einfach nur der größte Irre in Wien. Für Kraus jedoch war er der wichtigste Schriftsteller in einer Stadt voller Talente, von denen er die meisten verachtete. Wo andere in Wien durch künstliche und oberflächliche Ausschmückung in Anspruch genommen wurden, glaubte Kraus, daß Altenberg mit seiner Liebe zu Kindern und der Natur »echt« war und daß ein einziges Wort von ihm mehr galt als eine ganze Leihbibliothek[36]. Von besonderer Bedeutung war Altenbergs Ansicht – die er mit dem notorisch frauenfeindlichen Philosophen Otto Weininger teilte –, daß Frauen im Grunde genommen nur in ästhetischer und/oder sexueller Hinsicht wichtig waren. In keiner Weise könnten sie sich mit der »intellektuellen« Genialität des Mannes messen, weil Frauen eine »ästhetische« Genialität besäßen. Wie Timms gezeigt hat, assoziierte Kraus schon bald Weiningers »Anderswertigkeit der Frau« mit den Schriften von Frank Wedekind[37].

Mit Altenberg und Loos, dessen neuer Pionierbau am Michaelerplatz genauso viel öffentliches Ärgernis verursachte wie die *Altenberg-Lieder* – als »ein Scheusal von einem Haus«[38] beschrieb es ein zeitgenössischer Kritiker –, stand Kraus oftmals Schulter an Schulter. Als besonders signifikant für die übereinstimmenden Betrachtungsweisen des Dreibunds können vielleicht deren Reaktionen auf zwei bedeutenden Gebieten gelten. Erstens insistierten sie auf der zentralen Bedeutung der weiblichen Sexualität und dem Recht der Frau, über ihren Körper in der ihr genehmen Weise zu bestimmen. Das schloß eine ansonsten unübliche Toleranz gegenüber der Prostitution ein, die Berg nicht nur in künstlerischer Hinsicht, sondern auch im Alltag geteilt zu haben scheint. 1910 schrieb er an Helene, daß er »*den Stand einer Prostituierten ebensowenig verwerflich fand wie den Verkehr mit Menschen, worin Du und viele andere gar nichts erblicken*«[39]. Die damalige Freundin Smaragda Bergs war eine Prostituierte, und eine allgemeine Toleranz gegenüber Homosexualität war ein außergewöhnliches Merkmal des Kreises um Kraus.

Das zweite den Dreibund kennzeichnende Merkmal war dessen Mißbilligung von Überladenheit und der Glaube an das Primat der Funktion vor der Dekoration. Von Kraus stammt der bekannte Ausspruch, daß er zusammen mit Loos der Welt den Unterschied zwischen einer Urne und einem Nachttopf beigebracht habe. Als Berg *Vita ipsa*, das letzte Buch, das zu Altenbergs Lebzeiten erschien (1918), las, entdeckte er am Rande die Aspekte, die ihm sofort Loos ins Gedächtnis riefen. Es ist wenig überraschend, daß er bei einem Text wie »Kunstgewerbliches« aufmerkte, der Altenbergs anhaltende Bewunderung für die Ästhetik von Kraus und Loos bestätigt: »*Mein Tintenfäßchen aus braunem Glas, fabelhaft leicht zu reinigen, kostet 2 Kronen, und heißt dazu noch ‹Bobby›, also jetzt ‹Robert›. Es ist daher ein Kunstwerk, es erfüllt seinen Zweck, stört niemanden und ist schön braun.*«[40] In Bergs Ausgabe des *Vita ipsa* ist diese ironische Passage mit einem einzigen Wort kommentiert: »*Loos*«.

So bedeutend Kraus, Loos und Altenberg für Berg und darüber hinaus für die gesamte Wiener Kultur gewesen waren, müssen diese trotzdem im Zusammenhang mit einem größeren und vielschichtigerem Bild Wiens gesehen werden. Denn die Stadt, in der Berg aufgewachsen war, bildete das Zentrum einer künstlerischen und intellektuellen Renaissance, die wohl ohne Parallele in der Moderne ist. Während die Entwicklung von Paris, mit dem Wien am besten verglichen werden kann, selten zum Stillstand kam, hatten viele das Gefühl, daß zum Ende des 19. Jahrhunderts das künstlerische Leben in Wien zum Erliegen gekommen war. Obwohl dieser »Verfall« relativiert werden muß – die Stadt war noch immer die Heimat von Brahms, Wolf und Bruckner –, kann kein Zweifel darüber bestehen, daß im Laufe der 1890er Jahre eine neue Generation von Künstlern und Denkern, darunter viele jüdische, der Stadt neue Impulse gegeben hatten.

Ein Zentrum dieser Wiederbelebung war das Cafe Griensteidl, ein ehrwürdiges Etablissement gegenüber dem Hintereingang zur Hofburg. Dort fand sich die – nach eigenem Verständnis – Crème de la crème des intellektuellen und künstlerischen Lebens in Wien ein, die ein Kritiker als »Subgesellschaft« bezeichnete, um zu trinken, Zeitungen zu lesen, zu debattieren und natürlich auch, um es im Winter warm und trocken zu haben[41]. Dort trafen sich Arnold Schönberg (1874–1951) und sein zukünftiger Schwager Alexander von Zemlinsky (1872–1942) zum Kaffee und diskutierten zusammen mit Malern, Schriftstellern und revolutionären Politikern. Letztere – darunter der Führer der Sozialdemokraten Victor Adler, der von Hitler so bewunderte, radikale pangermanische Extremist Georg von Schönerer und der Begründer der Zionistenbewegung Theodor Herzl – brachten, um mit Carl Schorske zu sprechen, einen »neuen Ton in die Politik«[42], der weitreichende Auswirkungen haben sollte. Das Café Griensteidl war auch der Treffpunkt für die Schriftsteller und Dichter des »Jungen Wien«, mit denen die Stadt auf die Landkarte der europäischen Literatur zurückkehrte. Mit dem Kritiker und Essayisten Hermann Bahr an ihrer Spitze nahm es das »Junge Wien« – zu dem Hofmannsthal, Schnitzler, Salten und Beer-Hofmann ebenso wie Altenberg gehörten – auf sich, das Genre der Briefe aus Österreich aus einer bewußt kosmopolitischen Perspektive wiederzubeleben. Die in Deutschland – wo Gerhart Hauptmann gerade den großen Erfolg gesellschaftlich engagierter Dramen wie *Vor Sonnenaufgang* (1889) und *Die Weber* (1893) genoß – gerade besonders populäre naturalistische Tendenz grundsätzlich zurückweisend, setzte das »Junge Wien« den Akzent stark auf die Poetisierung von Realität und die scharfsinnige Untersuchung der individuellen, oft pathologischen Psyche. Der soziale und biologische Determinismus der Naturalisten ermöglichte Werke, die von Traumzuständen und Visionen handeln. Aus Beschreibungen physischer Leiden ergaben sich Porträts von extremer psychologischer Subtilität. Bevorzugte Formen der »Jungen Wiener« waren die Lyrik, das Märchen, Kurzgeschichten und die dramatische Skizze. Als Vorbilder dienten nicht Zola und Hauptmann, sondern Maeterlinck, Baudelaire und Jens Peter Jacobsen.

Was um die Jahrhundertwende jedoch der vorherrschenden Geschmack Wiens war, zeigt ein Blick auf die Dichter, die Bergs frühe Lieder inspirierten. Um Goethe und Romantiker wie Heine, Mörike und Eichendorff, die immer wiederkehrende Favoriten früherer Komponistengenerationen gewesen waren, rankten sich Namen wie Mombert, Hofmannsthal, Dörmann, Rilke, Holz, Schlaf und Liliencron.

Mit der Faszination des »Jungen Wien« für morbide Zustände ging eine bemerkenswerte Tendenz zur Pose und Selbststilisierung einher, die Kraus entschieden zu weit ging. 1896 nahm er den bevorstehenden Abbruch des Café Griensteidl zum Anlaß, seine erste größere Satire *Die demolirte Literatur* herauszubringen. Dem Eröffnungssatz »Wien wird jetzt zur Großstadt demolirt« folgte eine Reihe von grausamen, aber urkomischen Porträts der »Jungen Wiener« um Hermann Bahr, dem »Herrn aus Linz«, der auf seine Begabung durch eine in die Stirn fallende Haarlocke hinwies. Schnitzler wird als »Klischeemacher« abgetan, der nicht über Sterbebettszenen und von Mittelklasselüstlingen verführte niedliche junge Mädchen hinauskommt. Der frühreife und begnadete Hugo von Hofmannsthal, der später der am meisten geschätzte Librettist von Richard Strauss wurde, wird als »Goethe auf der Schulbank« beschrieben. Unbeirrbar demaskiert Kraus die Anmaßungen einer seiner Meinung nach selbsternannten literarischen Elite, die mit keinem besonderen Talent gesegnet war. Bezeichnenderweise war Peter Altenberg der einzige Schriftsteller, dem die spitze Feder des Satirikers erspart blieb[43].

Parallel mit den Stücken des »Jungen Wien« trat die künstlerische Szene der Stadt mit den Malern der Sezession um die dominante Person Gustav Klimts in das moderne Zeitalter ein. Kraus machte das Werk Klimts genauso herunter[44] wie das der Schriftsteller des »Jungen Wien«. Was letzteres mit den Künstlern der Sezession verband, war sowohl die Liebe zur Allegorie als auch zur Dekoration. Außerdem teilten sie das ausgeprägte Bewußtsein, daß sie trotz ihrer »modernen« Erscheinung auch in der Vergangenheit verwurzelt waren. Es war dieses Bewußtsein eines gemeinsamen Erbes der Kunst des 19. Jahrhunderts und früherer Zeiten, das eine allumfassende Verbindung (eine »Familienähnlichkeit« wie Wittgenstein es genannt haben würde) nicht nur zu einer so offensichtlich revolutionären Person wie Schönberg – der Brahms und Johann Strauß neu bearbeitete –, sondern auch zu Kraus und Loos schuf[45].

Ein entscheidender Punkt für die Mißbilligung von Klimt, der Sezession und später der kunstgewerblich orientierten »Wiener Werkstätte« durch Loos und Kraus lag in ihrer erklärten ethischen Ablehnung des Ornaments. Einer der bekanntesten Aufsätze von Loos heißt bezeichnenderweise *Ornament und Verbrechen*[46]. Dessen Botschaft wandte sich insbesondere an Schönberg, zu einer Zeit, als sich dieser einer neuen musikalischen Sprache zuwandte. Auf eine Vorlesung zurückgehend, trug Loos *Ornament und Verbrechen* vor dem Akademischen Verband für Literatur und Musik 1910 erneut vor, und es ist wahrscheinlich, daß Berg dort anwesend war[47]. Obwohl Loos und Altenberg Dekoration aus intellektuellen und ethischen Günden ablehnten, könnte ihr strenger ästhetischer Funktionalismus auf faszinierende Weise auch mit dem Wesen ihrer Sexualität verbunden sein. Es ist überzeugend vermutet worden, daß die Abscheu Loos' vor dem Ornament auf tieferliegender Ebene mit seiner Furcht vor reifer weiblicher Sexualität in Verbindung steht (Loos war dreimal verheiratet und zwar jeweils mit deutlich jüngeren Frauen)[48] und daß *Ornament und Verbrechen* als Dokument, das »auf die Kriminalisierung der Frauen hinausläuft«[49], interpretiert werden kann. Loos' Haus am Michaelerplatz kann durchaus sowohl als revolutionärer Schritt in der Entwicklung einer funktionalen modernen Architektur als auch – in seiner Verweigerung von Sinnesfreudigkeit – als Realisierung der »Utopie von der Verleugnung der reifen weiblichen Sexualität«[50] gesehen werden. Ob Berg das genauso verstanden hat, muß dahingestellt bleiben. Aber die um die Jahrhundertwende weitverbreitete Angst vor Frauen, die sich deutlich in Wedekinds Luludramen dokumentiert, war ein Punkt, auf den der Komponist mit eindringlicher Intensität einzugehen vermochte. Genauso wird er mit Altenbergs nicht endenwollender Faszination für junge Mädchen gelebt haben. Sie kann als typisch sowohl für die Beschäftigung mit der Adoleszenz als auch für der Einstellung zu Frauen im Fin-de-siècle gelten: Der »femme fatale« auf der einen Seite stand die »femme fragile«, die scheinbar asexuelle Kindfrau, auf der anderen Seite gegenüber.

Die Architektur als »gefrorene Musik« ist die Kunstform, die im Alltag am unmittelbarsten anspricht, und an wenigen anderen Stellen haben Entwicklungen in der Architektur größere Auswirkungen gezeigt als im »Wien um 1900«. Seit den 1850er Jahren ist das Zentrum Wiens in einem Ausmaß umgestaltet worden, das dem von Haussmanns Erneuerung der Pariser Stadtlandschaft gleichkommt. Monumental und historistisch, in den Augen des Novellisten (und Freundes von Berg) Hermann Broch[51] im Grunde stillos, war das neue Wien mit seinem Flickwerk aus Bauten der Neogotik, des Palladianismus und der Renaissance Loos ein Graus. In einem Aufsatz aus dem Jahr 1898 verglich er die Leere dieser theatralischen Fassaden, die dazu verleitete, sie mit einem der Aspekte des Wiener Temperaments in Beziehung zu setzten, mit den Dörfern aus Pappmaché, die Potemkin in der Hoffnung errichtet hatte, Katharina der Großen vorzutäuschen, daß die endlosen Steppen erfolgreich bevölkert worden seien und daß plötzlich aus dem Nichts Überfluß entstanden sei[52]. Es war daher nur konsequent, daß Loos die neue Musik Schönbergs und seiner Nachfolger mit finanzieller Großzügigkeit, mit der sich der Architekt oft in große Not begab, unterstützte. Es spricht nicht für Schönbergs im Grunde guten Charakter, daß er die Opfer, die Loos für ihn und auch für die Kunst anderer Revolutionäre wie Kokoschka, der gegen den bürgerlichen Wiener Geschmack verstieß, nie zu schätzen wußte (oder schätzen wollte).

Eine weitere der Wiener Ironien ist, daß Loos, der wegen seiner bilderstürmerischen Blicke und seiner schockierenden und Anstoß erregenden architektonischen Schlichtheit gefeiert wurde, äußerst schwerhörig war. Altenberg beschrieb ihn in seiner üblichen Unverblümtheit mit einem typischen Wiener Ausdruck als »de[n] terische[n] Adolf Loos»[53]. Wie Berg in einem Brief an Schönberg berichtete, war die Taubheit von Loos natürlich das gefundene Fressen für einen Teil der Wiener Presse. Der anonyme Kritiker »Veritas«, der Altenbergs Texte als »Afterpoesie« und Bergs Lieder als »Ulk« empfand, nahm auch die Gelegenheit war, den auf dem Konzert anwesenden Loos als den »bekannten tauben Architekten«, für den derartige Werke wahrscheinlich »sphärische Musik« darstellten, zu beschreiben[54]. Kraus, der Ende März nicht in Wien gewesen war, sollte die vergiftete Atmophäre um das Konzert nicht direkt erfahren müssen. Aber Mitte April las er – in Anwesenheit Bergs – sehr erfolgreich aus Altenbergs letztem Buch[55], und in der *Fackel* vom 8. Mai 1913 kommentierte er verspätet den Skandal. Er sei keine Antwort auf die »Neue Musik« als solche, behauptete er, sondern ein Beispiel für die negative Reaktion, mit der die Wiener Presse noch unter ihren eigenen Standard, der miserabel genug sei, gegangen sei[56].

Berg und Schönberg unterstützten Loos ihrerseits, als sich die Angriffe auf den Funktionalismus seines Gebäudes am Michaelerplatz, den die Kritiker als fremd empfanden, erheblich häuften. In einem Brief an seinen Lehrer vom 6. Dezember 1911 (Schönberg lebte zu diesem Zeitpunkt in Berlin), dem auch eine sehr gelungene Bleistiftzeichnung des Gebäudes, das soviel Anstoß erregte, beigelegt war, berichtet Berg, wie Loos ihm einige praktische Ratschläge bezüglich der Förderung des öffentlichen Bewußtseins für Schönbergs Musik gegeben habe. Berg erzählt auch, daß er natürlich beabsichtige, Loos' Vortrag über sein Haus am Michaelerplatz zu besuchen, und fährt fort: *»Übrigens stand in einer W'*

Zeitung angedeutet, daß Loos infolge seines Hauses irrsinnig geworden ist u. in einer Nervenheilanstalt Heilung sucht. Das ist doch echt Wienerisch!«[57]

Zu dieser Zeit unterzog sich Loos' Freund Altenberg mit Kenntnis von Berg und Schönberg bereits einer Behandlung in der Nervenheilanstalt Inzersdorf bei Wien. Die beiden Musiker hatten von Kraus inzwischen gelernt, daß die Wiener Presse so unbeständig wie launenhaft war. Für alle Komponisten der »Neuen Musik« war die Sympathie für die funktionale Ästhetik von Loos von zentraler Bedeutung, aber sie reagierten auch auf den Architekten als Mensch. So unterstützen sie ihn 1928, als seine angebliche Verwicklung in pädophile Aktivitäten mit einer viermonatigen Gefängnisstrafe auf Bewährung endete[58]. Und die Festschrift zu seinem 60. Geburtstag enthielt sowohl Beiträge von Schönberg als auch von Webern sowie ein neunzeiliges Akrostichon Bergs, bei dem die Anfangsbuchstaben den Namen Adolf Loos' und die Endbuchstaben den Namen Alban Bergs ergaben[59].

Auch wenn das Haus am Michaelerplatz Loos zum berühmtesten Architekten Wiens gemacht hatte, blieb es der einzige Entwurf im großen Maßstab, den er in der Stadt realisieren konnte. Sucht man heute nach anderen Wiener Bauwerken, die etwas von dem Loosschen Geist – dem Funktionalismus und der Abwendung von Dekoration – atmen, dann muß man das Werk Otto Wagners (1841–1918) betrachten. Gebäude wie die Wehr- und Schleusenanlage am Donaukanal, das Postsparkassenamt im Inneren Bezirk und der Wohnblock in der Neustiftgasse 40 im siebten Bezirk zeugen alle von einer neuen Haltung gegenüber Funktionen in der Architektur, die mit der von Schönberg und seinen Schülern in den letzten Jahren des Habsburgischen Kaiserreichs entwickelten neuen Sprache in der Musik parallel lief.

Bezüglich der Formulierungen seiner Ende des Jahres 1911 erschienen *Harmonielehre*, die er Mahler widmete, orientierte sich Schönberg an Karl Kraus. Er gab sogar zu, daß in seiner Arbeit sprachlich mehr als zulässig von Kraus enthalten war. Ein Jahr zuvor, anläßlich der 300. Ausgabe der *Fackel*, hatte Kraus – dessen Verständnis moderner Musik wahrscheinlich nicht groß war (sein bevorzugter Komponist blieb Jaques Offenbach) – die Beziehung zwischen Schönbergs Neuerungen und den Werken Altenbergs bewußt gemacht, indem er auf den Titelseiten ein Faksimile von Schönbergs Vertonung des Gedichts *Sprich nicht immer vom Laube* aus Stefan Georges *Buch der hängenden Gärten* und Altenbergs Prosaskizze *Widmung*, die bald darauf in *Neues Altes* veröffentlicht wurde, wo Berg seine Texte für die *Altenberg-Lieder* fand, publizierte.

Das sich aus Berg, Webern und Schönberg zusammensetzende Triumvirat pflegte lebenslänglich Verbindungen zum aus Kraus, Altenberg und Loos bestehenden Dreibund, dessen Wunsch nach neuer Schlichtheit mit jener freimütigen Beurteilung der Rolle der weiblichen Sexualität gepaart war, die sich in Zukunft noch als bedeutungsvoll erweisen sollte. Die Welt, in der diese Ideen geboren wurden, ging mit dem Beginn des Krieges im Sommer 1914 für immer verloren. Anfangs blickten Berg und Schönberg, die beide Uniform trugen, patriotischer und kriegslustiger auf den Gang der Ereignisse als Kraus, der sich dank seiner sprachlichen Klarheit unbeirrbar einen Weg durch den populären »Hurrapatriotismus« des Tages zu bahnen vermochte. Bezeichnenderweise dankte Berg in dem schon erwähnten Brief zum 60. Geburtstag des Satirikers Kraus für die geistige Unterstützung, die dieser ihm während des Krieges, *»in den unangenehmsten Lebenslagen [...] von meiner mehr als 3jährigen Militärdienstzeit nicht zu reden«*[60] gegeben hatte.

Die Gesinnung von Kraus, die Berg soviel bedeutete, war zu Kriegszeiten nirgendwo besser greifbar als in seinem rhetorischen Meisterstück *In dieser großen Zeit*, das er erst als Lesung gehalten und dann im Dezember 1914 in der *Fackel* publiziert hatte. Während der unberechenbare Altenberg wie gewohnt unmittelbar mit einer Attacke gegen Frankreich – die als typisch für die Reaktion der Intellektuellen in Österreich auf den Ausbruch des Krieges gelten kann – reagierte, schwieg Kraus anfangs[61]. Als er schließlich sein Schweigen brach, untersuchte er die Ursachen für den Krieg und lieferte eine Analyse der Zivilisation des 20. Jahrhunderts und seiner Unzulänglichkeiten, die in entscheidenden Punkten bis heute nichts von ihrer Gültigkeit verloren hat. Kraus versteht den Krieg als Ergebnis eines katastrophalen Versagens der Einbildungskraft, denn wären die Folgen des Krieges vorhergesehen worden, hätte er nie geschehen können. Einmal ausgebrochen, würden seine Greueltaten durch eine Presse geschürt, deren eigentliche Funktion nicht in öffentlicher Aufklärung, sondern in der Mehrung von Reichtum innerhalb des kapitalistischen Systems bestehe. Entsetzt über die Bombardierung der Kathedrale von Reims, erkannte Kraus, daß »Kultur« frühes Opfer in einer Welt wird, in der Menschen nur als Konsumenten zählen: »Menschheit ist Kundschaft«[62]. Wann, so fragte er mit allmählich räsonierender Sehnsucht, werde das bessere Zeitalter, in dem Kathedralen gegen Menschen Krieg führen, anbrechen? – Eine unbeantwortete Frage.

Anmerkungen

1   Werner J. Schweiger, *Peter Altenberg Almanach*, Wien 1987, S. 34. Zu Altenberg allgemein s. Andrew Barker, *Telegrammstil der Seele. Peter Altenberg – eine Biographie*, Wien u.a. 1998.

2   S. Edward Timms, *Karl Kraus, Apocalyptic Satirist. Culture and Catastrophe in Habsburg Vienna*, New Haven 1986, S. 5.

3   »Ein besserer Dreibund« war Kraus' Bezeichnung für diese drei »Musketiere« im Wien des Fin-de-siècle.

4   *Mopp. Max Oppenheimer 1885–1954*, Wien 1994, S. 26.

5   Altenberg beschwört Alban und Helene Berg in den Sketchen »H. N.«, »Bekanntschaft« und »Besuch im einsamen Park« herauf, alle in: *Neues Altes*, Berlin 1911, dem Berg die Texte für seine Lieder op. 4 entnahm.

6 Schweiger, *Peter Altenberg Almanach*, S. 35.
7 Willy Haas, *Aus unbekannten Altenberg-Briefen*, in *Forum* 8, 1961, S. 467ff.
8 ÖNB, Musiksammlung, F 21 Berg 480/7.
9 Altenberg an Smaragda Berg, Wiener Stadt- und Landesbibliothek, 181.213.
10 ÖNB, Musiksammlung, F 21 Berg 498/1. Es ist vermutet worden, daß Altenbergs außergewöhnliche Interpunktion Bergs Schreibgewohnheiten beeinflußt hat. S. Reich, *Alban Berg. Leben und Werk*, S. 17.
11 In einem auf den 30. August 1909 datierten Brief schreibt er: *»Gerhart Hauptmann beißt leidenschaftlich seine Fingernägel! Mahler, Lichtenberg, Hauptmann, Altenberg – in eine schöne Gesellschaft bin ich da geraten«*, s. Berg, *Briefe an seine Frau*, S. 132.
12 Hilmar, *Alban Berg*, S. 42.
13 Altenberg, *Bilderbögen des kleinen Lebens*, Berlin 1909, S. 151ff.
14 Berg, *Briefe an seine Frau*, S. 26.
15 Berg an Webern, 14. 8. 1920, nach: Rode, *Alban Berg und Karl Kraus*, S. 61, 395.
16 S. *Berg-Schoenberg Correspondence*, S. 168. Berg bietet Schönberg an, ihm das übrige Zweitexemplar zu schicken.
17 Die drei Lieder *»Traurigkeit«*, *»Hoffnung«* und *»Flötenspielerin«* gehören zu den publizierten *Jugendliedern*. Es ist weitgehend unbekannt, daß das dritte dieser Lieder Altenbergs auch den Text einer Postkarte zur Vorlage hat. Wahrscheinlich war sich Berg dessen nicht bewußt. Die Originalpostkarte mit Aufschrift existiert noch in der Galerie St. Etienne in New York; s. Andrew Barker u. Leo A. Lensing, *Peter Altenberg. Rezept die Welt zu sehen*, Wien 1994, S. 204, S. 409, Anm. 25.
18 Altenberg, *Fechsung*, Berlin 1915, S. 231.
19 Kurt Blaukopf, *Mahler*, London 1973, S. 198.
20 Das Originalmanuskript der Prosaskizze wird heute im Werner Kraft-Archiv aufbewahrt. Es befand sich in einem Umschlag, der an »Herrn Adolf Loos, Architekt, für Oskar Kokoschka, Maler, Semmering an der Südbahn Hotel Panhas« adressiert war. Es ist nicht bekannt, ob Loos das Manuskript Kokoschka je überbrachte.
21 Altenberg reagierte auf die Zurücknahme seiner Skizze mit einer weiteren, die er »Hoher Gerichtshof« betitelte und in der er den Inhalt der gestrichenen Skizze zusammenfaßte. S. *Nachfechsung*, Berlin 1916, S. 157.
22 S. die Kapitel 8 und 11 sowie Pople, *Berg. Violin Concerto*, S. 28.
23 Timms, *Karl Kraus. Apocalyptic Satirist*, S. 8.
24 S. S. 9f.
25 Rode, *Alban Berg und Karl Kraus*, S. 160. Werfel und Berg wie Martin Esslin, *Bergs Wien*, in: Jarman (Hg.), *The Berg Companion*, S. 12, einfach als Freunde zu bezeichnen, hieße die Thematik zu vereinfachen.
26 Rode, *Alban Berg und Karl Kraus*, S. 392.
27 Erich Alban Berg, *Der unverbesserliche Romantiker*, S. 186.
28 Nuria Nono-Schönberg (Hg.), *Arnold Schönberg 1874–1951. Lebensgeschichte in Begegnungen*, Klagenfurt 1992, S. 401.
29 *»…you had four people – Schoenberg the musician, Karl Kraus the writer, Adolf Loos the Architect, and Peter Altenberg the poet…«*, zit. nach: J. E. Smith, *Schönberg and his circle: A Viennese Portrait*, New York 1986, S. 57. Das Zitat stammt aus einer Mitschrift eines Interviews.
30 Rode, *Alban Berg und Karl Kraus*, S. 392.
31 Ebd., S. 10ff.
32 Tilly Wedekind, *Lulu. Die Rolle meines Lebens*, Bern-München-Wien [1969], S. 43.
33 Die Worte sind dem 2. Akt, Takte 319–323, entnommen. S. Beispiel 9.5, S. 238

34 Berg folgt Franzos' Schreibweise (*Wozzeck*), die als fehlerhafte Lektüre von Büchners Manuskript interpretiert werden kann, s. Perle, *Wozzeck*, S. 25–37.

35 Egon Friedell, *Die Altenberg-Anekdoten*, in: Egon Friedell (Hg.), *Das Altenberg-Buch*, Wien 1922, S. 408f. In einem Brief an Helene vom Herbst 1909 erwähnt Berg, daß er in die *Fledermaus* geht, s. Berg, *Briefe an seine Frau*, S. 145.

36 Kraus in: *Die Fackel* 274, (Febr.)1909, S. 1–5. In einem Brief an Helene vom August 1910 vergleicht Berg Altenbergs *Was der Tag mir zuträgt* und *Märchen des Lebens* mit den Prosagedichten von Baudelaire, s. Berg, *Briefe an seine Frau*, S. 184.

37 Weininger war der Autor des großen Skandalerfolgs *Geschlecht und Charakter*. 1903 begang er mit 23 Jahren im Sterbehaus Beethovens in der Schwarzspanierstraße Selbstmord. Das Haus ist 1904 im Zuge der Stadtsanierung zerstört worden. Altenberg formulierte seine Ansichten eindeutig, bevor *Geschlecht und Charakter* publiziert wurde. S. Andrew Barker, *The Persona of Peter Altenberg:»Frauenkult«, Misogny an Jewish Self-Hatred*, in: J. A. Parente u. R. E. Schade (Hg.), *Studies in German and Scandinavian Literature after 1500: A Festschrift for George Schoolfield*, Columbia 1993, S. 129–139.

38 Karl Rykl, zit. nach: *The Berg-Schönberg Correspondence*, S. 52, Anm. 2.

39 Berg, *Briefe an seine Frau*, S. 150.

40 Altenberg, *Vita ipsa*, Berlin 1918, S. 48. Das Tintenfaß befindet sich jetzt unter der Inv.-Nr. 94.605/1, 2 im Historischen Museum der Stadt Wien.

41 S. Jens Malte Fischer, *Fin de Siècle. Kommentar einer Epoche*, München 1978, S. 22.

42 S. Carl E. Schorskes 3. Kapitel *Politics with a new key*, in: *Fin de Siècle Vienna: Culture and Politics*, New York, 1980, S. 116–180, dt. *Ein neuer Ton in der Politik*, in: *Wien. Geist und Gesellschaft im Fin de Siècle*, Frankfurt/Main ²1982, S. 111–168.

43 Kraus, *Die demolirte Literatur*, Wien ⁵1899, zit. nach: *Karl Kraus. Frühe Schriften 1892–1900*, hg. v. Joh. J. Braakenburg. Zweiter Band 1897–1900, München 1979, S. 279 und S. 283.

44 Kraus' Abneigung gegen Klimt erklärt sich möglicherweise durch die begeisterte Unterstützung, die der Maler durch Hermann Bahr erfuhr, den Kraus von allen seinen literarischen Widersachern am meisten verabscheute und am schonungslosesten behandelte.

45 Christopher Hailey setzt Schönbergs »aggressive« Art der Identifikation mit der Tradition mit dessen Bewußtsein, ein Außenseiter zu sein, der sich außerhalb der offiziellen Wiener Institutionen ausgebildet hat, in Verbindung. S. dazu seinen Aufsatz *Berg and the Viennese dichotomy*, in: Jarman (Hg.), *The Berg Companion*, S. 224 und Kapitel 1.

46 Vortrag 1908, Erstdruck unbekannt, als Aufsatz in: *Trotzdem*, Innsbruck 1931..

47 Rode, *Alban Berg und Karl Kraus*, S. 418.

48 S. dazu Peter Haiko und Mara Reissberger, *Ornamentlosigkeit als neuer Zwang*, in: A. Pfabigan (Hg.), *Ornament und Askese im Zeitgeist des Wien um die Jahrhundertwende*, Wien 1985, S. 110–119.

49 Patrick Werkner, *Egon Schiele: Art, Sexuality and Viennese Modernism*, Palo Alto 1994, S. 66 (»*amounts to the criminalization of women*«).

50 dass. (»*utopia of the disavowal of mature female sexuality*«).

51 Hermann Broch, *Hofmannsthal und seine Zeit*, Frankfurt/Main 1974. S. 7–15.

52 Adolf Loos *Die Potemkin'sche Stadt*, in: Adolf Opel (Hg.), *Die Potemkin'sche Stadt. Verschollene Schriften 1897–1933*, Wien 1983, S. 55–58.

53 Peter Altenberg an Samuel Fischer, o. D., Wiener Stadt- und Landesbibliothek, 199.208/1–5.

54 Veritas, nach: *The Berg-Schoenberg Correspondence*, S. 170.

55 S. Rode, *Alban Berg und Karl Kraus*, S. 429.

56 *The Berg-Schoenberg Correspondence*, S. 171, Anm. 3; Die Fackel 374, (Mai) 1913, S. 24.

57 6. 11. 1911, *The Berg-Schoenberg Correspondence*, S. 52.

58 1912 verbrachte der Maler Egon Schiele, der mit Loos und Altenberg die Faszination für Kindfrauen teilte, 24 Tage im Gefängnis, weil er obszöne Zeichnungen verbreitet hatte. Frühere Anklagen wegen Verführung und Vergewaltigung Minderjähriger wurden fallengelassen. S. Werkner, *Egon Schiele*, S. 68.

59 *Adolf Loos: Festschrift zum 60. Geburtstag*, Wien 1930. Das Gedicht Bergs auf S. 9. Die Seite ist bei Erich Alban Berg, *Alban Berg. Leben und Werk*, Frankfurt/Main 1976, S. 216 reproduziert.

60 Rode, *Alban Berg und Karl Kraus*, S. 10.

61 S. Bergs Brief an Schönberg vom 8. Oktober 1914, in: *The Berg-Schoenberg Correspondence*, S. 218–220. In *Untergang des Franzosentums* beschreibt Altenberg die Franzosen als heuchlerische Romantiker, die von Größenwahn befallen seien. Eine Erklärung für das anfängliche Schweigen von Kraus aus persönlichen und politischen Gründen bietet Timms *Karl Kraus. Apocalyptic Satirist*, S. 266ff.

62 Kraus, *Wann hebt die größere Zeit des Krieges an – der Kathedralen gegen Menschen!*, in: *Die Fackel*, 404 (Dezember), 1914, S. 11.

BERG UND ADORNO

Raymond Geuss

Als Berg anläßlich der Premiere seiner *Drei Fragmente aus* »*Wozzeck*« 1924 in Frankfurt weilte, wurde er dem 21jährigen Studenten Theodor Wiesengrund vorgestellt. Dieser stand im Begriff, seine philosophische Dissertation über die seinerzeit aktuelle Husserlsche Phänomenologie einzureichen, besaß aber auch eine Ausbildung als Musiker und hatte etliche Zeitungsaufsätze zur zeitgenössischen Musik veröffentlicht. Später sollte sich Adorno erinnern, daß er in Berg zu dieser Zeit einen Repräsentanten der »*wahre[n] neue[n] Musik*« – »*als wäre das Schönberg zugleich und Mahler[1]*«, gesehen habe. Wiesengrund schlug Berg vor, nach Wien zu ziehen, sobald die Formalitäten zum Abschluß der Promotion erledigt seien, um bei ihm Komposition zu studieren. Berg willigte ein, ihn als Studenten anzunehmen.

Theodor war der einzige Sohn des reichen jüdischen Weinhändlers Oskar Wiesengrund und der französischen Sängerin Maria Calvelli-Adorno. Er war ein hochintelligenter, sehr kultivierter und ästhetisch sensibler junger Mann, hatte aber trotzdem in mancherlei Hinsicht eine nicht sehr anziehende Wesensart. So fand Schönberg sein »öliges«, selbstgewisses Auftreten, seine Arroganz und den starren Blick seiner kleinen stechenden Augen widerwärtig[2], und in der Tat vermitteln Wiesengrunds Schriften den Eindruck, das Werk einer über das übliche Maß mit sich selbst beschäftigten Person zu sein. Trotzdem scheint Berg eine echte Zuneigung für ihn empfunden und seine Kompositionen geschätzt zu haben. Wiesengrunds philosophische Spekulationen hingegen interessierten ihn überhaupt nicht[3].

Eine Zeitlang komponierte Wiesengrund, während er eine Universitätslaufbahn als Philosoph anstrebte, aber im Laufe der 30er Jahre gab er das Komponieren vollkommen auf[4], das Schreiben über Musik jedoch bis zu seinem Tod 1969 nie. 1933 vertrieben ihn die Nazis von seinem Universitätsposten, trotzdem glaubte er nicht, daß Hitler lange an der Macht bleiben würde[5], und nach Aussage eines seiner Freunde ebensowenig, »*daß ihm, dem Sohn von Oskar Wiesengrund, überhaupt etwas passieren konnte*«[6]. Er tat also alles, um Zeit zu gewinnen. 1937, kurz nach Bergs Tod, erschienen einige von Wiesengrunds Analysen des Werkes Bergs in dem von Willi Reich herausgegebenen Band[7], die einen gewissen Einfluß auf die frühe Berg-Interpretation hatten. 1938 schließlich emigrierte Wiesengrund nach New York. Etwa zu dieser Zeit nahm er den Mädchennamen der Mutter als seinen Nachnamen an[8].

Anfang der 40er Jahre schrieb Adorno (wie er jetzt hieß) mit der *Philosophie der neuen Musik*[9] das Werk, das seinen bedeutendsten Beitrag zur Reflexion über

Musik darstellt. Er arbeitete an dem Manuskript genau zu der Zeit, als sein Nachbar in der deutschen Exilgemeinschaft in Kalifornien, Thomas Mann, das fiktive Leben des deutschen Komponisten Adrian Leverkühn niederschrieb, das schließlich als Roman *Doktor Faustus* (1947) erschien. Mann beabsichtigte, einige detallierte Beschreibungen der imaginären Kompositionen Leverkühns in den Roman einzufügen, und da kam Adorno wie gerufen. Dieser gab Mann 1943 eine handschriftliche Kopie des interesssantesten Teils aus der *Philosophie der neuen Musik*, nämlich das Kapitel über Schönberg. Adorno wurde zum musikalischen Ratgeber Manns[10]. Adorno sollte später auf einige Ähnlichkeiten zwischen Berg und Leverkühn hinweisen, aber aus heutiger Sicht erscheinen diese ziemlich weit hergeholt[11]. Thomas Mann behauptete immer, daß Leverkühn eine fiktive Schöpfung sei, deren Wesenszüge sich aus verschiedenen Quellen zusammensetzen. Es dürfte in der Tat schwerfallen, in dem kalten Asketen und deutschen Protestanten Leverkühn den österreichischen Katholiken Berg zu sehen, der dem Genuß guten Essens und Trinkens so zugetan war (und dessen Kommentar zur deutschen Küche lautete: *»Die Deitschen fressen immer nur Dreck«*[12]).

Nach dem Krieg kehrte Adorno nach Frankfurt zurück und betätigte sich dort aktiv an der Erneuerung des Musiklebens. Er versuchte, Thomas Mann dafür zu gewinnen, daß die Bayreuther Oper nicht wiedereröffnet würde[13], gehörte fest zur Darmstädter Szene und fuhr fort, über Musik zu schreiben. So veröffentlichte er 1968, ein Jahr vor seinem Tod, eine Monographie über Berg, in die er das Material, das er ursprünglich für den 1937 erschienenen Reich-Band vorgesehen hatte, eingearbeitet hatte. Aber sein Schaffen sollte nie wieder den Schwung, den Scharfsinn und den Reichtum an Phantasie erlangen, die es in den 1940er Jahren gekennzeichnet hatten[14].

Kunst und Affirmation

Adornos Zugang zur Kunst ist stark von Hegel beeinflußt und basiert auf drei Thesen[15]:

1. Die zentrale ästhetische Kategorie ist nicht »Schönheit«, sondern »Wahrheit«;
2. (ästhetische) »Wahrheit« steht in einer engen, inneren Beziehung zur Geschichte:
3. Die Geschichte der Musik sollte als eine Dialektik von Subjekt und Objekt verstanden werden. Das »Subjekt« ist der mit bestimmten technischen Fähigkeiten und ästhetischem Empfindungsvermögen ausgestattete Komponist, das »Objekt« ist das, was Adorno »das musikalische Material« nennt.

Adorno nahm an, daß es eine linear-historische Musikentwicklung gebe. Zu jedem Zeitpunkt steht ein Komponist einer bestimmten vorgegebenen musika-

lischen Sprache und einer Reihe musikalischer Formen sowie ästhetischer Anforderungen – dem »Material« – gegenüber und versucht, diese Elemente so
zueinander in Beziehung zu setzen, daß ein zusammenhängendes Kunstwerk
entsteht, indem er vorhandene kompositorische Techniken bzw. mehr oder
weniger grundlegende Modifikationen derselben verwendet. Es sollte nicht
vergessen werden, daß es sich bei Adornos Materialbegriff weder um die physi-
kalische (akustische) Grundlage der Musik noch um Töne als Naturphänomene
handelt. Das »Material« – das, was der Komponist bereits vorfindet und womit
er sich auseinandersetzen muß, wenn er ein Werk schaffen will – ist vielmehr
ein historisch und kulturell überformter Corpus aus Erwartungshaltungen, Ansprüchen, ausdrucksstarken Merkmalen usw. Es ist zu jeder gegebenen Zeit das
Ergebnis vergangener kompositorischer Tätigkeit. Kompositorische Innovatio-
nen der Gegenwart werden sich dementsprechend im Material selbst so niederschlagen, daß es, solchermaßen modifiziert, an die nächste Komponistengene-
ration weitertradiert wird.

Ein weiteres wesentliches Element in Adornos Darstellung bildet die Behauptung, daß bis heute (oder auf jeden Fall bis zu Adornos Tod 1969) kein
völlig zufriedenstellender, stabiler Zustand kompositorischer Praxis erreicht
wurde. Die Ansprüche und Erwartungen, die sich im musikalischen Material
manifestieren, stimmen nicht zu allen Zeiten überein. Versuche des »musikalischen Subjekts«, durch Verwendung vorhandener (oder neu erfundener) Techniken aus dem Material geformten Werken Einheitlichkeit und Geschlossenheit
zu verleihen, sind daher zwangsläufig zum Scheitern verurteilt. Man kann denselben historischen Prozeß aus zwei sich ergänzenden Perspektiven betrachten,
aus der Perspektive des Subjekts (d.h. des Komponisten) oder aus der des musikalischen Materials. Aus der ersten Perspektive stellt sich der Prozeß als einer
dar, in dem aktiv Handelnde (Komponisten) mit Phantasie neue Formen und
Techniken erfinden und dabei das »Material« der Musik fortwährend verändern,
in der zweiten Sichtweise beruht der Prozeß auf den Ansprüchen des Materials
und den Rätseln, die es aufgibt, welche die Komponisten zu lösen versuchen.

Historisch gesehen gibt es immer einem jeweils erreichten neuesten Stand
der Musik, d.h. es gibt immer eine Reihe von Kompositionstechniken – ästhetische Kanons von dem, was gerade als »richtig« gilt und wie man es auszudrük-
ken habe – und von Ansprüchen, die das Material selbst stellt. Ernste Musik ist
Musik auf dem aktuellsten Stand, die sich den Ansprüchen des Materials stellt.
In ästhetischer Hinsicht erfolgreiche Musik ist Musik, die neue Maßstäbe setzt;
sie ist fortschrittlich und innovativ. Ihre Originalität aber ist in zweifacher Hinsicht historisch bedingt. Erstens wird sich jede Neuerung immer als eine Modi-
fizierung schon vorhandener Techniken herausstellen, und zweitens muß die
Innovation, wenn sie mehr als eine Idiosynkrasie oder theoretische Lappalie
sein soll, historisch spezifische Probleme, die sich aus dem musikalischen Material ergeben, behandeln. Was wirklich »neu« ist, hat also doch einen hohen Stel-

lenwert, aber es ist der historische Aspekt in dem »Neuen«, der Adornos Konzeption von einer scheinbar sehr ähnlichen unterscheidet, die man in der französischen Moderne vorfindet. Baudelaires *Voyageurs*, die unter ihrem Kapitän namens Tod segeln, *»pour trouver du nouveau«*, werden durch Überdruß, Grauen und vielleicht auch Ekel oder pures Verlangen nach dem Neuen um seiner selbst willen vorangetrieben[16]. Seit den Epikuräern wissen wir, daß der Tod etwas ganz anderes als das Leben, keine modifizierte Form von Leben darstellt. Was auch immer Neues so »au fond du gouffre« existieren mag, wird es nichts sein, was die »voyageurs« beabsichtigen mitzunehmen, um bestehende Lebensweisen oder Musiktechniken zu verbessern[17]. Überdruß ist nicht gerade die naheliegendste Motivation für einen Komponisten, der sich bemüht, den Anforderungen des musikalischen Materials zu genügen. Und tatsächlich fällt es schwer, sich vorzustellen, wie auch nur einen von Baudelaires »voyageurs« die liebende und sorgfältige Hingabe an die Tradition an den Tag legt, die erforderlich ist, um ein Buch wie Schönbergs *Harmonielehre* zu schreiben – auch wenn ein solches Buch zu schreiben, genau das Richtige für einen Komponisten ist, der lernen will, wie man die historisch gegebenen Anforderungen des »Materials« einlösen soll.

Die Idee, daß in erfolgreichem ästhetischen Handeln eine Art von Versöhnung zwischen »Freiheit« und »Notwendigkeit« liegt, daß die größtmögliche Ausübung spontaner Freiheit zugleich die »notwendige« Lösung eines Problems darstellt, geht auf das Ende des 18. Jahrhunderts zurück, und findet seinen vollkommensten Ausdruck in Schellings *System des tranzendentalen Idealismus* (1800). Ich möchte an dieser Stelle lediglich anmerken, daß die hier angesprochene Idee von der »Notwendigkeit« problematisch ist und einige sehr rigide Behauptungen bezüglich der »Anforderungen«, die das »Material« stellt, vorauszusetzen scheint. Um von einer erfolgreichen, Freiheit und Notwendigkeit miteinander versöhnenden Komposition sprechen zu können, scheint es erforderlich zu sein, daß die »Anforderungen« des Materials ein hohes Maß an Bestimmtheit besitzen und daß es einen einzigen »richtigen« oder »besten« Weg gibt, diese zu befriedigen[18].

Bis zu diesem Punkt hält sich Adornos Darstellung in seiner *Philosophie der neuen Musik* recht eng an eine verallgemeinerte hegelianische Position. Im weiteren fügt er jedoch zwei neue Aspekte hinzu. Zunächst setzt er »fortschrittliche« Musik im historisch-ästhetischen Sinne – das heißt, neue Techniken entwikkelnde Musik zur Lösung von sich aus dem Material ergebenden Problemen – mit Musik gleich, die im politischen Sinn fortschrittlich ist. Dementsprechend ist Musik, die den Fortschritt nicht auf dem einzig gangbaren, durch die Anforderungen des Materials bestimmten Weg vorantreibt, nicht nur ästhetisch unbefriedigend, sondern auch politisch reaktionär. In der *Philosophie der neuen Musik* fungieren Schönberg und seine Schule als exemplarische Repräsentanten der »fortschrittlichen« und wirklich »neuen« Musik, während Strawinsky als Vertre-

73

ter des reaktionären »Neoklassizismus« gilt. Ein Kompromiß oder eine vermittelnde Stellung zwischen beiden ist nicht möglich[19]. Um diese Ansicht aufrechterhalten zu können, muß Adorno einige nicht sehr überzeugende dialektische Manöver vollführen. So behauptet er im zweiten Teil seiner *Philosophie der neuen Musik,* daß Strawinskys Musik durch einen »psychotischen Aspekt«, »Infantilismus«, »Depersonalisierung« und »Entfremdung« gekennzeichnet sowie – trotz mangelnder Beweise, daß Strawinsky politisch rechts stehende Ansichten vertrat oder durch rechte Kreise unterstützt oder dort gar besonders warm aufgenommen worden wäre[20] – politisch reaktionär sei. Im Hinblick auf Berg zeigt sich Adorno durchweg bemüht, den Komponisten gegen die Ansicht zu verteidigen, daß dieser eine moderate Form der modernen Musik repräsentiert, weil sie genau jene Zwischenstellung einnähme, deren Existenz Adorno so vehement bestreitet.

Die zweite Abweichung vom Hegelianismus steht im Zusammenhang mit Adornos Doktrin der »Dialektik der Aufklärung«[21]. Auf den ersten Blick scheint die Unterscheidung zwischen Mitgliedern der zweiten Wiener Schule und Vertretern des Neoklassizismus derjenigen zwischen Schafen und Böcken oder geretteten und in ewiger Verdammnis lebenden Seelen gleichzukommen. Bei näherer Untersuchung jedoch ist der durch Schönberg und seine Studenten repräsentierte »Fortschritt« kein reiner Segen. Nach Adorno besteht der zentrale Lehrsatz der Aufklärung darin, daß der Mensch durch das Gewinnen der Kontrolle über die Natur der blinden Unterwerfung unter »Schicksal« und »Mythos« entkommt, dadurch Autonomie erlangt und ein glückliches Leben führen kann. Aus komplexen und letztlich vielleicht nicht sehr einsichtigen philosophischen Gründen, die Adorno in großer Ausführlichkeit in seiner *Dialektik der Aufklärung* darlegt[22], wohnt dem Prozeß der Aufklärung zwangsläufig eine Tendenz inne, sich gegen sich selbst zu wenden, so daß das Gefüge aus Handwerkszeug, sozialen Institutionen, sich aus der Rationalität ergebenden Notwendigkeiten usw., statt die Herrschaft über unser Schicksal zu ermöglichen, uns zu Sklaven machte. Effektive Kontrolle der Natur erfordert langfristig, daß wir uns mit spontanen Reaktionen zurückhalten und unser Verhalten (und schließlich sogar unsere Gefühle) den Gesetzen der Natur anpassen. Auf die Dauer entleert dieser Verlust an Spontaneität unsere Subjektivität ihres Inhalts und kann uns schließlich der Möglichkeit menschlichen Glücks berauben. Die gemeisterte und objektivierte Natur rächt sich.

Adorno interpretiert Schönbergs künstlerische Entwicklung von der Spätromantik über die Periode der freien Atonalität hin zur Methode des Komponierens »mit zwölf nur aufeinander bezogenen Tönen« als ein Beispiel für die »Dialektik der Aufklärung«. Das musikalische Material der Tonalität ist am Ende des 19. Jahrhunderts zu einer Art (zweiten) Natur geworden. Der Durchbruch zur Atonalität ist ein Prozeß, in dem sich das musikalische Subjekt von den Zwängen des Materials befreit und über dieses eine Art rationale Herrschaft

74

ausübt. Die absolute Freiheit der Atonalität führt durch einen »notwendigen« Fortschritt aber zu der rationaleren Zwölftonmethode. Nach einem kurzen Zwischenspiel mit der freien Atonalität scheint in der Zwölftonmusik einmal mehr das Material (d.h. die »zweite« Natur) das Subjekt zu bestimmen[23]: »*Das Subjekt gebietet über die Musik durchs rationale System, um selbst dem rationalen System zu erliegen. [...] Die neue Ordnung der Zwölftontechnik löscht virtuell das Subjekt aus*«[24].

Das »musikalische Subjekt« bei Schönberg kann auf diese Art genauso »depersonalisiert« sein wie bei Strawinsky. Die als gegensätzlich dargestellten künstlerischen Persönlichkeiten von Schönberg und Strawinsky liegen, so gesehen, nicht weit voneinander entfernt[25]. Sie sind vielmehr durch ihr unausweichliches Scheitern zusammengeschweißt, weil der unerlöste Zustand der Welt vollkommen realisierte, adäquate und befriedigende Kunst unmöglich macht. Die einzige in der Kunst erreichbare Form von Erfolg ist eine relative und besteht darin, daß das Kunstwerk mit der ihm eigenen Brüchigkeit und Widersprüchlichkeit, mit seinen Defekten und scharfen Kanten die Unzulänglichkeit der Welt, in der wir leben, aufzuweist[26]. Dies zu tun, würde für die Kunst bedeuten, die Wahrheit, nach der allein sie strebt, zu finden.

Adorno greift diesen letzten Punkt nochmals auf, wenn er das traditionelle Kunstwerk als »affirmativ« bezeichnet. Ein solches arbeitet mit Mitteln einer Logik der Spannung und deren Auflösung und hat sein Ziel erreicht, wenn es dabei das Leibnizsche Prinzip von Ökonomie oder Sparsamkeit beachtet[27], indem es aus möglichst wenig Material mit geringstem Aufwand die größte Variation an Formen hervorbringt und wenn außerdem diese »formale« Auflösung als Affirmation der Tatsache, daß die Welt trotz ihrer widersprüchlichen Erscheinungen grundsätzlich in Ordnung, »rational» und »gut« ist, erlebt wird. »Affirmative« Kunst, behauptet Adorno, ist heute »falsch«, weil unsere Welt von Grund auf schlecht ist. »Neue« Musik muß daher die eigentlich unmögliche Anforderung erfüllen, in sich schlüssige Werke zu schaffen, die die hohen ästhetischen Empfindungen der besten zeitgenössischen Praktiker befriedigen und zugleich den Gebrauch jedweden Hinweises oder jedweder Form vermeiden, die jemandem erlauben würden, die ästhetischen Eigenschaften des Werks als Affirmation der Welt, wie sie ist, zu erleben oder zu interpretieren. Unglücklicherweise ist Kunst ihrer Natur nach affirmativ. Die Tatsache, daß ein in sich schlüssiges, ästhetisch befriedigendes Werk geschaffen wurde, fördert gewöhnlich die Aussöhnung mit der Welt. Wenn neue Kunst nicht-affirmativ zu sein hat, dann muß sie in gewisser Weise versuchen, gar keine Kunst zu sein und sogar die Idee vom abgerundeten, ästhetisch befriedigenden Kunstwerk zu untergraben: »*Die einzigen Werke heute, die zählen, sind die, welche keine Werke mehr sind*«[28]. Kunst ist heute – möglicherweise – schlicht und einfach unmöglich.

Berg und die Vermeidung der Affirmation

Die Idee, daß wirklich neue (und wahre) Kunst im 20. Jahrhundert nicht-affirmativ zu sein hat, ist von großer Wichtigkeit. Um deutlich zu sehen, was gemeint ist, ist es hilfreich, ein Beispiel zu Hilfe zu nehmen.

Bekanntlich schwankte Berg lange Zeit zwischen zwei Projekten. Das eine war eine Oper, die Hauptmanns *Und Pippa tanzt!* zur Vorlage hatte, das andere ebenfalls eine Oper, die auf zwei Stücken Wedekinds über »Lulu« (*Erdgeist* und *Die Büchse der Pandora*) basierte[29]. Einige von Bergs Freunden hielten *Und Pippa tanzt!* für vielversprechender[30], während Adorno Berg zu ermutigen versuchte, nicht Hauptmanns Text, sondern die »Lulu«-Stücke zu verwenden[31]. Berg jedoch ignorierte anfangs Adornos Hinweis und begann an *Und Pippa tanzt!* zu arbeiten. Erst als die finanziellen Verhandlungen über die Rechte an Hauptmanns Stück zum Erliegen kamen, wandte er sich Wedekind zu.

Und Pippa tanzt! ist eine Art von *Zauberflöte* ohne glücklichen Ausgang. Die Tamino- und Paminafiguren (Michel und Pippa) bestehen ihre Prüfungen nicht. Sie stirbt, er erblindet und wird – nur vom Betteln und Okarinaspielen lebend – auf eine Wanderung von Schlesien nach »Venedig« (d.h. praktisch durch das ganze Habsburgische Österreich) geschickt. Der Text bietet augenfällige Gelegenheiten für verblüffende musikalische Effekte. Abgesehen von Michels Okarina gibt es eine Szene, in der Pippa ihren Finger über den Rand eines Glases fahren läßt. Das dabei erzeugte Geräusch wird immer lauter und verwandelt sich in Musik[32]. Pippa und ihr Vater Tagliazoni (der am Ende des ersten Aktes wegen Betrugs beim Kartenspiel gelyncht wird) sprechen ein Gemisch aus Deutsch und Italienisch; die Figur des Monastatos (Der Alte Huhn) spricht schlesischen Dialekt. Ihr steht ein großartiges Repertoire von Ächzlauten, Ausrufen und anderen unartikulierten Geräuschen zur Verfügung; Huhn tötet Pippa, während sie tanzt, indem er ein Glas zerbricht. Es ist zwar richtig, wie Adorno bemerkt hat, daß das Stück einige eklatante dramatische Defizite aufweist. Es ist unzusammenhängend und uneinheitlich in Ton und Tempo, und die Handlung verliert schon auf dem halben Weg an Schwung. Das muß aber dem als mögliches Libretto ins Auge gefaßten Werk nicht unbedingt zum Verhängnis werden. Schließlich kann ein Stück kaum weniger dramatischen Schwung haben als große Teile des *Tristan* oder eine weniger intelligente und uneinheitlichere Handlung als die *Zauberflöte*. Und Berg hätte ohne Zweifel Verbesserungen eingefügt, wenn er das Libretto geschrieben hätte. Was das Stück für Adorno als »neue« Kunst disqualifiziert, hat tiefere Ursachen.

Der Anfang von *Und Pippa tanzt!* spielt in einem ähnlichen Milieu wie *Wozzeck*: Eine Kneipe in einem Bergdorf, in dem die einzige dort ansässige Fabrik, eine Glashütte, geschlossen wurde. Das Gasthaus ist voll von Arbeitslosen und Gelegenheitsarbeitern. Der erste Akt endet in einem glaubhaft dargestellten Desaster, dem Tod Tagliazonis und der Entführung Pippas durch den

Alten Huhn. Aber mit fortschreitender Handlung löst sich diese Katastrophe in eine Reihe von Märchenabenteuern auf und kulminiert in einem sehr traditionellen Schluß, in dem dem blinden Helden Michel illusorischer Trost für sein Leid angeboten wird: *»Wenn sie …Dir mit harten Worten drohen oder mit Steinwürfen…dann…sprich ihnen…von deinem Wasserpalast«*[33]. Es ist genau diese Art von »Transfiguration« des Leidens, von »tragischer Aussöhnung« mit dem Schicksal, von der Adorno glaubte, daß sie charakteristisch für die traditionelle, affirmative Kunst sei, und die nach seiner Meinung die neue Kunst aus ästhetischen und politischen Gründen ablehnen sollte[34].

Der Schluß von *Wozzeck* ist in diesem Sinne ganz eindeutig nicht affirmativ. Es wäre vielleicht gerade noch möglich, ihn auf diese Weise aufzufassen, wenn die Oper mit dem Orchesterzwischenspiel nach Wozzecks Tod geendet hätte (3. Akt, 4. Szene): Das Zwischenspiel hätte dann möglicherweise suggeriert, daß eine pharisäerhafte Art von moralischer Ordnung wiederhergestellt worden wäre (»Armer Mann tötet treulose Ehefrau und ertränkt sich dann selbst«). Diese Möglichkeit der Interpretation geht aber nicht auf, weil uns die 5. Szene im 3. Akt den jungen Sohn von Wozzeck und Marie vorführt. Der Sohn unterliegt nicht der Illusion zu meinen, daß wirkliches Leiden einen tieferen Sinn oder eine tiefere Bedeutung hat. Er begreift einfach nicht, was geschehen ist, aber wir können ziemlich sicher sein, daß er es schon bald verstehen wird. Es ist falsch zu vermuten, daß der »Anblick des ahnungslosen verwaisten Kindes, dem die mitleidende Seele ein besseres Schicksal wünscht, als seinen Eltern beschieden wurde«, »tiefe Wehmut« auslöse[35], wie es Fritz Heinrich Klein in seiner Besprechung in den »Musikblättern des Anbruchs« 1923 tat. Berg stellte bei seinem Vortrag über *Wozzeck* heraus, daß die Oper mit einem *»Perpetuum-mobile-artige[n] Satz«* endet und führte weiter aus, daß sich *»die Anfangstakte der Oper an diese Endtakte ohne weiteres anschließen, womit der Kreis geschlossen wäre«*[36]. Das impliziert eindeutig, daß alle Hoffnungen, die in der »mitleidenden Seele« aufkeimen mögen, illusorisch sind und die Zukunft des Kindes in demselben Kreislauf aus Unordnung, Schmerz, Gewalt und Verzweiflung enden wird, den wir Wozzeck haben erleiden sehen.

Stücke wie *Und Pippa tanzt!*, die in gewisser Weise »affirmativ« sind, und Dramen wie *Wozzeck* (oder *Woyzeck*, wenn wir von Büchners Vorlage sprechen)[37], auf die dies nicht zutrifft, scheinen sich klar voneinander zu unterscheiden. Adorno jedoch behauptet zu einer Zeit, als er die Implikationen seiner eigenen Position am kompromißlosesten und mit größter dialektischer Rigorosität herausstellte, daß selbst *Wozzeck* auf seine Weise »affirmativ« sei. Trotz allem ist es noch immer ein zusammenhängendes »Werk« von ästhetischer Geschlossenheit und insofern etwas, das Schmerz verwandelt und zu dessen wenn auch resignierender – Annahme führt[38]. In der Passage, in der Adorno in der erläuterten Weise argumentiert (in seiner *Philosophie der neuen Musik*), stellt er *Wozzeck* (und *Lulu*) auf der einen Seite Schönbergs *Erwartung* und *Die glückliche*

Hand auf der anderen gegenüber. Daraus scheint sich zu ergeben, daß letztere tatsächlich »nicht-affirmative Unkunst« sind.

Man könnte meinen, daß sich Adorno hier schlicht irrt. Es erscheint ziemlich merkwürdig zu behaupten, daß *Erwartung* weniger als »künstlerisches Werk« zu gelten habe als *Wozzeck*. Außerdem ist es zwar völlig angemessen, Argumente gegen die Kunst im allgemeinen vorzubringen: Kunst heilt keinen wirklichen Schmerz, und vielleicht fördert sie eine falsche Haltung im Menschen. Dennoch ist es nicht offensichtlich, daß derartig allgemeine Argumente gegen das Bestehen der Kunst überhaupt ohne weiteres in ästhetische Normen verwandelt werden können und eine Unterscheidung zwischen »besserer« und »schlechterer« Kunst erlauben. Natürlich schafft die Kunst nicht das Leiden in der Welt ab, aber das sagt uns nichts über den relativen Wert von Schönberg und Strawinsky.

Auf diese Weise gegen Adorno zu argumentieren, würde jedoch bedeuten, sein Grundverfahren zu mißverstehen. (Sein Vorgehen soll damit keinesfalls verteidigt werden. Nur bin ich der Meinung, daß die Kritik, die Adorno angreifen will, anders formuliert werden muß.) Wie Adorno mehrfach betont, ist sein Verfahren ein dialektisches – später sollte er von »negativer Dialektik« sprechen. Und diese Dialektik ist mit einem Korkenzieher vergleichbar, der im Prinzip immer weiter herausgezogen werden kann. Welche Behauptung man in einem gegebenen Augenblick aufstellt, hängt davon ab, wo man sich im dialektischen Prozeß befindet. *Wozzeck* ist im Vergleich zu *Und Pippa tanzt!* nicht-affirmativ, aber es ist noch insofern affirmativ, als es (im Vergleich zu *Erwartung*) noch ein Kunstwerk darstellt. Aber auch *Erwartung* ist noch Kunst und so einer Affirmation verpflichtet, die es selbst zu untergraben sucht. Diesen Standpunkt einzunehmen, heißt, zu akzeptieren, daß Kunst an sich nicht möglich ist (weil ein Kunstwerk ein Werk sein soll, das keines ist). Aber große Komponisten sind genau jene, die das Unmögliche möglich machen können, die die Quadratur des Kreises beherrschen: *»Jedes Stück Bergs war seiner Unmöglichkeit abgelistet«*[39]. Für Adorno besitzt der dialektische Prozeß keinen natürlichen Endpunkt. Das hat auch sein Gutes, denn eine solche Dialektik ist Ausdruck der freien menschlichen Subjektivität. Das Ende der Dialektik würde einem mentalen und emotionalen Tod gleichkommen.

Adorno hat auch darauf hingewiesen, daß Wedekinds zweites Stück über »Lulu« (*Die Büchse der Pandora*) nicht mit dem Liebestod der Gräfin Geschwitz endet, sondern mit ihrem Ausruf »O, verflucht!«[40]. Friedrich Cerha meint, daß Berg beabsichtigte, die Geschwitz das Wort »verflucht« nicht singen (oder sprechen) zu lassen. In seiner Bearbeitung der Partitur setzt er an dieser Stelle eigenartigerweise ein C und H nach »...in Ewigkeit«, aber keinen Text zu diesen beiden Noten[41]. Adorno hat recht: Das »verflucht« am Ende zu streichen, würde den ganzen Schluß verderben, und falls Berg nicht beabsichtigte, den letzten Teil von Wedekinds Text zu verwenden, hat er einen großen Fehler begangen.

Die Geschwitz wird sich nicht mit Lulu »in Ewigkeit« verbinden; sie ist eine frustrierte Frau, fähig zu großer und selbstloser Liebe, die am Ende aber elend in einer Londoner Dachkammer stirbt. Ihre Verfluchung trägt dazu bei, daß sich das Publikum gedanklich auf diesen Sachverhalt konzentriert.

Von Bergs späteren Werken ist seine *Lyrische Suite* relativ einfach in das Schema einer nicht-affirmativen Musik einzufügen: Das »Largo desolato«, mit dem das Stück endet, läßt jeden Gedanken an irgendeine Form von Transformation, metaphysischer Hoffnung oder Trost aufgeben. Das Stück weist sogar strukturelle Merkmale auf, die es weniger affirmativ machen als den *Wozzeck*. Das gilt insbesondere für den Schluß, in dem die drei anderen Instrumente nacheinander aussetzen, bis nur noch die Viola übrigbleibt, die dieselbe Sequenz von Des nach F, vom »diminuendo« bis zum »morendo«, wiederholt, »bis sie völlig erstirbt«; aber die Stelle, an der der Geiger aufhören soll zu spielen, wird nicht eindeutig angegeben. Bergs Anweisung lautet *»die letzte Terz Des-F eventuell noch ein-, zweimal wiederholen«*. Dieses »offene« Ende kann als die Auflösung der ästhetischen Geschlossenheit, die ein »Kunstwerk« ausmacht, von innen gesehen werden[42]. Dieser Effekt ist auf der Notenseite vielleicht noch auffälliger, als wenn man das Stück nur hört, denn wenn die Geigenspieler und der Cellist aufhören zu spielen, finden sie keine ausgeschriebenen Pausen in vollen Noten vor, sondern ihre Notenzeilen lösen sich in nichts auf.

Adorno bringt Bergs Vermeidung von metaphysischer Affirmation mit einem Grundzug seiner Musik in Verbindung. In ihr, so behauptet Adorno, finde man keine voll ausgebildeten Themen mit eigenen klar unterscheidbaren Identitäten, die schon zu Beginn komplett festgestellt werden können, sich dann entwickeln und wandeln, bis sie sich schließlich im Triumph wieder einstellen. Vielmehr sei jedes der Werke Bergs wie ein Aufgußtierchen, in dem sich kleinste Struktureinheiten beständig in andere mikroskopische Strukturen verwandeln[43]. Die beteiligten Elemente seien so klein und der Prozeß der Umwandlung so gleichmäßig, daß man nie den Punkt bestimmen könne, an dem ein »Thema« beginne und ein anderes ende und man nie wisse, welches die ursprüngliche Form des Themas sei und was eine Variation. Soweit Themen vorhanden sind, läßt Berg diese durch eine Reihe allmählicher, kaum hörbarer Übergänge entstehen. In dem Moment, in dem es irgendeinem »Thema« mit einer erfaßbaren Struktur gelingt, sich zu stabilisieren, beginnt Berg sofort, dieses allmählich wieder in die winzigen Elemente, aus denen es sich entwickelt hat, zu zerlegen. Die Struktur Bergscher Musik besteht daher nicht in Spannung und Auflösung, sondern Aufbau und Abbau oder dem Aufstellen von Behauptungen und deren anschließender Rücknahme. Letzteres stellt das Gegenteil traditioneller Formen musikalischer Affirmation dar[44].

Man ist versucht, die Bergsche Geste der »Rücknahme« als eine weitere Ähnlichkeit mit Manns Adrian Leverkühn zu sehen, der am Ende des Romans ein Werk komponieren möchte, das die Bejahung des Lebens »zurücknimmt«, die am Schluß der *Neunten Sinfonie* Beethovens zum ausdruck kommt. Diese Feststellung wird durch Adornos Bezug auf den »dynamischen Nihilismus«[45] Bergs untemauert. Mit »dynamischem Nihilismus« ist vielleicht die Haltung des fiktiven Komponisten Leverkühn (und der nur allzu wirklichen Nationalsozialisten) treffend charakterisiert. Aber, wie Adorno andernorts mehrfach erwähnte[46], war Bergs Haltung nicht durch aktiven, engagierten Nihilismus, sondern passive, melancholische Resignation geprägt: eher ein Sinnieren über die Vergänglichkeit und Fragilität einer Welt, die unter ihrem eigenen Gewicht zusammenbricht, als ein Zertreten dessen, was schon im Begriff steht unterzugehen[47].

Fragt man dann, worin die »Wahrheit« der Bergschen Musik (nach Adorno) besteht, wird ein Teil der Antwort in Bergs Zurückweisung von »Affirmation« liegen. Die tiefgehende Traurigkeit seiner Musik zeigt, daß er nicht »versöhnt« ist; seine »Resignation« ist die einer Person, die utopische Anforderungen an das Leben stellt, diese auf ewig unerfüllt sieht und trotzdem nicht aufgibt[48].

Historizität

Die andere Komponente von Bergs »Wahrheit« besteht in der Anerkennung von Historizität. Dabei beschreitet Berg nicht den Weg, den später der Serialismus in Richtung eines »schlechten Ahistorizismus« ging, sondern versucht, auf schlüssige Weise, »die fortschrittlichsten Kompositionstechniken« mit modifizierten Versionen historisch überkommener musikalischer Formen zu verbinden[49]. Da die Musik von sich aus eine historische Kunstform ist, ist es eine reine Illusion vorzugeben, man könne die Geschichte der Formen ignorieren und noch einmal von vorne anfangen. Diesen Sachverhalt auf Berg übertragend, schreibt Adorno: »*Das Stehen-Lassen der Brüche zwischen Moderne und Spätromantik ist angemessener, als begänne die Musik absolut von vorn; eben damit fiele sie dem undurchschauten Gewesenen zur Beute*«[50].

In diesem Zusammenhang stellt Bergs Violinkonzert für Adorno ein besonderes Problem dar[51]. Er fand es offensichtlich sehr peinlich und fühlte sich bemüßigt, dafür eine Erklärung zu finden: Berg sei gezwungen gewesen, das Auftragswerk in ungewöhnlicher Eile zu komponieren; es zähle daher nicht zu seinen besten Arbeiten[52]. Was Adorno wirklich störte, war nicht die Verwendung traditioneller Elemente (z.B. tonale Zentren) – das kann als neuartige (d.h.. »neue«) Aneignung von Tradition interpretiert werden, also als ein Ausdruck der Wahrheit, daß Musik in die Geschichte eingebettet ist. Es waren auch nicht die »Stilbrüche«, wie sie sich im Gebrauch des Bachchorals zeigten, und obwohl Adorno schrieb, daß er diese nicht verteidigen wolle, können sie im Prinzip wie Formen ehrlichen Erkennens historischer Diskontinuität behandelt werden[53]. Was Adorno aber nicht tolerieren konnte, war vor allen Dingen die leichte Verständlichkeit des Stücks und seine daraus resultierende Popularität. Denn in unserer nach Adornos Ansicht so durch und durch schlechten Welt, muß die »Wahrheit« von esoterischer Qualität sein[54]. Außerdem ist das Violinkonzert ein »affirmatives« Stück im traditionellen Sinne, das das Leiden mit einem Schimmer von Trost überdeckt und eine metaphysische Akzeptanz des Todes erleichterte. Es folgt, wie Adorno bemerkte, dem Schema von »Tod und Verklärung«[55].

Ich halte Adornos Ausführungen über Bergs Beziehung zur Geschichte und Tradition für nicht sehr befriedigend, und die Unzulänglichkeiten seiner Darstellung liegen, so denke ich, in seinem philosophischen Ansatz begründet. Adorno weist auf einige rückläufige Formen, die in Bergs Musik vorkommen, hin – er kam nicht umhin, diese zu erwähnen, da Berg selbst sie ausdrücklich hervorhebt[56]. Adorno versäumte es aber, diesen kreisförmigen und rückläufigen Formen den Rang in seiner Analyse einzuräumen, der ihnen gebührt. Man könnte sogar denken, daß es eine natürliche Affinität zwischen den groß angelegten rückläufigen Formen und dem Prinzip von Aufbau und Abbau gibt, auf dem Bergs reife Stücke laut Adorno basieren.

Robert Morgan weist darauf hin, daß die weite Verbreitung der rückläufigen und kreisförmigen Formen im Grunde mit einer zyklischen Auffassung von Zeit in Verbindung steht[57]. Für Adorno wie für die hegelianisch-marxistische Tradition, aus der seine Arbeit hervorgegangen ist, die dreifache Unterscheidung zwischen grundsätzlich ahistorischen, linear-progressiven und zyklischen Auffassungen von Zeit und Geschichte von zentraler philosophischer, ästhetischer und politischer Bedeutung. Das Bürgertum des 19. Jahrhunderts, das sich (zurecht) vom aufkommenden Proletariat bedroht fühlte, mußte seine Ideologie vom zwangsläufigen Fortschritt aufgeben und von der Bühne der Geschichte entweder in die zeitlose Gegenwart des »Positivismus« – das ist sozusagen die »weiche«, liberale Variante des Westens – oder im Ernstfall in zyklische und andere mythische Formen historischen Denkens – das ist die protofaschistische Variante – abtreten. So war es für Adorno von hoher politischer Bedeutung, Bergs Glaubwürdigkeit als »progressiver« Künstler aufrechtzuerhalten, indem er den Stellenwert der kreisförmigen und zyklischen Formen herausstellte. Freilich verwirft Adorno nicht nur »Positivismus« und »mythisches« Denken, sondern auch die »linearen« Konzeptionen des 18. und 19. Jahrhunderts, in denen eine tieferliegende »Logik der Geschichte« unvermeidbaren Fortschritt garantiert. Es gibt, so glaubt Adorno, keine Garantie für einen derartigen »Fortschritt« – zumindest, wenn das moralischen Fortschritt oder Fortschritt in der Qualität der Kunst bedeuten sollte. Aus der Tatsache, daß der »moderne« Künstler im Gegensatz zu seinen Vorgängern in gewisser Weise strengeren historischen Anforderungen (des Materials) genügen muß, folgt nicht, daß »neue« Kunst notwendigerweise besser als ältere ist. Für Adornos Arbeit ist es von zentraler Bedeutung, daß die innere Kritik am Fortschrittsglauben der Aufklärung nicht ver-

81

wendet werden sollte, um auf eine Rückkehr zu archaischen Denkweisen, die die natürlichen Vorläufer und Begleiterscheinungen des Faschismus sind[58], zu schließen; eine metaphysische Sichtweise der Zeit als kreisförmig stellt ein solches archaisches Denkmuster dar.

Grundsätzlich hätte Adorno dialektisch argumentieren können, Berg habe zeigen wollen, daß in unserer Welt, der barbarischen Welt der Dreißiger Jahre, die Zeit kreisförmig sei. Hätte Berg die Welt auf diese Weise interpretiert, hätte er keinen metaphysischen Anspruch erhoben, sondern eine stumme, aber richtige, quasi-empirische Kritik an unserer Gesellschaft, wie sie im Licht einer erlösten messianischen Zukunft aussähe, geübt, und in diesem Sinne kann seine Musik als »wahr« bezeichnet werden[59]. Das Dritte Reich war in gewisser Weise die wiederauferstandene archaische Vergangenheit. Ohne die Fixpunkte, wie sie Hegels Dialektik – ein System logischer Kategorien mit einer affirmativen Beziehung zu wenigstens einigen Grundlagen der Gesellschaft seiner Zeit – noch beibehält, kann Adornos negative Dialektik leicht nicht als Ausdruck einer freien und hoch entwickelten kognitiven Subjektivität, sondern als eine selbstgefällige Art , den eigenen zufälligen Präferenzen den Schein der Allgemeingültigkeit zu geben.

Adorno wollte mit Astrologie, Numerologie, Okkulten oder irgendeiner der biologisch begründeten Lebensrhythmus-Theorien, die unter den Mitgliedern des Schönbergkreises populär waren[60], nichts zu tun haben. Er hielt den Glauben an diese Dinge für ein Zeichen von Konformismus, Depersonalisierung und von Neigung zu protofaschistischen Haltungen[61]. Was er an der Numerologie und Astrologie auszusetzen hatte, war deren vorgetäuschte Wissenschaftlichkeit. Denn Adorno hatte im Prinzip nichts dagegen, die Bedeutung von Gegenständen oder Menschen aus deren äußerer Erscheinung abzulesen. Onomatologie und Physiognomie waren, wenn sie in Verbindung mit einer fundierten Erfahrung von »Geist« und einem gewissen Anspruch an Objektivität betrieben wurden, ebenso akzeptabel wie psychoanalytische Interpretationen. So führt Adorno etwa Wagners Charakterisierung des Mime im *Siegfried* auf die Furcht des Komponisten, sich selbst in dem Zwerg zu erkennen, zurück: Auch Wagner hatte einen großen Kopf, war von kleinem Wuchs und redete zu viel[62]. Was Berg betrifft, betonte Adorno, daß dieser wie sein Name sei: er war groß und hager wie eine alpine Landschaft (Berg), zugleich aber auf elegante Weise altmodisch und katholisch (Alban)[63]; interessanterweise bezog Adorno diese Behauptung nicht nur auf Bergs Person, sondern auch auf dessen Musik[64].

Trotz des großen dokumentarischen Werts der Erinnerungen Adornos an Berg und der gelegentlichen Brillanz seiner Analysen zählt seine Arbeit über Berg nicht gerade zu den stärksten Teilen von Adornos Œuvre. Das liegt daran, daß Adornos negative Dialektik am besten funktioniert, wenn sie erklären soll, warum eine bestimmte Art von künstlerischem Projekte zum Scheitern verurteilt ist. Wenn man die radikalsten Teile von Adornos Musikphilosophie als Maßstab anlegt, muß man Bergs Werk im ganzen gemeinsam mit nahezu der gesamten Musik des 20. Jahrhunderts (vielleicht mit Ausnahme einer Handvoll Stücke aus Schönbergs Periode der freien Atonalität) vernichtend verurteilen. Aber angenommen, man folgt der Dialektik nicht soweit, bleibt die Analyse des relativen Scheiterns und Erfolgs. Wenn Adornos Animositäten wie im Falle Wagner[65] oder seine Furcht überhand nehmen – was geschähe, wenn er feststellen müßte, daß Strawinsky und nicht Schönberg der Repräsentant der wahren »neuen« Musik ist? –, können die Gänge der dialektischen Maschinerie versagen. Berg betreffend, sind es eher Adornos wirkliche Liebe zu seinem Subjekt und sein Verlangen, das Werk des Komponisten als großen Erfolg in ästhetischer Hinsicht hinzustellen, die ihm große Schwierigkeiten bereiten.

Anmerkungen

1 Adorno, *GS* 13, S. 340.

2 Jan Maegaard, *Zu Th. W. Adornos Rolle im Mann/Schönberg-Streit*, in: R. Wiecker (Hg.), *Gedenkschrift für Thomas Mann 1875–1975*, Kopenhagen 1975, S. 216f. Zugegebenermaßen ist diese Aussage Schönbergs ein Urteil aus der Rückschau [1950] und Schönberg war nicht immer der gerechteste Richter. S. auch Thomas Manns Brief an Jonas Lesser vom 15. Oktober 1951, in: E. Mann (Hg.), *Briefe*, Bd. 3, Frankfurt/Main 1965, S. 225–228 und die beiden Aufsätze über Adorno von Jürgen Habermas in seinen *Philosophisch-Politischen Profilen*, Frankfurt/Main 1971.

3 *The Berg-Schoenberg Correspondence*, S. 335; Adorno, *GS* 13, S. 361.

4 Ein früher Beitrag zu Adornos Kompositionen ist René Leibowitz, in: M. Horkheimer (Hg.), *Zeugnisse. Theodor W. Adorno zum 60. Geburtstag*, Frankfurt/Main 1963, S. 355–359. Weitere Ausführungen bei *Musik-Konzepte*, Bde. 63–64, hg. v. H.-K. Metzger u. R. Riehn, München 1989 sowie im Beitrag von Siegried Schibli im CD-Booklet WER 6173–2, Mainz 1990.

5 Noch 1938 schrieb er, daß *»es nach meiner Theorie keinen Krieg geben wird«*, s. Adorno/Benjamin, *Briefwechsel* 1928–1940, hg. v. H. Lonitz, Frankfurt/Main 1994, S. 328 und selbst noch zu Beginn des Jahres 1939 ist er nicht davon überzeugt, daß es zum Krieg kommen wird, s. ebd., S. 388–390.

6 Leo Löwenthal, *Erinnerungen an Adorno*, in: L. v. Friedeburg u. J. Habermas (Hg.), Adorno-Konferenz, Frankfurt/Main 1983, S. 390.

7 Reich, *Alban Berg. Klaviersonate, op 1*, S. 21–27, *Vier Lieder, op. 2*, S. 27–31; *Sieben frühe Lieder*, S. 31–35; *Streichquartett, op. 3*, S. 35–43; *Vier Stücke für Klarinette und Klavier*, S. 47–51; *Drei Orchesterstücke, op. 6*, S. 52–64; *Lyrische Suite für Streichquartett*, S. 91 101; *Konzertarie »Der Wein«*, S. 101–106.

8 In den 1930er Jahren begann Wiesengrund Aufsätze unter dem Namen »Theodor Wiesengrund-Adorno« zu veröffentlichen, aber diejenigen, die ihn kannten, nannten ihn weiterhin »Wiesengrund«. Das trifft insbesondere für Berg zu. Erst 1943 wird er zu »Dr.

Adorno«. S. Thomas Mann, *Die Entstehung des »Doktor Faustus«*, Frankfurt/Main 1949, S. 31–35 et passim.

9 Tübingen 1949, in den *Gesammelten Schriften* als Bd. 12.

10 Mann beschreibt das Entstehen seines Romans sowie seine Beziehung zu Adorno im Detail in *Die Entstehung des »Doktor Faustus«*.

11 S. Adorno, *GS* 18, S. 488, S. 491 u. *GS* 13, S. 402. Sowohl Berg als auch Leverkühn hatten Schwierigkeiten, ihre breit gestreuten ästhetischen Interessen zu bündeln und sich auf die Musik zu beschränken. Beide interessierten sich für Numerologie usw. Mann äußerte 1946 in seinen Tagebüchern, daß sowohl in Bergs Musik als auch in den imaginären Kompositionen Leverkühns Dissonanz Ausdruck des »Ernsten und Geistigen« sei, während »das Harmonische und Tonale« für die »Welt der Hölle, i.e. des Gemeinplatzes« stehe. (Thomas Mann, *Tagebücher*, 1944–1. 4. 1946, hg. v. I. Jens, Frankfurt/Main 1986, S. 769.)

12 Adorno, *GS* 18, S. 489, auch *GS* 13, S. 340 u. *GS* 20,2, S. 553. Leverkühn widersteht den verlockenden Angeboten des französischen Impresarios Fittelsberg, die große Welt kennenzulernen, bewahrt seine künstlerische Integrität und bleibt in seiner ländlichen Zurückgezogenheit. Berg konnte sich nicht vorstellen, daß ein Konzert in Paris seine Integrität verletzen würde, und gab ein solches dort 1928. S. Jarman, *The Music of Alban Berg*, S. 10, Anm. 2. Einige weitere derartige Aufführungen in den 30er Jahren hätten es Berg erlaubt, sich ein größeres Auto leisten zu können. Leverkühn hingegen hätte sich wohl nie ein Auto zugelegt.

13 Mann, *Tagebücher*, 1949–1950, hg. v. I. Jens, Frankfurt/Main 1991, S. 580.

14 Adornos Ende erscheint in gewisser Weise ebenso grotesk gewesen zu sein wie das von Berg, Webern und Schönberg. Während der 1950er und frühen 1960er Jahre riß der beständige Strom seiner sozialen und kulturellen Kritiken nicht ab. Aber die Studentenbewegung Mitte und Ende der 60er Jahre scheint ihn überrascht zu haben, und er distanzierte sich sehr schnell von ihr. Eine Reihe von Begebenheiten – wie der öffentliche Händedruck mit dem Polizeibeamten, der die Räumung des von Studenten besetzten Instituts für Sozialforschung organisierte – konsternierten die Linke. Schließlich entschied sich eine Gruppe von Studentinnen, ein »Adorno love-in« zu veranstalten. Mit nacktem Oberkörper führten sie eine Parodie der Blumenmädchenszene aus dem *Parsifal* auf, tanzten, als Adorno den Hörsaal betrat, auf erotisch-suggestive Weise um ihn herum und bewarfen ihn mit Blumen. Das war eine sehr schlaue Taktik. Adorno brüstete sich damit, nicht prüde zu sein, aber das »love-in« war dann doch zuviel für ihn. Er schützte seine Augen vor dem Anblick der Frauenbrüste mit seiner Brieftasche und ging aus dem Hörsaal, ohne ein einziges Mal gesprochen zu haben. Er verließ Frankfurt, um einen Urlaub in der Schweiz anzutreten, wo er an einer Herzattacke starb.

15 Für eine gute und eingehende Behandlung von Adornos Ansichten zur Kunst s. Susan Buck-Morss, *The Origin of Negative Dialectics. Theodor W. Adorno, Walter Benjamin, and the Frankfurter Institute*, New York 1977. Die beste Erörterung zu Adornos Musiktheorie bietet Max Paddison, *Adornos Aesthetics of Music*, Cambridge 1993. S. auch meine Besprechung von Adornos *Aesthetic Theory* in *Journal of Philosophy* 1986, S. 732–741.

16 S. den letzten Abschnitt des Schlußgedichts aus Baudelaires *Les Fleures du mal*.

17 S. W. Benjamin, *Zentralpark*, in: *Illuminationen*, Frankfurt/Main 1977.

18 Es scheint große Ähnlichkeiten zwischen den Ansichten Adornos und denen Schönbergs zu geben. Auch Schönberg verwirft die Idee, daß der Künstler Schönheit auszudrücken versuche und fordert, daß Kunst »wahr« sein müsse, (s. Willi Reich, *Arnold Schönberg oder Der konservative Revolutionär*, Wien 1968, S. 44. S. auch Adorno *GS* 18, S. 62). Auch der »Notwendigkeit« künstlerischen Schaffens räumt Schönberg eine zentrale Stellung ein (s. *Harmonielehre*, Wien ³1922, Kap. 22; *Stil und Gedanke. Aufsätze zur Musik*, hg. v. I. Vojtech,

Frankfurt/Main 1976, S. 73). Wenn Schönberg aber von »Wahrheit« spricht, scheint er damit in der Regel »Authentizität des Ausdrucks«, d.h. daß eine musikalisch herausgearbeitete Form dem vorangegangenen »Einfall« möglichst nahe kommt und somit authentischer Ausdruck des Komponisten ist, zu meinen (*Stil und Gedanke*, S. 6). Diese Vorstellung von »Wahrheit« unterscheidet sich gänzlich von der hegelianisch geprägten Adornos. Für Adorno sind das sich ausdrückende Selbst und dessen Einfälle nicht das Absolute, dem gegenüber die Kunst »wahr« sein muß (*GS* 12, S. 52). Überspitzt formuliert, kann der Komponist einen wertlosen »Einfall« haben, und dessen authentische Herausarbeitung wird daraus noch kein Kunstwerk entstehen lassen.

Ganz ähnlich verhält es sich bezüglich der »Notwendigkeit«. Schönberg meint damit in der Regel das Bedürfnis des Komponisten, sich selbst auszudrücken, und nicht die Notwendigkeit einer wenigstens teilweisen Lösung des Rätsels, die das Material aufgibt. Bezüglich des Verhältnisses von Freiheit und Notwendigkeit s. die beiden Aufsätze Adornos aus dem Jahr 1930 *Reaktion und Fortschritt* (*GS* 16) sowie *Stilgeschichte in Schönbergs Werk* (*GS* 18).

19 Adorno, *GS* 12, S. 13–19.

20 Strawinskys zu Lebzeiten publizierte politische Kommentare sind genauso widersprüchlich wie seine Bemerkungen zu zahlreichen anderen Themen. In den 1930er und 1940er Jahren scheint er wenig für Hitler, aber viel für Mussolini übrig gehabt zu haben, auch bezeugt er seine Sympathie für Franco. Aber seine Aussagen und sein Handeln sind wohl eher als Selbsterhaltungstrieb, denn als überzeugte und konsequente politische Einstellung zu werten. S. dazu *Stravinsky's Politics* in: Vera Stravinsky und Robert Craft (Hg.), *Stravinsky in Pictures and Documents*, New York 1978, S. 547–558.

21 Im Vorwort zu seiner *Philosophie der neuen Musik* erläutert Adorno, daß das Buch als Exkurs zu seiner *Dialektik der Aufklärung*, die er Anfang der 1940er Jahre mit Max Horkheimer schrieb, verstanden werden kann.

22 Die genauesten und am leichtesten zugänglichen Ausführungen zu diesem Werk finden sich in David Helds *Introduction to Critical Theory. Horkheimer to Habermas*, Berkeley 1980, Kapitel 5. S. auch Paul Connerton, *The Tragedy of Enlightenment. An Essay on the Frankfurt School*, Cambridge 1980.

23 Genau dieses scheint Schönberg leugnen zu wollen, wenn er bestreitet, daß es ein Zwölftonsystem gibt, und darauf besteht, daß er eine Methode oder Technik gefunden habe: »*Man muß der Grundreihe folgen; aber trotzdem komponiert man so frei wie zuvor*«, *Stil und Gedanke*, S. 80. Schönberg war der Meinung, daß Adorno nicht verstanden habe, worum es gehe (S. seinen Brief vom 27. Juli 1932 an Rudolf Kolisch, *Stil und Gedanke*, S. 150). Dieser versuchte, sich in der Vorrede seiner *Moments Musicaux* zu verteidigen (*GS* 17, S. 9–12). Wenn die Methode des Komponierens mit zwölf nur aufeinander bezogenen Tönen einfach nur eine Methode ist und »*nicht der einzige Weg zur Lösung neuer Probleme*« (Maegaard, *Zu Th. W. Adornos Rolle*, S. 218), dann wäre eine der Hauptannahmen der *Philosophie der neuen Musik* widerlegt.

24 Adorno, *GS* 12, S. 68 und 70.

25 Adorno, *GS* 14, S. 9.

26 Adorno, *GS* 12, S. 122–126.

27 Adorno, *GS* 18, S. 668. Adorno lobt ständig Bergs Ökonomie (z. B. *GS* 18, S. 462).

28 Adorno, *GS* 12, S. 37.

29 Zu den Details s. Jarman, *Alban Berg. Lulu*, Kapitel 1 und 2.

30 Dazu gehörte offensichtlich auch Schönberg, s. *The Berg-Schoenberg Correspondence*, S. 365.

31 »*Ob ich, wie es mir in der Rückerinnerung scheint, ihn zuerst auf die Lulu hinwies, vermag ich nicht mit Bestimmtheit mehr zu sagen; in solchen Dingen irrt man sich leicht aus Narzismus*«.(Adorno, *GS* 13,

S. 357). Diese Passage ist so uncharakteristisch bescheiden, daß man versucht sein könnte zu denken, daß etwas daran ist. Da wir aber wissen, daß Berg 1905 – 20 Jahre bevor er Adorno das erste Mal traf (Adorno wurde erst 1903 geboren) – eine Vorstellung der *Büchse der Pandora* besuchte, kann Adorno allenfalls für sich in Anspruch nehmen, die Aufmerksamkeit Bergs auf die Möglichkeiten, die das dem Komponisten bestens bekannte Stück für eine Oper bot, gelenkt zu haben.

32 Berg war offensichtlich ganz fasziniert von der Art, wie sich Musik allmählich aus Geräuschen entwickeln kann (s. Adorno, *GS* 13, S. 416–421 und Perle, *Wozzeck*, S. 10). Angesichts dieser Tatsache ist es zu bedauern, daß wir Pippas Glasmusik niemals hören können.

33 Hauptmann, *Und Pippa tanzt! Ein Glashüttenmärchen*, 4. Akt., zit. nach: *Gerhart Hauptmann. Sämtliche Werke*, hg. v. Hans-Egon Hass, Bd. II, Dramen, Frankfurt/Main 1965, S. 321.

34 S. Adorno/Benjamin, *Briefwechsel*, S. 398.

35 Fritz Heinrich Klein, *Alban Bergs »Wozzeck«*, in: Musikblätter des Anbruch 5, 1923, S. 219.

36 Bergs *Wozzeck*-Vortrag aus dem Jahr 1929, in: *Alban Berg: Wozzeck. Texte, Materialien, Kommentare*, hg. v. Attila Csampai und Dietmar Holland, Reinbek 1985, S. 162.

37 S. Perle, *Wozzeck*, S. 25–37.

38 Adorno, *GS* 12, S. 37.

39 Adorno, *GS* 16, S. 94.

40 Adorno, *GS* 12, S. 37f., Anm. 1.

41 S. Friedrich Cerha, *Some Further Notes on my Realization of Act III of Lulu*, in: Jarman (Hg.), *The Berg Companion*, S. 261–267.

42 Adorno, *GS* 13, S. 452.

43 Adorno, *GS* 18, S. 458; *GS* 13, S. 325–330.

44 Adorno, *GS* 18, S. 667–670; *GS* 13, S. 355.

45 Adorno, *GS* 13, S. 440.

46 Adorno, *GS* 18, S. 467, 475; *GS* 16, S. 88–90.

47 S. Nietzsches Erörterung von »aktivem« und »passivem« Pessimismus in: *Der Wille zur Macht*, hg. v. P. Gast und E. Förster-Nietzsche, Stuttgart 1964, S. 10–96.

48 Adorno, *GS* 13, S. 346.

49 Adorno, *GS* 18, S. 461; *SG* 16, S. 90–96. Dagegen erhebt Boulez in seinem frühen Aufsatz *Incidences actuelles de Berg* (1948, dt. *Mißverständnisse um Berg*, in: Anhaltspunkte. Essays, München 1975, S. 318–324) Einwände. Er spielt sozusagen Baudelaire gegen den hegelianischen Adorno aus.

50 Adorno, *GS* 18, S. 500.

51 S. Pople, *Berg. Violin Concerto*, S. 98f.

52 Adorno, *GS* 18, S. 500; *GS* 13, S. 350; *GS* 15, S. 340.

53 Adorno, *GS* 18, S. 499f.; *GS* 13, S. 349. Vgl. wieder mit Boulez, *Mißverständnisse um Berg*.

54 Adorno, *GS* 16, S. 86.

55 Adorno, *GS* 18, S. 500. vgl. ebd., S. 667–670.

56 Z.B. in dem offenen Brief an Schönberg über das Kammerkonzert, in: *Alban Berg. Glaube, Hoffnung und Liebe. Schriften zur Musik*, Leipzig 1981, S. 228–233..

57 Robert P. Morgan, *The Eternal Return. Retrograde and Circular Form in Berg*, in: Gable u. Morgan (Hg.), *Alban Berg*, S. 111–149.

58 Adorno, *GS* 12, S. 10.

59 Adorno, *GS* 4, S. 281; *GS* 12, S. 122–126.

60 S. Douglas Jarman, *Alban Berg, Wilhelm Fliess, and the Secret Programme of the Violin Cocerto*, in: Jarman (Hg.), *The Berg Companion*, S. 181–194.

61 Adorno, *GS* 8, S. 147–176.

62 Adorno, *GS* 13, S. 22f.
63 Ebd., S. 342f.
64 Ebd., S. 347. Adorno, der von seinen Freunden sein ganzes Leben lang »Teddie« genannt wurde, war ebenfalls seinem Namen ähnlich. War Berg wie eine Kapelle in den Alpen, so war der kurz geratene, füllige Adorno, der immer mit überartikulierter Stimme sprach, wie ein lebendiger Teddybär, der sich selbst mit möglichst viel Schmuck behängte.
65 Adorno gibt dies gegenüber Benjamin zu, s. Adorno/Benjamin, *Briefwechsel*, S. 344f.

Vier frühe Werke:
Diesseits und jenseits der Tonalität

Anthony Pople

Erste Lieder und Instrumentalmusik

Bergs ungefähr ein Dutzend »offizielle« Kompositionen, von der *Klaviersonate* op.1 bis zum mehr als ein Vierteljahrhundert später verfaßten *Violinkonzert*, werden an Zahl weit übertroffen von seinen Liedern, die er im Alter zwischen sechzehn und dreiundzwanzig Jahren schrieb. Nur acht von ihnen wurden zu Bergs Lebzeiten veröffentlicht – die Vertonung von Theodor Storms *Schliesse mir die Augen beide* von 1907 und die Auswahl der *Sieben frühen Lieder*, die Berg 1928 revidierte und instrumentierte –, doch ein weiteres wurde durch Willi Reich kurz nach dem Tod des Komponisten zugänglich gemacht[1]. Die Publikation der zwei Bände mit Jugendliedern im Jahre 1985 veränderte die Situation gänzlich: Damit waren etwa zwei Drittel der ungefähr 85 frühen Lieder in veröffentlicher Form zugänglich; innerhalb kurzer Zeit galt dasselbe für einen bedeutenden Teil der Klaviermusik, die Berg mit Anfang Zwanzig schrieb. Fast exklusiv führten diese beiden Gattungen – Klavierlied und Klaviermusik – ihn von seinen frühen kompositorischen Versuchen als Jugendlicher bis zur Atonalität Schönbergscher Provenienz.

Eines der erstaunlichsten Charakeristika dieser Entwicklung ist die Vielfalt von Bergs Meisterschaft in den beiden Gattungen. In einem berühmten und typischen, 1910 verfaßten Brief charakterisierte Schönberg die Situation schonungslos: *»[...] Alban Berg [...] ist ein außerordentliches Kompositionstalent. Aber in dem Zustande, in dem er zu mir gekommen ist, war es seiner Phantasie scheinbar versagt, was anderes als Lieder zu komponieren. Ja selbst die Klavierbegleitungen zu diesen hatten etwas vom Gesangsstil. Einen Instrumentalsatz zu schreiben, ein Instrumentalthema zu erfinden, war ihm absolut unmöglich. Sie können sich kaum vorstellen, welche Mittel ich aufgewendet habe, um diesen Mangel an Talent zu beheben«*[2]. Schönbergs Kritikpunkte waren durchaus berechtigt. Zweifelsohne sind selbst unter Bergs frühesten Liedern einige, die großen Charme besitzen und eine offensichtlich unangestrengte Leichtigkeit in der Synthese von Text und Musik zeigen, wie sie zu den Zielen des romantischen Liedes gehört. Sie zeigen auch das Vermögen, Idiome aufzugreifen, die wir heute mit Schumann, Mahler und Wolf assoziieren, ohne zu sklavischer Imitation Zuflucht zu nehmen. Im Gegensatz dazu sind die Klavierstücke, die er einige Jahre später als Übungen für Schönberg schrieb und welche ihren Höhepunkt in den *Zwölf Klaviervariationen über ein eigenes Thema* (1908) fanden, eher handwerklich geschickt als bedeutend und wären kaum von künstlerischem Interesse, hätte nicht Alban Berg sie komponiert. Bergs früheste Lieder stammen aus dem Jahr 1901. Ihre Komposition scheint lediglich eine unter vielen Möglichkeiten des Ausdrucks seiner selbstbewußten künstlerischen Sensibilität gewesen zu sein, die sich rasch unter der vielleicht unwahrscheinlich anmutenden Mentorenschaft des Architekten Hermann Watznauer (1875–1939) entfaltete, einem Freund der Familie Berg seit 1898[3]. Durch Watznauers spätere Biographie des Komponisten, die von Berg selbst überprüft wurde und im allgemeinen bis etwa 1907 zuverlässig zu sein scheint, ist viel über die Chronologie der frühen Lieder bis zu dieser Zeit bekannt, und insbesondere wissen wir, welche darunter Arnold Schönberg im Oktober 1904 als Beispiele für Bergs jüngste Arbeiten vorgelegt wurden[4]. Diese Lieder, die Schönberg dazu veranlaßten, den neunzehnjährigen Berg als Schüler ohne Entgelt aufzunehmen, waren *Liebe*, *Wandert, ihr Wolken*, *Im Morgengrauen*, *Grabschrift* und *Traum*; die beiden letzten sind auf den 16. August 1904 datiert.[5] Der Beginn von *Liebe* beeindruckt durch die Handhabung der Schwierigkeiten postwagnerianischer tonaler Harmonik auf kleinstem Raum.

Beispiel 4.1 Liebe (1904, Verse von Rainer Maria Rilke), Takte 1–7

Die meisten der Akkorde sind, als individuelle Klänge betrachtet, Dominant- oder halbverminderte Septakkorde: Berg zeigt großes Geschick darin, sie durch chromatische Stimmführung zu verbinden, gelegentlich auch durch Progression der Grundtöne um einen Tritonus (siehe Takte 1–2, 4–5). Funktionsharmonische Fortschreitungen – angezeigt durch die Klammern unter Beispiel 4.1 – erfolgen nicht aus Routine, sondern werden von Zeit zu Zeit aus dem Kontext entwickelt, ihre qualitative Differenz zu den chromatischen Fortschreitungen wird dabei vom Komponisten als ein Mittel des musikalischen Ausdrucks austariert. *Grabschrift* ist vielleicht das bemerkenswerteste dieser Lieder, nicht zuletzt deshalb, weil die Musik das tonale Zentrum erst im dritten Takt erreicht. Bergs Schreibweise für beide Interpreten umfaßt eine große Bandbreite an Satztechniken: die Vokalstimme hat sowohl reine Deklamation wie auch lebhafte Sequenzen, der Klavierpart reicht von reiner Chromatik im Stil des späten Liszts bei normaler Akkordbegleitung bis hin zur reichhaltigen Arpeggioschreibweise des mittleren Teils. Jedoch ist das Gefühl für tonale Orientierung im ganzen eher haarsträubend als verläßlich, und die Tatsache, daß das Lied mit einer Wiederholung des Beginns einen Halbton höher endet, mutet kaum wie Kalkül an.

Nichtsdestotrotz verkörpern diese Lieder einen Grad an Kunstfertigkeit, der die Frage aufwerfen könnte, warum Schönberg Berg nicht gleich als einen Studenten der Komposition per se einstufte: Stattdessen mußte er drei Jahre lang Unterricht in Harmonielehre und Kontrapunkt nehmen. Wenn der Grund dafür in den von Schönberg später mitgeteilten Unzulänglichkeiten liegt, so muß festgestellt werden, daß seine Behauptung, daß »*selbst die Klavierbegleitungen* [Bergs] [*...*] *etwas vom Gesangsstil* [hatten]«, eine Übertreibung ist. Manches an Bergs frühem Klavierstil ist in der Tat ungeschickt, doch viele der Verfahren, die er in den unbeaufsichtigt entstandenen Liedern anwendet, hat er von seinen mutmaßlichen Vorbildern übernommen, und die meisten – wahrscheinlich alle – seiner Begleitparts sind für eine tatsächlich erfolgte Aufführung konzipiert worden, häufig durch den Komponisten selbst. Doch was diesen Liedern fehlt, zumindest im Vergleich mit denen, die wir als Früchte von Schönbergs Unterricht betrachten müssen, ist ein Moment von musikalischer Konzentration und Kohärenz, das man im weitesten Sinne der beständigen Wiederverwendung von musikalischem Material zuschreiben kann.

Bei den späteren Werken zeigt sich dies auf vielfältige Weise. Erstens beim Einsatz der Motive, die entweder um Phrasen einer melodischen Linie zu erzeugen, um sie mit dem Klavierpart zu verknüpfen oder um die Struktur der Klavierstimme selbst durch internen Kontrapunkt zu verdichten, eingesetzt werden. Zweitens in einer verstärkten Verdeutlichung der musikalischen Form, erzielt im Verlaufe eines Liedes sowohl durch sorgfältig platzierte Anspielungen auf frühere Stellen als auch durch die variierte Reprise von ausgedehnteren Passagen. Mitte 1908 gehörte dies zu den Aspekten der Kompositionstechnik, die Berg gemeistert hatte, zumindest in der Liedkomposition. Sogar *Die Nachtigall*, schon im Frühjahr 1907 entstanden und später vom Komponisten zur Publikation als eines der *Sieben frühen Lieder* bestimmt[6], demonstriert solches Geschick im flüssig geschriebenen, motivreichen Klaviersatz der beiden Außenteile und in der Art, wie seine Motive das Fundament der immer stärker hervortretenden Auftakte in der Singstimme bilden. Und all dies geschieht ohne einen Verlust an Unmittelbarkeit oder Charme – Qualitäten, die das Lied im Überfluß besitzt.

Nichtsdestotrotz war Berg, als er dieses Lied komponierte, nur ein Student der Harmonie und des Kontrapunkts. Es ist insbesondere Schönbergs Verdienst, daß er seinem Studenten, während er ihn in die Anfangsgründe der Kompositi-on einweihte, trotzdem erlaubte, die Liedkomposition zu seinem eigenen Ver-gnügen fortzusetzen. Tatsächlich muß er daran auch professionelles Interesse gehabt haben, da drei Lieder, darunter *Die Nachtigall,* zusammen mit einer sicht-lich ambitionierten Doppelfuge für Streichquintett mit Klavier, Bergs Beitrag zu einem Konzert von Schönbergs Schülern darstellten, das am 7. November 1907 in Wien stattfand[7]. Schönberg hielt viel von der Fuge, zumindest im pädagogi-schen Kontext: *»Mit ihm [Berg] konnte ich Kontrapunkt arbeiten, wie mit nicht vielen meiner Schüler. [...] [die] fünfstimmige Doppelfuge für Streichquintett [...] [war]übervoll an Kunststücken. Aber ich sah bereits damals, was ich ihm zutrauen konnte: als die Fuge fertig war, beauftragte ich ihn, noch eine begleitende Klavierstimme in der Art eines Continuo hinzu-zufügen, was er nicht nur ausgezeichnet löste, sondern er verstand noch zahlreiche kleinere Teufeleien anzubringen«*[8].

Dies war die Krönung von Bergs Arbeit als Kontrapunktstudent. Mit dem im Herbst 1907 beginnenden akademischen Jahr wechselte er zur »freien Komposi-tion«.

Zuerst einmal war Berg mit verschiedenen kurzen Stücken hauptsächlich für Klavier beschäftigt, diese mündeten im gegebenen Moment in einen Plan für Klaviervariationen, der im Sommer 1908 zu den *Zwölf Klaviervariationen über ein eigenes Thema* heranreifte. An dieser Musik ist viel zu bewundern, sie erinnert besonders an den Beethoven der Diabelli-Variationen, fügt jedoch zahlreiche Brahmssche Phrasenwendungen hinzu. Tatsächlich scheint die Gestalt von Bergs Thema und der einfache Charakter konzipiert worden zu sein, um ähnli-che Möglichkeiten zu bieten, wie sie Beethoven in der aus Diabellis »Flickschu-sterwerk« entlehnten musikalischen Substanz entdeckte. Bergs Komposition hat nicht die gleichen Dimensionen und läßt fast gänzlich das kumulative Formge-fühl quer durch die Variationen vermissen, das eine der zukunftsträchtigsten Errungenschaften von Beethovens gewaltigem Meisterwerk darstellt; aber auf einer Takt-für-Takt-Ebene hält sein technisches Geschick beim Nachvollzug eines etablierten Verfahrens den Variationsfolgen von Beethovens Nachfolgern im 19. Jahrhundert erstaunlich gut stand.

Jedoch sind die *Zwölf Variationen* wegen ihrer mangelnden Individualität recht begrenzt in der Konzeption, vergleicht man sie mit den Liedern, die Berg zu dieser Zeit schrieb: *Nacht* und *Schilflied (Sieben frühe Lieder* Nr. 1 und 2), *Das stille Königreich* und *Leukon (Jugendlieder* Bd. II, Nr. 22 und 23). Zumindest die beiden ersten von ihnen haben ihren Platz im Konzertrepertoire neben Liedern von Bergs älteren Zeitgenossen verdient, wohingegen die Klaviervariationen trotz all ihrer Kunstfertigkeit an allerhöchsten Maßstäben gemessen nicht mehr als ein Kuriosum darstellen.. *Nacht* ist berühmt wegen der ausgiebigen Verwendung der Ganztonleiter, die Berg von Schönbergs *Kammersymphonie Nr. 1* (1906) her vertraut war und jüngst von Paul Dukas' Oper *Ariane et Barbe-bleue*, die ihn am 2.April 1908 an der Wiener Volksoper beeindruckt hatte. Obgleich der reine Ganztoncharakter zu Beginn des Liedes diesen Aspekt vielleicht allzu deutlich hervortreten läßt, demonstriert Berg beachtliches Geschick bei der Plausibilität des Wechsels von solch einem Ganztonstil zu anderen Komponenten seines harmonischen Repertoires. Das Lied demonstriert auch, wie geschickt Berg die Regulierung der tonalen Orientierung zu kaschieren vermag: Die Grundtonart A-Dur wird durch zwei wohl vorbereitete Höhepunkte bestätigt, die deutlich in dieser Tonart stehen (Takt 9 und 16), trotz der durchgängigen Tendenz der Musik nach unten – zahlreiche Akkorde wurzeln in F, B und Es – und der der Grundtonart entzogenen Ganztonklänge, die den Beginn, die Hauptreprise in Takt 26 und die abschließenden Takte anreichern.

Doch noch stärker als im Falle von *Die Nachtigall* beruht ein Gutteil der Faszination von *Nacht* und *Schilflied* auf der konstanten Wiederverwendung und Neukombination von Material, wodurch eher eine dicht gewebte musikalische Textur erzeugt wird, als bloß eine Ideenkette. Dieses Verfahren rührt zweifelsohne von Schönbergs Schulung in den Instrumentalgattungen her. Schließlich ist der raison d'être von Fuge und Variationssatz ihre Wiederverwendung von Material. Sogar *Das stille Königreich* als Gegenbeispiel, das Nicolas Chadwick in seiner bahnbrechenden Studie mit einiger Berechtigung als »*das am weitaus interessanteste von allen* [damals] *unveröffentlichten Liedern*« bezeichnete[9], ist lehrreich. Obwohl das Hauptmotiv des Liedes und seine Verarbeitung auf dem Papier eine enge Verwandtschaft mit den entsprechenden Charakterstika der wenig später verfaßten *Sommertage* (*Sieben frühe Lieder* Nr. 7) zeigen, kommt es nicht zu dem Aufschwung wie in *Sommertage*. *Leukon* ist ebenfalls nur teilweise gelungen – sein motivisches Material ist zu farblos, um aus Gleims Gedicht etwas zu machen. Doch alle diese Lieder, die den erlesenen und bei weitem nicht unkritischen literarischen Geschmack des Komponisten widerspiegeln und in ihren flüchtigen musikalischen Gesten den Modulationen des gewählten Textes folgen, bewahren die natürliche Zweckorientiertheit, die Schönberg sogar in Bergs autodidaktischem Werk erkannte, und darin unterscheidet sich selbst das am wenigsten gelungene unter ihnen von den *Zwölf Variationen*.

Klaviersonate *op. 1*

Die *Klaviersonate* op. 1 ist die erste von Bergs vollendeten Instrumentalkompositionen, in der das Vorbild sich ins Gegenteil verkehrt hat. Denn die Sonate beruht zweifelsohne sowohl auf der musikalischen Kunstfertigkeit der Lieder wie auch auf den technischen Errungenschaften, die Berg von Schönberg im Instrumentalbereich übernommen hatte. In Wirklichkeit existierte mehr als eine Sonate: Fünf numerierte Sonaten gingen dem op. 1 voran, alle ähnelten einander

durch ihre Einsätzigkeit, doch keine wurde vollendet. Das Klaviersonaten-
»Projekt«, wenn man es so nennen darf, scheint Berg unter Schönbergs Auspizi-
en während des Unterrichtsjahrs 1908/1909 in Anspruch genommen zu haben[10], und in diesem Sinne kann man die *Sonate* op. 1 auf das Jahr 1908 datieren,
dem Datum, das Reich in seiner autorisierten Biographie angibt[11]. Die fünfte der
fünf vorhergegangenen Sonaten scheint jedoch sogar eher später als zu diesem
Zeitpunkt komponiert worden zu sein, wird sie doch in Bergs Arbeitsmanuskript
durch eine Skizze des zweiten Liedes seines op. 2 unterbrochen[12]. Der wohl
stärkste Indizienbeweis dafür, daß op. 1 selbst nicht früher als im letzten Teil des
Unterrichtsjahres verfaßt worden sein kann, ist die Auswahl der *Zwölf Variationen*
für die Aufführung in einem anderen Konzert von Schönbergs Schülern, das am
8. Novmber 1908 stattfand – eine Wahl, die musikalisch unerklärlich wäre, hätte
die Klaviersonate zu diesem Zeitpunkt bereits vorgelegen, wie George Perle
festgestellt hat[13].

Die früheren Sonaten mögen als Übungen im Komponieren verschiedener
Abschnitte eines Sonatensatzes konzipiert worden sein, obwohl jede mit dem
Anfang des Satzes beginnt[14]. Unter ihnen sind die Nummern 3, 4 und 5 beson-
ders aufschlußreich. Der anfängliche punktierte Rhythmus von Nr. 3 und seine
Übertragung auf eine sprunghafte motivische Gestalt bereiten eindeutig den
Boden für op. 1, während sowohl die aufsteigende Figur, die folgt, wie auch der
sich daraus entfaltende Kontrapunkt den Beginn des Liedes *Nun ich der Riesen
stärksten überwand*, op. 2 Nr. 3 antizipieren. Die ersten acht Takte von Nr. 4 sind
bekannt, weil Berg sie einige Jahre später im d-Moll-Zwischenspiel im dritten
Akt des *Wozzeck* erneut verwendete[15]; aber von unmittelbarer chronologischer
Relevanz ist, daß diese Sonate ebenfalls das dritte Lied von op. 2 vorwegnimmt
– selbst wenn dieser Bezug zum Mittelteil des Liedes weniger substantiell ist als
die Beziehung der dritten Sonate zu dessen Außenteilen. Die fünfte und letzte
der vorangegangenen Sonaten, welche op. 1 in einigen Phrasenwendungen stark
ähnelt, ist bei weitem die längste und könnte wahrscheinlich ohne größere Probleme »vervollständigt« werden. Doch wird der Reiz dieser Aussicht durch die
mäandernde Art gemindert, in der sich das Material entfaltet und dafür sorgt,
daß selbst das unvollendete Werk überproportioniert zu sein scheint im Verhältnis zur endgültigen Sonate, die folgen sollte.

In der Tat ist einer der bedeutsamsten Charakterzüge der Sonate op. 1 ihre
Konzentration. Mit ihrer einsätzigen Form trachtet sie nicht ehrgeizig danach,
sich Aspekte eines Scherzos, eines langsamen Satzes und eines Finalsatzes ein-
zuverleiben – und damit die vier Sätze einer Sonate auf die Spanne eines einzi-
gen Sonatensatzes zu komprimieren –, worin eines der Ziele von Schönbergs
Streichquartett Nr. 1 (1905) und der ersten *Kammersymphonie* bestanden hatte.
Gleichzeitig reflektiert Bergs Entschluß (und der seines Lehrers), den einzelnen
Sonatensatz des op. 1 allein als vollständige Komposition gelten zu lassen, die
Entwertung der anderen Satztypen, die Schönbergs Plan implizierte. Die profane

Erklärung dafür besteht laut Josef Polnauer (1888–1969), der bei Schönberg von 1909 bis 1911 studierte und danach für zwei Jahre bei Berg, darin, daß Berg ursprünglich beabsichtigt hatte, dem Sonatensatz einen langsamen Satz und ein Finale folgen zu lassen, ihm aber nichts Passendes für diese Sätze einfiel. Als er Schönberg um Rat anging, wurde ihm gesagt: »*Nun, dann haben Sie eben alles gesagt, was zu sagen war*«, und so beschloß er, den einzelnen Satz für sich stehen zu lassen[16].

Der Verlauf der Sonate wird durch das Wechselspiel zwischen der fortlaufenden Weiterentwicklung des motivischen Materials einerseits und der Basis des Brahmsschen Sonatenkonzeptes aus stabilen, konstrastierenden thematischen Flächen andererseits gegliedert. Das Verfahren, mit dem Berg diese Quadratur des Kreises gelang, war das der ›entwickelnden Variation‹, ein Kompositionsprinzip, das Schönberg noch nicht offiziell in seinen Schriften auszuarbeiten in der Lage war, das er jedoch sicherlich seinen Schülern mündlich mitteilte. Dennoch muß Bergs Sonate als ein konsequenterer Beleg für die entwickelnde Variation gewertet werden als, sagen wir, Schönbergs erste *Kammersymphonie*, die oftmals als ein Vorbild für die Sonate in anderer Hinsicht genannt wird[17].

Die Musik beginnt inmitten des Flusses, harmonisch gesprochen (Beispiel 4.2a): ihre Kadenzkurve zur Tonika hin verleiht den Takten 1–4 eine klare Identität als musikalische Phrase und den symbolischen Status eines Reservoirs von motivischem Material, das sofort als Kontrapunkt von Bruchstücken aufgegriffen wird.

Beispiel 4.2

(a) Klaviersonate *op. 1, Beginn (»Mäßig bewegt«), zeigt die Motive a, b und c*

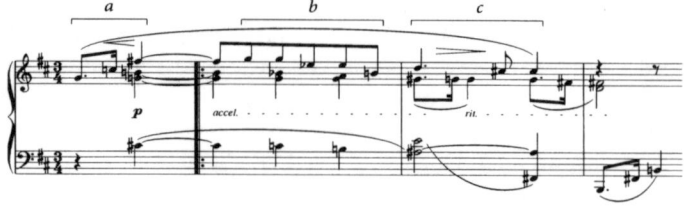

(b) *Takte 12–14 (»Rascher als Tempo I«)*

Dadurch werden die charakteristischen Konturen und Rhythmen, die in a, b und c in der Anfangsphrase exponiert worden sind, miteinander kombiniert und neu zusammengestellt und im Verlauf beinahe unmerklich verändert, bis sie wieder in einer neuen thematischen Formation angeordnet werden (Takte 12–14, Beispiel 4.2b). Diese wiederum wird aufgegriffen und variiert, die Metamorphose von motivischen Gestalten löst sich nahtlos in eine erneute Präsentation des Anfangsthemas auf (Takte 17–19). Ob dieses Thema nun als eine Wiederholung wahrgenommen wird, die einen umfangreicheren formalen Abschnitt einleitet, oder als ein Schritt auf dem Weg in die Transformation, die genauso gut wieder zurückführen kann und so dasselbe Material auf verschiedene Weise durchleuchtet, ist Teil des Spiels, das dieses Werk inszeniert: Genau an obiger Nahtstelle wird das zum Problem, wie Adorno in seiner detailliert ausgeführten Analyse des Satzes darlegt, in der er die These aufstellt, daß *»Überleitung und Hauptthema kombiniert* [sind]*: so, daß dieses nachträglich die Form der Dreiteiligkeit annimmt«*[18]. Adorno konstatiert mit anderen Worten, daß die Musik der Takte 12ff. zuerst eine Überleitung zu bilden scheint und danach nicht mehr.

Ursache dieses Problems ist die Frage der Wahrnehmbarkeit eines Unterschieds – sogar, wenn sich die Kombination und Neukombination von Material mit all ihrer Flüchtigkeit fortsetzt – zwischen dem Eindruck einer mal thematischen, mal überleitenden motivischen Arbeit. Bei vielen Interpreten wird diese Unterscheidung wohl zurecht verschwindend gering ausfallen, obwohl das Spielen mit Ideen auf einer höheren formalen Ebene davon abhängt. Janet Schmalfeldt pflichtet in einer Analyse, die noch übersichtlicher als die Adornos ist, diesem bei und erläutert seine Deutung, indem sie die Takte 12ff. als eine »Scheinüberleitung« bezeichnet, die zum B-Teil des Hautpthemas »wird«. Im weiteren Verlauf des Satzes weichen ihre Analysen jedoch voneinander ab: Ein Vergleich verschiedener Autoren ist überhaupt lehrreich, er offenbart weitgehende Ähnlichkeiten in ihren Beobachtungen, aber auch subtile Differenzen.

Tabelle 4.1 Op. 1: Bergs Tempovorschriften für die Exposition, s. formale Analysen

Takt	Berg	Adorno	Redlich	Jarman	Schmalfeldt
1	Mäßig bewegt	HTh (Vordersatz)	A I	ThG I/1	HTh (A)
4	a tempo	HTh (Nachsatz)		Variante	
12	Rascher als Tempo I	Überleitung? (oder HTh,, dritter Teil)	A II	ThG I/2	Scheinüberleitung, <u>wird</u> HTh (B)
17	Tempo I	[Überleitung]			HTh (A'), <u>wird</u> Überleitung
30	Langsamer als Tempo I	STh	B I	ThG II/1	STh 1 (=A)
39	Rasch	SchTh	B II	ThG II/2	STh (=B)
50	Viel langsamer (Quasi Adagio)	»Abgesang«	C	Codetta	SchTh (=A')

Anmerkung: HTh = Hauptthema; STh = Seitenthema oder Zweites Thema, SchTh = Schlußthema, ThG = Themengruppe
Quellen: Adorno: *Alban Berg*, S. 42–45; Redlich: *Alban Berg: Versuch einer Würdigung*, S. 60–61; Jarman: *The Music of Alban Berg*, S. 31–32; Schmalfeldt: *Berg's Path to Atonality*, S. 86–89.)

Bergs eigene Vorstellungen lassen sich am ehesten an seinen Tempobezeichnungen ablesen, durch die die thematischen Felder sehr klar voneinander abgegrenzt werden. Aus unserer Kenntnis über seine spätere Musik heraus ist die Abfolge seiner Tempovorschriften bemerkenswert, denn sie hat eine keilförmige Gestalt, allmählich zunehmende Geschwindigkeiten alternieren mit allmählich abnehmenden[19]. Eine Reihe von Wissenschaftlern hat dargelegt, daß keilförmige Anordnungen von Tonhöhen ein charakteristischer Zug von Bergs Musik spätestens seit den *Altenberg-Liedern* op. 4 waren [20]; ein der Exposition der *Klaviersonate* ähnelnder Tempokeil, jedoch in viel größerem Maßstab, findet sich bei den sechs Sätzen der *Lyrischen Suite*.

Bruce Archibald hat demonstriert, daß die Durchführung und die Reprise der *Klaviersonate* genauso wie deren Exposition in drei Abschnitte gegliedert sind, mit dem jeweils dritten Abschnitt als kürzestem[21]. Ein gravierender Unterschied besteht allerdings darin, daß die Durchführung das Material der Takte 12ff. recht intensiv verarbeitet (Takte 71–100), wohingegen die Nebenthemen der Takte 30ff. und 39ff. kurz gemeinsam verarbeitet werden und zur Reprise des Hauptthemas zurückführen (Takte 101–111). Das Material des »Abgesangs« – wenn wir Adornos Terminus übernehmen – wird so bis zur Reprise des Hauptthemas ausgespart, wo es die Sonate mit der im Satz am flüchtigsten auftauchenden Erinnerung zum Abschluß bringt und die nostalgische Stimmung des ganzen Werkes unterstreicht. Dieser sehnsüchtige Eindruck wird durch die Abwesenheit eines jeglichen folgenden Satzes noch verstärkt: Der Ausdruck eines nostalgischen Gefühls des Verlustes spielt zum Teil mit unserer Kenntnis der formalen und allgemeinen Konventionen in der Musik, auf eine Weise, die typisch für Berg werden sollte.

Betrachtet man die Nebenthemen und das des »Abgesangs« genauer, ist eines der verblüffendsten Merkmale in den Noten die enge Verwandtschaft zwischen dem Material der Takte 39ff. und der Takte 50ff.

Beispiel 4.3
(a) Op.1: Takt 39 (»Rasch«); Takte 50–51 (»Viel langsamer«)

(b) Reprise der Themen: Takte 138–39 (»Langsames Tempo«); Takt 111 (»Tempo I«)

Ihre identische Tonfolge wird jedoch in zwei recht unterschiedliche Stimmungen gekleidet, die sich weitgehend aus Unterschieden in Rhythmus und Tempo ergeben. Diese Übereinstimmung von Material ist bezeichnend für Bergs Vertrauen in sein Vermögen, Ähnlichkeit in Unterschiede umzumünzen. Ein bescheideneres, subtileres und doch auch kühneres Beispiel findet sich bei der Reprise des Seitenthemas (Takt 138), wo Berg einfach durch die Übernahme eines anderen Tons aus dem H-Nonakkord zu Beginn (Cis, vor seiner Verwandlung in ein Fis) eine Verbindung im Abstand eines Tritonus zwischen den Kopfmotiven des Hauptthemas und der Nebenthemen herstellt (Beispiel 4.3b). Durch die gleichmäßigen Achtel als Ersatz für den vorherigen punktierten Rhythmus wird die Verbindung weniger triumphal verdeutlicht, während zugleich die Art, wie das Hauptthema bei seiner eigenen Reprise (Takt 111) exponiert wurde, exakt nachvollzogen wird – dort scheint die rhythmische Veränderung allein durch den Wunsch nach Variabilität motiviert zu sein; hier aber ist sie in einen dichten und unerwarteten Kontext gerückt worden.

Aspekte der musikalischen Sprache

Die musikalische Sprache der *Klaviersonate* ist ausführlich Takt für Takt von Adorno und Schmalfeldt erörtert worden – auf je verschiedene Weise und im Abstand eines halben Jahrhunderts, jedoch mit bemerkenswerten Berührungspunkten. Adorno erkennt in der Neuanordnung von Tönen innerhalb eines Motivs und ihrem vertikalen Zusammenschluß zu harmonischen Klängen zwei charakteristische Verfahren, wie Berg kleine Bruchstücke seines Materials behandelt, und stellt die These auf:

> »[...] [Motive werden] *[...] in einer für die Sonate höchst bezeichnenden, zwischen treuer Wiederholung und ›Krebs‹ stehenden Weise wiederholt, die man ›Achsendrehung‹ nennen könnte; die prägnanten Intervalle bleiben erhalten, aber ihre Abfolge ist verändert; das dreitönige Motiv (a) beginnt* [in Takt 6] *mit dem zweiten Ton, dann kommt der erste und dann der dritte. Die Achsendrehung ist in der Sonate so beharrlich gehandhabt, daß man ohne Deutekünste in ihr eine Vorform der späteren Reihentechnik finden mag; das Motiv wird im Sinne einer ›Grundgestalt‹ behandelt.* –
> *[...]* [am Ende des Werkes] *zeigt* [der Abgesang] *offen die Neigung, die melodischen Intervalle des Kopfmotivs harmonisch-simultan zu bringen«*[22].

Schmalfeldt entwickelt diese Ideen mit Hilfe des Begriffsapparats der Pitchclass- set-Theorie weiter: Sie zeigt in beachtlicher Detailliertheit, daß kleine Tonhöhenkonfigurationen, die zuerst motivisch so exponiert werden, wie wir es gesehen haben, auch als ungeordnete Sets betrachtet werden können – d.h., sie können mit linear anders angeordneten Tönen erneut auftreten (oftmals transponiert und vielleicht auch in der Umkehrung) oder natürlich vertikal als ein Akkord, überhaupt nicht mehr linear. Wie Adorno, jedoch ohne dessen etwas voreilige Heraufbeschwörung der Reihentechnik, verfolgt Schmalfeldt diese

Argumentationslinie, um die Sonate mit Bergs späteren Kompositionen in Verbindung zu bringen, insbesondere mit dem *Streichquartett* op.3, den *Stücken für Klarinette* op.5 und *Wozzeck*.

Tatsächlich ist Bergs Musik, wenn man Betrachtungen über die Sonate hinaus anstellt, eine potentiell fruchtbare Grundlage, auf der sich eine ausgeklügelte Alternative zur vielleicht zu hastig errichteten Grenzlinie zwischen tonaler und atonaler Musik entwickeln läßt, die solch ein Durcheinander an wissenschaftlicher Polemik und populären Mißverständnissen während einer längeren Periode im 20. Jahrhundert hervorrief. Einer der leistungsfähigsten Vorschläge, die angesichts dieser Situation unterbreitet worden sind, ist Mark DeVotos Prinzip der »kriechenden Chromatik« – diese beobachtet er in Bergs Musik von den frühen Liedern an bis mindestens zum *Wozzeck*[23]. »Kriechend« ist ein inoffizieller, umschreibender Begriff, der sich auf viele musikalische Passagen beziehen läßt – DeVoto bringt Beispiele von Chopin, Schumann, Brahms und einem populären Lied der Jahrhundertwende als Vorläufer Schönbergs und Bergs –, Passagen, in denen Akkorde aus einem reichhaltigen harmonischen Vokabular eher durch chromatische Bewegung von hervortretenden Stimmen, wie Melodie und Baß, miteinander verknüpft zu sein scheinen als durch Konzepte der funktionsharmonischen Fortschreitung. Die traditionellen Gesetze der funktionsharmonischen Fortschreitung durch Tonika, Dominante und Subdominante werden auf jeden Fall in der Musik des 19. Jahrhunderts oft unterminiert, sowohl durch die Möglichkeit von enharmonischer Notation, die die Wurzeln der chromatisierten Akkorde verschleiert, als auch durch die Geschicklichkeit der Komponisten bei der Erweiterung der Skala an funktionsharmonischen Fortschreitungen, mit denen sie überzeugend umzugehen vermochten. In Schönbergs *Harmonielehre* – der »Harmoniekurs«, den Berg faktisch schon vor seiner Publikation als Schönbergs Student durcharbeitete – werden viele Übungen der Förderung einer umfassenden Fertigkeit, einen Akkord mit einem anderen zu verknüpfen, gewidmet: Einige der fortgeschrittensten unter ihnen betreffen die »Verbindungen alterierter und vagierender Akkorde« (d.h. chromatisierte und funktional ambivalente Akkorde) und »Dreiklänge in Verbindung mit allen Dreiklängen und 7-Akkorden, ferner alle 7-Akkorde untereinander«[24]. In der Einführung des ersten dieser Abschnitte im Buch gibt Schönberg dem Studenten einige Ratschläge:

> *»[...] da hier die Kontrolle über den Wert einer Folge durch die Begutachtung der Stufenschritte, durch die Fundamentsverbindungen oft schwer zu bewerkstelligen ist, könnte als Ersatz dafür [...] die Kontrolle durch das Melodische angewendet werden. Das heißt, im allgemeinen werden diejenigen Verbindungen von einfachen Akkorden mit vagierenden oder vagierenden untereinander die besten sein, bei denen der zweite womöglich nur Töne enthält, die im ersten entweder auch vorkommen oder als chromatische Erhöhungen und Erniedrigungen der Töne des ersten zu erkennen sind. Bei den ersten Versuchen sollte sich*

diese Entstehung in der Stimmführung ausdrücken; es sollte wirklich ein im zweiten Ak-
kord vorkommendes es sich in derselben Stimme befinden, die im ersten Akkord das e ge-
habt hat, aus dem das es entstanden ist. [...] Später, wenn ihm die Funktion dieser Er-
scheinungen vertraut ist, wird der Schüler auch von der ausdrücklichen Wiedergabe der
Entstehung in der Stimmführung absehen dürfen«[25].

Dies legt nahe, DeVotos »chromatisches Kriechen« als eine Faustregel für des
Schülers »erste Versuche« zu empfehlen – und dient vielleicht dazu, uns daran zu
erinnern, daß Bergs Sonate noch das Werk eines Studenten ist.

Schönberg stellt auch klar, daß solche Akkorde nur mit Bezug auf ihre individuelle interne Konstruktion und charakteristische Klangfarbe eingesetzt werden können: *»Später wird der Schüler alle diese Akkorde, ohne sie auf eine Tonart oder*
Stufe zurückzuführen, am besten als das ansehen, was sie sind [...] Sieht man also davon ab,
die Abstammung dieser Akkorde erklären zu wollen, so wird ihre Wirkung viel klarer«[26].

Diese Konzentration auf das Ding an sich ist ein gewichtiger konzeptioneller
Schritt auf dem Wege zur Anerkennung auch solcher Phänomene wie der
Ganztonleiter und den Quartenharmonien (Akkorden, die aus Quarten zusammengesetzt sind) als Gebilde, die für sich genommen gehandhabt werden können, nicht nur als interessante Endpunkte eines Prozesses von chromatischer
Alteration regulärer Akkorde oder Tonleitern. Doch hält sich Schönberg faktisch
beide Möglichkeiten offen: Durch die Darstellung von verknüpfenden Fortschreitungen zwischen vagierenden Akkorden, die er als chromatisch alterierte
funktionale Akkorde versteht – so verfährt er in der *Harmonielehre* –, erlaubte er
sowohl sich selbst (besonders in der ersten *Kammersymphonie*) als auch den be-
gabteren unter seinen Schülern (besonders Berg) diese neuen künstlichen musikalischen Gebilde in einen üppig erweiterten tonalen Stil zu integrieren. Berg
befand sich genau im Zentrum dieser Neuerungen: Er erarbeitete den Index für
die erste Veröffentlichung der *Harmonielehre* und scheint so gründliche Lektionen
erfahren zu haben, wie Schönberg sie nach der Publikation nicht mehr erteilte[27].

Adorno konzentriert seine Erörterungen darauf, wie Berg die Quartenharmonien mit den Dreiklängen der Umgebung auf einer anderen Ebene verknüpft,
und betont, daß die Art ihrer Einpassung in den Kontext historisch und vom
Ausdrucksgehalt her vorbelastet ist. Bergs Handhabung der Quartenharmonien
vergleicht er mit Schönbergs Verfahren in der *Kammersymphonie*:

»Mit Quartenharmonien begann die Kammersymphonie: akkordisch die Introduktion,
melodisch der Hauptsatz. Unvermittelt, mit aller Sicherheit der Eroberung werden sie ex-
poniert. Bei Berg dagegen treten sie im Takt 26 der Sonate zuerst harmoniebildend auf
[siehe Beispiel 4.4]. Der Quartenklang fis-h-e wird so eingeführt, daß der kritische Ton e,
als Vorhalt vor d, also auf einen [...] Tonika-Akkord der Grundtonart h–moll bezogen,
›harmoniefremd‹ erscheint. Unmerklich [...] emanzipiert sich in der Fortsetzung der
Quartendreiklang, um schließlich (Takt 28) als reiner fünftöniger Quartenakkord zutage
zu kommen. Dieser aber wird, unter Ausnützung eines Motivrests [einer Weiterentwick-

lung der ›achsengedrehten‹ Version von (b)], Ton um Ton so verändert, daß er sich (Takt 29) in eine alterierte Dominante von A-Dur [...] verwandelt. So löst die Quartenbildung zu Ende und Beginn bruchlos in den tonalen Fluß sich auf. [...] Schönberg hat die Quartenakkorde utopisch erfunden; Berg, mit dem langen, verhüllten Blick der Erinnerung ins Vergangene eingesenkt, um das zu sorgen seine Musik noch im kühnsten Augenblick nicht vergißt[28].

Beispiel 4.4 Op. 1: Quartenharmonien in den Takten 26–29 (vereinfachte Notation)

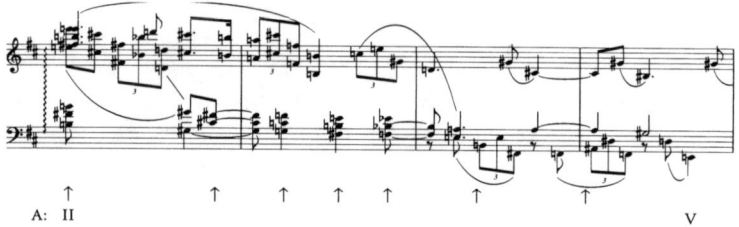

DeVoto greift ebenfalls diese Passage der Sonate heraus, die, Adornos Beschreibung macht das klar, ein schönes Beispiel für »chromatisches Kriechen« ist[29].

Doch können wir dies noch spezifischer fassen. In der *Kammersymphonie* verwendet Schönberg Quartenharmonien nicht nur, um das Werk auf seiner aufregenden Entdeckungsfahrt voranzutreiben. Er setzt sie auch an formalen Schnittstellen ein, wo man in einem konventionelleren tonalen Werk eine langatmige Verlängerung einer dominantischen Harmonie erwarten würde, analog zum Rückführungsabschnitt eines Sonatensatzes (obgleich dies eine beträchtlich stärker ausgearbeitete formale Konzeption ist). Phänomenologisch gesprochen, ist das Resultat Komplementarität: Eine themenfreie Verlängerung einer unaufgelösten dominantischen Harmonie wird »verbessert« durch den Einsatz eines vertrauten Themas, das in der tonal stabilsten Zone des Werkes erklang. Die Ausgestaltung dieser Art von Einschnitt in einem uminterpretierten Formschema stellt im erweitert tonalen Stil des frühen Schönberg und des frühen Berg eine gängige Methode dar, Quartenharmonien einzusetzen. Denn während funktionsharmonische Klänge chromatisch alteriert und kontrapunktisch durch thematisches Material verschleiert werden können, aber dennoch weiterhin erkennbar sind, verlieren Quartenharmonien, wenn sie einmal durch Chromatik modifiziert worden sind, ganz einfach ihre Identität. In Bergs Sonate führt die von Adorno und DeVoto beschriebene Passage das Seitenthema in die Exposition ein; der Anflug eines Quartenklangs erscheint in Takt 11, unmittelbar vor dem Thema der »Scheinüberleitung« – das letztlich vielleicht den Status dieses Phänomens erklärt –, und dem »Abgesang« geht eine Passage voran, die durch zahlreiche Quartenformationen geprägt ist. Der Durchführungsteil, der das Thema der »Scheinüberleitung« verarbeitet, wird durch eine Passage mit reinen Ganztonklängen angekündigt – die Verbindung erklärt sich daraus, daß die Ganztonskala wie ein Quartenklang bei chromatischer Modifikation riskiert, zerstört zu werden. Vor der Verarbeitung des Tonmaterials der Nebenthemen in der Durchführung steht der längste Höhepunkt der Sonate, der über einem Fundament von Quartenklängen errichtet wird, das denen der Takte 26–29 nahekommt, allerdings stark erweitert[30].

Die Rückführung selbst ist bei dieser Aufzählung auffälligerweise übergangen worden, harmonisch wird sie durch Verschleierung, thematisch durch Antizipation gemeistert. Man könnte auch auf die widerspenstige Chromatik des Sextolenmotivs, das das zweite Nebenthema (Takt 39) einleitet, als ein anderes Mittel verweisen, einen naiven Ganzton- und Quartenstil in diesem Werk zu vermeiden – selbst wenn dieselbe Tonfolge, in ihrer langsameren Form als »Abgesang«, endgültig gezähmt wird durch eine choralartige chromatische Sequenz von Ganztonakkorden. Hierin unterscheidet sich die Sonate stark von *Nacht* mit ihrem auffälligen thematischen Ganztonmaterial und leuchtendem Aufblitzen von A-Dur, denn das Lied als Gattung beherbergt – ja fordert geradezu – eine heterogenere Spannweite von musikalischen Gesten und eine geringere Betonung des Gleichgewichts oder der Komplementarität seiner Materialien. Ein Gutteil der Leistung des jüngeren Berg als eines Liedkomponisten rührt von seinem Geschick her, authentische, dem Lied gemäße Gesten hervorzubringen, und ein Gutteil des Nutzens von Schönbergs Unterricht kann man an Bergs neuerworbener Fertigkeit ablesen, verschiedene Typen solchen Materials miteinander zu vermitteln und sie durch kontinuierliche Variation und Neukombination weiterzuentwickeln, während er immer noch ein Ohr für die expressive Qualität einer Phrase hat.

Vier Lieder *op. 2*

Die überlieferten Manuskripte bezeugen, daß Berg mit der Liedkomposition fortfuhr, während er an seinem Sonatenprojekt arbeitete. So wie eine ernsthafte Arbeit an diesem Projekt nur kurz nach der Vollendung der letzten Jugendlieder (den zwei Hohenberg-Vertonungen *Sommertage* und *Läuterung*) begonnen zu haben scheint, überschneidet sich eine späte Phase der Arbeit an der fünften der frühen Sonaten mit einer Skizze von *Schlafend trägt man mich*, das zum zweiten der *Vier Lieder* op. 2 wurde. Insgesamt ist die Chronologie von op. 2 etwas durchschaubarer als die der *Klaviersonate*. Es scheint, daß das zweite und dritte Lied vor den anderen komponiert wurden, auf die Gedichte 56 und 57 aus der Sammlung *Der Glühende* von Alfred Mombert (1872–1942), gefolgt von op. 2 Nr. 1 auf ein Gedicht des Dramatikers Friedrich Hebbel (1813–1863) und schließlich von op. 2 Nr. 4, ebenfalls Momberts *Der Glühende* entnommen. Während der Beginn von Bergs Arbeit am zweiten und dritten Lied ungefähr zeitgleich mit der am Sonatenprojekt erfolgte, scheint das erste Lied nach der Fertigstellung von op. 1 entstanden zu sein. Das vierte Lied wurde noch später komponiert, erst nachdem der erste Satz des *Streichquartetts* op. 3 skizziert worden war, Anfang 1910[31]. Bei der Aufeinanderfolge ihrer Entstehung wie auch der Reihenfolge in einer Aufführung überschreiten die *Vier Lieder* eine offensichtliche Grenzlinie zwischen tonaler und atonaler Musik. Das wirft die Frage nach ihrer Zusammengehörigkeit als Zyklus auf, die man an solchen Faktoren wie einem Erzählstrang, der sich durch den Stoff und die Bildwelt der Dichtung zieht, dem übergeordneten tonalen Verhältnis einiger Lieder untereinander oder der Verwendung von gemeinsamen Motiven in den Liedern festzumachen vermag. Dieser recht allgemein gehaltenen Aufzählung sollte man den besonderen Fall von Schönbergs *Streichquartett Nr. 2* (1907/08) hinzufügen, das eine stilistische Reise über vier Sätze hinweg, von der Tonalität in die offene Atonalität beschreibt, indem die Suche nach Seelenheil und Transzendenz in den beiden Gedichten von Stefan George, die ein Sopransolo im dritten und vierten Satz singt, zum Ausdruck gebracht werden.

In der publizierten Abfolge hebt die Dichtung von Bergs op. 2 mit der Sehnsucht nach vollkommenem Schlaf[32] an und fährt fort mit einer unfreiwilligen Reise, immer noch im Schlaf, »in mein Heimatland«. Diese stellt sich später als Märchen von der Rückkehr eines Helden heraus, nachdem er »der Riesen Stärksten« im »dunkelsten Land« überwunden hat, und am Schluß steht die Darstellung eines traumgleichen Zustandes, der möglicherweise der Tod ist (»Der Eine stirbt, daneben der Andre lebt: Das macht die Welt so tiefschön.«). Schon ein wenig Phantasie reicht aus, dies als allegorische Äußerung eines Menschen zu deuten, der sich durch die Ereignisse vorangetrieben fühlt. Ausgangspunkt ist eine Situation, in der eine Arbeit vortrefflich vollbracht wurde, die Aufgabe jedoch nunmehr erfüllt ist, am Ende ist ein Zustand erreicht, in welchem er Transzendenz erreicht zu haben glaubt. Wenn dem so ist, dann liefern einige beiläufige Gemeinsamkeiten mit Schönbergs Werken über ähnliche Sujets weitere Korrelationen. Die Anfangsworte von Bergs viertem Lied *Warm die Lüfte* rufen sofort die ersten Worte des Soprans im letzten Satz von Schönbergs zweitem Quartett in Erinnerung: »Ich fühle Luft von anderen Planeten«; und der deklamatorische Gestus von Bergs Lied ist von einigen Wissenschaftlern mit Schönbergs Musikdrama *Erwartung* (1909) für eine Frauenstimme verglichen worden, vermutlich angeregt durch die Worte »Er kommt noch nicht. Er lässt mich warten«[33].

Betrachtet man die tonale Konzeption, so sind die beiden mittleren Lieder deutlich miteinander verknüpft. Das zweite Lied schließt mit einem dominantischen Klang auf Es, auf dem Gipfel einer Progression im Quintenzirkel; das dritte Lied beginnt in fragmentarischem as-Moll, setzt die Quintenbewegung fort und löst die Dominantharmonie auf. Am Ende des dritten Liedes, jetzt in unerschütterlichem Es-Dur, kann man eine Verbindung zum Anfang und zum Schluß des vorangegangenen Liedes bemerken. Wäre das vierte Lied eine kleine

Terz höher als tatsächlich geschehen publiziert worden, hätte es mit der reinen Quinte Es-B im Baß begonnen, wäre damit vom zweiten und dritten Lied ausgegangen und hätte mit einer Reminiszenz an das erste Lied geendet, das deutlich in d-Moll beginnt und schließt (siehe Beispiel 4.5a).

Beispiel 4.5
(a) Vermutetes tonales Gerüst von op .2 (viertes Lied transponiert nach Es/D)

(b) Tatsächliches tonales Schema von op. 2 (wie publiziert)

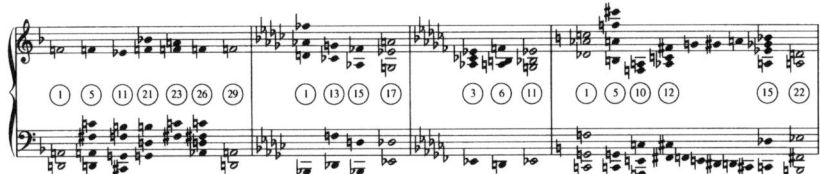

Obgleich man Spekulationen in diese Richtung nicht zu weit treiben sollte, nicht zuletzt da die Stimmlage in den Takten Nr. 4/15–16 bereits hoch ist und kaum noch höher transponiert werden könnte, ist die Annahme vielversprechend, daß dieses tonale Schema dazu geführt haben würde, op. 2 Nr .4 als weniger atonal anzusehen, als dies der Fall war. Und wenn man Spekulationen dem tatsächlichen Sachverhalt zuliebe beiseite läßt (Beispiel 4.5b), gelingt es diesen Beobachtungen, den mittleren Abschnitt des vierten Liedes ins Licht zu rücken, der in Wahrheit ein »Lied im Lied« ist. Nach dem Beginn, der auf der reinen Quinte C–G basiert, verkündet die Stimme: »Ich will singen« (Nr. 4/Takte7–8) und schildert dann eine krypto-erotische idyllische Bergszenerie in einem musikalischen Stil, der an Schönbergs *Das Buch der hängenden Gärten* (1908/09) erinnert[34]. Mit dem Höhepunkt »Stirb!« kommt das Lied im Lied zu einem abrupten Ende, und der erweitert tonale Eindruck der Musik entsteht aufs Neue durch eine quasi-tonale Abfolge von Dominanttredezim- und übermäßigen Nonakkorden, die der Harmonik eines Großteils des ersten Liedes ähnelt.

Eine Untersuchung der motivischen Verbindungslinien innerhalb und zwischen den Liedern erfordert eine genauere Analyse eines jeden von ihnen, die gemäß der wahrscheinlichen Aufeinanderfolge ihrer Entstehung vorgenommen werden soll. Die Musik von op. 2 Nr. 3 könnte man auf der Basis einer Takt-für-Takt-Analyse mit etwa denselben Worten beschreiben, die auf die *Klaviersonate* zutreffen, jedoch unter dem Vorbehalt, daß in der gestenreicheren Sprache des Liedes die motivische Integration weniger kontinuierlich verläuft: Das Endresultat ist als Antwort auf den Text flüchtiger. Die beiden Hauptmotive, in Beispiel 4.6 als a und b bezeichnet, dienen so nicht der Erzeugung eines intrikaten Netzes von musikalischem Material, sondern der Bereitstellung musikalischer Bezugspunkte, um die Stimmführung vielfältiger zu gestalten und bisweilen um technisch ungeschickte Stellen verbergen zu helfen.

Beispiel 4.6 Op. 2 Nr. 3: Motive, harmonisches Schema und »kriechende« Stimmen

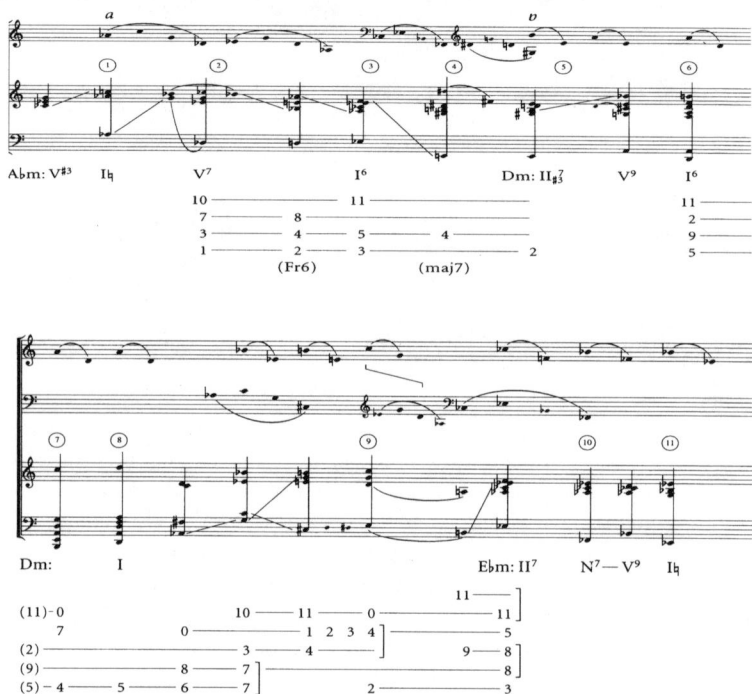

Der letzte Teil von Motiv a ist in Wirklichkeit eine wörtliche Umkehrung des Eröffnungsmotivs a der *Klaviersonate*, während die vier unbegleiteten Vokaltöne, mit denen das Lied anhebt, eine Variante des Motivs b der Sonate sind (wir haben bereits gesehen, wie dieses Lied in einer allgemeineren Form mit der dritten und vierten vorbereitenden Sonate verbunden ist). In der harmonischen Reduktion jeweils auf den beiden unteren Notensystemen in Beispiel 4.6 sieht man, wie jeder der drei aufeinanderfolgenden tonalen Abschnitte des Liedes – as-Moll/Dur, d-Moll und es-Moll/Dur – durch funktionsharmonische Fortschreitungen umrissen wird, mit denen die anderen Akkorde durch »kriechende«

Stimmführung verbunden sind. (Die »kriechenden« Stimmen werden unter den Notensystemen in den ganzen Zahlen der Pitch class-Notation angegeben[35], und die Akkordtypen der dazwischenliegenden Akkorde stehen in runden Klammern, einschließlich der Bezeichnungen »Fr6« für den French Sixth, den »französischen« übermäßigen Sextakkord*, und »Q6« für einen Quartenakkord von sechs Noten.) Quartenklänge werden bei den Worten »hallen schwer die Glocken« illustrativ eingeführt und passen sich in den tonalen Kontext ein. Dies geschieht eher aufgrund eines gemeinsamen diatonischen Fundaments – d.h., alle Töne des Quartenakkordes finden sich in der d-Moll-Tonleiter (mit großer Sexte), die in Nr. 3/Takt 6 vorherrscht – als mittels einer großzügigen Auslegung des Begriffs von funktionsharmonischer Fortschreitung. Der harmonische Rhythmus ist einer der am schwersten zu erfassenden Aspekte dieses Liedes: Erst beim d-Moll-Akkord in Nr. 3/Takt 6 fällt ein Harmoniewechsel mit einem Taktstrich zusammen.

Das zweite Lied des Zyklus ist wegen seiner außergewöhnlichen Entfaltung eines einzigen Klangs ausführlich besprochen worden: Dem French Sixth, der enharmonisch einem Dominantseptakkord mit verminderter Quinte entspricht[36]. Es erscheint im vorliegenden Kontext angemessen, den Akkord im Sinne der zugrunde liegenden Tonhöhenkonstellation zu begreifen [0, 4, 6, 10][37], in einer Notierung, die sowohl seine interne Symmetrie stärker hervorhebt als auch seine Nähe zur Ganztonskala, denn er kann Schönbergs Ratschlag gemäß ohne Bezugnahme auf die tonalen Wurzeln eingesetzt werden. Bei tonaler Verwendung übernimmt der Akkord im allgemeinen die Funktion einer sekundären Dominante und wird durch einen Sprung des Baßtons eine reine Quarte aufwärts aufgelöst oder – aufgrund der symmetrischen Struktur des Akkordes mit dem Tritonus – durch einen Halbton abwärts. Berg nutzt die erste dieser Möglichkeiten am Beginn des Liedes (Takte 1–3, siehe Beispiel 4.7), löst jedoch jeden French Sixth in einen anderen genauso vagierenden French Sixth auf und vermeidet so Hinweise auf tonale Schlüsse – obwohl die Vokalkadenz und die rhythmische Phrasierung einen Zielpunkt zu Beginn von Nr. 2/Takt 4 ansteuern, wo die Harmonik mit dem Anfang enharmonisch identisch ist.

Beispiel 4.7 Op. 2 Nr. 2: Anfang, zeigt die Motive c und d

105

Die obere Linie dieser harmonischen Sequenz wird, obwohl in dieser Passage als Linie überhaupt kaum wahrnehmbar, später im Lied als ein Motiv (c) behandelt, während die Stimme in Nr. 2/Takte 2–3 ein zweites Motiv (d) einführt, das direkt in die Überleitungspassage des Klaviers aufgenommen wird (Nr. 2/Takte 4–8). Hier beruht die Harmonik weiterhin auf [0, 4, 6, 10]-Akkorden, aber auf den Beginn bezogen in vertauschter Reihenfolge; die Akkorde werden länger ausgehalten und verdichten sich im Rahmen ihrer jeweiligen Ganztonskalen, der Kontrapunkt wird durch einen Beinahe-Kanon der beiden Hände von Nr. 2/Takt 6 an vorangetrieben. Das Stimmengeflecht dieser Passage stützt sich auf eine Kette von parallelen großen Terzen, ein Modell, das sich recht häufig in der *Klaviersonate* findet, z.B. in den Takten 5–6 (auch in Schönbergs *Kammersymphonie Nr. 1* und *Friede auf Erden* und in einigen frühen Werken Weberns). Genauso wie das »Kriechen«, jedoch vielleicht noch langlebiger, blieb dies ein Verfahren in Bergs kompositorischem Repertoire bis zu einer viel späteren Periode. Ein neuer Zielpunkt wird beim Einsatz der Vokalstimme in Nr.2/Takt 9 erreicht, unterstützt von einem [0, 4, 6, 10]-Akkord auf D, nach welchem die Sequenz dieser Akkorde unterbrochen wird. Aufeinanderfolgende Einsätze von Motiv c sind in der Stimme und im Klavier in Nr. 2/Takte 9–12 zu hören, und dann wird die musikalische Substanz von Nr. 2/Takte 4–8 erneut aufgegriffen (Nr. 2/Takte 13–14) und setzt die Sequenz von French Sixths von dem Moment an fort, wo sie unterbrochen wurde. Die Wiederverwendung des Materials in Gestalt eines Palindroms wird in Nr. 2/Takte 15–18 mit einer Reprise der Anfangstakte abgeschlossen, aber so variiert, daß Querverweise sowohl innerhalb des Liedes als auch zum nächsten Lied hin erfolgen: Erstens in Nr. 2/Takt 15, wo die schnellere Geschwindigkeit, mit der die Anfangsakkorde erscheinen, den Rhythmus des Motivs c aus den Takten Nr. 2/9–12 aufgreift; zweitens in den Takten Nr. 2/16–17, wo die Baßführung innerhalb einiger der [0, 4, 6, 10]-Akkorde zwischen den zwei potentiellen Wurzeln (Ges–C, E–B, A–Es) steht und die kadenzierende Bewegung des nächsten Liedes zwischen Neapolitaner und Dominantseptakkorden in den Takten Nr. 3/Takte 10–11 vorwegnimmt; drittens in den Takten Nr. 2/17–18, durch ein rhythmisches Motiv im Baß (♪ ♫ ♪), das erneut in Nr. 3/ Takte 2–3 und Nr. 3/Takte 9–11 erklingt[38]; und schließlich im metrisch unvollständigen letzten Takt des zweiten Liedes, der durch den eröffnenden Auftakt des dritten Liedes ausgeglichen wird.

Die Einbettung einiger auffälliger Charakteristika dieser beiden Lieder in op. 2 Nr. 1 diente dazu, Bergs Konstruktion eines größeren Liederzyklus voranzutreiben. Das 6/8-Metrum des ersten Liedes, das durch die exponierte schaukelnde Baßbewegung am Beginn deutlich wird (Nr. 1/Takte 1–5), liefert ein hörbares Vorbild für das rhythmische Motiv, während die schaukelnde Bewegung selbst die in Nr. 2/16–17 und Nr. 3/10–11 auftauchenden Tritonusbaßschritte antizipiert. Besonders prägnant ist das in Nr. 1/7, wo der Baß sich ebenfalls mittels eines Tritonus zwischen zwei möglichen harmonischen Fundamenten der dominantischen Harmonie bewegt. Beispiel 4.8 zeigt sechs Beispiele dieses fortgesponnenen harmonischen Komplexes aus dem ersten Lied, während die Tafel 4.2 ihre Position im Lied angibt und sie in die ganzen Zahlen der Pitch-class-Notation überträgt (die Kästchen unterscheiden Töne aus sich bewegenden melodischen Linien von solchen, die als Elemente des Akkordes wahrgenommen werden).

Tafel 4.2

		0	1	2	3	4	6	7	8	9	10	
a)	i/5–6	0	1	2	3	4		7			10	(t=2)
b)	i/7	0		2	3	4	6				10	(t=3)
c)	i/10	0			3	4	6				10	(t=3)
d)	i/11	0		2	3	4	6		8		10	(t=7)
e)	i/16–17	0	1	2		4	6	7		9	10	(t=8)
f)	i/16–17	0	1	2		4	6	7	8		10	(t=7)

Beispiel 4.8 Harmonien in op. 2 Nr. 1

Bei Nr. 1/5–6 (Beispiel 4.8a) ist das funktionsharmonische Fundament klar, da eine chromatisch geführte Linie über einem stabilen Dominantseptakkords sukzessive einen $D^{9\#}$, D^9 und einen $D^{9^\flat}$-Klang erzeugt. Bei Nr. 1/7 (Beispiel 4.8b) ist die reine Quint tiefalteriert – oder eher »kriechen« die anderen Töne nach oben –, um das zugrundeliegende Fundament in den [0, 4, 6, 10]-Klang zu überführen (dargestellt mit leeren Notenköpfen), der im zweiten Lied auffällig hervortreten wird, ein weiteres Mal mit einer chromatisch geführten Linie darüber. Mancher würde die in diesen Takten aufeinanderfolgenden Klänge als $Es^{9\#}$, A^{13}, Es^9 und $A^{13^\flat}$ interpretieren, aber ein solch hochdifferenziertes tonales Gefühl, schon in Nr. 1/7 schwach ausgeprägt, verliert seine Plausibilität drei Takte später (Beispiel 4.8c), wenn die zwei alternativen »Grundtöne« simultan erklingen: Es ergibt sich jedoch aus dem Kontext, daß der zusammengesetzte dominantische Charakter dieses Klanges ein Faktor bei seinem Einsatz als Teil einer harmonischen Progression bleibt[39]. Bei Beispiel 4.8d ist dieser funktionale Aspekt beinahe auf eine symbolische Rolle reduziert, wenn die Baßlinie in reinen Quarten nach oben steigt (Cis, Fis, H, E) – ähnlich dem Beginn des zweiten Liedes –, doch ohne die entsprechenden [0, 4, 6, 10]-Harmonien im Schlepptau, und in Nr. 1/13–14 wird die Folge von Quarten im Baß fortgesetzt, nicht mit dem A, das man erwartet hätte, sondern nach einem Tritonusschritt zum Es, hinter dem die im [0, 4, 6, 10]-Klang implizierte Tritonusverbindung ungehört sich verbirgt.

Die Beispiele 4.8c und 4.8f sind der harmonisch dichtesten Passage des Liedes entnommen und zeigen eine Fortsetzung des Prozesses, der im Beispiel 4.8c zu sehen ist, während die harmonische Basis durch Hinzufügung von melodischen Tönen erweitert wird, eine Vorgehensweise, die sich auch im zweiten Lied findet, in den Takten Nr. 2/6–8.

Diese akkumulierte Dichte der Textur ist eine weitere Komponente der Liedkonstruktion, wie Stephen Kett dargelegt hat[40]: Dadurch, aber klarer noch mittels der Progression der dynamischen Vorschriften (ppp–pp–p–mf–[p]–f–mf–mp–p–pp–ppp–[p–mp]–pppp), überführt das Lied die dreiteilige Form des dritten Liedes und die palindromartige Disposition des Materials im zweiten Lied in ein flexibleres Organisationsprinzip, das auf viele Dimensionen der Kompositionstechnik angewandt werden kann. Am verblüffendsten aber ist, wie Robert Morgans illustriert hat, daß die zentralen Töne der Vokalmelodie auch solch einem Muster folgen[41] und motivische Konstellationen wie das A–D beeinflussen, das im unbegleiteten Baßpart von Nr. 1/1 präsentiert und beim Einsatz der Stimme sofort modifiziert wird. Dieses Motiv kehrt (als b) im dritten Lied wieder; bei dem Einsatz im ersten Lied (Nr. 1/22–25), wo es am deutlichsten als Motiv erkennbar ist, wird es vom Baß aus nach ganz oben gesetzt, in einer variierten Wiederaufnahme von Nr. 1/7–10. Währenddessen gesellt sich die Stimme zur inneren melodischen Linie des Klaviers in parallelen großen Terzen und nimmt das Strukturmodell des zweiten Liedes in den Takten Nr. 2/6ff. vorweg. Ein letztes erhellendes Detail in diesem Lied findet man in Bergs Handhabung derselben »Q6«-Quartenharmonie, die im dritten Lied erklingt (Takte Nr. 1/18–19, siehe Nr. 3/7–9), sie ist durch Schönbergsche Stimmführung weitaus geschickter inszeniert.

Obwohl die Raffinesse des ersten Liedes eindeutig die Voraussetzungen für einen kohärenten Zyklus schafft, bereiten allenfalls seine weniger wahrnehmbaren Besonderheiten, wenn überhaupt, den Hörer auf die offene Atonalität von op. 2 Nr. 4 vor. Wenn wir die Quellenlage dahingehend interpretieren, daß es in Wahrheit Bergs Arbeit am ersten Satz des *Streichquartetts* op. 3 war, die Berg selbst auf die Komposition dieses Liedes vorbereitete, dann ist klar, daß er, als er sich wieder seinem unvollendeten Liederzyklus zuwandte, genügend in der Entwicklung dessen geübt war, was Schönberg die »neuen Quellen« oder »neue Mittel« nannte. Dadurch war er in der Lage, Besonderheiten einzuarbeiten, die op. 2 Nr. 4 mit den ersten drei Liedern verknüpfen. Eine Methode, mit der er sich behalf, bestand darin, die neueste der »neuen Quellen« für das zentrale Lied im Lied aufzusparen (Nr. 4/9–16); im Vergleich dazu ist der Bezug zu den früheren »Mitteln« am Beginn des Liedes deutlich genug.

Erstens gibt es nebensächliche Details, die sich unmittelbar auf frühere Stellen im Zyklus beziehen: Die ersten vier Töne der Vokalmelodie, die eine [0, 4, 6, 10]-Konstellation beschreiben; die nächsten drei Töne, die die motivische Figur neu anordnen, die das dritte Lied mit der *Klaviersonate* teilt; die Melodie zu »sonnigen Wie-(sen)«, die aus dem vorangegangenen Lied übernommen worden ist (Nr. 3/3); und die höchste Klavierstimme in Nr. 4/5–6 – vielleicht versinnbildlicht sie die im Text genannte Nachtigall –, die das rhythmische Motiv aus dem zweiten und dritten Lied verwendet. Zweitens ist da die Konstruktion der ausgedehnten Klavierphrase in den ersten sechs Takten: Sie basiert in signifikanter Weise auf den positiven Resultaten von Schönbergs Unterricht. Durch die Vermittlung einer Vielfalt von Mitteln, mit deren Hilfe sich musikalische Texturen und Sätze im Kontext eines erweitert tonalen Stils miteinander verbinden lassen, war Berg nunmehr in der Lage, diese Verfahren in verschiedenen Kombinationen unabhängig von ihrer tonalen Basis anzuwenden. So konnte er, sagen wir, motivische Kohärenz ohne tonale Funktionsharmonik sicherstellen oder mit deutlich wahrnehmbarer Stimmführung in einem athematischen Kontext arbeiten. Wenn das Lied mit einem Neapolitaner über der ausgehaltenen reinen Quinte C–G anhebt, so ist die anhaltende Ganztonbewegung in den Takten Nr. 4/1–2 Teil der zwei voneinander getrennten Ganztonskalen, aber dennoch als solche erkennbar[42]. Der Anfangsakkord wird dann in den Akkord verwandelt, der die »Nachtigall«-Figur begleitet, ohne offenkundigen Bezug zu bekannten harmonischen Phänomenen, aber mittels »kriechender« Bewegungen in den vier oberen Stimmen – größtenteils streng chromatisch –, in denen das rhythmische Motiv kanonisch behandelt wird.

Beispiel 4.9 Op. 2 Nr. 4: Anfangsakkord mit anhaltenden Ganztonbewegungen (Takte 1–2) und »kriechender«/ kanonischer Verwandlung in den zweiten Akkord (Takte 3–4)

Nach einem aus Schönbergs Musik derselben Periode vertrauten absteigenden Lauf in Nr. 4/6 hält das Klavier auf pendelnden leeren Tritoni inne, die an ähnliche Figuren in allen drei vorangegangen Liedern erinnern – rhythmisch haben wir hier im wesentlichen ein ausgeschriebenes Rallentando –, über denen die vokale Vertonung von »Ich will singen« gänzlich wie ex tempore anmutet.

Das Lied im Lied zerfällt in drei Mikroabschnitte: In Nr. 4/9–11 steht im Zentrum des Klavierparts ein Paar von parallelen großen Terzen – ein weiteres Mal eine vertraute »Quelle« – begleitet von Dur- und Molldreiklängen, jedoch nicht in tonalem Kontext. Die Vokalmelodie zeigt hier gleichfalls große Terzen, bevor sie den a-Moll-Dreiklang aus dem Klavierbaß arpeggiert, im Wechsel mit Noten in chromatisch immer größer werdendem Abstand zu den Tönen des Arpeggios.

Beispiel 4.10
(a) Op. 2 Nr. 4, Takt 11: Intervallische Ausweitung des a–Molldreiklangs

schmilzt und glit - zert kal - ter Schnee,

(b) Op. 2 Nr. 4: Verwandlung durch vielfältiges »Kriechen« in den Takten 12–15 (Klavierstimme)

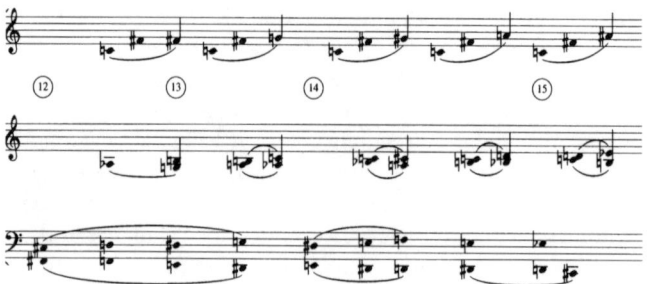

Darüber erklingt eine Klavierfigur, deutlich als Illustration der Worte »es schmilzt und glitzert kalter Schnee«, die – erneut im Abstand eines Tritonus – zwischen zwei leeren Quinten pendelt, von denen eine dem C–G des Liedanfangs entspricht. Der nächste Mikroabschnitt (Nr. .4/Takte 12–15) wird von einer intrikaten Konstruktion im Klavier dominiert, die das »kriechende« Prinzip auf verschiedenerlei Weise an ausgewählten Komponenten einer motivischen Figur erprobt und diese so allmählich und hörbar transformiert, jedoch ohne Bezug auf eine zugrundeliegende harmonische Basis (Beispiel 4.10b). Die Überleitung dahin aus dem vorangegangenen Mikroabschnitt vollzieht sich durch Erweiterung der pendelnden großen Terzen zu einer Miniaturkeilbewegung, während die Figur des »schmelzenden Schnees« in den Baß wandert. Der Vokalpart verläuft danach ohne deutlichen Bezug zur Klavierbegleitung, obgleich sein allmählich höhersteigender, sich weitender Umfang in dieser Hinsicht einen ähnlichen Weg geht wie die motivische Transformation. Diese Ausweitung erfährt einen dramatischen Höhepunkt in Nr. 4/Takt 15 durch die Kombination auseinandertretender Klavierglissandi auf den schwarzen und weißen Tasten. Der letzte Mikroabschnitt folgt unmittelbar, er kehrt zu den vorherigen Registern zurück, indem der Diskantklang eine Oktave nach unten transponiert wird und der Baß chromatisch höher »schleicht«.

Als das Lied im Lied beendet ist, arpeggiert das Klavier einen [0, 4, 6, 10]-Klang bis hinab zu einem tiefen B, von wo aus sich eine Sequenz von übermäßigen Non- und Dominanttredezimakkorden über einer Baßlinie in aufsteigenden Quarten entfaltet.

Beispiel 4.11 Op. 2 Nr. 4, Takte 20–22, Klavierpart

Solch eine Sequenz verfügt über starkes Potential für eine tonale Einbindung, doch bei dieser offenkundig atonalen Komposition stellt sich ihre Funktion plausibler im Rahmen eines Netzwerks kontextueller Verweise dar. Sie bezieht sich harmonisch zurück auf das erste Lied, mittels der aufsteigenden Quarten auf den Beginn des zweiten Liedes und durch die Intervallkonstellation der Töne über dem aufsteigenden Baß auf Motiv a im dritten Lied. Der Vokalpart, der die entscheidenden Worte des Gedichtes ausspricht, läuft wie im ersten Lied mit diesen Harmonien konform, löst sich aber wieder über der dreifachen Schlußkadenz, aus der Schönberg in der *Harmonielehre* einige Akkorde billigend zitiert (aus Nr. 4/22)[43].

Streichquartett *op. 3*

Der erste Satz des *Streichquartetts* op. 3 treibt die Wechselwirkungen zwischen motivischer Arbeit und einer Sonatensatzkonzeption, wie wir sie an der *Klaviersonate* beobachtet haben, weiter voran, und das in einem atonalen Idiom. Bezeichnenderweise sah Adorno weitreichende Konsequenzen in der Fortentwicklung dieser Idee: *»Es bezeichnet vielmehr das Quartett als ein Stück genuin dialektischen Umschlags, daß seine Architektur hervorgeht aus der treuen Kritik der kammermusikalisch bis dahin verbindlichen. [...] Berg [hat] mit ihrem authentischen Anspruch zugleich den seiner sprengenden Impulse realisiert und ihren Konflikt bis zum Ende ausgetragen. Nichts Einzelnes bleibt, was nicht aus seinem Verhältnis zur Formtotalität allein seinen Sinn empfinge – keine Form aber auch, die nicht aus Forderung und Impuls des Einzelnen erst sich legitimierte [...]. Das Ende des Konflikts jedoch ist nichts anderes als die Liquidation der Sonate«[44].*

Adornos Interpretation, zuerst 1937 publiziert und einem 1910 vollendeten Werk gewidmet, war durch historische Faktoren bedingt – darunter am offenkundigsten die Tatsache, daß in der Zeit, als Adorno sie schrieb, und noch unverkennbarer im Jahre 1910, die Frage der Dichotomie von Form und Inhalt in einem Kunstwerk stärker im Mittelpunkt der Kritik stand als heutzutage[45]. Da es weniger wahrscheinlich anmutet, durch eine historisch bedingte Hörhaltung ausmanövriert zu werden, ist der weitaus diffizilere Punkt der, daß das Formbewußtsein, besonders der Sonatensatzform, im frühen 20. Jahrhundert in den Köpfen von geschulten Hörern tiefer verankert war. Adornos Deutung geht davon aus, daß der Hörer das formale Modell an die Musik heranträgt und bei der unmittelbaren Wahrnehmung des musikalischen Verlaufs einer »treuen Kritik« unterzieht. Das Problem besteht nicht darin, daß dieses spezifische Werk die Sonatensatzform irgendwie obsolet werden läßt, sondern daß bei jedem Hörvorgang ein Drama stattfindet. Es spielt sich genau auf des Messers Schneide zwischen einer architektonischen Konzeption gemäß der Maxime »die Form umfaßt den Inhalt« und einer organischen Konzeption nach dem Grundsatz »der Inhalt erzeugt die Form« ab. Wenn das Formbewußtsein nicht im Kopf des Hörers verankert ist, dann ist die Dialektik ungleichgewichtig und neigt dem Netz von motivischen Korrespondenzen zu, das direkt vor den Ohren des Hörers geknüpft wird, und wegen der generellen Absenz des tonalen Systems kann solch eine Musik eingleisig bis zur Engstirnigkeit erscheinen. Damit war das Stück, als Berg es komponierte, nicht gescheitert, aber der Aschenputtelstatus des Quartetts in Bergs Schaffen läßt vermuten, daß spätere Generationen seine Aneigung als schwierig empfunden haben, vielleicht aus diesem Grund.

Auf der anderen Seite erscheint es nun denkbar, daß sich Adorno und andere seiner Zeitgenossen selber eines wirkungsmächtigen Faktors bei der Interpretation des Quartetts nicht bewußt waren. 1968 machte der griechisch-deutsche Musikwissenschaftler Constantin Floros die Bekanntschaft von Fritzi Schlesinger-Czapka, einer Wiener Nachbarin von Helene Berg, die ihm folgenden Bericht gab, von dem sie behauptete, er sei ihr von Helene diktiert worden »*Die Inspiration zu Alban Bergs Opus 3 beruht auf folgender Begebenheit: Es war in meinem Elternhaus 1908. Viele junge Leute verkehrten darin, denn meine Schwester und ich waren lebenslustige Mädchen. Bewerber gab es viele, und darunter war auch Alban Berg. Keiner der jungen Leute kam mir nahe außer Alban! Als mein Vater das merkte, verbot er Alban Berg seine Besuche bei uns, denn Alban war kränklich (seit seinem 15. Lebensjahr Asthmatiker) und hatte einen Beruf (Musiker und Komponist), der meinem nüchtern und praktisch denkenden Vater nicht paßte. Außerdem fürchtete er, daß mir, infolge der chronischen Krankheit eines Asthmatikers, ein sorgenvolles Leben bevorstünde. Die Trennung traf Alban und mich zutiefst. So entstand Opus 3. Liebe spricht darin und Eifersucht und Empörung über das Unrecht, das uns und unserer Liebe angetan wurde.* Helene Berg.« [46]

Was haben wir davon zu halten? Obwohl es keinen dokumentarischen Beleg für ihren Bericht zu geben scheint, kann man diese mündliche Überlieferung nicht einfach abtun. Unabhängig davon, ob nun eine Verbindung zu op. 3 besteht oder nicht, bestätigen genügend Belege die Schwierigkeiten, die dem jungen Paar durch Helenes Vater, Franz Nahowski, gemacht wurden, einschließlich eines langen Briefes, den Berg ihm im Juli 1910 zusandte und in dem er seine Einwände gegen ihre Hochzeit widerlegt[47]. Diesem Gefühlszenarium entspricht der Eindruck von Ärger und Enttäuschung, den einige Wissenschaftler trotz Ermangelung einer geeigneten Erklärung in der Musik des Quartetts wahrgenommen haben. »*Mit dem Anfangsthema* [des zweiten Satzes]«, schreibt Mosco Carner, »*scheint Berg imaginären Feinden einen Fehdehandschuh hinzuwerfen.*«[48] »*Berg erzählte, er habe das Streichquartett [...] im Trotz komponiert, nachdem ein Verlag die Klaviersonate refüsiert hatte*«, erklärt Adorno[49]. Angesichts dessen, was wir heute über die »geheimen Programme« von einigen späteren Werken Bergs wissen[50], könnten wir dies ohne weiteres als einen Versuch des Komponisten betrachten, den expressiven Ton seines Quartetts einzugestehen, ohne dessen Motivation preiszugeben. Jedoch sollten wir auch bedenken, daß Helene Bergs Beschreibung – wenn es tatsächlich ihre sein sollte – sehr weit von einem detaillierten Programm entfernt ist. Sie liefert allenfalls die Umrisse einer außermusikalischen Anregung für ein Werk absoluter Musik in einer Form, wie sie uns von Schumann und Brahms her vertraut ist – sogar weniger eingehend durchdacht als, sagen wir, Berlioz' Verfahren in seiner *Symphonie Fantastique* – und wahrlich unspektakulär in einer Zeit, in der Komponisten ihre Schäfchen häufig hinter den miteinander konkurrierenden Vorzügen der »absoluten« Musik und der Programmusik ins Trockene brachten, um den Eindruck zu erwecken, daß ihre Werke den Kriterien für beide Kategorien unabhängig voneinander genügten[51].

Während die Sonatensatzform des ersten Quartettsatzes ziemlich eindeutig ist, hat die Form des zweiten Satzes unter den angesehensten Forschern zu Konfusionen geführt. Carner deutet den Satz als ein Rondo mit Sonatensatzelementen; Floros liest ihn als eine Sonatensatzform, jedoch mit einer »Episode« (II/119–142) zwischen der Entwicklung und einer »freien« Reprise. Adornos Interpretation als Sonaten-Rondo pflichtet Redlich bei und stellt darüber hinaus die These auf, daß »*der II. Satz eine Art Durchführung zur Exposition des I. repräsentiert*«[52]. Aufgrund von dreierlei Gesichtspunkten ist diese Deutung verdienstvoll: Erstens, da der Durchführungsabschnitt des ersten Satzes kurz ist und das Hauptmaterial des Satzes nicht verarbeitet; zweitens, weil die Themen der beiden Sätze miteinander verschränkt sind; und drittens, weil sie die direkte Wiederkehr des Eröffnungsthemas aus dem ersten Satz im zweiten Satz (Takt II/168ff.) unterstreicht.

Beispiel 4.12 spürt einigen motivischen Beziehungen innerhalb des thematischen Materials des Quartetts nach:

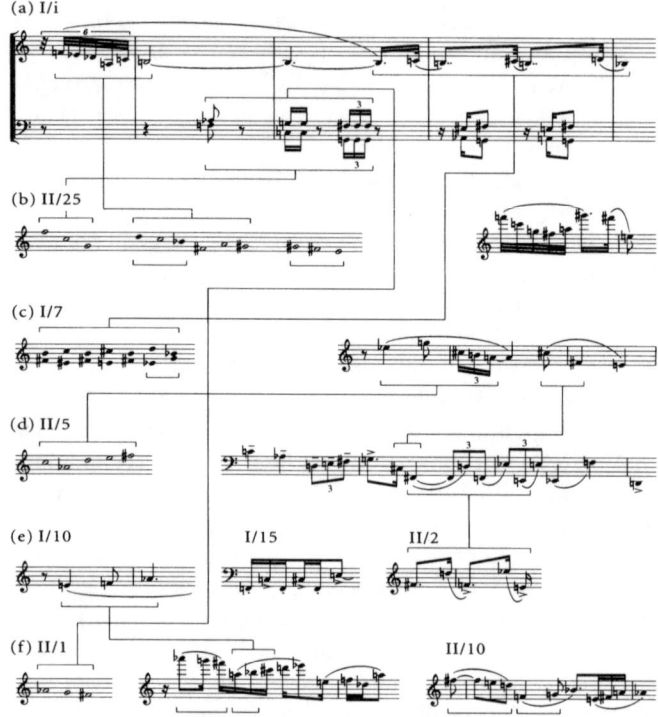

Das Anfangsthema des ersten Satzes (Beispiel 4.12a) ist wegen seines Rhythmus und des Zusammenspiels bestimmter Intervalle bemerkenswert. Sein Umriß und der Sextolenrhythmus des eröffnenden Laufs in der zweiten Violine sind mit einem Thema aus Schönbergs Streichsextett *Verklärte Nacht* identisch, das den Vermerk »wild, leidenschaftlich« trägt.

Beispiel 4.13 Schönberg, Verklärte Nacht *op. 4, Violine I, Takte 137–138 (»wild, leidenschaftlich«)*

Die absteigenden Halbtöne in Schönbergs Thema sind hier in absteigende Ganztöne verwandelt, und alle Töne dieses Laufs außer einem (C) sind auf eine einzige Ganztonskala beschränkt. Diese Homogenität von Intervallen wird in der Viola und dem Cello aufgegriffen, während die Violine das H aushält – die Viola schreitet halbtonweise abwärts und das Cello in reinen Quarten. Beide repräsentieren eine direkte Modifikation der ersten drei Töne der Geige, ähnlich der außerhalb dieser Stelle erfolgten Transformation von Schönbergs Thema: Die Sequenz entspricht in beiden Fällen dem Segment eines einzigen ›Intervallzyklus‹. Bergs Wissen um diese Intervallzyklen ist gut dokumentiert[53], ein Beispiel für ihre harmonische, der melodischen entgegengesetzte Verwendung findet sich im ersten Satz des Quartetts in den Takten I/98–101, wo zweite Violine, Viola und Cello während eines Höhepunkts identisches Material viermal hintereinander homophon vortragen: Beim ersten Mal in parallelen verminderten Dreiklängen, beim zweiten Mal als parallele Quartenharmonien, beim dritten Mal in parallelen übermäßigen Dreiklängen. Jedes Mal beruht die Harmonik auf einem einzigen Intervalltypus, beim vierten Mal spielen die drei Instrumente solche parallele Harmonien, wie sie in der rechten Hand des Klavierparts in IV/Takte 20–22 von op. 2 auftauchen. Beispiel 4.12b zeigt, wie der anfängliche Sextolenlauf des Quartetts der Reihe nach im zweiten Satz modifiziert wird, und dies geschieht lediglich durch den Ersatz der Ganztöne des Zyklus durch reine Quarten, während der Ganztonabstieg an das Ende der Figur versetzt wird.

Verfolgt man die Entwicklung der musikalischen Substanz am Anfang ein wenig weiter, so stellt man fest, daß sowohl der Rhythmus als auch die Tonfolge der Violinfigur, wie sie zum H und von ihm weg pendelt, später wieder aufgegriffen werden. Die Tonfolge beschreibt eine im Entstehen begriffene Keilform mit Intervallen, die sich vom ausgehaltenen Ton erst um einen Halbton, dann einen Ganzton, eine kleine Terz und eine große Terz vergrößern (siehe auch op. 2, Takte IV/12–15); die Figur und der Rhythmus werden in der Fortspinnung des anfänglichen Laufs im zweiten Satz weiterentwickelt – um nur ein Beispiel anzuführen (siehe Beispiel 4.12e). Beispiel 4.12c demonstriert, wie die Bratschenbegleitung der Pendelbewegung in I/Takt 4 eine Umkehrung ihrer Intervallsequenz beginnt (das Cello verdoppelt die Violine eine große Dezime tiefer); die Viola bricht ab, bevor das Es und G der umgekehrten Sequenz an der Reihe sind, aber diese Töne werden von der Violine in Takt I/7 am Beginn des Nachsatzes aufgegriffen. Der Ganztoncharakter dieser Phrase ist sogar noch auffälliger als am Anfang: Seine in die Umkehrung versetzte Tonfolge wird im mächtigen Thema, das in II/Takt 5 in Bratsche und Cello erklingt, eingesetzt (Beispiel 4.12d), dessen Fortsetzung greift die ins Extrem getriebene Keilform aus II/Takt 2 auf. Nach dem in Beispiel 4.12c gezeigten Thema fährt die erste Violine mit einer Phrase fort, die direkt auf dem in Beispiel 4.12e gezeigten Motiv beruht; die antwortende Phrase in der Viola bringt es in der Umkehrung (I/14), während die Baßstimme die originale Gestalt des Motivs hat; in I/15 wird es in einer gebrochenen Figuration im Wechsel mit einem Pedalton gespielt und dient damit als Modell für die größeren Keile, die am Anfang des zweiten Satzes stehen (und später im ersten Satz). Als eine letzte Illustration zeigt Beispiel 4.12f, wie der Halbtonzyklus der Viola aus I/2–3 am Beginn des zweiten Satzes eingesetzt wird (selbstverständlich ist dies zugleich eine Transformation der Anfangstöne des ersten Satzes); in der Fortsetzung wird das Motiv aus Beispiel 4.12e gebracht. Bei einem späteren konstrastierenden Thema (II/10) werden die Halbtonschritte durch Ganztöne ersetzt.

Diese Untersuchung der in Beispiel 4.12 gezeigten musikalischen Substanz hat nur die Beziehungen zwischen den musikalischen Ideen berücksichtigt, die selbst wiederum als Basis für weitergehende Transformationen dienen. Es gibt weitere thematisch differenzierte Materie, die hier nicht berücksichtigt wurde: Das ganze Quartett entwickelt sich auf dieser Basis mit beachtenswerter Intensität weiter, die sich in einer detaillierten verbalen Beschreibung nicht wiedergeben läßt. Davon abgesehen ist ein interessanter Gesichtspunkt, dem nachzugehen wäre, die Frage, ob sich ein Thema aus der *Verklärten Nacht* als Vorbild identifizieren läßt. Redlichs Erörterung vergleicht überzeugend verschiedene Themen aus dem Quartett mit Themen aus Strauss' *Tod und Verklärung* und *Ein Heldenleben*, auch mit Wagners *Tristan und Isolde*[54]; Floros zieht Parallelen zwischen einigen melodischen Linien aus Bergs zweitem Satz und Passagen aus Schönbergs *Das Buch der hängenden Gärten* – ein Werk, mit dem Berg eng vertraut war und dessen Uraufführung er am 14. Januar 1910 in Wien gehört hatte[55] –, und auch er bringt den Geist des *Tristan* ins Spiel. Vieles, wenn nicht alles könnte man als haltlose Spekulation verwerfen (und Adorno konstatierte ungewöhnlich kompromißlos, daß sich *»kein Vorbild [...] aufspüren* [ließe]*«*[56]), wäre da nicht Floros Entdeckung einer vermeintlich harmlosen Streichquartettskizze Bergs als Vorbild für das Thema in I/7 von op. 3[57]. Nicht nur diese, sondern auch benachbarte Skizzen ähneln Floros zufolge dem Thema aus *Verklärte Nacht*, das in Beispiel 4.13 abgebildet ist – obgleich er dieser Frage nicht weiter nachgeht. Vielleicht noch bemerkenswerter ist eine Passage im ersten Satz von op. 3 (I/Takte 126–131), die aus dem Seitenthema von Bergs fünfter früher Sonate adaptiert worden ist, einem unmittelbar vor seinem op. 1 geschriebenem tonalem Werk[58]. Es gibt somit starke Indizien dafür, daß Bergs frühestes atonales Wagnis – denn darum handelte es sich – durch die zweckentsprechende Umarbeitung tonaler Vorbilder zustande kam, zumindest zum Teil. Sicherlich weisen die Methoden von Intervallersatz und -erweiterung, deren Anwendung wir in op. 3 und in Nr. 4/Takte 12–15 von op. 2 untersucht haben, darauf hin, daß Berg die Mittel zur Verfügung standen, thematisches Material aus dem harmonischen Kontext zu adaptieren, ein technischer Aspekt, der diese Werke von der *Klaviersonate* unterscheidet.

Unter all den Passagen in op. 3, die auf tonale Vorbilder bezogen werden können, ist diejenige, die sich formaler Integration in das restliche Werk am hartnäckigsten widersetzt, die Episode im zweiten Satz, Takte 119ff. Floros hat dargelegt, daß hier die thematische Substanz dem Thema aus dem Liebesduett in *Tristan und Isolde* verwandt ist, das bei Isoldes Worten »Barg im Busen uns sich die Sonne« erklingt. In Bergs Quartett wird das Thema im weiteren Verlauf in Umkehrung verwendet (II/133ff.). Vielleicht deutet dies an, daß nicht das Liebesduett Vorbild war, sondern eher die erste Szene des dritten Aktes in Wagners

Musikdrama, in der Tristan, von Isolde durch den eifersüchtigen König Marke getrennt, davon überzeugt ist, daß sie zu ihm zurückkehren will, aber von den Gefühlen hin- und hergerissen ist, die diese Situation in ihm weckt. Hier verwendet Wagner das Thema ebenfalls sowohl im Original als auch in der Umkehrung, um Tristans schwankende Gefühle zu symbolisieren. Die Übereinstimmung nicht nur mit Bergs Handhabung des Themas, sondern auch mit seiner Trennung von Helene ist verblüffend, wenn man die Musik anhand solcher Kategorien deuten will.

Zugleich sollten wir nicht aus dem Auge verlieren, daß Berg die Umkehrung des Themas aus spezifisch musikalischen Gründen vornimmt: Andere Themen kehren ebenfalls in der Umkehrung wieder, bis nach einem ausgedehnten Einsatz des Anfangsthemas des Satzes (II/151) die Musik das Anfangsmaterial des ersten Satzes wieder aufgreift (II/168). An diesem Punkt wird die latente Konzentration auf D als tonales Zentrum zum Impuls – die wiederholte melodische Kadenz der ersten Violine in den Takten II/217–220 ist von besonderer Bedeutung in diesem Prozeß –, bis ein ungewöhnlicher Lauf im letzten Takt einen flüchtigen d-Moll-Akkord exponiert, eine Tonart, deren private Bedeutung für Berg und Helene bekannt ist[59]. Das tonale Zentrum filtert hier eine weniger spezifische erweiterte Tonalität heraus, die sich auf den letzten Seiten des ersten Satzes findet, tariert sie aus. Dort entsteht sie durch eine Kette von parallelen großen Terzen von Takt I/166 an, innerhalb einer von Ganztönen dominierten Textur, und in den Takten I/172–176 und I/180 bis Satzende durch das kontinuierliche Auftauchen von Harmonien, die denen in IV/Takte 20–22 von op. 2 verwandt sind. Doch trotz möglicher Anhaltspunkte bleibt ihre detaillierte außermusikalische Bedeutung, genauso wie die transzendentale Wechselwirkung von Form und Motiv, späteren Generationen nur bedingt zugänglich.

Anmerkungen

1 *An Leukon*, in: Willi Reich, *Alban Berg. Leben und Werk*, S. 102f.

2 Brief an Emil Hertzka (Direktor der Universal Edition in Wien) vom 5. Januar 1910. In: Erwin Stein (Hg), *Arnold Schönberg. Briefe*, Mainz 1958, S. 17.

3 Watznauer, zehn Jahre älter als Alban, füllte die durch den kürzlich erfolgten Tod seines Vaters Conrad Berg (1846–1900) und die Abwesenheit seines ältesten, in den USA weilenden Bruders Hermann (1872–1921) entstandene Lücke. Bergs Briefe an Watznauer geben ausführlich Aufschluß über ein brennendes Interesse an den Künsten und die Bereitschaft, sich leidenschaftlich Werken der Dichtung und Musik hinzugeben.

4 Watznauers Biographie wurde in Erich Alban Berg, *Der unverbesserliche Romantiker*, Frankfurt/Main 1976, 2. Auflage, S. 9–117 publiziert, mit Erweiterungen und Kommentar versehen. Die Chronologie der Lieder ist auf den Seiten 152f. abgedruckt.

5 *Liebe, Im Morgengrauen, Grabschrift* und *Traum* sind in den *Jugendliedern* publiziert (Bd I, Nr. 21–23, Bd II, Nr.1); ein Ausschnitt aus *Wandert, ihr Wolken* findet sich in Nicholas Chad-

wick, *Berg's Unpublished Songs in the Österreichische Nationalbibliothek*, in: Music and Letters 52 (1971), S. 130.

6 Dieses Datum gibt Watznauer an (Erich Alban Berg, *Der unverbesserliche Romantiker*, S. 68), auch Willi Reich unter Berufung auf Watznauer. Obgleich er Watznauers Chronologie unverändert publiziert, erklärt Erich Alban Berg selbst unabhängig davon, daß Smaragda Berg das Lied, von ihrem Bruder begleitet, am 12.April 1905 öffentlich aufführte (*Der unverbesserliche Romantiker*, S. 58 und S. 150).

7 Das Konzertprogramm ist abgebildet bei Erich Alban Berg, *Alban Berg: Leben und Werk*, S. 107.

8 »Zeugnis des Lehrers«, in: Willi Reich, *Alban Berg. Leben und Werk*, S. 27.

9 Chadwick, *Berg's Unpublished Songs*, S. 137.

10 Adorno schreibt, sicherlich ohne Kenntnis der handschriftlichen Zeugnisse: *»Gut könnte man sich vorstellen, daß es [op.1] aus der Lösung der gestellten Aufgabe ›Sonatensatz‹ hervorging.«* (Theodor W. Adorno, *Berg. Der Meister des kleinsten Übergangs* [Gesammelte Schriften Bd. 13], S. 375).

11 Willi Reich, *Alban Berg. Leben und Werk*, S. 24.

12 Hilmar, *Katalog*, S. 75.

13 Perle, *Wozzeck*, S. 2. Es ist tatsächlich schwierig, wenn nicht gar unmöglich, den Inhalt der Manuskriptquellen und -skizzen der Opera 1–3 (wie er bei Rosemary Hilmar (Hg), *Katalog der Schriftstücke von der Hand Alban Bergs, der fremdschriftlichen und gedruckten Dokumente zur Lebensgeschichte und zu seinem Werk* (Alban Berg Studien, Bd. 1/1), Wien 1985, und Constantin Floros, *Alban Berg: Musik als Autobiographie*, Wiesbaden 1992, S. 156 dargestellt wird) mit den Daten in Verbindung zu bringen, die von vielen anderen Studien angegeben werden.

14 Diese Ansicht vertritt Ulrich Krämer in seinem Essay zur CD-Aufnahme JD 643–2 (Zürich, Jecklin-Disco, 1990).

15 S. 161f.

16 Hans Ferdinand Redlich, *Alban Berg: Versuch einer Würdigung*, Wien 1957, S. 355, Anmerkung 47. Die Tatsache, daß Polnauer seine Studien bei Schönberg erst 1909 aufnahm, bestätigt vielleicht die Datierung von op.1 auf dieses Jahr, obgleich es natürlich durchaus möglich ist, daß er diese Anekdote später von Berg hörte.

17 Z. B. von Adorno, *Berg. Der Meister des kleinsten Übergangs* (GS 13), S. 375–377.

18 Ebd., S. 379. Eine scharfsinnige Kommentierung und Auswertung von Adornos Analyse findet man bei Max Paddison, *Adornos Æsthetics of Music*, Cambridge 1993, S. 158–168 und 279–284.

19 Siehe Bergs Brief an den Robert Lienau Verlag vom 26. Juni 1920; Übertragung und Faksimile in Hilmar, *Katalog der Musikhandschriften*, S. 122–124.

20 Siehe Kapitel 5; s. auch Douglas Jarman, *Alban Berg: The Origins of a Method*, in: Music Analysis 6 (1987), S. 273–288.

21 Bruce Archibald, *Berg's Development as an Instrumental Composer*, in: Jarman (Hg), *The Berg Companion*, S. 94.

22 Adorno, *Berg. Der Meister des kleinsten Übergangs* (GS 13), S. 378 und S. 382.

23 Mark DeVoto, *Alban Berg and Creeping Chromaticism*, in: David Gable und Robert P. Morgan (Hg), *Alban Berg: Historical and Analytical Perspectives*, Oxford 1991, S. 57–78.

24 Arnold Schönberg, *Harmonielehre*, Wien 1922, S. 312–322 und S. 434–440.

25 Ebd., S. 312.

26 Ebd., S. 311.

27 Siehe Clara Steuermanns Mitteilung der Ansichten ihres späteren Ehemannes, des Schönbergschülers Eduard Steuermann (1892–1964), und Eduard Steuermanns eigene Worte,

zitiert in einem Interview mit Gunther Schuller, in: Joan Allen Smith, *Schoenberg and his Circle: A Viennese Portrait*, New York 1986, S. 138f.

28 Adorno, *Berg. Der Meister des kleinsten Übergangs* (*GS* 13), S. 376.

29 DeVoto, *Alban Berg and Creeping Chromaticism*, S. 67. Siehe auch seine Erläuterung in: Walter Piston, *Harmony*, New York 1986, 4. Auflage, von Mark DeVoto revidiert und erweitert, S. 491.

30 Max Paddison sieht ein Vorbild für diese Passage im Vorspiel zu Wagners *Tristan und Isolde* (*Adornos Æsthetics of Music*, S. 279–284).

31 Siehe Steven Kett, *A Conservative Revolution: The Music of the Four Songs Op. 2*, in: Jarman (Hg), *The Berg Companion*, S. 69f.; Floros, *Alban Berg: Musik als Autobiographie*, S. 156; Hilmar, *Katalog der Musikhandschriften*, S. 45, 48 und 75; auch Watznauers Chronologie (Erich Alban Berg, *Der unverbesserliche Romantiker*, S. 76). Wir sollten bei der letzten Quelle vorsichtig sein, denn Watznauer verweist alle vier Lieder des op. 2 in das Jahr 1908 und schreibt versehentlich das Gedicht von op. 2/1 Hohenberg anstelle Hebbels zu.

32 Dieses Sujet könnte Berg anläßlich einer Ausstellung der Wiener Sezession im Jahre 1909, in der das Gemälde *Die Schlafenden* von Josef Engelhart (1864–1941) präsentiert wurde, in den Sinn gekommen sein. Siehe Kett, *A Conservative Revolution*, S. 70.

33 Adorno, *Berg. Der Meister des kleinsten Übergangs* (*GS* 13), S. 385; Mosco Carner, *Alban Berg: The Man and the Work*, London ²1983, S. 100; DeVoto, *Berg the Composer of Songs*, in: Jarman (Hg), *The Berg Companion*, S. 44.

34 Auch Stephen Kett zieht diesen Vergleich zu Schönbergs Zyklus (*A Conservative Revolution*, S. 82).

35 C=0, Cis/Des=1, ... H/Ces=11. Diese Standardnotation folgt der Arbeit des einflußreichen amerikanischen Musiktheoretikers Allen Forte.

36 Die klassische Analyse des Liedes aus dieser Perspektive findet man in Craig Ayrey, *Berg's »Scheideweg«: Analytical Issues in Op. 2/ii*, in: Music Analysis 1 (1982), S. 189–202. Ayrey deutet »[ein] *Bild des Stückes als vollständig und selbstreferentiell«, er erklärt, daß »[eine] hierarchische Wiederholung von der Projektion der vertikalen Symmetrie des Tonvorrats des ersten Akkordes an [...] bis zu einem vordergründig linearem Paradigma fortschreitet und danach die gesamte Struktur durchzieht.*«

37 D.h., in der untransponierten Form [C, E, Fis/Ges, Ais/B] (der Akkord kann selbstverständlich auf jeder der zwölf chromatischen Tonstufen aufgebaut werden). Die Notation [0, 4, 6, 10] gibt nicht von selbst einen »Grundton« für den Akkord an; wenn der Akkord in einem Kontext erscheint, der es erlaubt, ihn als funktionsharmonisch zu deuten, dann würden entweder C oder Fis/Ges (beim untransponierten Akkord) als Grundton angesehen werden, abhängig von den Einzelheiten der Stimmführung.

38 Siehe Jarman, *The Music of Alban Berg*, S. 148.

39 Schönbergs Erörterung seines Beispiel 342 in der *Harmonielehre*, S. 500, beschwört eine ähnliche Verbindung von dominantischen Klängen im Abstand eines Tritonus bei der Erklärung eines Akkordes aus der *Erwartung* herauf; sein Beispiel 342a präsentiert exakt die drei oberen Stimmen von Bergs op. 2/1, Takt 5, und zeigt an, daß Schönberg die übermäßige None (F) als eine Dissonanz verstand, die durch den melodischen Gang zum E aufgelöst wird.

40 Kett, *A Conservative Revolution*, S. 74.

41 Robert P. Morgan, *The Eternal Return:Retrograde and Circular Form in Berg*, in: Gable and Morgan (Hg), Alban Berg, S. 134–136.

42 Ich bin Christopher Wintle äußerst dankbar für sein allerdings anders nuanciertes Insistieren auf diesem Punkt im Rahmen eines öffentlichen Meinungsaustauschs, obgleich die hier vorgelegte Analyse eine Synthese seiner Beobachtungen mit anderen von mir zuvor

gemachten ist. Siehe Anthony Pople, *Secret Programes: Themes and Techniques in Recent Berg Scholarship*, in: Music Analysis 12 (1993), S. 392–394 und Christopher Wintle und Douglas Jarman, *Recent Berg Scholarship: Responses to Anthony Pople*, in: Music Analysis 13 (1994), S. 310–312. Stephen Kett erkennt ebenfalls den Ganztoncharakter der Bewegung in: *A Conservative Revolution*, S. 82f.

43 Schönberg, *Harmonielehre*, S. 501.
44 Adorno, *Berg. Der Meister des kleinsten Übergangs (GS* 13), S. 392. Die Hervorhebung stammt von Adorno.
45 In der Musik war dies eine Strömung innerhalb einer größeren Kontroverse; siehe Carl Dahlhaus, *Die Idee der absoluten Musik*, Kassel 1978, insbesondere Kapitel 2.
46 Floros, *Alban Berg: Musik als Autobiographie*, S. 154f.
47 Helene Berg (Hg), *Alban Berg: Briefe an seine Frau*, München 1965, S. 160–172. Nicht alles in diesem Brief war ganz korrekt: Berg half der Wahrheit bisweilen ein wenig nach, um einen Punkt für sich zu buchen. Aber der intendierte Addressat hat ihn, vielleicht glücklicherweise, niemals gelesen: Er wurde ungeöffnet in·Helenes Zimmer gelegt. Ihre erzwungene Trennung endete Anfang September diesen Jahres und das Paar wurde am 3. Mai 1911 getraut. Das Quartett wurde erstmals einige Wochen später am 24. April privat aufgeführt.
48 Mosco Carner, *Alban Berg*, S. 118.
49 Adorno, *Berg. Der Meister des kleinsten Übergangs (GS* 13), S. 391.
50 Siehe Kapitel 8.
51 Siehe zum Beispiel Dahlhaus, *Die Idee der absoluten Musik*, Kapitel 9 (»Die Idee des musikalisch Absoluten und die Praxis der Programmusik«).
52 Redlich, *Alban Berg: Versuch einer Würdigung*, S. 63.
53 Die Terminologie folgt derjenigen George Perles (*Berg's Master Array*). Dieser Artikel basiert auf einer Deutung von Bergs Brief an Schönberg vom 27. Juli 1920 (*The Berg-Schoenberg-Correspondence*, S. 283).
54 Redlich, *Alban Berg: Versuch einer Würdigung*, S. 64f.
55 Floros, *Alban Berg: Musik als Autobiographie*, S. 165f.
56 Adorno, *Berg. Der Meister des kleinsten Übergangs (GS* 13), S. 391.
57 Floros, *Alban Berg: Musik als Autobiographie*, S. 156–158.
58 Siehe DeVoto, *Alban Berg and Creeping Chromaticism*, S. 72f.
59 Berg an Helene, 16. Juli 1909 (*Briefe an seine Frau*, S. 71).

* Der French Sixth ist dem Dominantseptakkord mit tiefalterierter Quinte äquivalent [Anm. d. Übersetzers].

BERGS APHORISTISCHE STÜCKE

Kathryn Bailey

Einführung

Anfang Juni des Jahres 1913 besuchten Alban und Helene Berg die Schönbergs in Berlin[1]. Am letzten Tag dieses Besuchs, der sonst, allen Berichten zufolge, ein sehr glücklicher gewesen sein soll, hatten Schönberg und Berg ein Gespräch, das Berg in den folgenden Monaten ein beträchtliches Maß an Kummer und Selbstzweifel bereiten sollte. Es herrscht allgemein Konsens darüber, daß Schönberg zu dieser Zeit Bergs jüngste »aphoristische« Stücke kritisierte, obgleich es keinen eindeutigen Beweis für diesen Eindruck gibt. In seiner autorisierten Biographie berichtet Willi Reich über diese Konversation: *»Es war wohl [meine Hervorhebung] insbesondere die aphoristische, weitere thematische Entwicklungen ausschließende Form der jüngsten Werke, der Altenberg-Lieder op.4 und der im Frühjahr 1913 vollendeten Vier Stücke für Klarinette und Klavier, op.5, die Schönberg zu heftigem Tadel Anlaß gab«*[2].

Man nimmt an, daß Reichs Information von Berg selbst stammte, obgleich sich dann die Vagheit seiner Formulierung schwerlich erklären ließe[3]. Hans Redlichs Erwähnung dieser Unterhaltung ist vorsichtiger. Er schreibt, daß es während Bergs Besuch in Berlin *»zu jener schwerwiegenden kritischen Aussprache zwischen den beiden [kam], die zu einer vorübergehenden Krise in Bergs geistiger Existenz geführt haben muß«*[4]. Jedenfalls scheint Schönberg, ob bei dieser Gelegenheit oder einer anderen, strenge Kritik an Bergs Werk dieser Zeit geäußert zu haben. Wir können dies aus einem im November 1915 geschriebenen Brief schließen, in dem Berg nach diesem offenbar verheerenden Treffen mit Schönberg den Versuch unternimmt, seine Position zu erklären und eine Replik auf einen langen Beschwerdekatalog Schönbergs zu formulieren, der primär mit der Art seiner persönlichen Lebensführung zu tun hat. In diesem Brief schreibt er, unter Bezugnahme auf eine nicht näher identifizierbare Zeit in der Vergangenheit, *»Schließlich beherzigte ich natürlich die Kritik, die Sie an der Geringfügigkeit u. Wertlosigkeit meiner damals neuen Kompositionen übten u. das, was Sie an meinen Auszügen tadelten, in den nun folgenden Arbeiten: den Orchesterstücken u. der Kammersymphonie«*[5].

Bleibt nur zu entscheiden, welche von Bergs »*neuen Kompositionen*« Schönberg als »geringfügig und wertlos« empfunden hatte. Ob die Kritik nun während des Berlin-Aufenthaltes im Juni 1913 geäußert wurde oder bei anderer Gelegenheit, es ergibt sich aus Bergs Bezugnahme auf die »*nun folgenden Arbeiten*«, daß sie sich auf Werke vor op. 6 richtete. Und aus mancherlei Gründen scheint das Streichquartett op. 3, 1910 unter Schönbergs Fittichen beendet, ein unwahrscheinlicher Kandidat zu sein. So bleiben nur noch die *Altenberg-Lieder,* von denen zwei einen berühmten Skandal im März dieses Jahres verursacht hatten[6], und die *Vier Stücke für Klarinette und Klavier* op. 5[7]. Es scheint jedoch keine Möglichkeit zu geben, Klarheit darüber zu erhalten, ob beide tatsächlich ins Kreuzfeuer der Kritik gerieten.[8]

Die *Altenberg-Lieder* und die *Klarinettenstücke* stellen Bergs einzige Experimente im aphoristischen Genre dar. Aufgrund ihrer chronologischen Nähe und der Tatsache, daß beide Werke Sätze von nur wenigen Takten Länge enthalten, werden sie oft in einem Atemzug genannt. Diese Assoziation ist einigermaßen übertrieben, denn die beiden Kompositionen unterscheiden sich doch deutlich voneinander. Da sie nichtsdestotrotz die kürzesten Stücke in Bergs Œuvre enthalten, müssen wir weiter ausholen, wenn wir Bergs Antwort auf die aphoristischen Stücke Schönbergs und Weberns untersuchen wollen.

Die aphoristischen Stücke von Schönberg und Webern

Es überrascht vielleicht nicht, daß Webern der erste der drei Komponisten war, der Stücke von radikaler Kürze schrieb: Die frühesten stehen in seinem op. 5 für Streichquartett, geschrieben 1909. Schönbergs einzige Sammlung von Miniaturen, die *Klavierstücke* op. 9, folgten 1911. Zu der Zeit, als die *Altenberg-Lieder* entstanden, 1912, hatte Webern seine Opera 6, 7 und 8 komponiert (für Orchester, Violine und Klavier, und Stimme und acht Instrumente), genauso wie vier seiner *Bagatellen für Streichquartett* op. 9 (die er Berg widmete) und zwei der *Orchesterstücke* op. 10 (siehe Tafel 5.1).

Der Aphorismus war für alle drei Komponisten eine vorübergehende Phase – selbst für Webern, der so bis nach dem Krieg komponierte –, und für Schönberg und Berg war er nichts weiter als ein flüchtiges Abenteuer. Kürze scheint Webern nahezu angeboren gewesen zu sein: Jahre später, als die frei entfaltete Atonalität dieser frühen Stücke zugunsten komplex strukturierter, oftmals symmetrischer Zwölftonwerke mit traditionellen Formen vorüber war, zählte extreme Knappheit immer noch zu den untrüglichen Merkmalen seines Stils. Berg seinerseits lag diese Kürze nicht. Das Aphoristische war ihm kein naturgegebenes Ausdrucksmittel. Jedem, der seine Briefe gelesen hat, wird das einleuchten: In seiner Prosa wie in seiner Musik fand seine Imagination den ihr gemäßen Ausdruck in langen Sätzen und ausgedehnten Gesten, in Wiederholung und Entwicklung, in Veranschaulichung und Erklärung[9].

Doch was verstehen wir unter »musikalischem Aphorismus«? Das *Oxford English Dictionary* definiert »Aphorismus« als *»jedes Prinzip oder jede[n] Grundsatz, der in wenigen Worten ausgedrückt wird; eine kurze, inhaltsreiche Sentenz, die eine Wahrheit von* *allgemeiner Relevanz enthält; eine Maxime«.* Chambers fügt hinzu: *»ein Sprichwort«.* Es versteht sich von selbst, daß wir bei der Übertragung dieses Ausdrucks ins Musikalische seine Bedeutung modifizieren, um deren Schwerpunkt zu verschieben. Obwohl niemand die Richtigkeit oder den Sinn der Art von Stück in Frage stellen würde, das allgemein als Aphorismus bezeichnet wird, habe ich den Eindruck, daß hier das Fehlen eines »Prinzips« oder einer »Maxime« – was man mit musikalischen Begriffen als »Formel« oder »Regel« deuten könnte – beinahe ein Wesensmerkmal ist. Weberns *Stücke für Cello und Klavier* op. 11 (mit einem Umfang von neun, dreizehn und zehn Takten), seine *Bagatellen* op. 9 (zehn, acht, neun, acht, dreizehn und neun Takte lang) und das vierte seiner *Stücke für Orchester* op. 10 (nur sechs Takte lang, mit der Anmerkung »Fließend«) sind sicherlich der Gipfel des musikalischen Aphorismus, wie er im allgemeinen verstanden wird – diese musikalischen Bruchstücke, in denen eine flüchtige Geste ohne ersichtlichen Grund der anderen folgt.

Tafel 5.1 Chronologie der aphoristischen Stücke

	Schönberg	Webern	Berg
1909			
Frühling		op. 5	
Ende August		op. 6	
1910			
Juni		op. 7	
August		op. 8	
1911			
Juni	op.19	op. 10 Nr.1	
Juli		op. 10 Nr. 4	
Sommer		op. 9 Nr.2–4	
1912			
August			op.4
1913			
Juni-Juli		op. 9 Nr. 1,4	
Sommer			op.5
September		op.10 Nr.2	
Oktober		op.10 Nr.5	
1914			
Juni		op.11	

Schönbergs vielzitierte Hymne auf Weberns Kürze in seinen einführenden Bemerkungen zu den *Bagatellen* op. 9, *»einen Roman durch eine einzige Geste, ein Glück durch ein einziges Ausatmen auszudrücken«,* kam mir manchmal etwas übertrieben vor. Zwar sind diese Stücke auf sehr schmalem Raum vollständig und abgeschlossen, aber ein Roman (anstelle von »Roman« lese man »Sonate« oder »Symphonie«) umfaßt eine komplexe Sammlung von Handlungssträngen und Beziehungen, die Zeit zur Entfaltung benötigen. Sicher beruht der Charme dieser winzigen Stücke nicht darauf, daß sie Romane sind, sondern darauf, daß sie genau dies nicht sind, daß sie den Zwang, Romane zu sein, in Abrede stellen und die Möglichkeit eines bedeutenden Werkes ohne Überbau von Themen, Entwicklungen und Querbezügen aufzeigen. Sie wirken auf mich eher wie ein Haiku als ein Roman – jedes der flüchtige Ausdruck einer einzigen Idee. Musikalisch scheint ihr primäres Anliegen eher in der kontinuierlichen Abfolge von zwölf Tönen zu bestehen als im Bewahren irgendeiner Art von vorherbestimmter Struktur oder der Entfaltung und Entwicklung von Beziehungen, die der verwendeten musikalischen Substanz innewohnen. Sie haben einen charakteristischen Aufbau:

- lineare Konstruktion, obwohl die Linien im wesentlichen äußerst zerrissen sind, mit verhältnismäßig wenigen Akkorden und die Satzweise nirgends an Melodie und Begleitung erinnert
- isolierte Gebilde von zwei bis sechs Tönen Länge in allen Stimmen, umgeben von Pausen, wobei das Augenmerk ständig von einer Stimme zur anderen wechselt
- extrem große Intervalle zwischen sukzessiven Melodietönen oder Ostinatofiguren (natürlich die großen Septen und kleinen Nonen, die Weberns Handschrift blieben, aber auch sehr viel größere Intervalle)
- kurze Figuren mit repetierten Tönen, entweder ein Einzelton oder zwei alternierende Töne
- kontinuierlich sich verändernde Klangfarben als Resultat einer Fülle von Spielvorschriften – »am Steg«, »pizz.« und »arco«, »mit« oder »ohne Dämpfer«, »spicc.«, »am Griffbrett« – und zahlreiche Flageoletts verschiedenster Art
- minutiös kontrollierte Dynamik, in vielen Fällen – Nr. 1, 2, 3 und 6 – von größter Vielfalt und plötzlich wechselnd (die vierte und fünfte Bagatelle bewegen sich ausschließlich zwischen »ppp« und »pp«)
- interne metrische Wechsel (in Nr. 1, 4 und 5) und unterteilte Takte (in Nr. 2)
- häufige Ritardandi und Accelerandi und andere Tempovorschriften

Auffälligerweise gibt es keine kanonische Imitation und keine symmetrischen Figuren. Stimmen scheinen in sehr freier Beziehung zueinander zu stehen, ohne Methodik oder Zwang jenseits der kontinuierlichen, gleichmäßigen Verteilung der zwölf Tonstufen.

Schönbergs eigenes op. 19 hat einen ganz anderen Stil. Vielleicht kann man sagen, daß die zwei Stücke abgesehen von ihrer Kürze nur das Fehlen einer offen zu Tage liegenden Systematik miteinander gemein haben. Das Geschehen kann man in Schönbergs Stücken sehr viel leichter verfolgen und verstehen, weil die Stimmen zum größten Teil kontinuierlich verlaufen: Wenn das Interesse von einem Abschnitt auf einen anderen übergeht, dann eher in der Art einer Fuge, in der zuerst eine Stimme, dann die andere das Thema übernimmt, oder eines polyphonen Gewebes, wo eine Begleitstimme gelegentlich mit einer interessanten Melodie in den Vordergrund tritt, als daß dies geschähe, weil mehrere Stimmen nacheinander eine einzige Idee präsentieren, wie im Falle Weberns. Meist kann man diese Stücke als begleitete Melodie oder als zwei kontrapunktische Melodien beschreiben. Schönbergs Phrasen sind sehr viel länger als Weberns Figuren (ich frage mich, ob das Wort »Phrase« bei Weberns Musik in dieser Periode überhaupt von Relevanz ist), seine Satzweise ist dichter (man denke an die Oktaven im Baß von Nr. 3, bisweilen unter viertönigen Akkorden) und sein Tonbereich im allgemeinen tiefer; und seine Linien sind nicht zerrissen. Damit wären vier der Stücke beschrieben: Zwei folgen nicht denselben Prinzipien wie die anderen – Nr. 2 und 6 – und nur diese kommen Weberns Konzeption des Aphoristischen nahe. Nr. 6, ein flüchtig erhaschter Moment, ist statisch und ephemer[10]. Und Nr. 2, transparent im Satz und zerklüftet, exponiert einen einzigen Einfall: Den Kontrast zwischen der Expressivität einiger kurzer, weitgespannter, aber legato gehaltener melodischer Gesten und einer trockenen und statischen Begleitung, die sich während des gesamten Stückes nicht ändert. Es ist bezeichnend, daß von den sechs Stücken in diesem Opus Berg gerade dieses als Modell auserkoren hat. Wir werden später darauf zurückkommen.

Die kurzen Stücke von Bergs Opera 4 und 5 (das erste und letzte Lied von op. 4 müssen ausgeklammert werden, da es sich um sehr viel längere Stücke handelt) ähneln eher den kurzen Stücken Schönbergs als denen Weberns. Auch hier verlaufen die Linien und Stimmen bis auf wenige auffällige Ausnahmen kontinuierlich, ist der Satz mitunter dicht. Es gibt viele, bisweilen recht lange Melodienlinien. (Man sehe sich z.B. das zweite Klarinettenstück an, in dem die Klarinette einen einzigen, weiträumigen Bogen spielt, der das ganze Stück umfaßt.) Und eine der charakteristischsten Besonderheiten ist der Mahlersche Luxus an Ausdrucksbezeichnungen: Eine Myriade von Spielanweisungen liefert minutiöse Instruktionen über Ausdruck und Gestik, genauso wie Farbe, Timbre, Dynamik und Tempo. Die Vorschrift »espress.« ist allgegenwärtig und treffend.

Fünf Altenberg-Lieder op. 4

Bei der Diskussion der Stücke aus Bergs Opera 4 und 5 empfinden viele Forscher die *Klarinettenstücke* als genuin aphoristischer als die *Altenberg-Lieder*. Sicherlich sind sie konsequenter in ihrer Kürze. Obgleich das zweite der Ansichtskartenlieder dem Stil der von Webern in diesen Jahren komponierten Miniaturen wohl genauso nahe steht wie eines der *Klarinettenstücke*, sind die anderen Lieder viel länger und alle thematisch aufeinander bezogen[11], eine Tatsache, die gegen den aphoristischen Charakter jedes dieser Lieder zu sprechen scheint. Trotz der Kürze ihrer Texte sind es komplexe Werke, in großem Maßstab angelegt und konzentriert auf eine Spanne von sehr viel weniger Takten, als sie vom Reichtum ihrer impliziten Einfälle und Techniken her eingenommen haben könnten[12]. Teilweise ist diese offensichtliche Dichte nur durch das Zusammendrängen einer großen Zahl von Tönen in jeden Takt erzielt worden – vertikal durch das Übereinandersetzen von bis zu dreißig Instrumentalstimmen, die auf einmal erklingen, und horizontal durch die Untergliederung der Taktzählzeit in äußerst kleine

Segmente (siehe die großen orchestralen Abschnitte des ersten und letzten Liedes: Nr. 1, Takte 1–19 und 25–30; Nr. 5, Takte 20–25 und 30–35). Man hat den Eindruck, daß Berg entschlossen war, seinen Freunden ins Königreich der Miniatur zu folgen, ihm dies aber nicht gelungen ist: Obgleich er die Länge seiner Äußerungen bewußt beschnitt, waren seine Worte zu lang, und er hatte zuviel zu sagen.

Das erste und das letzte Lied von op. 4 sind in Wahrheit recht substantielle Stücke. Das kürzere erste der beiden (38 Takte im Gegensatz zu 55) beginnt mit 19 Takten Orchestermusik, deren Komplexität für ein Mehrfaches dieser Taktzahl genügt haben würde. Darin machte Berg vom gesamten, äußerst großen Orchester Gebrauch, bediente sich zahlreicher variierender und entwickelnder Kunstgriffe und führte einen Großteil an musikalischer Substanz, die im Zyklus eine Rolle spielt, ein oder spielte zumindest darauf an. Danach bringt die Stimme drei Melodielinien in ABA–Form – das ganze Lied –, und das Orchester erzeugt zwischen zweitem und drittem Teil einen zweiten Höhepunkt, lauter als der erste, doch strukturell einfacher. Am Ende steht eine siebentaktige orchestrale Auflösung. Das vor dem ersten entstandene fünfte Lied[13] ist eine Passacaglia mit drei Themen, jedes davon die Verkörperung eines besonderen Verfahrens oder Prozesses. Sowohl die Themen wie die angewandten Verfahren finden sich überall in op. 4 und die Techniken sind die für op. 5 essentiellen: Sie gehören zum Repertoire an Kompositionsverfahren, das für Berg während seines gesamten Werdegangs typisch ist.

Das Anfangsthema der Passacaglia (siehe Beispiel 5.1a) ist eine schmucklose, kurze Sequenz von allmählich größer werdenden Intervallen (1–2–3–3: Selbst die Intervallwiederholung, die die Sequenz davor bewahrt, »perfekt« oder vorhersehbar zu sein, ist charakteristisch für Berg).

Beispiel 5.1
(a) Op. 4: Erstes Passacagliathema (Nr. 5/1–5)

(b) Nr. 5/18–19, Harfe

© *Nr. 5/25-29*

126

(d) Nr. 1/20–5 (Takt 4)

ppp <>*ppp*   *pp* <>*pp*   *p* < >   See - le, wie bist du schö - ner, tie - fer, nach Schnee stür-men
(p) ruhiger   < >   <>< (mf) < (c.a., bsn)

*) sung with lightly closed lips (ppp !)
**) sung with half opened mouth (pp !)

(e) Nr. 1/29–32

mf   <>   <>
Und ü- ber bei - den liegt noch ein trü - ber Hauch, eh' das Ge - wölk ____ sich ver - zog!

(f) Nr. 4/9–15

xylophone
ppp(<)   (<)   (———) *p*   *p*   ——— *ppp*

voice
pp
solo vla
mf (espr.)
Ich ha- be ge - war - tet, ge - war - tet, oh, ___ ge - war - tet!
p   *f*   *p*

(g) Nr. 4/26–29, Celesta

8va

11 14 18 24 31 41

In seiner unverfälschten Form erklingt das Thema in den ersten beiden Abschnitten der Passacaglia (Nr. 5/1–5 und 11–15). In dieser Gestalt kehrt es in
Nr. 5/21–25 zurück (gespielt von Tuba, viertem Horn und Kontrafagott, ebenso
wie von Klavier und Harfe in einer Imitationsfolge, wo die Harfe jede Note vom
Klavier übernimmt – mehr »Klangfarbenmelodie« als Kanon) und wird begleitet
von einer Überfülle an Triolen – und Sechzehntelversionen seiner selbst in den
Holzbläsern und Streichern. Dabei folgt es einer Variante (Harfe, Nr. 5/18–19),
in der das anfängliche G nach jedem folgenden Ton erneut erklingt, so daß eine
zweite Reihe größer werdender Intervalle gebildet wird (1–3–6–9), die mit der
im Thema selbst konkurriert (siehe Beispiel 5.1b). Dieser Einfall wird später von
der Stimme in einer langen Melodie ausgesponnen, in der jedes Notenpaar der
Harfenversion aus Nr. 5/18–19 umgekehrt wird (As–G, B–G, Cis–G, E–G) und
jedesmal alle dazwischen liegenden Töne eingefügt werden, so daß sich nach
und nach mit jedem zusätzlichen Ton die Krebsform aufbaut, bis das ganze
Thema in Nr. 5/29 im Krebs erscheint (siehe Beispiel 5.1c). (Eine kürzere Form

127

dieser Variante, in einem anderen Rhythmus und ohne den kompletten letzten Abschnitt, taucht in Nr. 5/46–50 auf.) Die nächste Variante (Nr. 5/30–35), gespielt von nahezu der Hälfte des Orchesters, beruht wieder auf der Harfenversion von Nr. 5/18–19, schreitet aber hier in langen Notenwerten voran, die simultan auf verschiedenerlei Weise von verschiedenen Orchesterstimmen aufgespalten werden. Unmittelbar nach diesem Abschnitt, in Nr. 5/36, erklingt das Thema vertikal, eine komplexe Vertikalisierung erscheint am Ende des Satzes, wo der Akkord Ton für Ton zusammengesetzt wird.

Auf diesem Thema beruhen zudem Melodien im ersten und vierten Lied. Es wird eine große Terz höher transponiert und so ausgearbeitet, daß es den ersten Einsatz des Vokalparts im ersten Lied bildet (siehe Beispiel 5.1d), und prägt auch die dritte (und letzte) Vokallinie desselben Liedes, wo es in der Art von Beispiel 5.1b behandelt wird (siehe Beispiel 5.1e). Im vierten Lied (Xylophon, Nr. 4/10–15) wird es auf einem oder zwei Tönen gleichzeitig errichtet – eine geradlinige Version der in Beispiel 5.1c abgebildeten Variante[14]. Zur gleichen Zeit bringt die Stimme, gefolgt von der Solobratsche, eine leicht ausgezierte Version in Heterophonie mit dem Xylophon (siehe Beispiel 5.1f).

Eine wiederum andere Verwendung findet dieses Thema im Anfangsabschnitt des Orchesters im ersten Lied, wo es den Aufstieg des von Piccolo, erster Klarinette, Glockenspiel, Xylophon und der Hälfte der »divisi« eingesetzten ersten Violinen (Nr. 1/1–14) beherrscht. Der Aufstieg der Flöten und der zweiten Violine in denselben Takten geschieht in Form einer Sequenz größer werdender Intervalle (1–2–3–4–5–6–7), die, obwohl nicht das Passacaglia-Thema, ein anderes Beispiel des Verfahrens ist, durch das es zustande gekommen ist. Noch eine andere Sequenz größer werdender Intervalle ist am Ende des vierten Liedes zu beobachten, wo die Celesta das in Beispiel 5.1g gezeigte Modell spielt.

Der auffälligste Aspekt des zweiten Passacaglia-Themas ist seine Zwölftönigkeit, aber vielleicht noch interessanter ist sein für Berg typischer Umriß, der in Beziehung zum eben untersuchten Thema steht. Es setzt sich aus zwei Figuren zusammen: Einem chromatischen Keil, gefolgt von einem chromatischen Abstieg (siehe Beispiel 5.2a).

Es ist natürlich eine Sequenz größer werdender Intervalle. Dieses Thema kommt weniger häufig zum Zuge und wird weniger Modifikationen unterworfen als das erste. Es erscheint fünfmal im fünften Lied (in Nr. 5/5–10, 10–15, 15–20, 29–35 und 39–45), darunter einmal transponiert (Nr. 5/15–20) und in einigen Fällen ist der Rhythmus leicht verändert. Das Keilsegment wird in Nr. 5/19–24 und Nr. 5/26–29 alleine verwendet. Das Ostinato, das zweite und dritte Trompeten im Anfangsabschnitt des ersten Liedes spielen, besteht aus den ersten drei (transponierten) Tönen dieses Themas. Das vollständige Thema mit wiederholten Anfangsabschnitten ist die erste in op. 4 zu hörende Melodie, die über aufsteigenden und sich intensivierenden Ostinati in Nr. 1/9–16 einsetzt (siehe Beispiel 5.2b).

Beispiel 5.2
(a) Op. 4: Zweites Passacagliathema (Nr. 5/5–10)

(b) Nr. 1/9–16, Bratschen (und andere)

Obwohl dieses Thema seltener als das erste außerhalb des fünften Liedes zum Einsatz kommt, erscheinen die beiden Ideen, aus denen es hervorging – ein zwölftöniges Thema und der chromatische Keil – im ganzen Liedzyklus in variierter Form. Die erste gesungene Textzeile des ersten Liedes wird von mehreren chromatischen Keilen eingeführt und begleitet – in zweiter Klarinette und Baßklarinette in Nr. 1/19–20 und erneut in Nr. 1/22, in drittem und viertem Horn in Nr. 1/21–22, in der Harfe in Nr.1/20–24 und (auf weniger schematische Weise) zwischen den inneren Stimmen und dem Baß in Nr. 1/22–25. Ihrer aller Vereinigung erzeugt ein Gefühl von chromatischer Stimmführung, das an Wagner oder Strauss erinnert, denen das Lied oberflächlich ähnelt. Die erste Hälfte der zweiten Vokalphrase im zweiten Lied (Nr. 2/3–4) ist ein Keil, und die tiefen Streicher und die Harfe spielen einen weiteren im dritten Lied bei Nr. 3/12–16. Ein Zwölftonakkord erklingt am Anfang und Ende des dritten Liedes als Hintergrund einer elftönigen Gesangsmelodie (ein Verfahren, das auf den Aufstieg des Monds in der zweiten Szene des dritten Aktes von *Wozzeck* vorausweist).

Das dritte Passacaglia-Thema ist wiederum anders, repräsentiert jedoch wie die anderen eines der untrüglichen Kennzeichen von Bergs Musik – eine Sequenz reiner Quarten (siehe Beispiel 5.3a).

Beispiel 5.3
(a) Op. 4: Drittes Passacagliathema (Nr. 5/7–12)

(b) Nr. 1/9–14 , Celesta

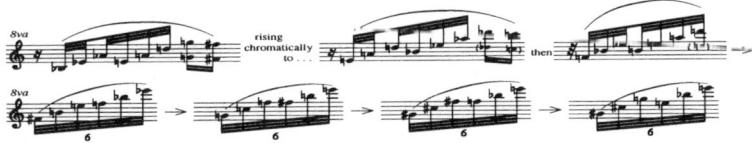

© *Nr. 1/25–28*

(d) Nr. 2/2

(e) Nr. 2/8–9, Celesta

Eher in der Art des zweiten als des ersten Themas gearbeitet, erscheint dieses Thema in geringfügigen rhythmischen Varianten während der Passacaglia (in Nr. 5/25–28, dort findet sich der am stärksten variierte Einsatz, wo zwei Stimmen Varianten in kurzen Notenwerten imitativ vortragen, in Nr. 5/31–36 und 42–46), wird jedoch nicht ausgeschmückt oder derart phantasievoll modifiziert wie in Beispiel 5.1.

Wie die anderen Passacagliathemen übt dieses Thema seinen Einfluß auch jenseits der Passacaglia aus. Es ist zuerst in der orchestralen Introduktion zum ersten Lied anzutreffen, wo es vollständig in der Celesta bei Nr. 1/9–13 als eine wiederholte, chromatisch fallende Ostinatofigur in Sechzehnteln und Zweiunddreißigsteln auftritt. In einer verkürzten und allmählich modifizierten Form wird es bis Nr. 1/15 weitergeführt (siehe Beispiel 5.3b). Es zeigt sich später in den Streichern, dort steigt es in Nr. 1/25–27 nach oben, erst in seiner ursprünglichen Form, dann im Krebs (dort hat es den gleichen Umriß wie das Original), danach in einer dritten Form, in der jeweils zwei benachbarte Töne des Originals miteinander vertauscht werden, und schließlich in einer unvollständigen Krebsform, in der vierter und fünfter Ton miteinander tauschen und der letzte Ton fehlt (siehe Beispiel 5.3c). Im zweiten Lied tritt es im Solocello auffällig hervor, wieder in sehr kleinen Notenwerten, und führt zum von den Streichern ausgehaltenen Akkord in Nr. 2/7. Weder im dritten noch im vierten Lied taucht es auf.

Ebenso wie die Sequenz größer werdender Intervalle und der chromatische Keil aus dem ersten und zweiten Thema dokumentiert sich jedoch die Idee nebeneinanderstehender reiner Quarten, die diesem Thema zugrunde liegt, auch auf anderlei Weise. Beachtlicher Gebrauch wird von Quartenakkorden gemacht, die hier ungewöhnlicherweise neben übermäßigen Dreiklängen stehen. Das geschieht im letzten Teil des ersten Liedes (siehe die Hörner in Nr. 1/25–27, Trompeten und Posaunen (keine Hörner) in Nr. 1/29 und die zweiten Violinen, dann die Harfe und schließlich die Posaunen in Nr. 1/31–34). Das wichtigste

130

Motiv im zweiten Lied ist ein Paar absteigender, durch einen Halbton getrennter Quarten (siehe Beispiel 5.3d)[15]. Dieses Motiv liegt im Zentrum der Vokallinie, mit der das Lied anhebt, beim Wort »Gewitterregen«. Es taucht erneut im Vokalpart einen Tritonus höher transponiert auf, als Beginn des letzten Liedabschnitts und in seiner ursprünglichen Tonhöhe als dessen Schluß (letzteres fällt mit der Wiederkehr des Wortes »Gewitterregen« zusammen). So kehrt der Höhepunkt des Anfangsabschnitts als Klimax und als Kadenz wieder. Die Stimme wird im letzten Abschnitt von der Klimax an zwei Oktaven tiefer von den Celli im Kanon imitiert. Eine weitere Quartenkonstellation, ebenfalls mit an einen Keil erinnernden Merkmalen, begleitet den Kanon (siehe Beispiel 5.3e).

Eine Untersuchung aller motivischen Verbindungen in op. 4 würde den Rahmen sprengen, doch möchte ich noch ein weiteres bedeutendes Motiv untersuchen, bevor andere Gesichtspunkte des Werkes besprochen werden: Das Ostinatomotiv in Beispiel 5.4a.

Beispiel 5.4
(a) Op. 4: Ostinatomotiv (Nr. 1/1–5)

(b) Nr. 1/1–6, Celesta

© *Nr. 1/25–27*

(d) Nr. 3/7

Bis auf zwei Ostinatofiguren beruhen alle Ostinati am Anfang des ersten Liedes auf diesem Motiv, entweder durch Variation oder Entwicklung. Es wird imitiert (Glockenspiel und Xylophon), verkleinert (Klarinette und Viola), als Tremolando gespielt (Viola) und verziert (erste Violinen); und sein Krebs wird ausgeschmückt (Celesta, siehe Beispiel 5.4b). Es wird auch modifiziert, um die zweite

Linie des Vokalparts im ersten Lied zu bilden (siehe Beispiel 5.4c). Ein weiteres Mal erscheint es in den Außenabschnitten des dritten Liedes (Stimme, bei Nr. 3/7 und 24), wo es um einen Ton tiefer transponiert wurde und die Töne in der Reihenfolge 1–2–5–3–4 stehen (siehe Beispiel 5.4d).

Das zweite Lied dieses Opus, nur elf Takte lang, kommt einem Aphorismus am allernächsten. Aber selbst hier spielt sich eine Menge ab. Die Ähnlichkeit der letzten Phrase mit der Anfangsphrase ist bereits erwähnt worden, ebenso wie der Kanon in Nr. 2/8–11. Die Ähnlichkeit der äußeren Phrasen geht über die Wiederkehr des Quartenmotivs hinaus: Beide kombinieren dieses Motiv mit einem anderen, einer Drehfigur eines Halbtons und einer großen Terz. Die zweite, zentrale Phrase ist ebenfalls nicht einzigartig: Das Wort »schöner« erklingt als langes Melisma, das eine Anspielung auf die Vertonung des gleichen Wortes im ersten Lied bei Nr. 1/23 zu enthalten scheint[16]. Bedeutend unmißverständlicher ist ein später auftauchender Querverweis, wenn »Siehe« (die ersten zwei Töne des Kanons) exakt so vertont wird wie im fünften Lied (Nr. 5/35). Die dreiteilige Form des Satzes wird im Orchester am Beginn und am Schluß durch oktavierte F´s markiert und durch einen ausgehaltenen Akkord mit kleiner None auf F (wie eine Obertonreihe) just vor der Reprise.

Die 3-teilige Form ist im dritten Lied, das mehr als zweimal so lang wie das zweite ist, sogar noch deutlicher: In Nr. 3/18–25 wiederholt die Stimme exakt ihre Melodie aus Nr. 3/1–8 und wird in beiden Fällen durch den früher erwähnten Zwölftonakkord begleitet. Zu Beginn des Liedes erklingt der Akkord in den Holzbläsern und wird viermal gespielt (mit Tönen von vier Taktschlägen Länge gegenüber der im 3/4–Takt stehenden Gesangsmelodie), wobei sich die Disposition der zwölf Töne bei jeder Wiederholung ändert – in anderen Worten, eine »Klangfarbenharmonie« –, dann verschwindet er, ein Ton nach dem anderen, in Nr. 3/6–8. Dieses Szenarium wird in den letzten acht Takten, wo sich der Akkord Ton für Ton in den Streichern aufbaut, umgekehrt[17]. Der mittlere Abschnitt des Liedes ist wie das vorhergehende, jedoch in viel größerem Ausmaß aus dem Material anderer Lieder des Zyklus abgeleitet, genauso wie sein A–Abschnitt. Er beginnt mit einer sequenzierten Figur in der Oboe, die im fünften Lied zweimal einen Ton tiefer wiederkehren wird (Nr. 3/9–11; s. Nr. 5/10–12 und Nr. 5/36–38)[18]. Während dieser Melodie spielen die Hörner die erste von mehreren fallenden Sexten, die ein weiteres im fünften Lied auftauchendes Thema ankünden (Nr. 5/14–16 und danach: Dieses Thema wird oft lediglich auf die absteigenden Sexten reduziert, im fünften Lied ebenso wie im hier dritten). Die zweite Hälfte des mittleren Teils (Nr. 3/12–17) beruht ganz auf kleinen Terzen, die an die Ostinatofigur der ersten Flöte und der zweiten Violine am Beginn des ersten Liedes erinnern, und chromatischen Abstiegen mit wenigen Tönen, die eindeutig von der eröffnenden Melodie dieses Liedes abgeleitet sind.[19]

Das vierte Lied ist sogar noch länger. Es ist zirkulär, jedoch nur insofern, als es mit denselben zwei von der ersten Flöte in einem sehr hohen Register gespielten Tönen beginnt (der erste, der solistisch erklingt, ist vielleicht ein Anzeichen für die Tatsache, daß die Instrumentation dieses Liedes viel kühner als die aller anderen ist); abgesehen davon scheint es mehr oder weniger durchkomponiert zu sein, was es mehr als seine Geschwisterwerke in die Nähe der aphoristischen Stücke von Schönberg und Webern rücken würde, stünde es nicht fünfunddreißig Takte lang in einem langsamen Tempo. Es enthält jedoch auch Querverweise und motivische Beziehungen. Seine Verwendung des ersten Passacaglia-Themas ist schon vermerkt worden; überdies beginnt die Stimme mit der Umkehrung des Motivs vom Beginn des zweiten Liedes. Es gibt einen wirklich erstaunlichen Klangfarbeneffekt in Nr. 4/8–15: Ein ruhender viertöniger Akkord (Fis, Es, Cis, F) wird von fünf zusammengehörigen Gruppen gespielt – (1) Baßklarinette, Violine, Horn und Oboe; (2) Posaune, Fagott, Flöte und Cello; (3) Baßtuba, Kontrabaß, Viola und Trompete; (4) Fagott, Horn, Trompete und Englischhorn; (5) Baßklarinette und drei Klarinetten. Die letzte dieser Gruppen, das Klarinettenquartett, fährt mit einem fünftaktigen polyrhythmischen Abstieg fort, der an Strawinskys *Berceuses du chat* gemahnt (kurz danach entstanden, 1915–1916)[20].

So sehen wir in den fünf Liedern von op. 4 ein Netz motivischer Beziehungen und wörtlicher Erwiderungen, das mit einem Repertoire an Kompositionsverfahren Hand in Hand zusammen spielt – Techniken, die zu diesem Zeitpunkt bereits fester Bestandteil von Bergs Stil waren. Obwohl die Ansichtskartentexte kurz und kryptisch sind – vielleicht aphoristisch –, ist die Musik weder das eine noch das andere. Der Satz ist mitunter überaus dicht, demjenigen Schönbergs in seinen frühen und mittleren Werken nicht unähnlich; die Strukturen sind traditioneller Natur, wenn auch konventionell gehandhabt; die Stücke sind zyklisch miteinander verknüpft.

Vier Stücke für Klarinette und Klavier op. 5

Im Gegensatz dazu sind die Stücke aus op. 5 nicht motivisch[21]. Sie setzen, variieren oder entwickeln nichts, wie die Lieder von op. 4; dennoch stützen sie sich auf dieselben Kompositionsverfahren. Tatsächlich ist jedes von ihnen eine Kollektion dieser Prozeduren und Techniken, eine »Kompositionsmaschine«, die, einmal in Gang gesetzt, automatisch musikalische Passagen produziert, ohne die Notwendigkeit von Themen oder Motiven, obwohl letztere nicht ausgeschlossen werden. (Der Beginn der *Altenberg-Lieder* hat sich größtenteils auf ähnliche Weise vollzogen: Waren erst einmal alle Ostinati in Bewegung gesetzt und die Art ihres Aufstiegs geregelt, war die Musik der ersten neunzehn Takte im Grunde genommen festgelegt. Und dies zu einer Zeit, als Schönberg und Webern gerade Kompositionssysteme jeglicher Couleur hinter sich gelassen hatten.) Obwohl vermutet worden ist, daß Bergs Absicht in diesen Stücken darin bestand, den

Aphorismen seines Lehrers und seines Freundes nachzueifern, hat er dies mit keinem der beiden Werke getan. Alle neun Stücke sind zu dicht und komplex strukturiert – op. 4 in motivischer, op. 5 in methodischer Hinsicht –, um Schönbergs op. 19 und Weberns Opera 9 oder 11 Gesellschaft leisten zu können.

Welches sind die Elemente dieses Systems, die Mittel, die es Berg ermöglichten, die Atonalität im Zaum zu halten? Es sind genau die Verfahren und Techniken, die er seit Beginn seiner kompositorischen Laufbahn verwendet hatte und derer er sich bis zu seinem Tod bedienen würde, charakteristische Modelle und Prozeduren, die einen Personalstil von bemerkenswerter Beständigkeit garantierten. Die Ereignisse und Modelle von op. 5 haben ihre Vorgänger in der *Klaviersonate*; umgekehrt erhalten wir dadurch mehr als nur einen flüchtigen Einblick in das, was in den Opern, dem *Kammerkonzert*, der *Lyrischen Suite* und dem *Violinkonzert* kommen wird. Was die Stücke aus op. 5 abseits stehen läßt, ist ihre extreme Abhängigkeit von diesen Techniken, fast bis zum Ausschluß irgendwelcher anderer determinierender Faktoren.

Das am häufigsten eingesetzte Verfahren in op. 5 – wie in op. 4 und vielleicht in Bergs Musik allgemein – ist die Sequenz aus sich vergrößernden oder sich verkleinernden Intervallen. Diese Methode ist auch von Webern, jedoch in weit geringerem Maße, angewandt worden (siehe z.B. das Kanonthema aus dem vierten Stück seines op. 5, 1909 komponiert und in Beispiel 5.5 abgebildet) und ist uns schon aus Bergs op. 4 vertraut.

Beispiel 5.5 Webern: Op. 5 Nr. 4, Takt 3

Sie nimmt in den *Klarinettenstücke*n selten eine einfache, direkte Form an (siehe Beispiel 5.6, wo Intervall 4 fehlt, und Beispiel 5.7, wo Intervall 3 wiederholt wird – letzteres entspricht der Sequenz, die das erste Passacaglia-Thema von op.4 gebildet hat).

Beispiel 5.6 Berg: Op. 5 Nr. 1/4, Klavier rechte Hand

Beispiel 5.7 Nr. 3/1–2, Klarinette

Der Schluß des Klarinettenparts im dritten Stück könnte ebenfalls auf diese Weise beschrieben werden: Hier verwendet ein langer Abstieg erst einen Takt lang die Ganztonskala, dann wird er zur chromatischen Skala[22]. Normalerweise wird dies Verfahren bei der Wiederholung einer ganzen Figur eingesetzt, wie in Beispiel 5.8.

Beispiel 5.8 Nr. 1/5, Klavier linke Hand

* is the F♯ a printer's error for F♮?

In Beispiel 5.9 bleibt die Intervallprogression der Figur für jede Stimme bei der Wiederholung identisch, aber der Abstand zwischen den Stimmen wächst.

Beispiel 5.9 Nr. 3/10–12, Klavier rechte Hand

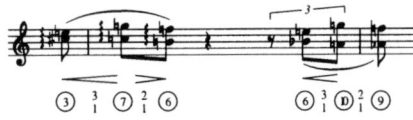

In Beispiel 5.10a erfolgt eine Intervallwiederholung am Ende einer Sequenz, die (nicht korrekt) mit alternierenden größeren und kleineren Intervallen beginnt; das Ergebnis ist nicht vorschriftsmäßig, jedoch alles andere als reiner Zufall – insgesamt liegt die Absicht eindeutig in einer Verkleinerung der Intervalle.

Beispiel 5.10
(a) Op. 5: Nr. 2/5–6, Klarinette

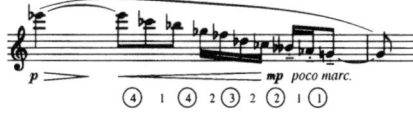

In Beispiel 5.10b wird nur jedes zweite Intervall kleiner, die großen Sekunden bleiben.

(b) Nr. 3/12–13, Klarinette

Eine ähnlich alternierende Sequenz, in der sich die Intervalle von beiden ineinander verzahnten Intervallprogressionen verändern (in diesem Fall werden sie größer, jedoch nicht regelgetreu), kann man in der wiederholenden Überleitungspassage des in Beispiel 5.11 gezeigten Webernschen Stückes beobachten.

Eine abstraktere Form einer Sequenz von sich verkleinernden Intervallen läßt sich in Beispiel 5.12 studieren, wo das ganze Arpeggio, auch wenn die sukzessiven Intervalle nicht kleiner werden, eine Sequenz von drei Dreiklängen nachzeichnet – einen übermäßigen, einen Dur- und einen Molldreiklang in dieser Reihenfolge.

Beispiel 5.12
Berg: Op. 5 Nr. 1/7, Klarinette

Wenn eine Sequenz von sich vergrößernden oder verkleinernden Intervallen statisch auf eine Achse bezogen ist, ist das Resultat die Keilfigur, uns also aus op. 4 vertraut. Diese nimmt in op. 5 verschiedene Gestalten an, ganz so wie es dort der Fall war. Am einfachsten ist eine Keilform, die sich chromatisch von einer zentralen Achse aus in beide Richtungen entfaltet, wie in Beispiel 5.13, oder die sich auf einen Fixpunkt hin verkleinert, wie in Beispiel 5.14 (wo wie in den Beispielen 5.10 und 5.11 nur jedes zweite Intervall sich ändert).

Beispiel 5.13
Op. 5: Nr. 4/9–10, Klarinette

Beispiel 5.14
Nr. 1/9, Klarinette

Eine besonders komplexe Sequenz von Keilen erscheint am Beginn des dritten Stücks (Nr. 3/1–3, siehe Beispiel 5.15).

Beispiel 5.15
Nr. 3/1–3, Klavier

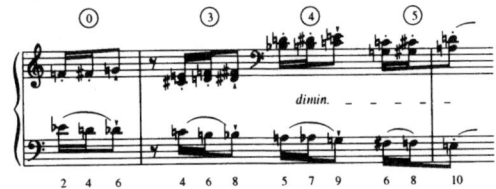

Hier sind vier kleine Keile so konzipiert, daß sie simultan zwei lange Sequenzen mit sich vergrößernden Intervallen bilden. Der Abstand zwischen den beiden oberen Stimmen, der bei jeder Figur konstant ist, wächst bei jeder Wiederholung (0, 3, 4, 5); die Intervalle zwischen den äußeren Stimmen werden gleichfalls bei jeder Wiederholung größer (2–4–6, 4–6–8, 5–7–9, 6–8–10), während der durch die mittlere und tiefe Stimme erzeugte Keil in all den Fällen derselbe bleibt (1–3–5), wo es eine dritte Stimme gibt. Im mittleren Abschnitt des vierten Stückes (Nr. 4/8–11) wird ein sich verkleinernder Keil so sehr ausgeschmückt, daß er sich ins Zentrum hineinzuschlängeln scheint (in diesem Fall ist die tatsächliche Achse ein Ton, der niemals zu hören ist, das C zwischen dem H der linken und dem Cis der rechten Hand – siehe Beispiel 5.16).

Beispiel 5.16
Nr. 4/9–10, Klavier

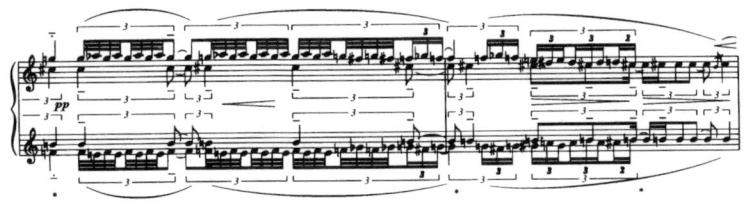

* three positions of 'French sixth' sonority (G♮ and F♮ implied in the third)

Dieser begleitet das Klarinettenbeispiel 5.13, das eine andere Achse hat. Die am Beginn stehende Klavierlinie im ersten Stück ist ein ähnlich ziellos klingendes Gebilde, das kurz um die Anfangsnote A kreist, bevor es zum E hinaufgeht, um das es sodann mehr als zwei Takte lang kreist (siehe Beispiel 5.17).

Beispiel 5.17
Op. 5: Nr. 1/2–4, Klavier rechte Hand

Danach spielt die Klarinette eine symmetrische Figur um eine zweitönige Achse herum (Nr. 1/4–5), die zwar keine Keilform hat, aber auf dieselbe Art ein Zentrum umkreist (siehe Beispiel 5.18).

Beispiel 5.18
Nr. 1/4–5, Klarinette

Beispiel 5.19 zeigt eine ähnliche Figur aus dem mittleren Abschnitt des bereits zitierten vierten Satzes von Weberns op. 5. (Dieses Stück scheint tatsächlich als Vorbild für die Stücke in Bergs Werk gedient zu haben – technisch, jedoch nicht strukturell.)

Beispiel 5.19 Webern: Op. 5 Nr. 4, Takte 7–9

Wenn eine Stimme des Keils fixiert ist, ergibt sich eine Art von halbem Keil, wie bei der Gestaltung des ersten Passacaglia-Themas aus op. 4, gezeigt in Beispiel 5.1b, d.h. eher mit einer Basis, als einer Achse (siehe Beispiel 5.20, das mit einem Keil um das A beginnt, verkompliziert durch einen dramatischen Einschub, und dann zu einem auf A basierenden halben Keil wird).

Beispiel 5.20 Berg: Op. 5 Nr. 1/6–9, Klavier rechte Hand

Im dritten Stück von op. 5 nimmt eine besondere Fülle von Keilen sowohl Vorder – wie Hintergrundpositionen ein. Sie sind in Beispiel 5.21 abgebildet.

Beispiel 5.21
(a) Op. 5 Nr. 3, Abschnitt I

(b) *Abschnitt II*

melodic descent, clarinet bars 6–8

pedal and rising thirds, piano left hand, bars 6–8 (respelled)

(c) *Abschnitt IV*

melodic descent, clarinet bars 15–18

wedge figures

real bass line

ideal bass line

Im ersten Abschnitt des Stückes formen die Baßlinie (Klavier, linke Hand) und die Melodie (Klarinette) einen reich ausgeschmückten, sich vergrößernden Keil: Siehe das in Beispiel 5.21a gezeigte Schema. (Der Klavierpart der rechten Hand besteht in diesen Takten aus den kleineren Keilen, die in Beispiel 5.15 abgebildet sind.) Beispiel 5.21b zeigt den Klavierpart der linken Hand und die Klarinettenstimme am Ende des zweiten Abschnitts desselben Stückes (Nr. 3/6–8) in einer geänderten Anordnung, um den sich verkleinernden Keil, der hier zum Vorschein kommt, besser zu veranschaulichen. Am komplexesten ist der letzte (vierte) Abschnitt dieses Stückes. Ein Schema, in dem die Stimmen voneinander getrennt sind, damit die verschiedenen Keile deutlicher hervortreten, ist in Beispiel 5.21c abgebildet.

Äquivalente der sich vergrößernden und verkleinernden Keile auf zeitlicher Ebene sind Wiederholungen, die an Länge zu- oder abnehmen. Diese Verlängerung oder Verkürzung kann auf zweierlei Weise erfolgen: Entweder durch ein ausgeschriebenes Ritardando oder Accelerando oder aber durch Hinzufügung von Material bei jeder Wiederholung bzw. allmähliche Wegnahme. Beispiel 5.22

zeigt drei Beispiele für den ersten dieser Fälle – exakte Tonrepetitionen bei kontinuierlich länger werdenden Notenwerten.

Beispiel 5.22
(a) Op. 5: Nr. 2/4, Klarinette

(b) Nr. 4/11–12, Klarinette

© *Nr. 4/11–12, Klavier]*

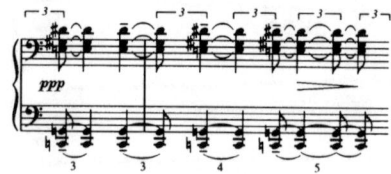

Eine längere Passage diesen Typs kann man im Klavierpart der linken Hand bei Nr. 3/9-13 beobachten (siehe Beispiel 5.26c, S. 143). Das Gegenteil hierzu, ein ausgeschriebenes Accelerando, wird in den drei Ausschnitten von Beispiel 5.23 dargestellt; ein weiteres findet sich im Klavierpart der rechten Hand in Nr. 3/10–12, wo die Beschleunigung durch ein darüber notiertes »poco rit.« abgeschwächt wird (siehe Beispiel 5.26b, S. 142).

Beispiel 5.23
(a) Nr. 3/2, Klarinette

(b) Nr. 3/16, Klavier

© *Nr. 1/8–9, Klavier linke Hand*

Der letzte Abschnitt des vierten Stücks ist eine komplizierte Kombination von ausgeschriebener Beschleunigung und gedehnter Repetition. Sowohl die Länge wie auch die Spannweite der Klavierfiguren wächst mit jeder Wiederholung, während die zuerst auftretende Figur (sämtliche Töne des ersten Einsatzes) in allmählich kleiner werdenden Notenwerten notiert ist (bis auf das zweite und dritte Mal, wo in derselben Geschwindigkeit gespielt wird, was uns an Bergs Sequenzen mit »fehlerhaft« sich vergrößernden Intervallen erinnert): Da die Erweiterungen die Beschleunigung bei weitem überwiegen, ist das Endergebnis eine Verlängerung (siehe Beispiel 5.24).

Beispiel 5.24 Op. 5: Nr.4/12–20, Klavier
(a) Takte 12–13

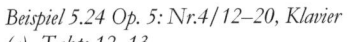

(b) Takte 13–14

© *Takte 14–15*

(d) Takte 15–16

(e) Takte 16–20

* Depress silently (harmonics)

141

Zur gleichen Zeit wiederholt die Klarinette eine Sequenz von neun Tönen in gleichbleibenden Notenwerten. Sie wird genauso wie die Klavierbegleitung durch das Anhängen von Tönen allmählich verlängert (siehe Beispiel 5.25).

Beispiel 5.25 Op. 5: Nr. 4/13–16, Klarinette
(a) Takt 13

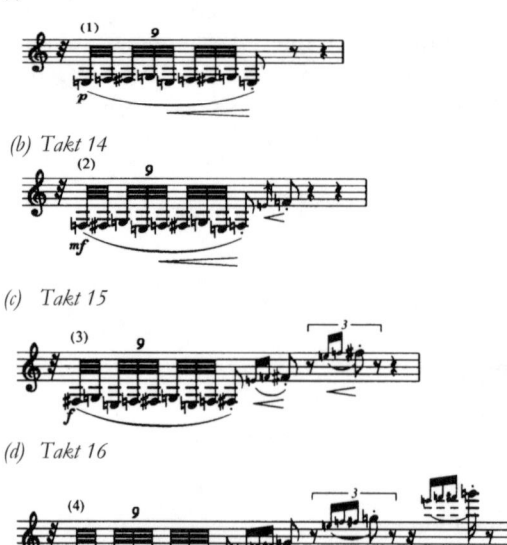

(b) Takt 14

(c) Takt 15

(d) Takt 16

Wenn die Art von zeitlicher Diskrepanz, die wir eben zwischen sukzessiven Repetitionen beobachtet haben, zwischen dem vorgeschriebenen Metrum und dem durch die Länge der wiederholten Figuren implizierten Metrum besteht, so ist das Ergebnis Isorhythmik. Eine Isorhythmik des Typs, den man im Klarinettenpart von Beispiel 5.26a feststellen kann, wo der Anfang jeder Wiederholung einer fünftönigen Figur sich um ein Drittel pro Takteinheit nach vorne schiebt.

Beispiel 5.26 Nr. 3, Abschnitt III (Takte 9–13)
(a) Takte 10–12, Klarinette

(b) Takte 10–12, Klavier rechte Hand

(c) Takte 9–13, Klavier linke Hand

Werden diese isorhythmischen Repetitionen mit einer Stimme kombiniert, die
wirklich ins vorgeschriebene Metrum paßt, wie hier der Klavierpart der rechten
Hand, resultieren daraus zwei (oder mehr) Stimmen, die sich in unterschiedlichen Tempi und/oder unterschiedlichen Metren bewegen. Das haben wir bereits
beim Anfangsabschnitt des dritten der *Altenberg-Lieder* beobachtet (siehe S. 132).
Im Falle des äußerst komplexen dritten Abschnitts des dritten Klarinettenstücks
(Beispiel 5.26) wird eine solche Passage mit mehreren Geschwindigkeiten durch
die Tatsache verschärft, daß ein ausgeschriebenes Ritardando und Accelerando
simultan in der linken und rechten Hand des Klaviers erscheinen, jeweils für die
gesamte Länge des Abschnitts. Ein einfacheres Beispiel, das sich mehr der Syn-
kopierung als der Isorhythmik verdankt (denn es betrifft eher einen repetierten
Akkord denn eine wiederholte Figur), wird in Beispiel 5.27 gezeigt.

Beispiel 5.27
Op. 5: Nr. 4/1–4, Klarinette

Und schließlich bedient sich Berg im letzten Abschnitt des vierten Stücks erstmals eines Verfahrens, das viele Jahre später eindrucksvoll in den Takten 46–67
des dritten Satzes der *Lyrische Suite* wieder auftauchen wird. Gemeint ist das Ro-
tationsverfahren, das der Isorhythmik eng verwandt ist, sich aber dennoch subtil
von ihr unterscheidet: Abstrakt gesprochen, schreitet dabei die wiederholte Figur
auf der betonten Zählzeit vorwärts, da aber jede Repetition auf derselben metri-
schen Position im Takt beginnt, wird die wiederholte Figur zu einem kreisförmigen Gebilde, das sich mit jeder Repetition eine Stufe weiter dreht. Die fragliche
Figur entspricht den neun von der Klarinette gespielten Tönen in Beispiel 5.25;
ihre sukzessiven Einsätze werden in Beispiel 5.28 dargestellt, um ihren rotieren-
den Charakter zu demonstrieren.

Beispiel 5.28 Nr. 4/13–16, Klarinette

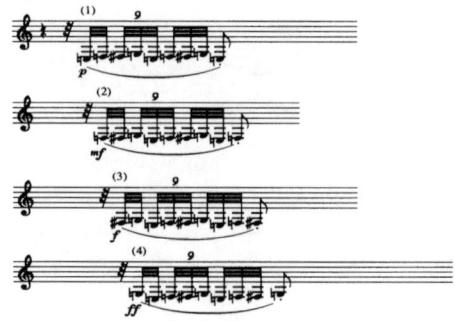

So also sah Bergs Repertoire an Techniken 1913 aus. Es gab in op. 5 auch Re-
striktionen in Hinsicht auf Tonhöhen, jedoch nicht von jener Art, die Bergs
Lehrer eine Dekade später ins Rampenlicht rücken sollte. Douglas Jarman hat
dargelegt, daß der Tonvorrat, mit dem die Klarinette das erste Stück eröffnet, die
Quelle für beinahe die gesamte musikalische Substanz dieses Werkes ist[23]. Die
beiden Anfangstakte des zweiten Stücks exemplifizieren die »Synthese von Hori-
zontale und Vertikale«, auf die sich Webern in späteren Jahren so häufig bezog:
Die Klarinettenmelodie in Nr. 2/1–2 setzt sich aus denselben fünf Tönen wie
die zwei Akkorde in der rechten Hand des Klaviers in Nr. 2/2 zusammen (C,
Des, Es, G, As – siehe Beispiel 5.29).

Beispiel 5.29 Berg, op. 5 Nr. 2 und Schönberg, op. 19 Nr. 2 im Vergleich

144

Die durch Register und Dynamik erzielten Höhepunkte im selben Stück (die wir im Anschluß untersuchen) werden durch eine sorgfältig orchestrierte chromatische Verdichtung unterstützt. Nur in Nr. 2/5–7 werden alle zwölf Töne eingesetzt. Berg konstruiert diesen Höhepunkt sorgsam, er verwendet sieben Tonhöhen in Nr. 2/1–2 (einschließlich des anfänglichen Höhepunkts), fügt eine achte Tonhöhe in Nr. 2/3 hinzu und zwei weitere genau nach dem zweiten Höhepunkt in Nr. 2/4. Die verbleibenden zwei Tonhöhen werden in Nr. 2/5 hinzugefügt (unmittelbar nach der ersten das Register betreffende Klimax). Nach dem Abstieg von diesem Gipfelpunkt ist die Zahl der Tonhöhen in Nr. 2/7 auf sieben reduziert (vom Ende des Akkordes auf der zweiten Taktzeit an bis einschließlich der ersten Hälfte der ersten Taktzeit von Nr. 2/8) und schließlich auf drei Töne von Nr. 2/8 (zweite Taktzeit) an bis zum Schluß. Es gibt kein B in Nr. 2/1–5, kein A zwischen Nr. 2/6 (dritte Taktzeit) und Nr. 2/9.

Auf die verblüffende Ähnlichkeit dieses Satzes mit dem zweiten Stück aus Schönbergs op. 19 ist oft verwiesen worden; ein Vergleich der beiden ist sehr aufschlußreich – jedes ist das zweite Stück des Werkes, welches das einzige Experiment seines Komponisten im Aphoristischen verkörpert. Berg bewahrt Schönbergs architektonischen Aufriß getreulich, füllt ihn jedoch mit einem Sortiment an eigenen Techniken, so daß das Resultat weitaus komplexer wird als das Original. Es scheint, als habe Berg in seiner Entschlossenheit, eine Miniatur zu komponieren, der Erfolgsgarantie halber das Stück seines Lehrers kopiert und

145

dann die Details modifiziert, um daraus sein eigenes zu machen. Dabei sorgte er (unfreiwillig?) dafür, daß man es nicht länger als aphoristisch auffassen kann.

Die zwei Stücke werden in Beispiel 5.29 einander gegenübergestellt. Beide bestehen aus neun Takten im gleichen Metrum (obwohl Bergs Stück auftaktig beginnt), beide stehen in einem langsamen Tempo und sind sehr ruhig gehalten (Berg ist in beiderlei Hinsicht radikaler: »Sehr langsam« anstelle von Schönbergs »Langsam«, ppp anstelle von Schönbergs pp). Die wohl auffälligste Gemeinsamkeit – und die am häufigsten erwähnte – ist die durchgängige Anwesenheit der großen Terz in der linken Hand des Klaviers. Die Genauigkeit der Übereinstimmung läßt sich ermessen, wenn man die Entwicklung dieser Terzen genauer betrachtet. Bei beiden Stücken bildet die erste Terz ein Ostinato in der linken Hand, das bis zur zweiten Taktzeit des vierten Taktes statisch bleibt. Dort erklingt erstmals eine höhere Terz, in beiden Stücken an exakt derselben Stelle. Dann erfolgt ein kurzfristiges Alternieren der zwei Terzen über die nächsten drei Zählzeiten hinweg (die Übereinstimmung dieser Wechsel ist in Beispiel 5.29 markiert). Die ursprüngliche Terz wird sowohl von Berg (in Takt 5) als auch von Schönberg (Takt 6) fallengelassen und wird danach wieder aufgegriffen (bei Schönberg in Takt 7, bei Berg in Takt 8). Beide Stücke enden wiederum mit einem Ostinato der Terz, die das Stück eröffnet hatte. Sie ist zum Schluß Teil eines übermäßigen Dreiklangs – bei Berg ist es nur einer (B, D, Fis), bei Schönberg wird er (G, H, Es) mit dem anderen (B, D, Fis) kombiniert.

Noch bemerkenswerter als die Ähnlichkeit der Terzostinati ist die exakte Übereinstimmung von strukturellen Ereignissen (siehe die Kästen in Beispiel 5.29). Beide Stücke erreichen vom Register und der Dynamik her einen vorläufigen Höhepunkt auf der vierten Taktzeit des zweiten Taktes, auf dem Weg zur eigentlichen, das Register betreffenden Klimax auf der ersten Taktzeit von Takt fünf. Diesem folgt in den Takten 5–6 (zweite Taktzeit) beider Stücke ein weiträumiger und rascher Abstieg, der zum dynamischen Gipfel führt, bei Schönberg auf der dritten Taktzeit des sechsten Taktes, eine Taktzeit später bei Berg. Beide setzen dann den Abstieg mit fallenden Baßlinien in den Takten 7–8 fort.

Innerhalb dieser fast identischen Schablonen finden wir jedoch zwei sehr unterschiedliche Stücke, das eine karg bis zur Askese, das andere eine dichte Masse von Tönen und Ideen im Dienste einer einzigen weiträumigen, schwingenden Geste der Klarinette. Schönberg beschränkt sich auf ein Minimum an Tönen, Intervallen und Rhythmen, um einen einzigen Einfall vorzuführen. Die Melodien beider Stücke holen weit aus, doch während Schönberg mit ein paar Tönen ein großes Gebiet absteckt, beschreibt Berg einen weiträumig bemessenen Bogen, der sich im Verlaufe von etwas mehr als drei Takten zwei Oktaven hinauf schwingt und dann während der nächsten drei Takte dramatisch eine None unter den Ausgangspunkt hinuntersinkt. Wir haben es mit einer komplexen Melodie zu tun, die aus einer Reihe kleiner, begrenzter Ereignisse besteht oder aus Techniken, die wie Perlen verschiedener Farben und Gestalt aneinandergereiht sind, um zu einem Ergebnis zu führen, das weder homogen noch symmetrisch ist, aber dennoch richtig erscheint. Bergs Ostinato aus repetierten Terzen, auf den ersten Blick demjenigen Schönbergs ähnlich, ist bei näherem Hinsehen auch recht verschieden, ersetzt Staccatoachtel und Pausen durch eine kontinuierliche, legato gespielte Kette, unter Verwendung beider Pedale, während sich Dynamik und rhythmische Gliederung ständig ändern. (Die »espress.«-Vorschrift in Takt 8 ist nur ein Anzeichen für das Ausmaß, in welchem Bergs Begleitung von seinem Vorbild abweicht.) Als Fazit all dieser Aktivität und Vielfalt läßt sich festhalten, wenn man die bei Berg im allgemeinen kürzeren Notenwerte hinzurechnet, daß hier sehr viel mehr geschieht als bei Schönberg: Trotz derselben Länge beider Werke ist Bergs Stück in jeder Hinsicht merklich das längere.

Angesichts des Wissens um die Kompositionsweise des zweiten Stücks ist man versucht, nach Modellen für die anderen Sätze von op. 5 zu suchen. Insbesondere der dritte, der die Funktion eines Scherzos hat, ähnelt ein wenig dem ersten Stück aus Schönbergs op. 5, das in derselben Stimmung gehalten ist[24]. Bergs Stück ist achtzehn Takte lang, steht im 6/8- und 3/4-Takt (der 3/4-Takt im Mittelteil), Schönbergs Stück hat siebzehn Takte, ist hauptsächlich im 6/8–Takt gehalten, neben einem 2/4-Takt, der eine grob gesehen ähnliche Rolle wie Bergs 3/4-Takt spielt. Sowohl Bergs 3/4- wie Schönbergs 2/4–Takt umfassen genau vierzehn Viertel. Schönberg läßt seinem 2/4-Teil einen 3/8-Takt vorangehen; an der Parallelstelle schreibt Berg einen Ton von drei Achteln Länge, der von der Klarinette allein als ein »Echoton« gespielt wird. Die Stücke beginnen mit ähnlichen Viertelauftakten und beide sind in vier Abschnitte untergliedert, mit einem dritten Abschnitt, der zu den drei anderen in beträchtlichem Kontrast steht. Aber obgleich die beiden dritten Teile exakt dieselbe Länge haben, erstreckt sich diese Parallele nicht auf die benachbarten Abschnitte – die Struktur von Bergs Stück (in Achteln gerechnet) beläuft sich auf 25+24+28+31, das von Schönberg auf 22+12+28+24 – und die Gemeinsamkeiten scheinen hiermit ein Ende zu finden. Während bei Schönbergs Stück eine klare ABA-Form vorliegt (die gerade vorgeschlagene Unterteilung der ersten sechs Takte ist weitgehend willkürlich, da diese Takte als ein einziger Abschnitt gehört werden), ist Bergs Stück bezeichnenderweise komplexer. Es ist ebenfalls im wesentlichen eine ABA-Form, aber mit einem deutlich unterteilten ersten A-Teil. Mir scheint, man kann es am besten als ein zweiteiliges Scherzo mit Trio bezeichnen. Es ist auch das einzige Stück der Gruppe, in dem ein Motiv thematisch zu agieren scheint. Beispiel 5.30 zeigt die komplexen melodischen Beziehungen, die die Abschnitte dieses Stückes miteinander verknüpfen. Eine Variante des Klarinettenthemas (a), das den Satz eröffnet, wird von der Klarinette im Trio gespielt (b); diese Variante stellt eine geringfügig modifizierte kanonische Antwort auf die Klavierfigur dar, die das Trio eröffnet (c), welche wiederum eine Modifikation der anfänglichen Klarinettenmelodie des B-Abschnitts der zweiteiligen Form ist (d), so illustriert sie die inhärente, jedoch nicht offensichtliche Beziehung zwischen den Melodien der Abschnitte A und B des Scherzos (a und d).

Beispiel 5.30
(a) Berg, op. 5/Nr. 3: Klarinettenmelodie, Beginn

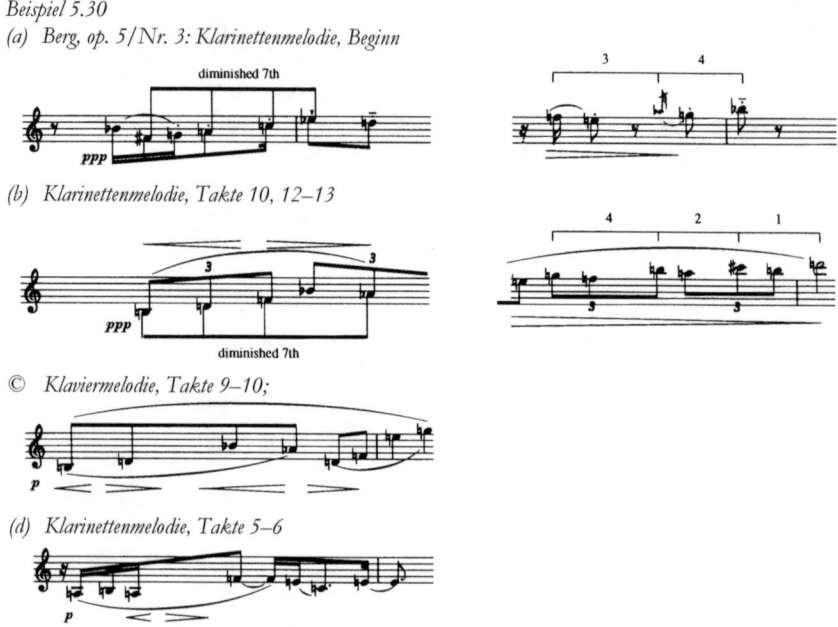

(b) Klarinettenmelodie, Takte 10, 12–13

© *Klaviermelodie, Takte 9–10;*

(d) Klarinettenmelodie, Takte 5–6

Es existieren keine weiteren Parallelen zwischen den Sätzen von op. 5 und Schönbergs op. 19. Insbesondere findet das aphoristischste Stück, das Schönberg jemals geschrieben hat, op. 19 Nr. 6, keine Resonanz bei Berg.

Fazit

Wie wir gesehen haben, sind bei Bergs beiden Zyklen mit kurzen Stücken zwar viele Techniken dieselben, doch haben sie keinen gemeinsamen Stil. Und Schönbergs Kritik zufolge haben sie offensichtlich einen gemeinsamen Stil. Dies ist in mancherlei Hinsicht schwer nachzuvollziehen. Nach der desaströsen und unvollständigen Uraufführung der *Altenberg-Lieder* – in Wahrheit wegen ihr – legte Berg das Werk beiseite und machte nicht einmal den Versuch, es noch mal aufführen zu lassen. Seine erste komplette Aufführung fand erst 1953 statt[25], achtzehn Jahre nach seinem Tod. Obwohl die *Klarinettenstücke* nicht annähernd so lange zu warten hatten, wurden auch sie nicht sofort aufgeführt. Dies dauerte bis 1919, sechs Jahre nach ihrer Vollendung. Man fühlt sich veranlaßt, zu vermuten, daß Schönbergs Bannspruch über diese beiden Werke hauptsächlich für die Länge der Zeitspanne zwischen Fertigstellung und öffentlicher Erprobung verantwortlich ist. Jedoch hatte er im Januar 1913 die *Altenberg-Lieder* gesehen – und über sie gesprochen –, sechs Monate vor Bergs Besuch in Berlin. Seine erste Einschätzung der Stücke steht in einem Brief vom 14. Januar: »[...] *sie* [scheinen] *(auf den ersten Blick) merkwürdig gut und sicher instrumentiert zu sein. Einiges scheint mir zunächst nicht angenehm; nämlich das etwas zu offenkundige Streben neue Mittel anzuwenden.* [...] *Dagegen habe ich eine Anzahl Stellen schon recht deutlich empfunden und entschieden Gefallen daran gefunden*«[26] – kein ungeteiltes Lob, aber auch keine vernichtende Mißbilligung. Obwohl aus demselben Brief hervorgeht, daß er Vorbehalte dem Werk gegenüber hatte, ist es seltsam, daß Schönberg im Juni etwas verdammt haben sollte, auf das er im Januar noch positiv reagiert hatte. Hatte sich seine Meinung aufgrund des Debakels am 31. März gewandelt? Dies mutet besonders unwahrscheinlich bei einem Komponisten an, der seine Verachtung des öffentlichen Geschmacks wie einen glänzenden, vielfarbigen Umhang zur Schau trug.

Es gibt auch Ungereimtheiten in der Geschichte von op. 5. Dieses Werk ist Schönberg gewidmet. Streng genommen »dem Verein für musikalische Privataufführungen in Wien [...] und seinem Gründer und Präsidenten Arnold Schönberg«: Die Widmung scheint ein Bekenntnis von Bergs Dankbarkeit für die Uraufführung des Werkes gewesen zu sein, primär dem Verein und sekundär Schönberg gegenüber. Es ist merkwürdig von Berg, solch eine Widmung auszusprechen, wenn Schönberg das Werk sechs Jahre früher mit Tadel überhäuft hatte, besonders im Hinblick auf einen Brief vom 8. September 1914, in dem er klarstellt, daß er Schönberg die Stücke zu diesem Zeitpunkt nicht zueignen könne[27]. Was veranlaßte ihn zu diesem Gesinnungswandel?

Es leuchtet ein, daß aufgrund der gegenwärtig verfügbaren Informationen eine Antwort unmöglich ist. Aber es gibt Indizien, die darauf hindeuten, daß sich Schönbergs Haltung gegenüber den Stücken von op. 5 zwischen der Zeit ihrer Komposition und ihrer 1919 mit seiner Unterstützung erfolgten Uraufführung änderte. Dies macht dann Sinn, wenn wir seinen Tadel in erster Linie nicht auf die Kürze der Stücke beziehen oder auf Bergs Versuch, sich in einer Weise auszudrücken, die Schönberg als wesensfremd erachtete, wie Reich und solche, die ihm darin folgten, vermuten, sondern auf Bergs systematische Denkweise zu einer Zeit, als sowohl Schönberg als auch Webern über die Stränge schlugen und sich auf eine Periode der Freiheit eingelassen hatten. Könnte es sein, daß Bergs systematische Bearbeitung des musikalischen Materials, die für Schönberg 1913 Tabu war, 1919 bei ihm auf größere Gegenliebe stieß, als er auf sein eigenes op. 23 zusteuerte, wo er zum ersten Mal mit Tonreihen komponieren sollte? Es hat wirklich den Anschein, daß Berg auf dem Weg zu einer disziplinierteren Kompositionsweise war, wo vieles im vorhinein festgelegt wurde, und er seinen Kollegen damit voraus war. In seinem Fall war dies ein direkter Schritt weg von den Zwängen der Tonalität zu denen einer in hohem Maße durchstrukturierten Atonalität. Die Phase freier Atonalität, die für Schönberg wie für Webern eine Entwicklungsstufe gewesen war, hatte er gänzlich links liegengelassen. So scheint der Mann, den man oft als den am wenigsten Wagemutigen unter den dreien angesehen hat – in einer Hinsicht zumindest – den Weg gewiesen zu haben.

Anmerkungen

1 Dieser Besuch währte vom 4. bis zum 11. Juni (Juliane Brand, Christopher Hailey und Donald Harris (Hg), *The Berg-Schoenberg-Correspondence. Selected Letters*, London 1987, S. 179, Fußnote 1).

2 Willi Reich, *Alban Berg. Leben und Werk*, Zürich 1963, S. 39. Diese Aussage läßt sich schwerlich mit Reichs eigener Chronologie vereinbaren, die den »Sommer 1913« als Kompositionszeit von op. 5 angibt (S. 105).

3 Regina Busch bezweifelt (in einer persönlichen Unterhaltung), daß Reich und Berg jemals über dieses Treffen gesprochen haben – hätte Berg selbst die Information geliefert, würde Reich dies sicherlich mitgeteilt haben; ihre Skepsis beruht auf derselben sprachlichen Vagheit, die meine Aufmerksamkeit erregt. Sie gibt weiterhin zu bedenken, daß das Verhältnis zwischen Reich und Berg nicht so beschaffen war, daß es wahrscheinlich anmutet, daß sie darüber geredet hätten. Während der Vorbereitung dieses Kapitels faszinierte mich zunehmend der Mangel an Information von Bergs Seite sowohl was das Thema dieser Begegnung anlangt als auch den Zeitpunkt, an welchem Berg sein op. 5 beendete. Im Zuge meiner Versuche, die Quellen der spärlichen (aber zuverlässigen) Erkenntnisse aus den Berg-Publikationen der ersten Generation festzuhalten, korrespondierte ich mit einigen Wissenschaftlern, die mich eindrucksvollerweise ebenso großzügig an ihrem Wissen teilhaben ließen, wie sie bereit waren, mir ihre Zeit für die Beantwortung meiner Fragen zu widmen: Meinen herzlichsten Dank an Bruce Archibald, Regina Busch, Mark DeVoto, Christopher Hailey und Douglas Jarman.

4 Hans Ferdinand Redlich, *Alban Berg. Versuch einer Würdigung*, Wien 1957, S. 302. Reich spricht von einer »Krise in Bergs geistiger Existenz« (ebd.). Seine Verwendung des Ausdrucks »spiritual« in der englischen Version (man würde eher »intellectual« erwarten) [Redlich, *Alban Berg: The Man and His Music*, London 1957, S. 234] mutet ein wenig merkwürdig an, es sei denn, er wäre der Ansicht, daß die Kritik viel persönlicher gemeint war denn lediglich als Tadel am Stil von Bergs jüngsten Kompositionen. Diese Interpretation des Treffens scheint mir sehr glaubhaft, angesichts der Unduldsamkeit gegenüber Bergs persönlichen Angewohnheiten, die in Schönbergs Briefen an ihn häufig zum Ausdruck kommt.

5 Brief von Ende November 1915 (Typoskript im Staatlichen Institut für Musikforschung Berlin; siehe auch *The Berg-Schoenberg-Correspondence*, S. 257. Berg stellte die Klavierauszüge von Franz Schrekers *Der ferne Klang* 1911 und Schönbergs *Gurreliedern* sowie der beiden vokalen Sätze von Schönbergs *Zweitem Streichquartett* 1912 her.

6 Bei diesem Konzert, von Schönberg im Musikvereinssaal am 31. März dirigiert, brach ein Tumult während der Aufführung von Bergs Liedern aus, man mußte abbrechen. Es handelt sich um einen der am besten dokumentierten Skandale der jüngeren Aufführungsgeschichte, der zu Gerichtsprozessen führte und eine große Menge an Karikaturen und kritischen Kommentaren hervorrief (siehe S. 52). Berg hielt Schönberg über die unangenehmen Nachwirkungen des Konzerts in seinen Briefen vom 2., 3., 4., 7.–8., 16. und 24. April sowie vom 6. Mai auf dem Laufenden (*The Berg-Schoenberg-Correspondence*, S. 166–176). Reich zufolge war Berg wegen der feindseligen Aufnahme seiner beiden Lieder so entmu-

tigt, daß er in einem Brief an Webern schrieb: »*Das Ganze ist so scheußlich, daß man am liebsten weit entfliehen möchte.*« (Reich, *Alban Berg. Leben und Werk*, S. 39). Er bemühte sich niemals um eine weitere Aufführung des Werkes und es kam zu seinen Lebzeiten auch nicht dazu.

7 Zu dieser Zeit hatte Berg auch Bruchstücke einer Symphonie komponiert, die unvollendet blieb. Es ist nicht sicher, daß Schönberg die Arbeit gesehen hat und keinesfalls hätte sie dem »aphoristischen« Stil der Stücke aus op. 4 und op. 5 entsprochen – wie man an der in Rosemary Hilmar (Hg), *Katalog der Schriftstücke von der Hand Alban Bergs, der fremdschriftlichen und gedruckten Dokumente zur Lebensgeschichte und zu seinem Werk* (Alban Berg Studien, Bd. 1/1), Wien 1985, S. 159 reproduzierten Seite des noch vorhandenen Particellfragments sehen kann.

8 Nachdem er eingestanden hatte, während des Berlinaufenthalts von Schönberg »*Tadel*« erfahren zu haben (Brief vom 14. Juni 1913; siehe auch *The Berg–Schönberg–Correspondence*, S.180), überrascht es, daß Berg in seinem langen und tief empfundenen Brief von Ende November 1915 geschrieben hat: »*Auf der Amsterdamer Reise merkte ich zum 1 .mal, daß Sie mit mir unzufrieden sind*« (Typoskript im Staatlichen Institut für Musikforschung, Berlin; siehe auch (*The Berg-Schoenberg-Correspondence*, S. 256). Dies bezieht sich vermutlich auf Bergs Reise mit Schönberg und anderen nach Prag, Leipzig und Amsterdam, die eine Aufführung von dessen *Fünf Orchesterstücken* op. 16 in Amsterdam am 12. März 1914 einschloß (ebd., S. 203 Fußnote 1). Berg schrieb von dort am 10. März an Helene, doch dieser Brief gibt noch keinen Hinweis auf irgendeine Unstimmigkeit mit Schönberg [Helene Berg (Hg), *Alban Berg: Briefe an seine Frau*, München 1965, S. 244–247]; dort werden jedoch die Klarinettenstücke erwähnt, die Berg einigen holländischen Musikern zu senden versprochen hatte. In einem etwas späteren Brief an Helene erklärt Berg seine Absicht, Schönberg die *Drei Orchesterstücke* op. 6 zuzueignen, »*dem ich [...] längst die Widmung eines größeren Werkes schuldig bin und der sich diese Stücke heuer in Amsterdam direkt [...] gewünscht, ja bestellt hat [...].*« (Brief vom 11. Juli 1914, *Briefe an seine Frau*, S. 253). [Hg.].

9 Schönberg tadelt ihn wegen seiner verbalen Zügellosigkeit in einem Brief vom 28. November 1913: »*[...] fassen Sie sich kürzer. Sie schreiben immer so viele Entschuldigungen, Zwischensätze, ›Durchführungen‹, ›Ausarbeitungen‹ und Stilisierungen, dass man immer erst sehr spät weiß, was Sie wollen.*« (Typoskript im Staatlichen Institut für Musikforschung, Berlin; siehe auch *The Berg-Schoenberg-Correspondence*, S. 196).

10 Schönberg zufolge wurde dieses Stück durch das Hervorblitzen der Sonne hinter einer Wolke beim Begräbnis Gustav Mahlers inspiriert. Es ist ein pittoresker Satz, beinahe gänzlich ohne Bewegung oder Aktivität.

11 Mark DeVoto sieht in der motivischen Organisation der *Altenberg-Lieder* deren »beherrschende[s], kennzeichnende[s] Merkmal« (*Alban Berg's Picture-Postcard Songs*, PhD Princeton University 1967, S. 7).

12 Analysen von op. 4 findet man bei DeVoto, *Alban Berg's Picture-Postcard Songs*, auch *Some Notes on the Unknown Altenberg Lieder*, in: Perspectives of New Music 5/1 (Fall/Winter 1966), S. 37–74 und *Berg, the Composer of Songs*, in: Douglas Jarman (Hg), *The Berg Companion*, Houndmills 1989, S. 47–66. Siehe auch René Leibowitz, *Alban Berg's Five Orchestral Songs after Postcard Texts by Peter Altenberg, Op. 4*, in: The Musical Quarterly, 34 (1948), S. 487–511; Theodor W. Adorno, *Berg. Der Meister des kleinsten Übergangs* (Gesammelte Schriften, Bd. 13), Frankfurt/Main 1978, S. 401–408 und Rolf Urs Ringger, *Zur formbildenden Kraft des vertonten Wortes*, in: Schweizerische Musikzeitung 99 (1959), S. 227–229 (nur eine Analyse des zweiten Liedes). Die Altenbergverse werden bei David C. Schroeder in *Alban Berg and Peter Altenberg: Intimate Art and the Æsthetics of Life*, in: Journal of the American Musicological Society 46 (1993), S. 261–294, erörtert.

13 Siehe DeVoto, *Alban Berg's Picture-Postcard Songs*, S. 91 und Douglas Jarman, *The Music of Alban Berg*, London 1979, S. 5f.

14 DeVoto glaubt, daß dies Lied als erstes entstanden ist. Siehe DeVoto, *Alban Berg's Picture-Postcard Songs*, S. 91 und Jarman, *The Music of Alban Berg*, S. 5f.

15 Es antizipiert das Motiv in der *Lulu*, das in Analysen übereinstimmend als »Basic Cell I« bezeichnet wird (siehe George Perle, *The Operas of Alban Berg*, Bd. 2: *Lulu*, Berkeley 1980, S. 87; Jarman, *The Music of Alban Berg*, S. 86). Jarman erörtert die Bedeutung der Basic Cells I und III in diesem Lied in *Alban Berg: The Origins of a Method*, in: Music Analysis 6 (1987), S. 280–284.

16 DeVoto, *Alban Berg's Picture-Postcard Songs*, S. 70.

17 Die beiden Verse des fraglichen Textes weichen geringfügig voneinander ab: »Über die Grenzen des All blicktest du sinnend hinaus« und »Über die Grenzen des All blickst du noch sinnend hinaus«. Der als Begleitung der anfänglichen, in der Vergangenheit stehenden Äußerung eingesetzte Zwölftonakkord wird nach und nach wieder in Erinnerung gerufen, wenn der Vers erklingt, der die Fortsetzung in der Gegenwart enthüllt.

18 Dies musikalische Zitat verweist wohl auf eine Ähnlichkeit im Text: Im dritten Lied: »Hattest nie Sorge um Hof und Haus!«; im fünften Lied: »... hier sind keine Menschen, keine Ansiedlungen«.

19 Siehe auch S. 250

20 Beide Ereignisse sind Reaktionen auf den Text. Der statische »Klangfarbenakkord« begleitet den Vers »Ich habe gewartet, gewartet, oh, gewartet!«, während die Klarinetten unmittelbar nach Verkündung der Textzeile »Die Tage werden dahinschleichen« Hals über Kopf herunterpurzeln.

21 Eine Erörterung dieser Stücke erfolgt bei Adorno [*Berg. Der Meister des kleinsten Übergangs* (GS 13), S. 408–413], Bruce Archibald [*Berg's Development as an Instrumental Composer*, in: Jarman (Hg), *The Berg Companion*, S. 106–110], William Devotis [*Vier Stücke für Klarinette und Klavier Op. 5*, in: Heinz-Klaus Metzger und Rainer Riehn (Hg), *Alban Berg Kammermusik II* (= Musik-Konzepte Bd. 9), München 1979, S. 49–53], Diether de la Motte (*Musikalische Analyse*, Kassel 1972, S. 131–146) und Wallace Berry (*Musical Structure and Performance*, New Haven 1989, Kapitel 4).

22 Ein ähnliches Ersetzen des einen Intervallzyklus durch einen anderen im Streichquartett op. 3 wird auf den Seiten 113–115 erörtert.

23 Jarman, *The Music of Alban Berg*, S. 23f.

24 Adorno sieht eine Ähnlichkeit zwischen diesem Satz und dem vierten von Schönbergs *Klavierstücken* [*Berg. Der Meister des kleinsten Übergangs* (GS 13), S. 413]. Diese Diskrepanz ist ein ebenso guter Beweis wie jeder andere für den Grad der Abweichung von Bergs Stücken gegenüber ihren Vorbildern.

25 Jarman, *The Music of Alban Berg*, S. 3, Fußnote 2.

26 Brief vom 14. Januar 1913 (Typoskript im Staatlichen Institut für Musikforschung, Berlin; siehe auch *The Berg-Schoenberg-Correspondence*, S. 143.

27 Dieser Brief lag einer Abschrift der *Drei Orchesterstücke* op. 6 bei, die Schönberg gewidmet waren. Darin heißt es: »*Es ist seit vier Jahren mein heimlicher aber starker Wille und Wunsch, Ihnen etwas zu widmen.[...] Meine Hoffnung, etwas [...] zu schreiben, [...] was ich Ihnen widmen könnte, ohne Sie zu ärgern, betrog mich leider durch einige Jahre*« (Brief vom 8. September 1914, Typoskript im Staatlichen Institut für Musikforschung, Berlin; siehe auch *The Berg-Schoenberg-Correspondence*, S. 214).

BERG, MAHLER UND DIE
DREI ORCHESTERSTÜCKE OP. 6

Derrick Puffett

Dieses Kapitel ist als Einführung in Bergs *Drei Orchesterstücke* op. 6 gedacht – jedoch als Einführung aus einem etwas ungewöhnlichen Blickwinkel: Das Werk wird im Licht von Bergs wohlbekannter Mahler-Verehrung betrachtet. Wann immer dieses Thema bislang behandelt worden ist (und es ist keinesfalls neu)[1], geschah dies gewöhnlich aus der Perspektive des »Einflusses« heraus. Innerhalb der letzten Dekade jedoch hat das Problem des Einflusses in der Musik eine beachtliche Komplexität angenommen[2] – bis zu einem Grad, wo es kaum mehr möglich ist, eine komparative Studie wie diese in Angriff zu nehmen, ohne den Leser mit einem gewichtigen theoretischen Überbau zu konfrontieren. Ein Leser, der nicht an Theorie interessiert ist, schlägt rasch die Seite um und liest weiter. Es entspricht diesem nicht-theoretischen Ansatz, daß das Kapitel keinen Versuch einer Detailanalyse der Stücke macht. Dies ist bereits andernorts geschehen, jedoch, nach meinem Dafürhalten, nirgendwo ganz zufriedenstellend[3]; auf jeden Fall würde die einzige Analyse dieser Stücke, die der Mühe wert zu sein scheint, weitaus mehr Platz beanspruchen – viel mehr Worte und insbesondere viel mehr graphische Illustrationen –, als das gegenwärtige Kapitel zuläßt. Nein, was ich beabsichtige, ist eine indirekte und weitläufige Herangehensweise an das Thema, gleich einem jener Spaziergänge in einem Wiener Park, die Berg genossen haben muß. Es soll eine überblickshafte Erörterung der Stücke offeriert werden, jedoch werden auch andere methodische Zugriffe vorgeschlagen, andere Orientierungsmarken für den Leser, der diesem wunderbaren Werk zum ersten Mal begegnet.

Berg und Mahler

Zunächst folgt eine Zusammenstellung von Zitaten; alle sind Bergs Briefen an Helene entnommen:

> »[...] im Finale der Mahler-Symphonie [Nr. 3], als ich so nach und nach das Gefühl der Weltentrücktheit empfand – als gabe es auf der ganzen Welt nichts mehr als diese Musik und mich, der sie genoß! Und als es erschütternd und erhebend zu Ende ging, da gab's mir plötzlich einen leisen Stich [...]« [1907]

> »[...] sieht man, wie die großen Genies eben infolge ihrer Universalität zu allen Zeiten das Köstlichste und Universal-Genialste aus ihrer Zeit hervorgeholt haben! Ohne nachzudenken, findet

153

man da x Parallelen: Schiller – Kant, Goethe – Spinoza, Strauss (Zarathustra) – Mahler (III. Symphonie) – Nietzsche[...]« [1908]

»[...] unserer Götter, Maeterlinck, Strindberg, Mahler, Strauss und der vielen, vielen anderen – – [...]« [1909]

»Bis wir zu der Höhe kommen, wo allein die Edelsten wohnen, wo allein ein ›Parsifal‹, eine ›Neunte‹, ein ›Faust‹, eine ›Pippa‹ – und die paar anderen letzten Werke [...] geschaffen werden.« [1909]

»Ich bin jetzt durch die Gegend gefahren, durch die einst der sterbende Mahler fuhr und in letzter Begeisterung für dieses herrliche Land ausbrach. Ja, es ist zum Sterben herrlich, diese Fahrt durch Salzburg, die Berge fast bis herunter beschneit, davor die grünen Wiesen, die braunen Äcker, der Himmel, das hättest Du sehen müssen, Du vergäßest die Strapazen der Reise ob dieser Pracht! So muß ich allein und in Wehmut das Wundervolle schauen [...] Vor morgen früh wird mich die Trauer nicht verlassen. Das ist ja auch die rechte Stimmung fürs ›Lied von der Erde‹ und die Zweite Symphonie.« [1911]

»Ich habe wieder einmal die IX. Mahler-Symphonie durchgespielt. Der erste Satz ist das Allerherrlichste, was Mahler geschrieben hat. Es ist der Ausdruck einer unerhörten Liebe zu dieser Erde, die Sehnsucht, in Frieden auf ihr zu leben, sie, die Natur, noch auszugenießen bis in ihre tiefsten Tiefen – bevor der Tod kommt. Denn er kommt unaufhaltsam. Dieser ganze Satz ist auf die Todesahnung gestellt. Immer wieder meldet sie sich. Alles Irdisch-Verträumte gipfelt darin (daher die immer wie neue Aufwallungen ausbrechenden Steigerungen nach den zartesten Stellen), am stärksten natürlich bei der ungeheuren Stelle, wo diese Todesahnung Gewißheit wird, wo mitten hinein in die tiefste, schmerzvollste Lebenslust ›mit höchster Gewalt‹ der Tod sich anmeldet. Dazu das schauerliche Bratschen- und Geigensolo und diese ritterlichen Klänge: der Tod in der Rüstung! Dagegen gibt's kein Auflehnen mehr! – Es kommt mir wie Resignation vor, was jetzt noch vor sich geht. Immer mit dem Gedanken an das ›Jenseits‹, das einem in der Stelle ›misterioso‹ (Seite 44/45) [Takte 376–390] gleichsam wie in ganz dünner Luft – noch über den Bergen – ja, wie im luftverdünnten Raum (Äther) erscheint. Und wieder, zum letzten Mal, wendet sich Mahler der Erde zu – nicht mehr den Kämpfen und Taten, die er gleichsam (wie schon im ›Lied von der Erde‹, mit den chromatischen mordendo-Läufen nach abwärts) von sich abstreift, sondern ganz und nur mehr der Natur. Was und wie lang ihm die Erde noch ihre Schätze bietet, will er genießen! Er will, fern von allem Ungemach, in freier, dünner Luft des Semmerings, sich ein Heim schaffen, um diese Luft, diese reinste Erdenluft zu trinken, mit immer tieferen Atemzügen – immer tieferen Zügen [Musikbeispiel: Hörner, Takte 443–444] daß sich das Herz, dieses herrlichste Herz, das je unter Menschen geschlagen hat, weitet – immer mehr sich weitet – – bevor es hier zu schlagen aufhören muß. –« [1912?]

»[Erwin] Stein wird wahrscheinlich am 29. Jänner 1916 die Dritte Mahler aufführen. Als ich hinkam, spielten er und Steuermann gerade den zweiten Satz: ›Kuckuck hat sich zu Tode gefallen.‹ Ich sag' Dir, nach einer so langen Zeit ohne klingende Musik!.« [1915]

»Die gestrige Generalprobe [von Mahlers Dritter unter Webern] verlief sehr hoffnungsvoll. [...] Weißt Du, was das Herrlichste ist: In dem Satz mit Frauenchor diese kurze, trauermarschartige Partie, wo das ganze Orchester stetig und langsam anschwillt und von da ab wieder langsam abnimmt, und dazu immer das tragische Bim, Bam – – – erinnerst Dich?«[d]

Diese Zitate sind durch ihre Reproduktion in Aufsätzen wie diesem so bekannt geworden, daß sie selbst als ein wesentlicher Teil der Berg-

Rezeption betrachtet werden könnten: Jeder, der mit ihnen »aufgewachsen« ist, wird entdeckt haben, daß seine oder ihre Erfahrung beider Komponisten dadurch geprägt worden ist. Sie geben nicht nur Auskunft über Bergs Hochachtung für Mahler (eine Hochachtung, die von den meisten anderen Mitgliedern des Schönbergkreises geteilt wurde), welche ihm zu einem Platz unter den »Göttern« verhalf, neben Goethe, Spinoza etc., oder ihn, mit anderen Worten, als einen Künstler von »universeller« Bedeutung ansah. Sie demonstrieren auch den Grad von Bergs persönlicher Identifikation mit dem Komponisten: Mahlers Kunst verlangt in der Tat nach solch einer Reaktion auf Seiten des Hörers, ein Phänomen, das zweifellos seine beinah »universelle« Popularität in den letzten dreißig Jahren sichern half. Solche »Identifikation« konnte sich in feinfühliger hermeneutischer Kritik niederschlagen, wie in Bergs Kommentar zur *Neunten Symphonie*, und vermutlich in scharfsinnigen Analysen einzelner Passagen, obgleich uns diese nicht überliefert sind. Das sollte uns nicht verwundern. Berg war ein an den strengen Methoden Schönbergs geschulter Komponist. Er hatte das Privileg genossen, an Analysen von Mahlerschen Sätzen teilnehmen zu dürfen, die Schönberg, zweifelsohne glücklich, der regelmäßigen Diät der Wiener Klassik entrinnen zu können, seinen Schülern von Zeit zu Zeit angedeihen ließ[5], und würde in der Lage gewesen sein, seine eigenen Analysen in ähnlicher Form durchzuführen.

Überraschender sind die Anspielungen auf die »Natur«. Während solche Anspielungen trefflich mit Mahler in Einklang zu bringen sind – in Wahrheit hallen hier oftmals Bemerkungen nach, die Mahler selbst gemacht hat –, klingen sie aus dem Munde Bergs weniger stimmig. Nicht, daß Berg unaufrichtig wäre: Im Gegenteil, seine Briefe stecken voller Bemerkungen über die Natur, ihren heilenden Trost etc. Eher besteht das Problem darin, daß Berg einer Generation angehörte, die sich nicht mehr derselben direkten Beziehung zur Natur erfreuen konnte, wie Mahler sie gehabt hatte. Natur in ihrer Rolle als Hort der Unschuld (wie sie am Beginn von Wagners *Rheingold* skizziert wird, oder, was relevanter ist, zu Anfang von Mahlers *Erster Symphonie* und im ersten Teil seiner Kantate *Das klagende Lied*) hat keinen Platz in der Musik Bergs. Bergs Musik ist typischerweise die eines verbitterten, lebensmüden Stadtbewohners, die Welt der Barracken Wozzecks und des dritten Aktes der *Lulu*. Anspielungen auf die »Höhe [...], wo allein die Edelsten wohnen«, die erhabenen Gipfel, wo man »so nach und nach das Gefühl der Weltentrücktheit« empfindet, müssen, so aufrichtig sie auch dem Geiste Mahlers entsprechen mögen (dieser Hinweis bezieht sich besonders auf die *Sechste Symphonie* mit ihren »Gebirgsweiden«, Herdenglocken und so weiter), aus dem Munde Bergs ein bißchen wie eine Pose klingen, in der Art von idealisierten Betrachtungen des Landlebens, die man von jemandem zu hören erwarten würde, der es schrecklich fände, dort leben zu müssen. Ein tieferes Verständnis bezeugen seine Anmerkungen über den »Bim-Bam«-Satz von Mahlers Dritter, dem Satz, in dem der Gesang der Engel plötzlich in einen Begräbnismarsch umschlägt. Hier wird natürliche Unschuld mit ihren unausweichlichen Folgen gezeigt (unausweichlich für die, die auf der Erde leben – und viele von uns kennen unglücklicherweise keine Alternative): Tod und Desillusion. Dies war eine Lektion, die Berg wohl gelernt hatte.

Die »Fakten« bezüglich Bergs Verhältnis zu Mahler sind ebenfalls bekannt, da sie in der Literatur seit langer Zeit behandelt werden. Bergs »erstes Mahlererlebnis« ereignete sich am 17. Februar 1901, als er der Wiener Uraufführung von *Das klagende Lied* beiwohnte (»*Ein herrliches Werk!!!!*« schrieb er später an Schönberg).[6] Dies allein ist schon interessant, denn *Das klagendende Lied* war keinesfalls »zeitgenössischer« Mahler: Vor so langer Zeit wie 1880 entstanden, ein frühreifes Jugendwerk, war es vernachlässigt worden, bis der Komponist es mit einigem Publikumserfolg wiederbelebte. Bergs Rezeption der Werke Mahlers folgt so derselben breiten »Flugbahn« wie ihre Komposition.

Im folgenden Jahr war er bei der Wiener Uraufführung der *Vierten Symphonie*: Nach diesem Konzert ereignete sich der berühmte Zwischenfall mit dem Dirigierstab, den Berg stibitze, eine Trophäe, die er sein Leben lang hütete.[7] Reich, der diese Anekdote überliefert, berichtet, daß Berg seine Poträts von Mahler und Ibsen zusammenhängte, »meine lebenden Ideale«.[8] Bis 1904 hatte Berg Mahlers *Zweite Symphonie* und die andern Werke, die er gehört hatte, studiert.[9] 1907 verließ Mahler Wien und Berg, der ihm gegenüber die gleiche Treue an den Tag legte, die er seit kurzem Schönberg erwies, war am Bahnhof, um in abreisen zu sehen.[10] Bei dieser Gelegenheit begegneten sich die Männer zum ersten Mal (das Gespräch, in dem Mahler Berg riet, kein Dirigent zu werden, ereignete sich viel später, erst 1910).[11] Da Mahler für die nächsten drei Jahre in New York weilte, nahm Bergs Verhältnis zu ihm notgedrungen eine weniger persönliche, sachlichere Gestalt an.

Es nahm sogar eine professionelle an. 1910 arbeitete Berg für die Universal Edition an einem vierhändigen Klavierauszug von Mahlers *Achter Symphonie*, eine Aufgabe, die wie soviele andere, die er in Angriff nahm, niemals vollendet wurde.[12] Und die bedeutendsten zukünftigen musikalischen Erfahrungen sollten sich alle nach Mahlers Tod ereignen. Als Mahler in Wien am 21. Mai 1911 zu Grabe getragen wurde, nachdem er sich in Amerika völlig verausgabt hatte, war Berg bei der Beerdigung zugegen. Im November desselben Jahres reiste er mit Webern nach München, um der posthumen Uraufführung von *Das Lied von der Erde* beizuwohnen, zusammen mit der *Zweiten Symphonie* unter Bruno Walter (der lyrische Brief an Helene); eine Woche später, zurück in Wien, hörte der die Sechste unter

Löwe (»es gibt doch nur eine VIte trotz der Pastorale«, schrieb er Webern); und im Dezember noch einmal die Zweite, die Dritte und die *Kindertotenlieder*.[13] Im Jahr 1912 erfolgte die Uraufführung der Neunten, wieder unter Walter; Berg wohnte den Proben und dem Konzert bei.[14] Nach all diesen Wundern[15] muß das Leben bald langweilig erschienen sein. Schon 1912 beklagte sich Berg bei Schönberg, daß man in Wien Mahlers Musik zu vergessen beginne.[16]

Die erste und wichtigste Phase von Bergs Mahlerrezeption war vorbei. Natürlich sollte er in den kommenden Jahren die Werke noch einmal hören, sein Verständnis verfeinern und sein anfänglicher Enthusiasmus sollte sich »normalisieren«. Aber der maßgebliche Rezeptionsprozeß hatte bereits stattgefunden. Wie geschildert, war 1912 ein wichtiges Jahr für Bergs Verhältnis zu Schönberg und vielleicht der Beginn eines allgemeinen Richtungswechsels. Was nun zählte, war harte Arbeit an einer Vielzahl von Projekten – keine Zeit für Heldenverehrung –, von denen eines, eine Symphonie, direkt zu den *Drei Orchesterstücken* führen sollte.

Warum gerade eine Symphonie? Die Antwort auf diese Frage führt uns zurück zu Mahler.

Mahlers »Welt«

Mahlers berühmteste Äußerung über seine Ziele als Symphoniker ist sicherlich die Ansicht, die er Sibelius gegenüber zum Ausdruck brachte: »*Wenn wir auf das Wesen der Symphonie zu sprechen kamen [berichtete Sibelius], pflegte ich zu betonen, daß ich Strenge und Stil der Symphonie bewundere und die tiefe Logik, die zwischen alle Motive ein inneres Band knüpft. Dies hat der Erfahrung entsprochen, welche ich im Laufe meiner Schaffensarbeit erlangt hatte. Mahler vertrat eine völlig gegensätzliche Meinung: ›Nein, die Symphonie muß sein wie die Welt. Sie muß alles umfassen.‹*«.[17] Mahlers Gespräch mit Sibelius fand 1907 statt. Aber er hatte eine ähnliche Anschauung bereits zwölf Jahre früher geäußert, seiner Vertrauten Natalie Bauer-Lechner gegenüber: »*[...] Symphonie heißt mir eben: mit allen Mitteln der vorhandenen Technik eine Welt aufbauen*«. Diese Bemerkung fiel im Kontext einer Erörterung seiner *Dritten Symphonie* (1895–1896), von der er sagte: »*Daß ich sie Symphonie nenne, ist eigentlich unzutreffend, denn in nichts hält sie sich an die herkömmliche Form. [...] Der immer neue und wechselnde Inhalt bestimmt sich seine Form von selbst*«.[18] Weniger knapp und denkwürdig als seine Bemerkung gegenüber Sibelius helfen uns diese Äußerungen dennoch, einen bedeutenden Aspekt seines schöpferischen Vermögens in den Mittelpunkt zu rücken, der eindeutig einen starken Eindruck bei Berg hinterlassen hat.

Von allen Symphonien Mahlers hat die *Dritte* seine Vision von der Symphonie als einer »Welt« am geschlossensten realisiert. Jahrelang wurde sie als die inkohärenteste kritisiert, und es gibt zweifellos Momente darin, die unreif und unüberlegt anmuten. Aber selbst ein solch simpler Kommentar verrät einen Mißgriff, was die Kategorie anlangt, eine (zu seinen Lebzeiten nur allzu verbreitete) Tendenz, ihn vom Standpunkt der sogenannten abolluten Musik aus zu kritisieren. Alle Symphonien Mahlers verkörpern ein Programm – obgleich das ein Ausdruck ist, den er verachten lernte. Die *Erste* und die *Zweite* beschreiben bekanntlich das Leben und den Tod eines Helden, der schließlich (im Finale der *Zweiten*) zu Grabe getragen wird, in einer Zeremonie mit Versen von Klopstock, Engelschören und einer Blaskapelle auf der Bühne. In der *Dritten* läßt Mahler die Welt selbst auferstehen: Der Wandel vom Winter zum Sommer – ein Entwurf, hinter dem man entweder Shakespeare oder Nietzsche vermuten kann, je nachdem, welcher Version des Programms man folgen möchte[19] – wird im Sinne eines Schöpfungsmythos gestaltet, der eine Entwicklung von unbelebter Materie über Flora, Fauna und Tierwelt zum Menschen und seinem Verhältnis zu Gott durchläuft. (Die anthropozentrische Sprache ist unvermeidlich und größtenteils zeitverhaftet.) Unter anderem ist hierbei aufschlußreich, daß Mahler Prozesse dramatisiert oder ihnen programmatisch Ausdruck verleiht, die schon einmal inhärenter Teil von abstrakter oder angeblich absoluter Musik gewesen sind: In den Fußspuren von Beethovens *Neunter* ließ Bruckner jede seiner Symphonien aus einem Ursuppe herauswachsen, indem er mit einfacher musikalischer Substanz – und stets derselben »Chaos«-Metapher – begann, aus der er monumentale Strukturen zu formen pflegte.

Die *Dritte* ist offenkundig ein ne plus ultra. In der folgenden *Vierten* vollzieht sich bekanntlich eine Rückkehr zum Klassiszismus – abgesehen davon, daß sie gleichfalls ein Programm besitzt (jedoch eher ein implizites, als ein explizites). Es beschreibt einen anderen »Prozeß«, diesmal von der uns allen vertrauten Welt zur jenseitigen hin. Im ersten Satz wird ein frühes *Wunderhorn*-Lied, *Das irdische Leben*, das mit seiner Ostinato-Tretmühle ein lebendiges Bild vom alltäglichen Leben zeichnet, unterlegt und als notwendige Vorbereitung für das kommende »himmlische Leben« zerstört. Das war Wasser auf Bergs Mühlen. Die viersätzige Gestalt der *Vierten*, eines ihrer wenigen wahrhaft klassischen Merkmale, kehrt in der *Sechsten* wieder (ein weiteres »heroisches« Werk, dessen Held vom letzten der drei berühmten Hammerschläge im Finale niedergestreckt wird). Doch weder sie noch eine ihrer fünfsätzigen Gefährtinnen, die *Fünfte* oder die *Siebte*, ist »klassisch« in einem konventionellen Sinne. Zur Zeit der *Achten* mit ihrer einzigartigen Mischung aus mittelalterlichem Latein und Goethe sind wir wieder beim Monumentalstil der *Zweiten*. Wie Mahler an Mengelberg schrieb: »*Denken Sie sich, daß das Universum zu tönen und zu klingen beginnt. Es sind nicht mehr menschli[ch]e Stimmen, sondern Planeten und Sonnen, welche kreisen.*«[20]

All das ist herrlich verbohrt und herrlich zeitverhaftet. Wie kann eine Symphonie, eine vielleicht eine Stunde dauernde musikalische Komposition nur der Welt ähneln, die allumfassend ist? Doch andere Künstler – Strindberg mit seinen mystischen Dramen, die solch einen Eindruck beim jungen Berg hinterließen, der megalomane Whitman, Kompositionskollegen wie Ives und Skrjabin – hatten dieselbe Vision. Und es gab unmittelbare musikalische Vorbilder – um nicht weiter zurückzusehen als bis zum *Rheingold* – für einen Komponisten, der »mit allen Mitteln der vorhandenen Technik eine Welt auf[zu]bauen« wünschte. Für Berg muß die Versuchung unwiderstehlich gewesen sein.

Symphonien, Synkretismus und das Konzept vom »Frieden«

Obgleich Mahlers Einfluß stark war, war dies nicht der einzige Druck, der um 1912 auf Berg einwirkte. Schönberg selbst schlug sich zwischen 1912 und 1914 mit einer Symphonie herum, bevor er sie zugunsten eines Oratoriums aufgab – ein weiteres Projekt, aus dem nichts wurde, obwohl daraus das gigantische »Fragment« *Die Jakobsleiter* (1917–1922) entstand. Schönbergs Symphonie war selbst gravierend durch das Mahlersche Vorbild beeinflußt worden, mit vokalen Sätzen, einem »dionysischen« Scherzo, das die Schönheiten der Welt feiert (im Schatten von Mahlers *Fünfter*)[21], einem »Totentanz«, dessen Titel allein schon Mahlersche Modelle heraufbeschwört[22], und Material, möglicherweise opernhaften Ursprungs, das sich auf Balzacs Roman *Seraphita* bezieht.[23] Nur weniges von diesem grandiosen Plan wurde umgesetzt. Doch hatte Schönberg mit seiner einsätzigen *Kammersymphonie* von 1906 bereits ein Modell für Berg geschaffen, ein Werk, das der Jüngere bestens kannte. Es war dieses Werk, so scheint es, das den unmittelbaren Impuls für Bergs neue Komposition lieferte.

An dieser Stelle sind einige Fakten nachzutragen. Berg arbeitete an seiner Symphonie während der Jahre 1912 und 1913. Am 29. Juli 1912 schrieb er Webern: »*Denk Dir: diesen Winter wollte ich einen großen symphonischen Satz schreiben, u. da wollte ich gegen Schluß eine Knabenstimme(aus der Höhe) Worte aus – Seraphita singen lassen. Es blieb natürlich – wie so oft bei mir – nur beim Plan [...]*«[24] Weberns Brief, der dieses Bekenntnis veranlaßte, war offensichtlich für Berg der erste Hinweis, daß Schönberg mit demselben Thema beschäftigt gewesen war. Erst beinahe ein Jahr später, am 9. Juli 1913 – nach der Komposition der *Altenberg-Lieder* und der *Klarinettenstücke*, dem »Skandalkonzert« vom 31. März 1913 und vielen anderen Ereignissen, anläßlich derer er dem Älteren mehr als nur seine Loyalität bewiesen hatte, war er in der Lage, seinen Mut zusammenzunehmen, um Schönberg über seine eigenen symphonischen Ambitionen zu unterrichten. Dies geschah im Zusammenhang mit dem berühmten Brief, in welchem Berg auf die von seiten seines Lehrers geäußerte Kritik bei ihrem jüngsten Treffen in Berlin reagierte: »*Als Folge einer unvernünftigen nervenaufreibenden Lebensart quälte es [das Asthma] mich am Meisten, zu einer Zeit, wo ich schon ganz solid lebte, fast vollständig von Alkohol, Nikotin u. Café u. Thee abstinent lebte. [...] Leider muß ich Ihnen da, lieber Herr Schönberg, gestehen, daß ich von Ihren diversen Vorschlägen, was ich zunächst komponieren soll, nicht Gebrauch gemacht habe. So sehr mich auch Ihr Vorschlag, eine Suite für Orch. (mit Charakterstücken) zuschreiben, vom ersten Moment an angeheimelt hat, und ich gleich viel und oft daran dachte u. mir die Ausführung derselben vornahm, so kam es dennoch nicht dazu. Ich sah mich immer wieder gedrängt, einem älteren Bedürfnis – nämlich eine <u>Symphonie</u> zu schreiben – nachzugeben. Und als ich diesem Bedürfnis eine Concession machte, und die Suite mit einer Prelüde beginnen wollte, so wurde, als ich an dem zu arbeiten begann, wieder nur der Anfang dieser Symphonie. So arbeite ich halt jetzt daran weiter: – es soll eine große einsätzige Symphonie werden, natürlich mit allen in ihr enthaltenen 4 Sätzen resp. Theilen, mit Durchführungen etc. So in der Art des Baues der Kammersymphonie. Nebenbei wird aber sicher der Plan zur Suite so weit reifen, daß ich wirklich einmal dazu komme, sie zu schreiben u. so Ihr gütiger Vorschlag – wenn auch später – realisiert wird*«.[25]

So haben wir nunmehr eine Suite (»mit Charakterstücken«) und eine Symphonie in einem. Dem Anschein nach ist der Gedanke, Berg könne eine Suite »im alten Stil« à la d'Albert oder Reger produzieren, ungewöhnlich, obgleich man nur an die erste Szene des *Wozzeck* denken muß, von der Gavotte in der *Lulu* ganz abgesehen. Aber schließen wir die Entstehungsgeschichte ab.

Ein Jahr später kämpft Berg noch immer mit seiner Komposition. Doch spricht er nun nicht von einer Symphonie oder einer Suite, sondern von »Stücken«: »*Etwas habe ich hier schon fertig gebracht, es ist das eine der drei Orchesterstücke, das ich Preludium benenne. Jetzt schreibe ich den in Wien beendeten ›Marsch‹ in die Partitur, und dann muß ich hier noch ein drittes Stück, ›Reigen‹ benannt, vollenden u. in die Partitur schreiben. Es werden im ganzen nur drei Stücke; sie sind beiläufig in der Länge Ihrer Orchesterstücke und länger*«.[26]

(Der Wechsel des Tonfalls ist verblüffend; Berg ist zuversichtlicher, beinah heftig.) Und schließlich schreibt er Ende 1915 erschöpft als Antwort auf eine Flut neuer Kritikpunkte von seiten Schönbergs: »*Die 3 Orchesterstücke entsprangen wirklich dem angestrengtesten u. heiligsten Bemühn in der von Ihnen gewünschten Form Charakter Stücke zu schreiben, von normaler Länge, reicher thematischer Arbeit, ohne jede Sucht unbedingt was ›Neues‹ zu bringen, und in dieser Arbeit mein Bestes zu geben. Wäre ich nicht überhaupt ein langsamer Arbeiter u. wäre nicht der Krieg ausgebrochen u. damit die anfängliche Unlust zum komponieren und die*

mit den Häusern meiner Mutter und dem Berghof sich geradezu verdoppelnden Arbei-
ten, so hätte ich ja vielleicht mehr zustande gebracht. Das kann ich aber nicht behaup-
ten. Jedenfalls habe ich damit getan, was ich tun konnte«.[27]

Es liegt eine Art von Edelmut in solch einem Eingeständnis. Rein-
schriften von *Präludium* und *Marsch* waren Schönberg im September 1914
zugesandt worden, *Reigen* folgte im August 1915. Auf eine vollständige
Aufführung des Werkes mußte Berg bis 1930 warten, als Johannes Schüler
es in Oldenburg dirigierte (Webern hatte zwei Sätze 1923 aufgeführt).

Es ist an der Zeit, die Fäden zu entwirren. Am Ende des neunzehnten
Jahrhunderts driftete die Symphonie – bereits idealisiert als die ranghöchste
musikalische Gattung – augenscheinlich in zwei entgegengesetzte Richtungen. Einerseits gab es eine Tendenz hin zu wachsender Vereinheitlichung
und Konzentration, die Richtung von Schönbergs *Kammersymphonie*. Andererseits gab es die Symphonien Mahlers und anderer, in denen die musikalische Form zum Fokus von Ideen eines sehr viel diffuseren Charakters
wurde: Hier wurde, wie wir gesehen haben, das Vermögen der Symphonie,
Ideen aus der Literatur und Philosophie zu absorbieren, wie es uns seit
Berlioz und Liszt vertraut ist, so forciert, daß man von ihr verlangen
konnte, die Welt zu verkörpern. Vom Nietzeanischen Panorama der *Dritten*
Mahlers – Felsen, Erde, Blumen, Tiere, der Mensch – bis zu den Klippen
und Einsiedlern der *Achten* ist es nur ein kleiner Schritt: *»Solcher Synkretis-*
mus«, sagt Clytus Gottwald, *»[...] gründet in der Einsicht, daß keine Religion,*
keine religiöse Anschauung die ganze Wahrheit für sich reklamieren, sondern, einge-
denk ihrer schäbigen Partikularität, nur demütig in den Gebetsruf einstimmen kann:
›Erlöse uns von unserer Einzelheit!‹« (Gottwald schreibt über *Die Jakobsleiter*).[28]
Der arme Berg, hin- und hergerissen zwischen Scylla und Charybdis seiner
Verbundenheit mit Mahler und Schönberg, muß bisweilen eine besondere
Sympathie für solch einen »Synkretismus« verspürt haben. Sein Problem
erfuhr niemals eine Klärung. Das *Kammerkonzert* aus den Zwanziger Jahren
ist ein extrem verdichtetes Paradigma der »vereinheitlichenden« Tendenz,
während seine Pläne für eine achtsätzige *Lulu*-Symphonie gegen Ende
seines Lebens[29] die weiterhin andauernde Faszination des »welthaltigen«
Mahlerschen Symphoniemodells bezeugen.

Und nun kollidiert das »welthaltige« Modell mit dem spätromantischen
Konzept des »Stücks«. Es liegt eine feine Ironie in der Tatsache, daß musikalische Einfälle, die mit Blick auf eine Symphonie – die umfassendste aller
Gattungen – entworfen wurden, in so neutral betitelten Stücken enden
sollten, die dem Anschein nach so explizit für sich stehen. Das »Stück« hat
ein lange Geschichte, die hier nicht aufgerollt werden kann. Es soll genügen, festzuhalten, daß nach einem Jahrhundert mit bedeutenden Werken,
unter anderem von Schubert, Brahms und Grieg, das Genre im Schaffen
der Zweiten Wiener Schule besonders gepflegt wurde: Schönbergs Opera

11, 16 und 19, Weberns Opera 5, 6, 7, 9, 10 und 11, und Bergs eigenes op. 5 kommen einem sofort in den Sinn. Wenn Berg also beschließt, seine Kompositionen – umfangreich, wie sie sind – als »Stücke« zu bezeichnen, trägt er damit zu einer miniaturistischen Ästhetik bei, deren Ziele seinen symphonischen »maximalistischen« Intentionen unmittelbar zuwiderlaufen müssen. Boulez schreibt über den Beginn des *Präludiums*, daß die Instrumente dort ein Thema hervorbrächten.[30] Ganz recht: Der »Schöpfungsmythos« von Mahlers *Dritter* komprimiert auf wenige Sekunden.

Op. 6 als Ganzes gesehen

Bergs *Drei Orchesterstücke* bilden ein Gefüge mit Schwerpunkt am Ende, dessen letzter Teil etwa so lange dauert wie die ersten beiden Teile zusammen. Dies mag wie eine unbestreitbare Tatsache anmuten, widerspricht aber implizit Bergs eigenen analytischen Kommentaren zum Werk, wie sie Fritz Uhlenbruch für die Oldenburger Aufführung von 1930 niedergeschrieben hat.[31] Demnach verstand der Komponist das *Präludium* als symphonischen ersten Satz, *Reigen* als Kombination aus Scherzo und langsamem Satz (»in dieser Reihenfolge!«) und den *Marsch* als Finale. Kaum Spielraum, um anderer Meinung zu sein, mag man denken. Doch herkömmlicherweise – d.h. herkömmlich aus Sicht der österreichisch-deutschen Symphonietradition, als deren Erbe Berg sich selbst empfand – ist der erste Satz weit mehr als eine simple Introduktion. Er hat einen zentralen Platz inne, häufig der Schwerpunkt innerhalb des viersätzigen Zyklus. Werden Scherzo und langsamer Satz miteinander kombiniert, so erwartet man von ihnen mehr, als nur die Summe schneller und langsamer Elemente. Und ein Finale ist nicht nur ein Satz, der zufällig als letzter kommt. Bergs Kommentare sind die typischen eines vielbeschäftigten Komponisten, aus dem Stegreif gegebene Antworten für den Verfasser der Programmeinführung, die jedes analytischen Wertes entbehren.

Wie in den meisten spätromantischen Werken existieren weitreichende Verbindungen zwischen den Sätzen. George Perle und andere haben ihnen detaillierte Aufmerksamkeit geschenkt.[32] Eine darunter verdient jedoch spezielle Aufmerksamkeit, die emphatische Erinnerung an das *Präludium* (Takte 11–13) gegen Ende des *Marsches* (Takte 160–161). Mark DeVoto nennt dies eine »Rückblende«.[33] Obwohl der Begriff lebendig ist und mit seinen filmischen Assoziationen wahrscheinlich jeden anspricht, den die modernen Aspekte des Werkes faszinieren, denke ich nicht, daß er den besonderen Reiz dieser Passage erfaßt, die, zumindest in meinen Ohren, vielmehr ein altmodisches Mottothema darstellt (Nachwirkungen von Dvořàk und César Franck); dies ist eine der wenigen Stellen, wo Bergs

Konstruktion »knirscht«. Tatsächlich enthält jeder der Sätze eine Passage mit einem längeren Zitat aus einem der anderen. *Reigen* beginnt mit rekapitulierter Musik vom Schluß des *Präludiums*.[34] Und obgleich die These zutrifft, daß jeder Satz Material aus den vorigen Sätzen aufgreift und weiterentwickelt, wäre die gegenteilige Aussage, daß jeder Satz Musik aus dem nächsten vorwegnimmt, genauso korrekt: Offenbar ist dort ein reziproker Prozeß im Gange, so wie man ihn in der *Lyrische Suite* beobachtet (mit anderen Worten, das *Präludium* »zitiert« den *Marsch* und umgekehrt). Dies steht in Einklang mit der Konzeption der *Altenberg-Lieder* und dem starken Gefühl, das sich bei jedem Werk Bergs aufdrängt, daß alle Sätze sich aus einer gemeinsamen Quelle speisen.

Kommt man auf die Präsenz Mahlers in Bergs Musik zurück, ist man versucht, diesen auf jeder Ebene »in Rechnung zu stellen«, um die Wirkung von Mahlers Denken beispielsweise auf die Form aufzuzeigen. Aber Bergs Umgang mit der Form ist so außergewöhnlich und hat in vielerlei Hinsicht so wenig von Mahler, daß ich jedes Stück separat betrachten möchte. Auf stilistischer Ebene ist Mahlers Einfluß wohl am besten mit dem Vokabular der Rhetorik zu erfassen: Ausladende expressive Gesten, das Zusammenspiel von aufeinander bezogenem und konstrastierendem Material, der allgemeine Verlauf eines Satzes vom Beginn über seinen Höhepunkt bis zum Ende.[35] Andernfalls würde die Untersuchung in Gefahr geraten, in Details zu versinken. Eine anderer Weg, sie womöglich gewinnbringend einzugrenzen, wäre es, jedes Stücks im Hinblick auf ein spezifisches Modell hin zu betrachten. In diesem Falle wird das »Modell« als eine Quelle verstanden, die thematische Einfälle, Umrisse, Gesten und (möglicherweise aber nicht notwendig) eine Form zur Verfügung stellt.

Maßgebliches Vorbild für das *Präludium* ist offenkundig das *Andante* von Mahlers *Neunter Symphonie*.[36] Das manifestiert sich auf den ersten Blick im Prozeß, der mit Stille anhebt und über zögerliche Versuche, die musikalischen Grundideen vorzustellen bis zu einer voll ausgearbeiteten Textur reicht, die extrem komplex werden kann. Solch ein Entwicklungsgang ist, am einen Ende des Spektrums, die bereits erläuterte Version des »Schöpfungsmythos«. Man hat den Eindruck, man sähe, wie sich die musikalische Sprache beim Fortgang des Stückes herauskristallisiert (genauso wie in einer späteren Version desselben Mythos Birtwistle *The Mask of Orpheus* mit einer Szene beginnen läßt, die die Entstehung der Sprache selbst heraufbeschwört). Dies ist eine universale Metapher. Am anderen Ende des Spektrums jedoch ruft Bergs Prozeß von der Stille zum Lärm solche Stücke von frühen Romantikern in Erinnerung, deren tastende Anfänge Abneigung vermuten lassen, die Stille überhaupt hinter sich zu lassen.[37] Das Gros des *Präludiums* scheint eine Monodie zu sein, eine »Hauptstimme«, von motivischen Varianten und Ableitungen ihrer selbst begleitet, beinahe wie ein

Choralvorspiel. (Oder vielleicht ist es ein »Lied ohne Worte«, die Bergsche Variante von Mahlers Vorgehensweise im *Adagietto*.)[38] Der so erzeugte Gesamtverlauf hat die Form einer Welle, ein umfassendes Crescendo und Decrescendo wie im Vorspiel zu *Tristan*. In dieser Hinsicht ähnelt es einem der »episodischen« Crescendo-Abschnitte – denen nicht immer ein Decrescendo folgt! – im ersten Satz von Mahlers *Neunter*. (Es gibt drei solcher Episoden in Mahlers Konzeption.) Doch Mahlers Satz ist komplexer, zum Teil, weil seinen Motiven eine stärkere rhythmische und instrumentatorische Artikulation eigen ist. (Auch sind mehr Motive vorhanden; Mahlers Stück dauert eine halbe Stunde.) Mahlers Methode, seine Motive ständig »umzugruppieren«, ist Jarman zufolge[39] Berg fremd. Berg folgt einem einfacheren, vertrauenswürdigeren Plan: Der Entwicklung eines Motivs und seiner Transformationen. All seine motivischen Ableger tendieren dazu, sich der Hauptmelodie anzupassen. Die Energie von Bergs Musik erwächst aus der vereinheitlichenden Kraft der Harmonik, die markant konturiert wird. Aus diesem Blickwinkel heraus bietet sich ein Vergleich etwa mit dem letzten Lied aus Zemlinskys op. 13 (den *Maeterlinck-Gesängen*) an, das gleichfalls stark durch Mahlers *Neunte* beeinflußt worden ist; Zemlinskys »Reminiszenzen« fallen stärker auf, weil es dort nicht diese zugrundeliegende markant konturierte Harmonik gibt.

Der Titel des *Reigens* erinnert an Rundtänze, Frühlingsreigen, *Rondes de printemps*, *Rondes printanières* – die gesamte Tradition von Maitanz, Fruchtbarkeitsriten und so weiter. Doch das ist keine Mahler-Tradition. Stattdessen haben wir eine Sequenz von lebensmüden Ländlern oder Bruchstücken von Ländlern, mit einem Schuß Mahlerscher Groteske darin. Federführendes Vorbild hier ist das Scherzo aus Mahlers *Siebter*. Redlich bringt ein interessantes Musikbeispiel[40], in welchem er ein paar Takte dieses *Scherzos* neben ein paar Takte aus dem *Reigen* stellt. Dieser Vergleich ist aus mehreren Gründen plausibel, nicht zuletzt deshalb, weil die Passage aus dem *Reigen* schon innerhalb der Partitur isoliert dasteht: In einem für seine Dichte berühmten Werk fällt sie durch die Sparsamkeit auf, mit der sie sich selbst wie entblößt präsentiert. Und natürlich zeigt dies Beispiel anschaulich Bergs völlige Abhängigkeit von Mahler, was den Charakter seiner musikalischen Gesten anlangt. Es versteht sich von selbst, daß es im *Reigen* mehr als nur dies gibt.

Der *Marsch* schließlich lehnt sich stark an ein spezielles Mahlersches Vorbild an, in diesem Falle ist es der letzte Satz der *Sechsten Symphonie*. Es sind nicht nur die Hammerschläge (bei Mahler sind es drei, bei Berg fünf), sondern die ganze tragische Rhetorik des Stückes. Wie Klemperer festgestellt hat: »*Der letzte Satz ist ein Kosmos in sich selbst; eine tragische Synthese von Leben und Tod.*«[41] Die Metapher vom Kosmos ist bestechend! Weiter unten soll noch einiges über die Art der Kritik gesagt werden, die Bergs letzter

Satz in der Tendenz unter den Wissenschaftlern hervorruft. Zuvor möchte ich auf seine formale Funktion zurückkommen. Eines der originellsten Merkmale von op. 6 ist die gleichsam stetig wachsende thematische Substanz: Eine Reihe zusätzlicher neuer Themen wird im zweiten Satz eingeführt und noch mehr im dritten. Damit wird starker Druck auf den dritten Satz ausgeübt, von dem man traditionellerweise erwartet, daß er ebensoviel rekapituliert, wie er neu exponiert. Tatsächlich implodiert die Form allein wegen des Gewichts ihres Materials, bevor irgendeine Rekapitulation stattfinden kann. Aber während die Musik einem Abschluß entgegenhastet und Berg wie immer versucht, Gegensätze miteinander zu versöhnen – in diesem Falle die Musik der ersten beiden Sätze –, erinnert die Atmosphäre ein wenig an den letzten Satz des Kammerkonzerts; weniger manisch vielleicht und mit einer Untergangsstimmung, die dem späteren Werk sicher abgeht, doch es herrscht nichtsdestotrotz der Eindruck einer Situation »auf des Messers Schneide«.

Präludium

Der Titel, eine archaische Form des »Prélude«, wirft Fragen auf. Warum sollte Berg sich für die Gestaltung eines Satzes als Vorspiel entscheiden, der offenkundig integrale Komponente des Ganzen ist, weitaus mehr als eine Einführung? Wohl sind andere Komponisten genauso verfahren: Franck in seinem *Prélude, Chorale et Fugue*, Vaughan Williams in seiner *Fünften Symphonie*, am jüngsten vielleicht Robin Holloway in seinem *Dritten Konzert für Orchester*. Und warum eigentlich die archaische Formulierung? Dies muß ein Überbleibsel des Suitenplans sein, für den Schönberg ursprünglich eingetreten war. In einer baocken Suite ist das *Präludium* ein integraler Bestandteil der Komposition als ganzer, der improvisatorische Beginn eine Folge von Sätzen. Bergs Suite ist so wenig barock, wie man sich nur vorstellen kann, aber vom (ursprünglichen) Plan ist noch etwas zurückgeblieben.

Die Form des Satzes wird durch die Gestaltung der Melodie bestimmt: Eine zweiteilige Periodenstruktur mit Introduktion und Schluß. Ich setze die Angabe »zweiteilig« hinzu, die angesichts der Länge der Melodie (etwa 25 Takte) streng genommen überflüssig ist: Man kann schnell den Gesamtplan aus dem Auge verlieren – und vielen Dirigenten geht das so –, angesichts derartiger Ausdehnungen. Und der Melodie selbst kann man mitunter schwer folgen, weil sie auf soviele Instrumente verteilt ist (Takte 15–41)[42]. Hier ist Schönbergs »Klangfarben«-Verfahren am Werk, das kurz zuvor in den Stücken aus op. 16 (1909) entwickelte Prinzip, das Berg einschließlich der H- und N-Zeichen adaptiert; die H-Zeichen sind der Schlüssel für den kontinuierlichen Verlauf der Melodie. Beispiel 6.1 zeigt die Melodie so, als wäre sie für ein Instrument gedacht.

Die ersten drei Takte Musik mit bestimmter Tonhöhe (will sagen, nach den Klängen unbestimmter Tonhöhe zu Beginn) weisen ein dreitöniges Motiv auf: Nennen wir es a. Dies Motiv besteht aus einem Halbton und einer kleinen Terz und erklingt zuerst in dieser Aufeinanderfolge (Figur 1, Takt 6–8) und dann genau anders herum (erste Hälfte von Takt 8). Wenn a erstmals in seiner »Grundgestalt« erklingt, wird es beinah sofort im Krebs der Umkehrung wiederholt (gestopfte Trompete). Der Rest der Introduktion besteht aus drei Takten mit Akkorden mit der (Alt) Posaune[43] an der Spitze, dem ersten, polternden Einsatz des »Motto«-Themas (Hörner und Klarinetten, Takte 11–13: Das Mottothema selbst besteht aus zwei weiteren Einsätzen von a, jeweils in Umkehrung und Krebs) und zwei Überleitungstakten, einschließlich der emphatischen Wiederholung eines Akkordes (nicht in Beispiel 6.1 abgebildet) im allgemein als solchem bezeichneten »Schicksalsrhythmus« – eine weitere aus Mahlers *Neunter* übernommene Geste. Die ganze Melodie eignet sich vorzüglich für eine solche motivische Analyse – obgleich es vielleicht interessanter ist, nachdem man diese Feststellung gemacht hat, sie aus einer anderen Perspektive zu betrachten. *»Eine wohl ausgewogene Melodie schreitet in Wellen voran, d.h. jedem Aufschwung steht ein Abschwung gegenüber. Sie nähert sich einem Höhepunkt oder einer Klimax über eine Reihe von dazwischenliegenden weniger hohen Stellen, unterbrochen durch Flauten. Aufwärtsbewegungen werden durch Abwärtsbewegungen ausgeglichen; große Intervalle werden durch schrittweise Bewegung in der entgegengesetzten Richtung kompensiert. Eine gute Melodie verbleibt generell innerhalb eines vernünftigen Umfangs, entfernt sich nicht zu weit von einer mittleren Ebene.«[44]* Mit Ausnahme des letzten Gesichtspunktes ist dieses Zitat – aus Schönbergs *Fundamentals of musical composition* – eine bemerkenswert gute Beschreibung des *Präludiums*. Schönbergs Buch wurde natürlich erst lange nach Bergs Tod veröffentlicht, aber es gibt keine Veranlassung, zu vermuten, daß sich Schönbergs Unterricht zumindest in dieser Hinsicht über die Jahre hinweg sehr veränderte: Die Form des *Präludiums* könnte buchstäblich vom älteren Kollegen diktiert worden sein. (»*[Z]usammenhängende Harmonie*‹ bestärkt die *Verwandtschaft*«, schrieb Schönberg auf derselben Seite – eine anderer Gesichtspunkt, den sich Berg zu Herzen genommen haben muß.) Der Aufbau des Hauptteils des *Präludiums* ist streng klassisch. Innerhalb des gewöhnlichen Rahmens der Periodenstruktur – eine Modifikation des »8+8«-taktigen Archetypus, dessen erste achttaktige Phrase durch einen zusätzlichen Takt (Takt 24) erweitert ist und dessen zweite Phrase noch stärker durch Imitation und Stretto verlängert wird, bevor sie zu einem Höhepunkt oder einer Klimax

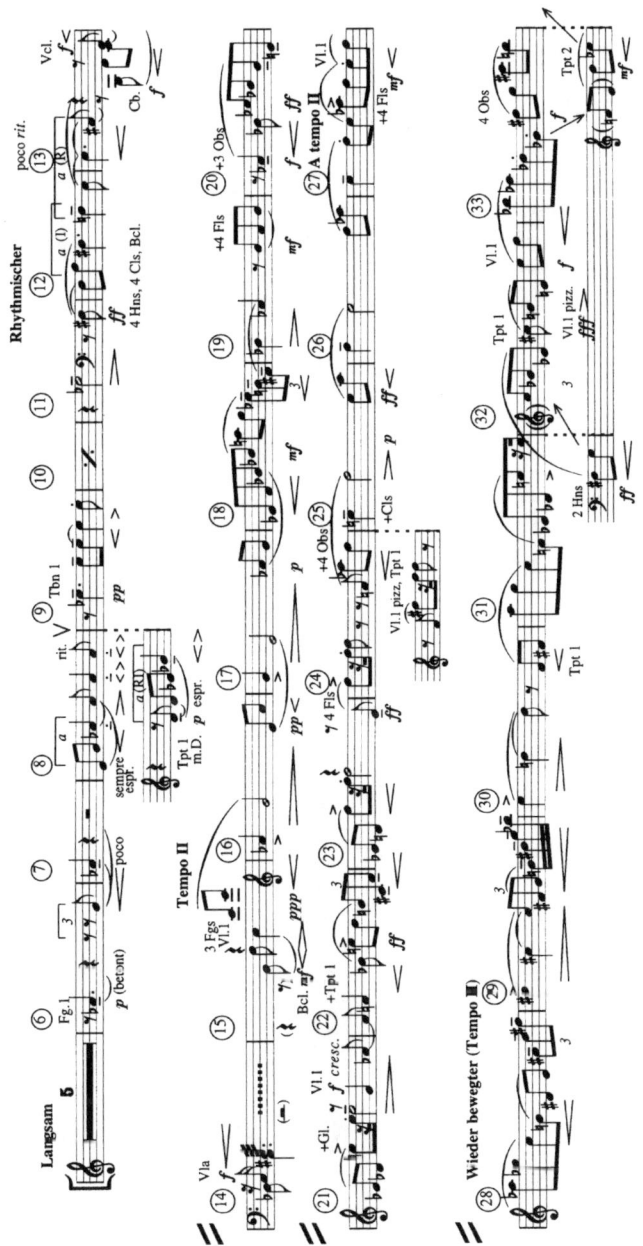

Beispiel 6.1 Op. 6, Präludium: Hauptstimme

167

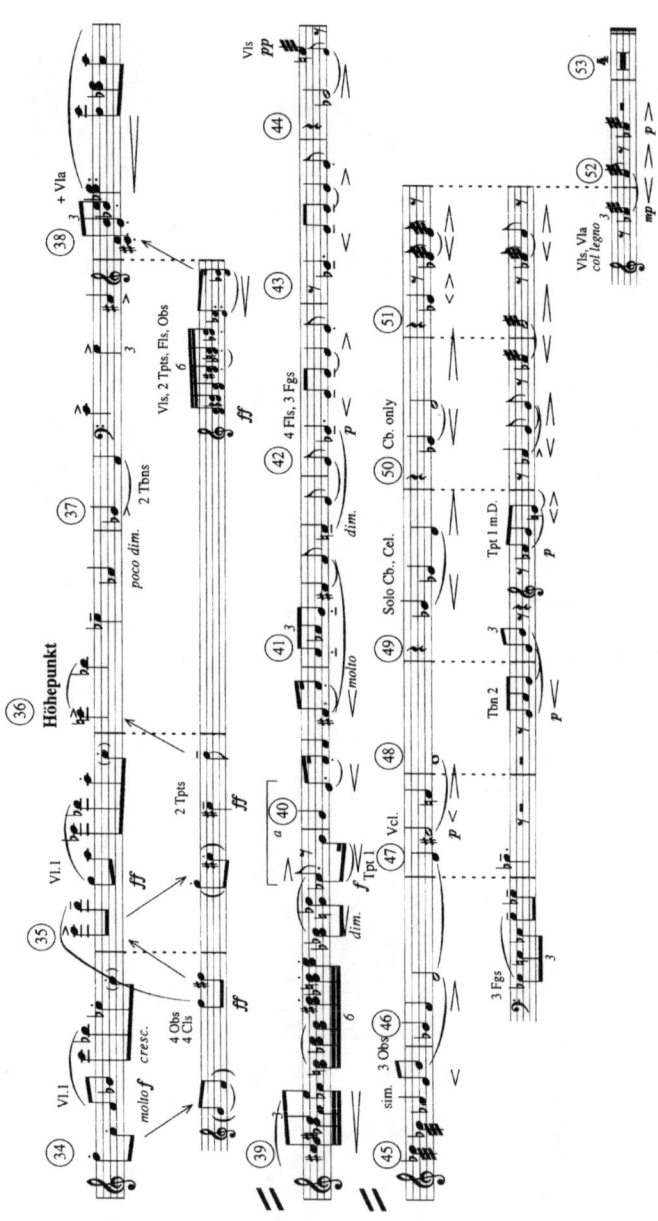

in Takt 36 kommt (Berg merkt dies in der Partitur an) – ist jede Hälfte als »Satz«[45] konstruiert, dessen erste Idee (immer eine Version von a) sofort wiederholt und entwickelt wird. Beispiel 6.2. stellt die Umrisse der Satz-strukturen dar, zusammen mit einem vergleichbaren Beispiel Beethovens.[46]

Beispiel 6.2 Op. 6, Präludium: Melodie, Takte 15ff.

Der Schlußabschnitt nach der Klimax – die Grenzen sind nicht exakt ab-zustecken, aus den bereits genannten Gründen – führt zwei »Zitate« aus dem nächsten Satz ein (Takte 38–39 und 44–46). Es gibt im Begräbnis-marsch in Miniaturformat der Takte 40–41 auch einen »intertextuellen« Rekurs auf den *Schweren Kondukt* von Mahlers *Neunter* (»[D]er Tod in der Rüstung!«, wie es Berg in seinem Brief an Helene formuliert). Ansonsten ist der Schluß des Satzes ein perfektes Beispiel der Schönbergschen Liqui-dierung; er gleicht das Auftauchen aus der Stille und die zögerlichen moti-vischen Formulierungen zu Beginn aus. Die ersten einführenden Phrasen werden durch eine Sequenz aus zehn Akkorden begleitet (siehe Beispiel 6.3b).

Diese werden in drei Gruppen von 3+3+4 vorgestellt, und die ersten sechs (lassen Sie uns diese als a–f bezeichnen, gemäß Bergs Praxis in seinen Skizzen)[47] kehren am Ende des Stückes wieder, in neuer Abfolge, aber mit beibehaltener 3+3-Anordnung. Es sind diese Akkorde, die die Harmonik beisteuern, die eine solche stark verbindende Wirkung in den *Drei Stücken* besitzt.

Beispiel 6.3
(a) Op. 6, Präludium: *In der Introduktion und der Coda verwendete Akkorde*

(b) *Die zehn Akkorde aus der Introduktion*

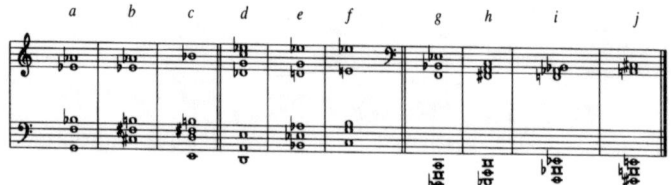

© *Gemeinsame Töne/ halbtönige Stimmführung*

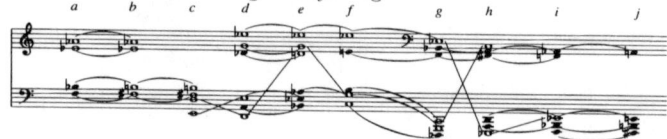

(d) *Dreiklänge/ Septakkorde*

»»[Z]usammenhängende Harmonie‹ bestärkt die Verwandtschaft«*.* Die Akkorde verbinden nicht nur Introduktion und Coda, sondern liefern auch Material für den Hauptabschnitt. In einem seiner Aufsätze über op. 6 legt Mark DeVoto dar, wie jeder der acht Takte von 16 bis 23 durch einen der sechs Akkorde a–f untermauert wird, zuweilen in transponierter Form (obwohl er die Akkorde in seinen Musikbeispielen als a–f bezeichnet, teilt DeVoto seltsamerweise nicht mit, daß diese Bezeichnung aus den Skizzen stammt).[48] (Siehe Beispiel 6.4. von DeVoto).

170

Beispiel 6.4 Op. 6, Präludium: *Beschreibung der Akkordführung (aus Mark DeVoto:* Alban Bergs Drei Orchesterstücke op. 6: Struktur, Thematik und ihr Verhältnis zu Wozzeck, *in: Franz Grasberger und Rudolf Stephan (Hg.), Alban Berg Sympsion Wien 1980 (= Alban Berg Studien Bd. 2), Wien 1981, S. 97–106, hier S.101)*

Das ist eine ungewöhnliche Kompositionsweise· Wie wenn jemand eine Reihe von Akkorden aus einem Bachchoral nehmen, jeden an den Beginn eines Taktes setzen, Verbindungen von einem Akkord zum nächsten herstellen und erwarten würde, daß das Ganze wie eine kontinuierliche harmonische Fortschreitung zusammenhielte. Jedoch hat sich bislang niemand

171

beklagt, daß Bergs Harmonik hier inkohärent sei. Und das hat seinen Grund sicher darin – obgleich DeVoto diesen Gesichtspunkt nicht anführt –, daß alle von Bergs (oder DeVotos) Buchstaben nicht erfaßten Töne benachbarte Töne sind, chromatische Durchgangsnoten und ähnliches; mit anderen Worten, die harmonische Progression ist dieselbe, die durch die Sequenz a–f ausgedrückt wird, wenn man ein paar Verzierungen hinzufügt oder wegnimmt.

Betrachtet man die Sequenz nun, so will man wissen, wie sie funktioniert. Beispiel 6.3a listet alle zehn Akkorde (a–j) so auf, wie sie in Introduktion und Coda vorkommen. Die Coda kann wohl ausgeklammert werden – obwohl die Kontinuität bezeichnenderweise durch die Tatsache gesteigert wird, daß die hohen Posaunentöne nun eine Oktave tiefer transponiert werden.[49] Beispiel 6.3b wiederholt die Akkorde aus der Introduktion; und die verbleibenden zwei Systeme (als c und d bezeichnet) zeigen Verbindungen zwischen Akkorden auf, zuerst hinsichtlich gemeinsamer Töne und Stimmführung in Halbtönen (schwarze Notenköpfe sind die Töne, die sich ändern) und dann, wie sie durch Dreiklänge und Septakkorde angedeutet werden.

Natürlich war der tonale Impuls bei Berg stark. Und es ist naheliegend, nach Erklärungen von komplexen harmonischen Strukturen bei den Akkorden zu suchen, deren Töne eine Terz auseinander liegen. Aber Beispiel 6.3d ist aus jedem Blickwinkel gesehen ungenau. Ist es günstiger, bei Akkorden, die auf Quarten basieren, nach einer Erklärung zu suchen? Auch diese gehören zu den von Berg bevorzugten Klängen. Beispiel 6.5a zeigt drei Quartenakkorde, die einen Halbton auseinander liegen; nennen wir sie I, II und III.

Beispiel 6.5 Op. 6, Präludium: *Quartenakkorde, die mit Intervallzyklen verknüpft sind*
(a)

(b)

172

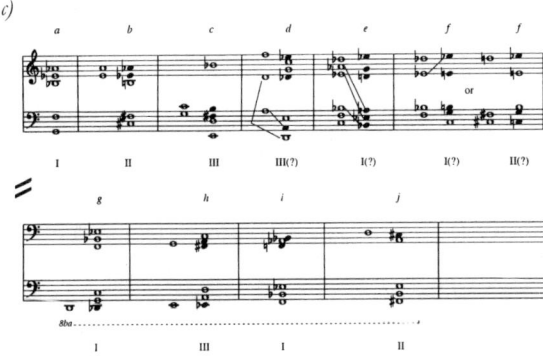

»Um der Argumentation willen« wird jeder Akkord so dargestellt, daß er aus vier Tönen besteht, wahrscheinlich wegen der bequemen Annahme, daß 3x4=12 ist. Dennoch können diese Akkorde alleine nicht das chromatische Total ausschöpfen, da zwölf nicht durch fünf teilbar ist (die Zahl von Halbtönen in einer reinen Quarte). Beispiel 6.5b schlägt ein alternatives Modell vor, das auf den Intervallzyklen einer reinen Quarte beruht. Jede Quarte kann elfmal reproduziert werden, bevor die ursprünglichen Töne wiederkehren, d.h., man kann jeden Quartenakkord auf einen allumfassenden Zyklus von zwölf Quarten beziehen – der hier der Einfachheit halber dreimal gezeigt wird (I–III). Man kann es sich wie die Stimmung einer Harfe vorstellen: sie hat einen kleinen Vorrat an Tönen – die diatonische Skala –, die zweimal transponiert werden können: Einmal mit einem Tritt aufs Pedal, einen Halbton höher, und dann (mit einem weiteren Tritt) noch eine kleine Sekunde höher. Berg kann die Registrierung eines jeden Tons in seinen Akkorden auf ähnliche Weise nach Belieben modifizieren, die Akkorde erhalten ihre Numerierung von demjenigen der drei Intervallzyklen, bei dem die Akkordtöne dem Baß am nächsten sind (Beispiel 6.5c). Weil es nicht immer eine eindeutige Angelegenheit ist, auf welchen der Zyklen ein besondere Akkordformation zu beziehen ist, sind die »zugrundeliegenden« Grundtöne (die Töne mit den schwarzen Notenköpfen im Baß) bei zwei der Zyklen hinzugefügt worden (siehe Beispiel 6.5b).

Es gibt jedoch meines Wissens überhaupt keinen Hinweis darauf, daß Berg so komponierte. Allerdings hat diese Vorstellung einen gewissen theoretischen Reiz. Sechs Jahre später sollte er Schönberg seine sogenannte »Tabelle der Intervallzyklen« schicken, auf dem ein Großteil von George Perles jüngerer Analyse beruht;[50] und Zyklen reiner Quarten sind ein Kennzeichen des *Wozzeck*. Es gibt auch einen außergewöhnlichen Zwölftonturm aus Quarten im nächsten Satz von op. 6, dem *Reigen* (in Takt 66). Bergs Phantasie entwickelte sich schneller als seine Theorie.[51]

173

Wieder wirft der Titel Fragen auf. »Reigen« wird normalerweise als »Rundtanz« übersetzt: So im »Harvard« und im »New Grove« u.a. Aber was bedeutet das? Die Vorstellung eines Frühlingszeitvergnügens scheint wirklich wenig mit Berg zu tun zu haben. Der Duden bietet zwei Bedeutungen, den oben erwähnten »Rundtanz« und eine beliebige Folge von Melodien.[52] Dies kommt der Wahrheit näher. Außerdem wurde der Titel »Reigen« oft im Hinblick auf Salonmusik, Walzerfolgen u.a. des 19. Jahrhunderts verwendet. Es gibt hier schon Hinweise auf eine Verbindung zwischen Tanzmusik und Banalität, die Mahlers – um nicht zu sagen Adornos – Mund wässrig gemacht haben würde. Es stellt sich tatsächlich heraus, daß die Assoziation von »Reigen« und »Rundtanz« eine des zwanzigsten Jahrhunderts ist. Friedrich Kluges *Etymologisches Wörterbuch der deutschen Sprache* (1899) setzt »Reigen« und »Reihen« gleich – es sind dieselben Worte in verschiedenen Dialekten – und beschreibt den Tanz als einen, in dem Menschen in einer langen Reihe über die Felder gingen. Seine Wurzeln liegen im Dunkeln (und wer würde sich etwas anderes wünschen?), er wird mit dem englischen Strahlentanz in Verbindung gebracht.[53]

Die Verbindung mit Schnitzlers *Reigen* ist sehr viel plausibler. Dieses 1896–1897 geschriebene Werk (später als *La Ronde* mit Musik von Oscar Straus verfilmt) wurde in Gänze erst 1920 aufgeführt, errang in der Zwischenzeit aber einen sensationellen Erfolg mit unvollständigen Aufführungen und zirkulierte in einem Privatdruck.[54] Berg hatte eine Kopie in seiner Bibliothek.[55] Dessen Gegenstand ist, wie jeder weiß, der Geschlechtsverkehr (das Thema jedoch, im Gegensatz zum Gegenstand, ist soziale und kulturelle Erniedrigung, aber das muß uns nicht bekümmern). In zehn kurzen Szenen – eine »beliebige Folge von Melodien« – flirtet eine Dirne mit einem Soldaten; der Soldat mit einem Stubenmädchen; das Stubenmädchen flirtet mit dem jungen Herrn des Hauses; und so weiter. Am Ende erscheint die Dirne wieder, als würde die ganze Reihe wieder von vorn beginnen. Dies ergibt eine schematische Form, die man so veranschaulichen kann: (A+B) + (B+C) + (C+D) ... (Z+A)

Mathematiker sprechen hier von einer zyklischen Form, aber zyklische Form meint etwas anderes in der Musik. Man sollte besser von zyklischer »Permutation« sprechen – was auch eine andere Bedeutung hat, jedoch eine, die in diesem Kontext nicht unangemessen ist. Wir werden auf diese Betrachtungen zurückkommen.

Die Form des *Reigens* – des Orchesterstücks – wird gewöhnlich als Sonatensatz charakterisiert. Bruce Archibald, der wohl mehr Zeit mit diesem Stück verbracht hat als jeder andere auf der Welt, pflichtet dieser Sichtweise bei, zuletzt, soweit ich weiß, in Jarmans *Berg Companion*. Jedoch scheint er damit unglücklich zu sein: *»Die Sonatensatzform wird hier nicht durch das tonale Gefüge geregelt, wie dies in ihren Ursprüngen und bei ihrer Entstehung der Fall war, sondern durch die Melodien, den Entwicklungsprozeß und die ausbalancierte Konstruktion von komplexen Klängen – wie dies nach anderthalb Jahrhunderten von Wagnissen erwartet werden mag.«*[56] Ich weiß nicht, warum Wissenschaftler sich soviele Probleme einhandeln, indem sie ihre Lieblingsstücke in vorfabrizierte Formen zwängen, wenn die Ergebnisse so offensichtlich unbefriedigend sind, sogar für sie selbst.

In diesem Fall ist ein einfacherer Ansatz lohnenswerter. Er ergibt sich aus der Kenntnis einiger der erstaunlichsten Stellen des Stückes – das sind für mich jene Momente, in denen Bruchstücke eines Walzerrhythmus in und aus einem traumähnlichen Hintergrund driften, wie zu Anfang von Ravels *La Valse* oder – eine besserer Vergleich – am Ende der *Valses nobles et sentimentales*.[57] Wenn dies eine episodische, halb-programmatiche Deutung des Stückes impliziert, wird solch eine Perspektive durch die vielen Temposchwankungen und brüske, unerwartete Richtungswechsel begünstigt, die zusammen eine Stimmung schaffen, die einer Oper nahekommt. Die oft ins Spiel gebrachte Oper ist natürlich der *Wozzeck*. Ich möchte kein detailliertes »Szenarium« entwerfen, aber man kann einen besseren Eindruck vom Charakter des Werkes gewinnen, wenn man eine imaginäre Erzählung postuliert, als indem man sich auf irgendeine abstrakte Form beruft. Tafel 6.1 (der englischen Originalausgabe entnommen) gibt einen Überblick.

Der Satz wird durch eine Introduktion und eine Coda eingerahmt – es wäre nicht sonderlich korrekt, sie als »langsam« zu bezeichnen, da die Introduktion schon Tempomodifikationen enthält und die Coda sehr viel schneller beginnt als die ihr unmittelbar vorangegangene Musik – aber der generell dreiteilige Charakter ist deutlich. Innerhalb des Rahmens, oder der Rahmenkonstruktion, gibt es mehr Spielraum für Meinungsverschiedenheiten. Die Tabelle, die Archibald seiner Analyse beigibt, ist darin mißverständlich, daß sie alle Takte als gleich lang wertet: D.h., sie räumt jedem von ihnen denselben Platz auf der Seite ein. Dies wird problematisch, wenn wir zum 4/2-Abschnitt kommen (Takte 101–111), wo ein 4/2-Takt vier 3/4-Takten gleichkommt. Wenn man jedem 3/4-Takt sein eigenes »Recht« zugesteht, erhält man einen weitaus besseren Eindruck von den Gesamtproportionen. Insbesondere bedeutet dies, das ganze Ausmaß des walzerähnlichen Materials oder der walzerähnlichen Episoden im Satz anzuerkennen (109 3/4-Takte gegenüber 81) und vielleicht, einen analytischen Ansatz zu bevorzugen, der mehr auf dem Genre als der Form beruht.[58] Der Rest von Tafel 6.1 zeigt soviele Temposchwankungen, wie bequem unterzubringen sind, zusammen mit Haarnadelzeichen, um kurze, lokale Abweichungen anzuzeigen. Dort steht auch die Skizze eines erzähle-

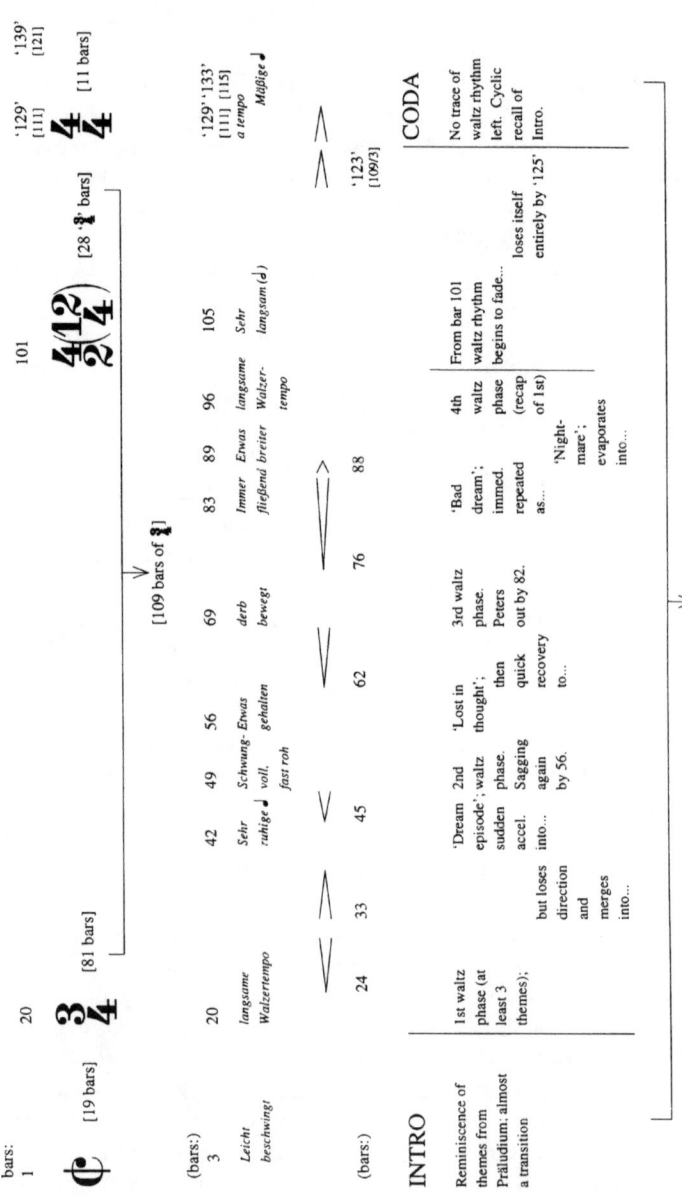

Tafel 6.1 Op. 6, Reigen

176

rischen Kommentars, auf den ich nun im folgenden näher eingehen möchte.

Die Introduktion führt die Hauptthemen des Satzes ein.[59] Daß einige darunter gerade erst zu hören waren, am Ende des *Präludiums*, verleiht diesem Abschnitt den Charakter einer Überleitung. In einer Aufführung sollte man keine zu lange Pause zwischen den Sätzen machen. Formal beruht die Introduktion, wie das *Präludium*, auf der Entfaltung einer einzigen Melodie, die sich aus Motiven zusammensetzt, die im weiteren Verlauf an Bedeutung gewinnen werden: Dann setzt sie sich als eine kontinuierlichere Linie fort und verliert sich schließlich im Baß am Anfang von Takt 14. Die späteren Stadien dieser Melodie teilen sich die geteilten Celli und Bratschen (vier Stimmen alles in allem), deren überlappende Phrasen die gestaffelte Bogenführung Stokowskis antizipieren: Diese Phrasen auszuarbeiten muß Berg großes Vergnügen bereitet haben. Hier nimmt die Stimmung merklich einen verstärkt träumerischen Charakter an; die Fanfaren und anderes zuvor eingeführtes thematisches Material verlieren sich allmählich in der verschwommenen, einen Strudel bildenden Figuration (man beachte aber die Kanons in den Hörnern!); und durch einfache, rhythmische Kunststückchen – keine »metrische Regulierung«, sondern ein allmähliches Aufgehen des vorliegenden Alla breve-Metrums in den neuen 3/4-Takt – bereitet Berg die erste Walzerphase seines Stückes vor.[60]

Nun ist dies keine Walzerfolge »à la *Rosenkavalier*«. Die Walzer-»Phasen« sind nicht mehr als kurze Episoden, in denen walzerähnliche Metamorphosen des Materials – zuweilen bloße Bruchstücke – zum Vorschein kommen. Hier sind es mindestens drei Bruchstücke: Die musikalische Substanz der Takte 20–23 (Melodie in gestopfter Trompete und erstem Fagott; Instrumentation äußerst stilisiert, mit Celli-Pizzicato auf dem Taktschwerpunkt, und Harfe und Bratschen, die den Walzerrhythmus auf zweiter und dritter Taktzeit beisteuern; sogar eine »heruntergekommene« Solovioline), die der Takte 24–25 (Flöten und Oboen in Terzen; die Begleitung ist nun stärker, ein Pizzicato spielenden Kontrabaß gesellt sich zu den Celli), die der Takte 26–27 (dies ein fragliches Bruchstück, weil das Material so flüchtig ist) und die der Takte 27ff. (Violinen in Sexten und Terzen, nun ist der Walzerrhythmus im Schlagzeug). Eine ausführliche Beschreibung des Materials lohnt sich wegen des parodistischen Tonfalls der Musik, selbst in einem so frühen Stadium des Stückes: Insbesondere der Einsatz des Schlagzeugs – Große Trommel mit dem Becken kombiniert – ruft die Musik der Schenke im *Wozzeck* in Erinnerung.[61] Doch schon in den Takten 32 und (besonders) 33 beginnt die Musik die »Segel zu streichen«; die Walzerrhythmik wird nicht länger exakt artikuliert; und die Begleitung beginnt der Introduktion zu ähneln.

Die Takte 42–49 bilden die erste »Traumepisode«: Tempo »sehr ruhig«, sehnsüchtige Solostreicher, Harfenglissandi, von einem Dreiklang in der Celesta überboten. Die ganze Atmosphäre ähnelt den Episoden im *Wozzeck*, die sich auf Marie konzentrieren – Marie allein, Marie wartend, Marie vor sich hin brütend wie eine Figur in einem Roman von Muriel Spark, die weiß, daß sie sterben wird. In den Takten 48–49 erfolgt dann eine plötzliche Beschleunigung in die nächste Walzerepisode hinein. Diese führt neue stilisierte Muster ein, besonders die ländlerartige Begleitung in den Takten 49–51. An dieser Stelle ereignet sich etwas sehr Bedeutendes im thematischen Gefüge von op. 6 als Ganzem: Ein seit Beginn des Satzes (tatsächlich seit Ende des Präludiums – siehe Beispiel 6.1, Takte 45–46) präsentes Thema erscheint erstmalig in der Umkehrung (Hörner, Takte 49–51). Diese Umkehrung wird im *Marsch* eine führende Rolle spielen. Bergs geschickte Handhabung der Satzstruktur rückt sein Werk hier zuweilen in die Nähe Debussys (siehe den ersten Satz von *La Mer*); einziges Geheimnis ist die Frage, warum Berg sich entschließt, dieses wichtige Geschehen in einer Nebenstimme zu verbergen.

Die Charakterisierung dieser Episode als »Schwungvoll, fast roh« läßt an Strauss denken, wie auch die verwirrende g-Moll-Kadenz der Takte 54–55. In Takt 56 (»Etwas gehalten«) beginnt diese Musik erneut, abzuflauen. Der Ländlerrhythmus behauptet sich etwas sonderbar in den Hörnern und der Celesta in Takt 56; aber danach scheint sich Marie in Gedanken zu verlieren, als die Solovioline mit einer außergewöhnlich virtuosen Passage beginnt, die weniger an das spätere Violinkonzert erinnert als an die Musik des Marquis im dritten Akt der *Lulu*. Dieser virtuosen Passage steht ein »Choral« in den hohen Holzbläsern gegenüber und – wichtig für sich einstellende Ostinati – eine clowneske Posaunenmelodie. Doch dann kommt die noch ungewöhnlichere Passage, in der sich das Stimmengeflecht in Quarten auffächert, um den bereits erwähnten symmetrischen Zwölftonakkord zu bilden. Danach verschwindet der Klang schnell – was könnte folgen? – und eine weitere Beschleunigung führt zur nächsten Walzerphase.

Dies ist das bislang unangenehmste Stückchen Walzerparodie, mit entschiedenen Trompetenfanfaren, »grotesken« Baßtrommelschlägen, das Ganze badet im unheimlichen (oder komischen) Zwielicht von Mahlers *Siebter*. Man hat den Eindruck, daß die Parodie sich Stufen höher schraubt, daß die Tretmühle sich ein wenig schneller drehen muß. Nach dem unausweichlichen, rapiden Verschwinden dieser Possen haben wir die erste von zwei komplementären Passagen, die ich als »Alpträume« charakterisiere – weitere Eintrübungen der früher erwähnten träumerischen Episoden. Die erste, in den Takten 83–88, kann man vielleicht als eine weitschweifige Antizipation der zweiten deuten – da sich alles in diesem Satz, wie beim

178

größten Teil von Bergs Musik überhaupt, vom Schlechten zum noch Schlechteren entwickelt. Die zweite (»Alpdruck«) beinhaltet die außergewöhnlichsten Klänge in diesem Zyklus – dies nun ist kalkulierter Lärm – und war eine der Passagen, die das Lob Strawinskys hervorriefen. Ich komme später auf diese Takte zurück.

Von Takt 84 an lichtet sich der Satz, klärt sich. Die musikalische Substanz des »Alpdrucks« wird nach und nach vom Walzer aus Takt 20 überdeckt – die vierte Walzerphase – und dies Material wiederum wird von Takt 97 an von einer Solovioline im »4/2« überlagert. Der ganzen 4/2-Abschnitt ist in Wahrheit eine phantastisch berechnete Auflösung[62], durch die sich die Walzermusik in die Stimmung des Beginns verwandelt. Dies wird technisch durch eine metrische Modulation geleistet, die die »Monoritmica« der *Lulu* und die kontrollierte Verlangsamung des dritten Aktes der *Lulu* als ganzem antizipiert. In dem Augenblick, wo die Coda beginnt, ist vom Walzerrhythmus keine Spur mehr vorhanden. Bergs »Erzählung«, so wie sie vorliegt, ist beendet; der Rest des Stückes ist eine mehr oder weniger technische Angelegenheit. Sie besteht aus dem Verknoten von losen Fadenenden, der Rekapitulation des Anfangsmaterials im Stretto, und es wird ein Gefühl für das nahe Ende erzeugt, das mit Hilfe eines langsam schneller werdenden Trillers und eines komplexen elftönigen Akkordes erzeugt wird.

Zwei weitere Gesichtspunkte verdienen einen Kommentar. Einer betrifft Bergs Handhabung der Ostinatoepisode in den Takten 83 und 89. Hier ist das Auftürmen von Material eines Strawinsky würdig (anderswo habe ich für solche Konstruktionen den Begriff »Ostinatomaschinerie« geprägt)[63]: Beim ersten Mal werden fünf Schichten, A–E genannt, übereinander gesetzt (siehe Beispiel 6.6a) und beim sogar noch komplexeren zweiten Mal mehr als sechs (Beispiel 6.6b).

Als habe es mit solcher Dichte noch nicht sein Bewenden, besteht jede Schicht überdies aus zwei oder mehr polyphonen Stimmen, von den Oktavverdopplungen ganz zu schweigen, so daß an jeder beliebigen Stelle acht oder neun Töne erklingen. Nicht weniger komplex ist die rhythmische Struktur. Wie so oft bei solchen Konstruktionen wird die Wiederholung von Ostinatoeinheiten innerhalb einer jeden Schicht – in Beispiel 6.6 durch Balken angezeigt – primär nicht durch das Metrum reguliert, sondern durch Zahlen, die dem Metrum zuwiderlaufen.

Mein letzter Gesichtspunkt führt uns indirekt zum Titel des Werkes zurück. In Takt 36 hat die Flöte ein dreitöniges Motiv, das innerhalb des unmittelbaren Kontextes dazu dient, eine zweitaktige Phrase zu füllen. Dasselbe Motiv taucht in Takt 56 wieder auf – jedoch um eine Phrase zu beginnen (bzw. in Wirklichkeit einen Abschnitt). Der reflektierende Charakter solch einer Wiederkehr würde normalerweise eine tiefer reichende

Beispiel 6.6 »Ostinatomaschinerie« im Reigen

(a)   Takte 83–88

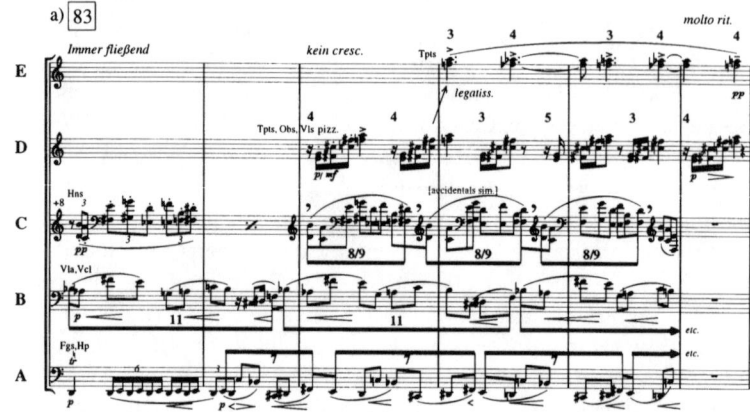

(b)   Takte 89–93

Symmetrie anzeigen. Aber nachdem ich über diese Stelle eine beträchtliche Weile nachgegrübelt habe, habe ich immer noch keine Idee, was für eine Symmetrie dies sein sollte. Es ist kein Palindrom erkennbar, es gibt keine umfangreiche Wiederholung. Der einzige Gedanke, der sich mir – angesichts der Ostinati – aufdrängt, ist der, daß sich vielleicht eine konstante »Permutation« von musikalischer Substanz ereignet. Würde man das Stim-

180

mengeflecht in Takt 56 entwirren, »müßte« man in der Lage sein, es in den Takten 83 und 89 wieder neu zu ordnen – es sei denn, daß die drei Passagen untereinander offenbar keine Permutationen darstellen. Und an dieser Stelle drängen sich weitere Parallelen zum Drama Schnitzlers auf. Vielleicht erhält ein Thema oder ein »Charakter«, der in einem Abschnitt nur von nebensächlicher Bedeutung ist, mehr Bedeutung im nächsten[64], so daß sich ein ständiger Wechsel von Material ergibt (so wie das in den Ostinatopassagen der Fall ist). Doch scheint dies nicht der Fall zu sein. Und dennoch: Runden, Reihen, Permutationskanons ... Könnte es sein, daß *Reigen* in Wirklichkeit eine Folge von Variationen ist?

Marsch

Eine Erörterung des *Marsches* tendiert genauso wie das Stück selbst dazu, sich in viele verschiedene Richtungen zu zerstreuen. Um systematisch zu bleiben, beabsichtige ich, ihn in Hinblick auf dreierlei Aspekte zu besprechen: Seine Gesamtform, seine thematisch orientierte Analyse und sein sehr individueller Charakter oder Tonfall, ein Gesichtspunkt, der natürlich die Art prägt, wie darüber geschrieben wird.

Das gravierendste Problem für mich mit dem *Marsch* ist, einen klaren Überblick über den Satz als Ganzes zu bekommen. Wie beim *Reigen* scheint keine der klassischen Formen zu greifen – eine Tatsache, die viele Autoren nicht davon abgehalten hat, den Versuch zu machen, ihn im Sinne einer Sonatensatzform zu analysieren (wie immer die Lieblingsform). Carner untergliedert es wie folgt:

Introduktion	Takte 1–32
Hauptteil [Exposition]	Takte 33–90
Durchführung	Takte 91–126
Reprise	Takte 127–154
Coda	Takte 155–174

Carner rechtfertigt sich so sehr für die Präsentation dieser »Analyse«, daß man sich wundert, warum er sich Gedanken macht. Die Musik bei Takt 91 als Durchführung zu bezeichnen (außer in dem Sinne, daß sich alles in diesem Stück in einem fortwährenden Zustand der Entwicklung befindet, aber dies entspricht nicht Carners Absicht) ist eine absurde Fehlinterpretation dessen, was viele als die überzeugendste thematische Idee des Stückes wahrnehmen, während Bergs eigene Charakterisierung von Takt 126 als »Höhepunkt« ignoriert wird, wenn man die Reprise (»eine Reprise, die eher psychologischer als realer Natur ist«)[65] in Takt 127 ansetzt.

Eine einfühlsamere Sonatensatzinterpretation stammt von Jarman, der schreibt: »*Im ›Marsch‹ [...] wird die dreiteilige Sonatensatzform, die im Hintergrund-*

plan des Stückes erkennbar ist, durch die kontinuierliche motivische Weiterentwicklung und die unablässige Präsentation offenkundig neuen Materials ad absurdum geführt; die Sonatensatzform wird hier von innen heraus durch ihre eigenen entwickelnden Tendenzen zerstört.«[66] Dies ist sicherlich eine angemessene Charakterisierung des »entwickelnden« Aspekts des Stückes. Und die Vorstellung, die Sonatensatzform zerstöre sich »von innen heraus«, ist verlockend: Man könnte beinahe von einer »Dekonstruktion« der Form sprechen, wäre da nicht die Tatsache, daß der Begriff durch jene, die ihn auf die Musik zu applizieren versucht haben, hoffnungslos korrumpiert worden ist. Allerdings, um als Form dekonstruiert zu werden, muß sie (zumindest vage) im Vordergrund präsent gewesen sein, und ich sehe keinen zwingenden Grund, warum Jarmans »Hintergrundplan« eher eine Sonatensatzform als irgendetwas anderes sein sollte (er gibt beispielsweise nicht an, wo die »drei Teile« beginnen und enden).

Und auch DeVotos »Chronologie von Ereignissen im *Marsch*« finde ich nicht sonderlich hilfreich. Trotz ihrer Genauigkeit in dem, was sie abdeckt, ähnelt sie den Takt-für-Takt (oder Zug um Zug) – Beschreibungen, vor denen Studenten gewöhnlich gewarnt werden, wenn sie mit dem Analysieren beginnen. Sie vermittelt im Grunde genommen keine Vorstellung von der Gesamtgestalt des Stückes oder den Beziehungen der Abschnitte untereinander.[67] Das ist wenigstens insofern ein Segen, als er nicht erklärt, das Stück stehe in Sonatensatzform.

Wie also soll man dieses Stück deuten? Ich mache keinen Hehl daraus, daß ich es für das schwierigste und verwirrendste von Bergs Instrumentalwerken halte; all meine Kommentare muß man daher als vorläufig ansehen. Allerdings gibt es Hinweise für eine Interpretation in Bergs eigenen Anmerkungen. Unter der Fülle von Vorschriften – bezüglich des Ausdrucks, der Instrumentation und der Artikulation –, die Berg über seine Partitur verstreut, finden sich die Anmerkungen »Tempo I«, »II« und »III«. Sie geben bereits insofern sehr zu denken, als sie eine Untergliederung des Stücks in Hinsicht auf das Tempo anzeigen. Nun ist das Stück natürlich nicht Strawinskys *Symphonie d'instruments à vents*: Diese Idee wird weder schematisch im formalen Sinne eingesetzt, noch werden exakte numerische Beziehungen durch den Gebrauch von Metronomangaben entwickelt (das mag angesichts von Bergs Vorliebe für metrische Regulierung, selbst zu diesem relativ frühen Zeitpunkt, überraschen). Später wandte Berg solche Verfahren an. Doch in diesem Augenblick war er es zufrieden, ein Stück um das Wechselspiel dreier Tempi herum zu konzipieren, ohne jedwede weitere Seitenwege zu erproben.

Dieses Wechselspiel der Tempi kann in einer Tabelle dargestellt werden (Tafel 6.2).

182

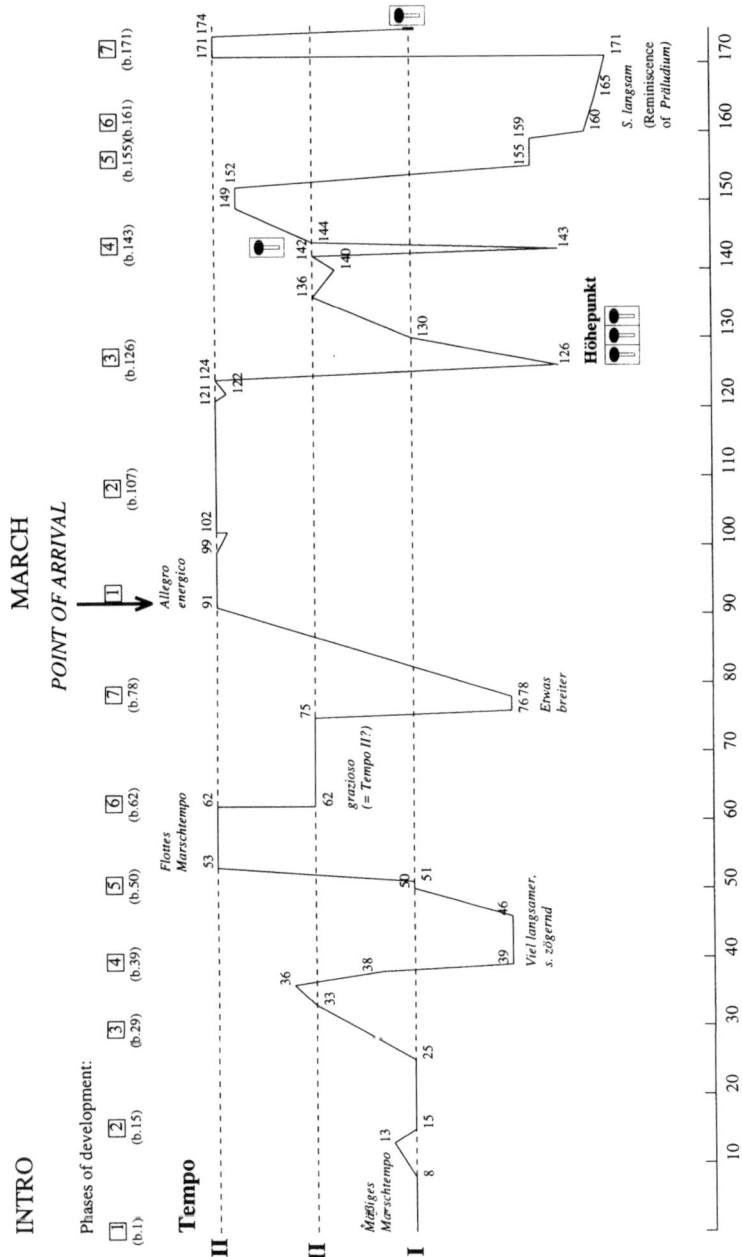

MARCH

POINT OF ARRIVAL

INTRO

Phases of development:

1 (b.1) 2 (b.15) 3 (b.29) 4 (b.39) 5 (b.50) 6 (b.62) 7 (b.78)

1 (→ Allegro energico) 2 (b.107) 3 (b.126) 4 (b.143) 5 (b.155) 6 (b.161) 7 (b.171)

Tempo

Mäßiges Marschtempo

Viel langsamer, s. zögernd

Flottes Marschtempo

grazioso (= Tempo II?)

Etwas breiter

Allegro energico

S. langsam (Reminiscence of Präludium)

Höhepunkt

183

Lassen Sie mich gleich anmerken, daß dies eine grobe Vereinfachung des Geschehens ist, es werden beispielsweise die vielen kurzfristigen Temposchwankungen ignoriert (einige darunter sind im Grunde genommen nicht mehr als eine Art ausgeschriebenes Rubato). Und nichts deutet darauf hin, daß der Unterschied zwischen den Tempi I, II und III exakt derselbe sein soll, wie die Tabelle anzeigt, oder, was das betrifft, daß sich Passagen, in denen keines der grundlegenden drei Haupttempi vorgeschrieben ist, direkt auf diese beziehen lassen (natürlich ist das nicht der Fall). Aber sie zeigt zumindest – und auf einen Blick – die Länge der Passagen in jedem der drei Haupttempi, das mag als Ausgangspunkt für weitere Untersuchungen dienen.

Der nächste Schritt besteht in der Erkenntnis der überragenden thematischen Bedeutung der musikalischen Substanz, die in Takt 91 exponiert wird. Zumindest in meinen Ohren behauptet sich dieser Augenblick als Zielpunkt, demgegenüber alle vorhergehende Musik als Vorbereitung zu fungieren scheint; seine Bedeutung wird durch die Tatsache unterstrichen, daß er den Beginn der ersten ausgedehnten Passage im Tempo III markiert und (rückblickend gesehen) durch die lange Dauer – dreißig Takte –, in der das Tempo beibehalten wird. (Es muß eine darüber hinausgehende außermusikalische Bedeutung darin liegen, daß das »Allegro energico«, Bergs Tempoangabe an dieser Stelle und zugleich eine der ganz wenigen italienischsprachigen Bezeichnungen, die Anweisung ist, die Mahler am Beginn seiner *Sechsten Symphonie* vorschreibt.) Solch ein »Zielpunkt«, falls man ihn als solchen akzeptiert, teilt den Satz annähernd exakt in zwei Hälften. Der Gedanke, daß alles Vorhergehende nur Introduktion ist, mag die Grenzen der Glaubwürdigkeit strapazieren, aber es gibt eine Menge von historischen Vorläufern (oder Parallelen) für ein Stück, dessen wichtigstes thematisches Material auf halber Strecke oder gar noch später erscheint: Man denke an *Tod und Verklärung*, viele Werke von Sibelius oder – um sich noch einmal auf die Spuren Mahlers zu begeben – an den Kopfsatz von Mahlers *Erster Symphonie*. Überdies macht es musikalisch mehr Sinn, den kumulativen Effekt dieser Abschnitte hervorzuheben – als Teil eines unerbittlichen Progresses auf ein Ziel hin (Bergs Hammerschläge!) –, als davon auszugehen, daß sie durch die Erfordernisse einer klassischen Form, die auf Balance beruht, eingeschränkt werden.

Die Aufgliederung der zwei Hälften in Unterabschnitte ist weitaus subjektiver, und mich verlangt es nicht danach, den Satz Abschnitt für Abschnitt durchzugehen, um meine Gliederung im Einzelnen zu rechtfertigen: Ich möchte nur feststellen, daß jeder neue Abschnitt durch den Einsatz eines Soloinstrumentes signalisiert wird (Soloviola Takt 29; Solocello Takt 39) und durch einen Tempowechsel. Andere Unterteilungen mögen ebenso funktionieren, wenn nicht gar besser. Was unbedingt im Auge behalten werden sollte, ist die gesamte »Flugbahn« des Satzes – um dieses reichlich überstrapazierte Wort von Boulez zu verwenden [Anm. des Übersetzers: Anspielung auf den Titel eines Aufsatzes von Pierre Boulez, *Flugbahnen: Ravel, Strawinsky, Schönberg*, in: *Anhaltspunkte. Essays*, Kassel 1979, S. 242–265. Das französische »trajectoire« entspricht dem englischen »trajectory«] – mit seinem unerbittlichen Progress auf eine Klimax zu, den Hammerschlägen und allem, was die abschließenden Fanfaren an Lösung signalisieren.[68]

Das beim *Marsch* am häufigsten ins Spiel gebrachte Analyseverfahren beschäftigt sich mit Themen und deren Verhältnis zueinander. Die historischen Gründe für dieses Verfahren liegen auf der Hand. Schönberg analysierte Stücke – um es gehörig zu übertreiben – im Sinne von thematischen Beziehungen; Berg, sein Schüler, komponierte wahrscheinlich auf diese Weise. Eine Methode in die Analyse Bergscher Musik einzuführen, die für ein anderes Repertoire entworfen wurde, wäre genauso einfühlsam, wie wenn man Verfahren, die aus der Analyse der Musik Beethovens gewonnen wurden, auf die Analyse der Musik auf Bali übertragen würde. Nichtsdestotrotz tun sich Probleme auf. Man täuscht sich bei der Entscheidung, was genau als Thema bezeichnet werden soll. DeVotos »Chronologie der Ereignisse im *Marsch*« gehört zu einer von ihm so genannten »Thementafel«, einer Tabelle mit einunddreißig thematischen Einfällen und Anmerkungen über deren Verbindungen untereinander. Wieder ist diese vorzüglich hinsichtlich dessen, was sie abdeckt (es ist immer möglich, weitere Beziehungen aufzuspüren). Das Problem entsteht bei der Entscheidung, welchen relativen Status diese thematischen Ideen besitzen. Haben alle Themen dieselbe Relevanz? Offensichtlich nicht. Warum also soll man genau die Unterscheidungen machen, die DeVoto vornimmt? Eine Reflexion über die Differenz zwischen Themen und Motiven und die Differenz zwischen thematischen und motivischen Beziehungen (selbstverständlich kann ein zwei Themen gemeinsames Motiv nicht auf derselben strukturellen Ebene rangieren wie die beiden Themen) wäre vielleicht angebracht gewesen. Um DeVoto gegenüber fair zu sein, bleibt festzuhalten, daß er diese Probleme erwähnt, wenn er schreibt:

»Man muß im Auge behalten, daß die hier angegebenen Themen mit einer gewissen Willkür bezüglich ihrer Auswahl zusammengetragen und bezeichnet worden sind. Denn es fällt oftmals schwer, auf der Basis irgendeines anderen Kriteriums als des erstmaligen Auftauchens darüber zu befinden, ob man einer gegebenen Melodie eher gerecht wird, wenn man sie durch einen benachbarten Abschnitt, durch eine dazugehörige Harmonie, durch Verknüpfung mit oder Trennung von anderen Melodien, die auf sie folgen, oder durch den Grad, in dem nachfolgende Transformationen (einschließlich Aufsplitterungen) eintreten oder nicht eintreten, charakterisiert oder dies nicht tut.«[69]

Ein anderes, jedoch damit verknüpftes Problem beschäftigt Jarman in seiner Analyse des *Marsches*. Die motivischen Beziehungen, die er zwischen den Themen aufstellt, sind größtenteils exakt und überzeugend.[70] Jedoch verlieren sie an Einfluß, wenn sie mit einer der wichtigen ästhetischen Ideen, die dem Stück zugrunde liegen, konfrontiert werden. Lassen Sie mich das verdeutlichen. Jarmans Analyse wird von einem latenten Bekenntnis zur Geschlossenheit getragen (eine heutzutage altmodische Vorstellung, aber nicht eben die schlechteste): Er möchte darlegen, wie alles zusammengehört. Obgleich er nicht ein einziges Mal auf das Wort Einheit zurückgreift, ist die gesamte Tendenz seiner Argumentation organisch, er weist nach, wie einzelne Motive das Stimmgeflecht durchdringen, auf welche Weise das vermeintliche Chaos eine Vielfalt an verborgenen Beziehungen verdeckt, etc. Dies widerspricht aufs Schärfste der Doktrin der Vermeidung von Wiederholungen, von der wir wissen, daß sie zu Bergs primären Anliegen in der Zeit der Entstehung des Werkes rechnet (wie bei Schönberg und Webern). Die *Altenberg-Lieder* vereinen eine »frei atonale« Schreibweise mit einer beinahe pedantisch systematischen. Die *Klarinettenstücke* verzichten weitgehend auf Repetitionen, trotz gewisser versteckter Verbindungen zwischen (und innerhalb) der Stücke, hier trieb Berg das Prinzip der Vermeidung von Wiederholungen ins Extrem. Irgendwo zwischen diesen zwei Extremen liegt op. 6. Die scheinbare Absurdität von Analysen, die Geschlossenheit nachzuweisen suchen, indem sie Wiederholungen in Stücken aufspüren, die aus dem Wunsch heraus entstanden sind, sich jeder Repetition zu enthalten – ein bei Analysen atonaler Musik weit verbreitetes Problem – rückt einen Widerspruch innerhalb der Stücke selber in den Mittelpunkt: Die Tatsache, daß Berg hier versucht hat, zwei einander entgegengesetzte Vorstellungen zu vereinbaren, die Vermeidung von Repetition und die systematische Verwendung von Verfahren (wie Umkehrung, Kanon und ähnlichem), die auf Repetition beruhen. Es ist dieser augenscheinliche Widerspruch von Zielen, der die Stücke – und insbesondere den *Marsch* – so schwer analysierbar macht. Er ist auch für eine gewisse Inkohärenz in den Stücken verantwortlich.

Das hat Wissenschaftler nicht daran gehindert, immer wieder von neuem darauf zurückzukommen. In seinem Buch über den *Wozzeck* hat George Perle geschrieben (die Passage ist so oft zitiert worden, daß man sie beinahe aus dem Gedächtnis rezitieren könnte): *»Der Marsch wurde in den unmittelbar auf das Attentat in Sarajewo folgenden Wochen vollendet und ist mit seiner Stimmung von Unheil und Katastrophe ein idealer, wenn auch unbeabsichtigter Ausdruck der verhängnisvollen Folgen dieses Ereignisses. Bruchstückhafte rhythmische und melodische Phrasen, die typisch für einen orthodoxen Militärmarsch sind, vereinen sich zu polyphonen Episoden von unglaublicher Dichte, die zu tobenden Höhepunkten aufbranden, und danach in sich zusammensinken. Das ist kein Marsch, sondern Mu-*

sik über einen Marsch oder besser über den Marsch, genau wie Ravels La Valse Musik ist, in der der Walzer in ähnlicher Weise auf ein Minimum an charakteristischen Elementen reduziert worden ist. Trotz der fundamentalen Differenzen ihrer jeweiligen musikalischen Idiome ähnelt das emotionale Klima von Berg Vorkriegs-›Marche macabre‹ stark Ravels Nachkriegs-›Valse macabre‹.«[71]

Als Charakterisierung von Bergs Musik – eine Beschwörung dessen, was sie ausmacht – scheint mir das unanfechtbar zu sein. Der Marsch ist überall als ein Stück Mahlerscher Marschmusik verstanden worden (und dies ist Teil seiner Wirkung sowohl auf Dirigenten wie Publikum). Obwohl Perle dies unerwähnt läßt, ist der Gebrauch von »orthodoxem« – sprich »trivialem« – Material, ob militärisch oder andersgeartet, ein weiterer Mahlerscher Zug, eine weitere Degradierung bereits degradierter Gesten, die einer Weltanschauung in die Hände spielt, welche in der Tretmühle (sprich Ostinato) ein ultimatives Symbol menschlicher Vergänglichkeit erblickt.[72] Im *Wozzeck* wird sich mehr von diesem Umgang mit militärischem Material finden lassen. Doch auch wenn man Perles Charakterisierung beipflichtet, kann man differenzieren. Noch die in ihrer Volkstümlichkeit theatralischsten und apokalyptischsten unter Mahlers Märschen, wie das Finale der *Sechsten*, sind »geradeheraus« gemeint, d.h., sie demontieren das Genre nicht so, wie Berg das tut. Bei Mahler findet sich immer ein Gefühl von positiver (oder positivistischer) Sehnsucht, die bei Berg nicht länger anzutreffen ist – was bedeutet, daß die ruhigeren, friedlicheren Passagen dort ebenfalls fehlen (der Frieden der Bergeshöhen, die Episoden mit den Herdenglocken, die er bei Mahler sosehr bewunderte, befanden sich gänzlich außerhalb seines Horizonts). Allerdings ist es wichtig, Bergs Adaption des Marsches von einer Parodie abzugrenzen. Der *Marsch* aus op. 6 ist definitiv keine Parodie;[73] und doch kann es danach nur noch Parodien geben (die Märsche von David Del Tredici zum Beispiel).

Worin ich mich deutlich von Perle unterscheide, ist die Frage der Werturteile, die seine Kommentare implizieren. Wegen seiner Verbindung mit dem Weltkrieg, Sarajewo usf. ist Bergs Marsch in Gefahr, zur »heiligen Kuh« zu werden. Überdies wurde ihm, wie den anderen Stücken des op. 6, Strawinskys Billigung zuteil, für Kritiker stets ein Signal, das eigenständige Denken zu beenden. Ich selbst empfinde die *Drei Stücke* alles andere als vollkommen (Strawinskys Bezeichnung für das *Präludium*)[74] und den *Marsch* als unvollkommensten der drei. Er hat zuviele Töne (wie der österreichische Kaiser von Mozart sagte), und wenn es ein Universum gibt, wo eine solche Bemerkung Sinn macht, dann muß es das Universum der *Drei Orchesterstücke* sein. Komponisten sind weniger zimperlich als Musikwissenschaftler im Abgeben solcher Urteile. John Adams zum Beispiel: *»Einer der Gründe, warum Mahlers Musik so unglaublich erfolgreich ist, besteht darin, daß er Dirigent war und genau wußte, was funktionierte und was nicht. Im Gegensatz dazu* *resultieren viele der Probleme mit Bergs Musik aus der Tatsache, daß er kein Interpret war. Ein Teil seiner Musik ist hemmungslos überfrachtet, ein Problem, das man bei Strauss oder Mahler nicht hat.«[75]*

Wenn Adams an irgendein besonderes Stück gedacht haben sollte, war es sicherlich der *Marsch*. Nicht einmal das *Kammerkonzert* kann sich solcher Massen an »unerhörten« Tönen rühmen.[76] Nichtsdestotrotz schrieb Berg innerhalb weniger als eines Jahres, und immer noch ohne eines seiner orchestralen Werke gehört zu haben, transparenter, denn der *Reigen* zeigt eine weitaus größere Sicherheit in der Erfüllung seiner Vorstellungen. Wenn ein solches Urteil wie das des Kaisers von Österreich irgendeinen Sinn macht, könnte man dann auch sagen, es sei der Geist Mahlers gewesen, der über einem so großen Teil von Bergs Musik schwebt, der ihm zu diesem Erfolg verhalf? Präzision war Mahlers Losung, in orchestralen Belangen zumindest, und es mag sein, daß sein letztes Geschenk an Berg, das ihm durch ein erneuertes Studium von Mahlers Partituren vermittelt worden war, ein stärkeres Gefühl für das war, was praktikabel ist. Wenn dem so ist, dann sollte sich wohl jede zukünftige Studie über Mahlers Einfluß auf Berg eher auf den Bereich orchestraler Meisterschaft konzentrieren als auf die allgemeineren Komplexe, die im Mittelpunkt dieses Kapitel gestanden haben.

Anmerkungen

1 Siehe z.B. Hans Ferdinand Redlich, *Alban Berg: Versuch einer Würdigung*, Wien 1957, besonders S. S. 88f., S.94f., S.116, S.120, S.185ff. und Willi Reich, *Alban Berg. Leben und Werk*, Zürich 1963 (viele Einzelverweise). Es lohnt sich, die Sympathien beider Autoren für Mahler zu bedenken. Reich war ein Schüler Bergs und Redlich hatte in der Zeit zwischen den Kriegen am Rande des Schönbergzirkels gewirkt. Andere Autoren, die Mahlers Einfluß auf die Stücke von op. 6 hervorgehoben haben, sind René Leibowitz, *Schönberg and His School*, New York 1975, S. 153, und Theodor W. Adorno, *Berg. Der Meister des kleinsten Übergangs* (Gesammelte Schriften Bd. 13), Frankfurt/Main 1978, S. 336. Eine kürzlich erschienene Studie über Mahlers Einfluß auf den *Wozzeck* findet man bei Patrick Lang, *Mahler, mein lebendes Ideal: Zum Einfluß Gustav Mahlers auf Berg und Wozzeck*, in: Beat Hanselmann (Hg.), *Berg Wozzeck: Der Opernführer*, München 1992, S. 191–208.

2 Marksteine sind die Publikationen von Joseph Strauss, *Remaking the Past: Musical Modernism and the Influence of the Tonal Tradition*, Cambridge 1990, und Kevin Korsyn, *Towards a New Poetics of Musical Influence*, in: Music Analysis 10 (1991), S. 3–72. Beide erkennen den Einfluß von Harold Blooms literaturtheoretischer Forschung an bzw. stützen sich auf Blooms Arbeit als Ausgangspunkt. Blooms bedeutendste Beiträge hierzu sind *Einflußangst. Eine Theorie der Dichtung*, Frankfurt/Main 1995 [englische Ausgabe 1973], *A Map of Misreading*, Oxford 1975 und *Poetics of Influence*, New Haven 1988.

3 Die wichtigsten Studien hierzu sind Douglas Jarman, *The Music of Alban Berg*, London 1979, S. 27–46, und zwei Aufsätze von Mark DeVoto: *Alban Bergs Drei Orche-*

sterstücke op. 6: Struktur, Thematik und ihr Verhältnis zu Wozzeck, in: Franz Grasberger und Rudolf Stephan (Hg.), *Alban Berg Symposion Wien 1980* (= Alban Berg Studien Bd. 2), Wien 1981, S. 97–106, und *Alban Berg's ›Marche macabre‹*, in: Perspectives of New Music 22/2 (1984), S. 386–447. Es existiert auch ein Aufsatz von Michael Taylor, *Musical Progression in the ›Präludium‹ of the Three Orchestral Pieces op. 6*, in: Douglas Jarman (Hg.), *The Berg Companion*, Houndmills 1989, S. 123–139; unglücklicherweise reicht Taylors detaillierte Analyse nicht über Takt 15 hinaus.

4 Helene Berg (Hg.), *Alban Berg: Briefe an seine Frau*, München 1965, S. 21 [Brief ohne Datum, wohl Herbst 1907], S. 31 [Brief vom 30. Juli 1908], S. 71/72 [Brief vom 16. Juli 1909], S. 123 [Brief vom 23. August 1909], S. 220 [Brief vom 20. November 1911], S. 238 [Brief ohne Datum, (Herbst 1912?)], S. 285f.[Brief vom 14. August 1915], S. 486[Brief vom 27. Mai 1922]. Einige editorische Ungenauigkeiten wurden beibehalten.

5 Berg bezieht sich auf einige dieser Gelegenheiten in seinen Briefen an Schönberg: Siehe Juliane Brand, Christopher Hailey und Donald Harris (Hg.), *The Berg-Schoenberg-Correspondence. Selected Letters*, London 1987. Schönbergs analytische Kommentare zum Andante von Mahlers *Sechster Symphonie*, dem Werk, auf das Berg besonders Bezug nimmt, finden sich in *Mahler*, in: Ivan Vojtech (Hg.), *Arnold Schönberg. Stil und Gedanke. Aufsätze zur Musik* (= Gesammelte Schriften 1), Frankfurt/M 1976, S. 7–24.

6 Brief vom 23. April 1912 (Typoskript in den Räumlichkeiten der Arnold Schönberg-Gesamtausgabe, Berlin; siehe auch *The Berg-Schoenberg-Correspondence*, S. 87).

7 Reich, *Alban Berg. Leben und Werk*, S. 18. Siehe auch Erich Alban Berg, *Alban Berg: Leben und Werk*, Frankfurt/Main 1976, S. 104.

8 Reich, *Alban Berg. Leben und Werk*, S. 16.

9 Rosemary Hilmar, *Alban Berg. Leben und Wirken in Wien bis zu seinen ersten Erfolgen als Komponist*, Graz 1978, S. 178.

10 Reich, *Alban Berg. Leben und Werk*, S. 24; Rosemary Hilmar, *Alban Berg*, S. 42.

11 Reich, *Alban Berg. Leben und Werk*, S. 33; Rosemary Hilmar, *Alban Berg*, S. 48.

12 Rosemary Hilmar, *Alban Berg*, S. 57 [Berg hat nur einen Satz zur Bearbeitung übernommen und diesen fertiggestellt; Anm. d. Übersetzers].

13 Ebd. (auch das Zitat aus dem Brief an Webern), S. 56.

14 Ebd., S. 87. Siehe auch *The Berg-Schoenberg-Correspondence*, S. 98. Über die vierhändige Bearbeitung der *Neunten* schrieb Berg: »*Das ist keine Musik mehr dieser Welt. Rätselhaft schön und herrlich*«. (Brief vom 22. Juni 1912, Typoskript in den Räumlichkeiten der Arnold Schönberg – Gesamtausgabe, Berlin; siehe auch *The Berg-Schoenberg-Correspondence*, S. 96).

15 Siehe auch Bergs Kommentar zu einer Aufführung der *Achten Symphonie. The Berg-Schoenberg-Correspondence*, S. 79.

16 Ebd., S. 118.

17 Zitiert bei Kurt Blaukopf, *Mahler. Sein Leben, sein Werk und seine Welt in zeitgenössischen Bildern und Texten*, Wien 1976, S.254.

18 Herbert Kilian, *Gustav Mahler in den Erinnerungen von Natalie Bauer-Lechner*, mit Anmerkungen und Erklärungen von Knud Martner, Hamburg 1984, S. 35.

19 Siehe die faszinierende tabellarische Übersicht mit acht der Versionen, die das Programm durchlief, in: Henri Louis de la Grange, *Mahler*, London 1976, S. 798f.

20 Brief ohne Datum, Poststempel vom 18. August 1906, in: *Gustav Mahler: Briefe*, hrsg. v. Herta Blaukopf, Wien 1995 (2. rev.Auflage), S. 335.

21 Eine berühmte Aufstellung des Gehalts der *Vierten Symphonie* bezeichnet den fünften Satz als eine Scherzo in D-Dur mit dem Untertitel »Der Welt ohne Schwere«. Allgemein wird angenommen, daß daraus das Scherzo der Fünften »geworden« ist. Siehe Paul Bekker, *Gustav Mahlers Sinfonien*, Berlin 1921, S. 145, und Donald Mitchell, *Gustav Mahler: The Wunderhorn Years*, London 1975, S. 139.

22 Schönbergs vollständiger Titel für diesen Abschnitt war *Totentanz der Prinzipien*. Solche hohen moralischen und religiösen Anliegen sind zugegebenermaßen soweit von Mahler entfernt, wie man es sich nur denken kann.

23 Für Angaben über Schönbergs Symphonie siehe Josef Rufer, *Das Werk Arnold Schönbergs*, Kassel 1959, S. 101–104 (eine Übersicht über deren wahrscheinlichen Gehalt) und Alan P. Lessem, *Music and Text in the Works of Arnold Schoenberg*, Ann Arbor 1979, S. 177–180 (eine eingehendere Diskussion).

24 Zitiert bei Redlich, *Alban Berg. Versuch einer Würdigung*, S. 88. Die Skizzen sind in Bergs Gesamtausgabe publiziert worden: Siehe *Sämtliche Werke, Separatum: Symphonie-Fragmente*, hrsg. v. Rudolf Stephan, Wien 1984.

25 Brief vom 9. Juli 1913 (Typoskript im Staatlichen Institut für Musikforschung, Berlin; siehe auch *The Berg-Schoenberg-Correspondence*, S. 182.

26 Brief vom 2. August 1914 (Typoskript im Staatlichen Institut für Musikforschung, Berlin; siehe auch *The Berg-Schoenberg-Correspondence*, S. 212.

27 Brief von Ende November 1915 (Typoskript im Staatlichen Institut für Musikforschung, Berlin; siehe auch *The Berg-Schoenberg-Correspondence*, S. 257.

28 Programmeinführung zu Boulez' Aufnahme, Sony SMK 48 462, S. 6.

29 Siehe auch Jarman, *The Music of Alban Berg*, S. 12.

30 Anmerkungen zur CBS-Aufnahme, CBS 72614.

31 Paraphrasiert bei Reich, *Alban Berg. Leben und Werk*, S. 107.

32 Siehe z.B. Perles Kommentar in: Stanley Sadie (Hg.): *The New Grove Dictionary of Music and Musicians*, Bd. 2, London 1980, S. 527.

33 DeVoto, *Marche macabre*, S. 105.

34 Das Vorwort zur Philharmonia-Partitur von »F.S.« [Friedrich Saathen] behauptet, daß der ganze zweite Satz eine Umbildung des *Präludiums* sei, dies jedoch ist eine Übertreibung.

35 Dieses Kapitel wird die stilistische Untersuchung der Beziehung Bergs zu Mahler nicht vertiefen: Reich, Redlich und andere haben dies getan, und es wäre nur zu einfach, die Liste der »Parallelstellen« zu erweitern.

36 Ich sage hier »offensichtlich«, weil dies von den meisten Berg-Forschern erkannt wurde.

37 Siehe Charles Rosen, *The Romantic Generation*, New York 1995, passim.

38 Mengelberg zufolge komponierte Mahler sein *Adagietto* auf der Grundlage eines Gedichts, das dann aus der Partitur gestrichen wurde. Mengelbergs Dirigierexemplar, in das er die Verse eintrug, ist abgebildet in Gilbert E. Kaplan (Hg.), *Gustav Mahler: Adagietto*, New York 1992, S. 20. Man weiß, daß Berg das Finale seiner *Lyrischen Suite* auf dieselbe Weise komponierte.

39 Jarman, *The Music of Alban Berg*, S. 45. Er bezieht sich hier auf Erwin Steins Beschreibung von Mahlers motivischer Arbeit, die dieser mit dem Mischen eines Päckchens von Spielkarten vergleicht. Obgleich man dafür vereinzelte Beispiele in Bergs op. 6 finden kann, bleibt Mahlers Anwendung dieses Verfahrens, soweit ich festzustellen in der Lage war, einzigartig.

40 Redlich, *Alban Berg: Versuch einer Würdigung*, S. 97f.

41 Peter Heyworth (Hg.), *Gespräche mit Klemperer*, Frankfurt/Main 1974, S. 46.

42 Im Hinblick auf den Schluß der Melodie sind Zweifel angebracht, weil sie so organisch in den Schlußabschnitt hinüberführt.

43 Die Passage war in der ersten, unpubliziert gebliebenen Version für die Altposaune
komponiert worden. Als Berg die Partitur 1929 revidierte, schrieb er sie für das
Tenorinstrument um.

44 Gerald Strang and Leonard Stein (Hg.), *Arnold Schoenberg: Fundamentals of Musical
Composition*, London 1967, S. 16. [In der von Rudolf Kolisch übersetzten Ausgabe
(Rudolf Stephan (Hg.), *Arnold Schönberg: Die Grundlagen der musikalischen Komposition*,
Wien 1979, S. 18), die auf der von Strang und Stein herausgegebenen englischen
Originalausgabe beruht, fehlt dieser Absatz bedauerlicherweise. Das folgende Zitat
konnte aber der deutschen Ausgabe, S. 18, entnommen werden. Anm. d. Übersetzers].

45 Siehe *Arnold Schoenberg: Fundamentals*, Kapitel 5 und 8.

46 Das Diagramm in Beispiel 6.2 zeigt, wie Berg Symmetrien vermeidet, indem er
eintaktige Phrasen hinzufügt und so die zweitaktigen Phrasen derart verschiebt, daß
sie aus der gewöhnlichen 4+4-Gliederung herausfallen.

47 Diese kenne ich nur über die Musikbeispiele in Taylor, *Musical Progression*, S. 126ff.
Beiläufig gesagt ist Taylor der einzige Autor, der die Periodenstruktur der Melodie
erkennt.

48 DeVoto, *Drei Orchesterstücke*, S. 99–101.

49 Die so auseinandergezogenen Akkorde klingen ausgesprochen ähnlich wie die
Akkorde aus Schönbergs *Farben*, op. 16 Nr. 3.

50 Siehe Perle, *Berg's Master Array of the Interval Cycles*, in: Musical Quarterly 63 (1977),
S. 1–30 und nachfolgende Publikationen. Bergs tatsächlicher Plan in Form eines
Musikbeispiels ist sowohl in Perles Aufsatz wie auch in *The Berg-Schoenberg-Corre-
spondence*, S. 283.

51 Man sollte an dieser Stelle einige kritische Bemerkungen einflechten. Das *Präludium*
gehörsmäßig zu erfassen, ist schwierig. Einmal ist es beinahe unmöglich, die Akkorde zu »hören«, abgesehen von den gelegentlichen Dreiklangs- bzw. Septakkord-
formationen, die das Ohr dankbar erkennt. Vertikal kann ich es größtenteils gar
nicht hören, und ich bezweifle, daß Berg dazu imstande war. Es Ton für Ton auf
dem Klavier durchzuspielen, hilft. Die Vervielfachung der Motive bzw. Linien von
Takt 34 an bis zur Klimax überwältigt einen vollends. Das Ohr kann all dies unmöglich wahrnehmen. Bei der Vorbereitung dieses Kapitels stellte ich zur Abhilfe
einen Klavierauszug der Partitur her; doch ist es zuweilen einfacher, der Partitur zu
folgen, weil dann die Aufgliederung in Haupt- und Nebenstimmen etc. auf den ersten Blick klar ist. Ästhetisch gesehen könnten die Takte 34–36 genausogut »Lärm«
sein, die tonhöhenlosen Schlagzeugpassagen, die man mit Varèse assoziiert (mit
dem der Anfang von Bergs Werk oft, und dies zu unrecht, verglichen wird). Dann
ereignet sich bei Takt 37 eine schier unglaubliche Klärung: Die Musik läßt sich wieder auf vier (!) Notensysteme reduzieren; plötzlich macht das Geschehen Sinn. Das
Kalkül, das im Fortgang von den ersten Klängen bis zur Melodie und im Abstieg
von der Klimax bis zum Ende steckt, ist erstaunlich, wundervoll. Die Auflösung
des Akkordes in den Takten 51–53 ins Nichts hinein, Ton für Ton, ist genauso bestechend. Aber der Anstieg zum Höhepunkt ist wegen der Fülle an Details kaum
auszuloten; und es handelt sich überall um unverzichtbare, thematische Details. In
den 1960er Jahren übrigens wurde diese Klimax unter jungen britischen Komponisten zum Schlagwort für (bedeutungslose) thematische Komplexität, als eine Seite
davon – genauer gesagt, S. 12 der Philharmonia-Partitur – auf einem dieser Sympo-

sien über die Musik des 20. Jahrhunderts, die damals so beliebt waren, reproduziert wurde. Noch Monate später waren die Manuskripte eines jeden ehrgeizigen Komponisten schwarz vor Noten.

52 Bd. 5 (1980), S. 2130. Ich bin Alfred Clayton für diesen Hinweis zu Dank verpflichtet.

53 Siehe hierzu das *Oxford English Dictionary*, Compact Edition, New York 1971, Bd. 2, S. 2424, das sich auf Chaucers *House of Fame* (1374–1385), Buch III, Verse 1233–1236 bezieht:

> *Ther saugh I famous, olde and yonge,*
> *Pipers of the Duche tonge*
> *To lerne love-daunces, sprynges,*
> *Reyes, and these straunge thunges.*

F.N. Robinson (Hg.), *The Works of Geoffrey Chaucer*, New Cambridge Edition, London ²1957, S. 294.

54 Arthur Schnitzler, *Reigen*, in: *Dramatische Werke*, Bd. 1, Frankfurt 1963.

55 Susanne Rode, *Alban Berg und Karl Kraus: Zur geistigen Biographie des Komponisten der ›Lulu‹*, Frankfurt/Main 1988, S. 468.

56 Bruce Archibald, *Berg's Development as an Instrumental Composer*, in: Jarman (Hg.), *The Berg Companion*, S. 116. Archibalds Arbeit am *Reigen* reicht bis in die frühen 1960er Jahre zurück.

57 Ravels *La Valse* wird wie Bergs *Marsch* traditionell als eine Metapher für den Zusammenbruch der europäischen Zivilisation nach 1914 verstanden. Einen faszinierenden Bericht darüber, wie Ravel die grundlegenden Elemente des Walzers »attakkiert«, was sich in mancherlei Hinsicht mit Bergs Vorgehen im *Reigen* vergleichen läßt, findet man bei George Benjamin, *Last Dance*, in: The Musical Times 135 (1994), S. 432–435.

58 Bergs System der Taktnumerierung ist idiosynkratisch, wenn er jeden der vier Unterabschnitte von Takt 101 separat zählt, doch dann jedem folgenden Takt nur eine Nummer zuweist (105ff.). Tafel 6.1 bezeichnet Bergs 106. Takt als Takte 109–112, Bergs 107. Takt als Takte 113–116 und so weiter bis zum Doppelstrich nach Bergs 110. Takt (d.h. 125–128).

59 Es gibt davon zuviele, als daß sie hier aufgezählt oder gar etikettiert werden könnten. Der interessierte Leser findet die wesentlichen Beziehungen anschaulich in Perles Artikel im New Grove dargelegt.

60 Der Übergang vom Alla breve-Takt zum 3/4-Takt ist gelungen und wird beinahe ausschließlich durch die Harmonik geleistet; das Schlagzeug kommt hier nicht zum Einsatz, es gibt nicht einmal ein volltaktiges Pizzikato bis zum Beginn des Walzers in Takt 20. Die gegenläufige rhythmische Bewegung in den Violinen in den Takten 17–19 irritiert das Ohr, etabliert jedoch nicht wirklich ein 3/4-Metrum, und der Alla Breve-Takt dauert bis Takt 24 (kleines Notensystem).

61 Berg deklarierte den *Reigen* später als Vorstudie zur Schenkenszene im *Wozzeck*. Siehe Mosco Carner, *Alban Berg: The Man and the Work*, London ²1983, S. 144.

62 Dieser vollzieht sich in vier Schritten: Takte 94–99: Die erste viertaktige Phrase des Walzers taucht aus dem »Lärm« der zweiten Ostinatopassage auf; Takte 98–100: die zweite viertaktige Phrase, in Wirklichkeit auf drei Takte verkürzt; vom Takt 97 her findet eine Überlagerung durch den neuen »4/2«-Takt statt (d.h., es gibt eine eintaktige Überschneidung); Takte 105–110: sechs 4/2-Takte (= vierundzwanzig »3/4«-Takte). Die Pedaltöne, der harmonische Rhythmus und die Auflösung des 3/4–Metrums tragen zum elegischen Tonfall bei.

63 Derrick Puffet; *Debussy's Ostinato Machine* (= Papers in Musicology Nr. 4), Nottingham 1996.

64 Hier besteht eine offensichtliche Verbindung mit der *Lyrischen Suite*. Könnte dieses Werk in einer Beziehung zu Schnitzler stehen, die selbst George Perle nicht kennt?

65 Carner, *Alban Berg*, S. 146.

66 Jarman, *The Music of Alban Berg*, S. 77.

67 Z.B. schreibt er über den Takt 91: »Neuer Abschnitt. Marschcharakter wieder aufgenommen«. DeVoto, *Marche Macabre*, S. 399.

68 Strawinskys Ausdruck dafür, »Protest«, ist ideal und deutet das Nicht-Vorhanden-sein einer Lösung an. Siehe *Igor Strawinsky: Gespräche mit Robert Craft*, Mainz 1961, S. 98.

69 DeVoto, *Marche Macabre*, S. 408.

70 Jarman, *The Music of Alban Berg*, S. 37–46.

71 George Perle, *The Operas of Alban Berg*, Bd. 1: *Wozzeck*, Berkeley 1985, S. 18. Perles Verweis auf Ravels *valse macabre* ist insofern unglücklich, als er irrelevante Assoziationen an Saint-Saëns hervorruft.

72 Zum letzten Mal kommt diese Weltanschauung bei Berg im dritten Akt der *Lulu* bei der Drehorgel zum Ausdruck, die ihre trivialen Melodien herunterleiert, als Lulu ihrem Gewerbe als Prostituierte in London nachgeht.

73 Obgleich sich dahinter ein Moment von beabsichtigter Gigantomanie zu verbergen scheint: Vgl. die Zyklopenepisode von Joyces zeitgleichem *Ulysses*.

74 *Igor Strawinsky: Gespräche mit Robert Craft*, S. 98.

75 John Adams in einem Interview mit Nick Kimberley, in: *Grammophone*, Juni 1996, S. 23.

76 Beispiele sind die Takte 70–72, 76–77, 102–106 und das meiste aus 115–126. Daß eine partielle Ausdünnung stattfand, bevor der *Marsch* in Druck ging, bezeugen die zwei Manuskripte in der Pierpont Morgan Library. Alle beide weisen Passagen mit einer dickeren Orchestration auf, als Berg sich stehenzubleiben gestattete.

DIE MUSIKALISCHE SPRACHE DES *WOZZECK*

Anthony Pople

Der Ausdruck »musikalische Sprache«, obgleich einer des alltäglichen Sprachge-
brauchs, beinhaltet viele Fragen und birgt eine Vielzahl von Voraussetzungen in
sich. Natürlich existiert eine reichhaltige und vielfältige Literatur, die dem Thema
gerecht zu werden sucht und darin enthaltene detaillierte Implikationen aus einer
Reihe von Perspektiven zu erörtern bemüht ist. In diesem kurzen Kapitel jedoch
wird der Begriff in seiner alltäglichen Bedeutung verwendet, als ein praktisches
Kürzel für die Untersuchung von technischen Fragen in einem musikalischen
Werk: technische Fragen insofern, als sie sich auf das beziehen, was allgemein
bekannt ist, unter der Voraussetzung, daß solch eine Zergliederung eines bestimmten Werkes in ein- und demselben Zusammenhang eine Art latenten musikalischen »Verständnisses« sowohl unterstützt als auch in einem gewissen
Ausmaß offenbart. Im vorliegenden Kontext muß eine derartige Diskussion
auch die Tatsache in Rechnung stellen, daß *Wozzeck* eine Oper ist, auch wenn
das Problem des Genres gerade in diesem Werk weit davon entfernt ist, eindi-
mensional zu sein. Der Untertitel von Janet Schmalfeldts eindrucksvoller Monographie über den *Wozzeck* – »Harmonische Sprache und dramatische Gestalt« –
vereint ausdrücklich den Begriff der musikalischen Sprache mit der Vorstellung,
daß Opernmusik einem dramatischen Zweck dient.[1] Sowohl ihr Buch wie auch
eine frühere Studie von George Perle versuchen, spezifische musikalische Konfigurationen auf Figuren, Situationen und Symbole des Dramas zu beziehen.[2]
Die Anlage von Perles Studie gibt zu erkennen, daß dieser Ansatz sich größtenteils einer exegetischen Schreibweise über die Oper verdankt, die sich in der
nachwagnerschen Zeit entwickelte. In der Tat erinnert uns das Beispiel von
Bergs eigenen Führern zu Schönbergs *Gurreliedern* und *Pelleas und Melisande* daran,
daß zu seinen Lebzeiten solch ein Schreibstil in die Diskussionen über Werke,
die nicht der Gattung der Oper angehören, überschwappte.

Schreibt man über die Handlung einer Oper, indem man die Musik betrachtet, so rückt man das Drama in eine sonderbare Position. Indem man es auf
Abstand hält, ihm eine Phantomexistenz verleiht, die nur vermittels der Musik
spricht, verleiht man dem Drama eher einen virtuellen als einen realen Status.
Zugleich erhält die Musik einen eher realen als virtuellen Status, als wolle man
sagen, daß die Musik dem Drama dient, indem sie es aufhebt – das ist in der Tat
eine direkte Antwort auf das jahrhundertealte Dilemma der Oper, ob dem Wort
oder der Musik die relative Priorität gebührt. Im Falle einer Oper, die einen
bereits existierenden, selbständigen dramatischen Text vertont, wie bei Büchners
Woyzeck und Bergs *Wozzeck*, vertritt diese Bestimmung des Verhältnisses von

194

Musik und Drama das extremste (»Apophrades«) der *»Bearbeitungsweisen«* des Literaturkritikers Harold Bloom. Das sind sechs pragmatische Kategorien, mit deren Hilfe er in seiner berühmten Studie über die Frage, wie Dichter mit Einflüssen umgehen, die *»de*[n] *schöpferischen Geist [...], der verzweifelt auf Priorität beharrt«* darstellt.[3] Wenn wir Bloom hier folgen, ohne jedoch wie er »Apophrades« mit den letzten Stadien eines künstlerischen Werdegangs zu verknüpfen, können wir folgendes feststellen: Eine derartige Deutung des *Wozzeck* kommt der Behauptung gleich, daß Berg selbstsicher sein eigenes Können ausspielt und sich Büchners Text bis zu einem Grad bemächtigt, an dem das Schauspiel *Woyzeck* ohne die Oper *Wozzeck* undenkbar wird – was heutzutage sicherlich der allgemeinen Wahrnehmung entspricht.[4]

Nichtsdestotrotz kann man die Geschichte der selbständigen Existenz des Schauspiels dokumentieren. Büchner war noch ein junger Mann – er starb 1837 in seinem vierundzwanzigsten Lebensjahr –, und sein brillianter, rastloser Geist beschäftigte sich neben der Dichtung mit radikalpolitischen Aktivitäten und professionellen medizinischen Gutachten – die Medizin war eine familiäre Berufung über viele Generationen hinweg gewesen. Der Fall des Johann Christian Woyzeck war ihm durch ein Gutachten bekannt geworden: 1821 hatte Woyzeck seine Geliebte wegen ihrer Untreue ermordet, plädierte jedoch auf Unzurechnungsfähigkeit. Medizinische Expertisen widersprachen dem schließlich, und er wurde 1824 hingerichtet. Büchners Drama wurde als Konvolut fragmentarischer Szenen kurz vor seinem Tod skizziert und unter enormen Schwierigkeiten von Karl Emil Franzos für die Veröffentlichung im Jahre 1879 entziffert.[5] (Es blieben zwei Unsicherheitsfaktoren bei der Einrichtung des Dramentextes bestehen: Die Auswahl und Anordnung der Szenen und die genaue Lesart der Worte selbst.) Mehr als dreißig Jahre gingen bis zur Uraufführung des Dramas 1913 in München ins Land. Zu diesem Zeitpunkt – es handelte sich um Büchners hundertsten Geburtstag – war sein Werk in literarischen Zirkeln bekannt und erregte beachtliches Interesse. Berg sah das Schauspiel in Wien am 5. Mai 1914 und, vor Erschütterung fast sprachlos, beschloß er sofort, es zu vertonen.[6]

Berg stützte sich auf einen Nachdruck von Paul Landaus Edition von 1909 – diese brachte, ohne die Lesart von Franzos im Detail zu ändern, neue Konjekturen hinsichtlich der Auswahl und Anordnung der Szenen an – und adaptierte einfach das, was er dort fand, für die Konzeption seines Librettos. Einige Szenen wurden weggelassen, aber die Folge der verbleibenden entspricht derjenigen Landaus. Berg korrigierte einige Details, um Material aus den gestrichenen Szenen beibehalten zu können, aber insgesamt, *»reproduziert das Libretto des Wozzeck beinah wörtlich den Text von Franzos-Landau«*, wie George Perle bündig feststellt.[7]

Bekanntlich arrangiert Berg das Material in einem streng geregelten Schema, seine drei Akte enthalten jeweils fünf Szenen. Es läßt sich darüber streiten, ob diese systematische Komponente Büchners Schöpfung kompromittiert: Betrachtet man das Drama vermittels der Oper – oder einer wissenschaftlichen

Beschreibung der Fragmente – in seiner virtuellen Form, so ist es eine Art von dramatischem Mobile, seine Formlosigkeit stellt einen wesentlichen Charakterzug dar. Aber Inszenierungen sind wie Berg bei der Konzeption seines Librettos gezwungen, das Drama als unabänderliches chronologisches Ganzes vorzustellen. Das gelingt auf der Bühne oft nur unzulänglich, nicht jedoch bei Berg. In der Musik verfügt Berg über die Möglichkeit ständiger Querverweise, die die chronologische Gestalt der Handlung durchkreuzen, sie in den Vordergrund treten lassen und eine dramatische Tugend aus ihrer »Unerbittlichkeit« machen.

Doch genügte ihm diese kontrapunktische Durchkreuzung keineswegs: In seinem Vortrag über die Oper von 1929 stellte er die ungewöhnliche These auf: *»[O]bwohl hier* [in der Schlußszene] *[...] deutlich zu dem Schlußakkord kadenziert wurde, hat es fast den Anschein, als ginge es weiter. Es geht ja auch weiter! Tatsächlich würden die Anfangstakte der Oper an diese Endtakte ohne weiteres anschließen, womit der Kreis geschlossen wäre.«*[8] Diese These ist oft unwidersprochen wiederholt worden, aber man kann sie zweifellos in Frage stellen. Wir können sie als Quelle zweier Thesen über das Drama und die Musik der Oper ansehen. Was die Tragweite der Bühnenhandlung anlangt, impliziert Bergs Äußerung, daß die Tragödie von Wozzeck und Marie sich in der nächsten Generation wiederholen könnte (und in der darauffolgenden, und der danach, und so weiter);[9] sie nimmt damit einen mythischen Status für ein Drama in Anspruch, das in Wahrheit auf einem historischen Ereignis beruht. Es ist nicht sicher, daß Büchners Drama dieser besonderen mythischen Qualität bedarf, um ein herausragendes und wirkungsvolles Theaterstück zu sein: Dies gelingt, weil ein Bündel möglicher Erklärungen für Johann Woyzecks Geistesverfassung aufgeboten und die Wirksamkeit vieler dieser Begründungen an Mitgliedern der Gesellschaft festgemacht wird, die respektabler sind und gesellschaftlich höher stehen als der mittellose Soldat selbst, wobei jedoch keiner darunter seine Fähigkeit, die Natur der menschlichen Existenz zu hinterfragen, teilt.

Da Bergs Oper Büchners Schauspiel in sich aufnimmt, besitzt sie ebenfalls all diese Eigenschaften. Doch da Berg ihr ausdrücklich eine mythische Qualität außerhalb der Zeit attestiert – anstatt sie innerhalb des Spiegels von Woyzecks Gesellschaft anzusiedeln –, stellt Berg seine Oper in eine Reihe mit Wagners musikdramatischer Produktion. Insofern, als die Konzeption Wagners selbst auf Dichtungen fußt, die im weitesten Sinne denen Büchners zeitlich korrespondieren, liegt hier vielleicht eine andere Art von zirkulärer Geschlossenheit vor, die auf unheimliche Weise Bergs Konzeption unterstützt. Zweitens scheint die von Berg vorgebrachte »zirkuläre« Verknüpfung, die dem stark kadenzierenden Charakter der Schlüsse in jedem der drei Akte entgegensteht (diesen Aspekt hatte Berg unmittelbar zuvor in seinem Vortrag angesprochen), in musikalischem Sinne einen Anspruch auf stilistische Homogenität vom Anfang bis zum Ende des Werkes zu implizieren – oder wenigstens vom Ende bis zum Beginn. Diese Behauptung ist nicht leicht aufrechtzuerhalten, obwohl sie, wie Schmalfeldt,

Perle und Douglas Jarman gezeigt haben, und dies auch später in diesem Kapitel diskutiert werden wird, durch detaillierte Analyse untermauert werden kann.

Tafel 7.1

Drama		Musik
Expositionen	*Akt I*	Fünf Charakterstücke
Wozzeck und der Hauptmann	Szene 1	Suite
Wozzeck und Andres	Szene 2	Rhapsodie
Marie und Wozzeck	Szene 3	Militärmarsch
		und Wiegenlied
Wozzeck und der Doktor	Szene 4	Passacaglia
Marie und der Tambourmajor	Szene 5	Andante affetuoso
		(quasi Rondo)
Dramatische Entwicklung	*Akt II*	Symphonie in fünf Sätzen
Marie und ihr Kind, später Wozzeck	Szene 1	Sonatensatz
Der Hauptmann und der Doktor,		
später Wozzeck	Szene 2	Fantasie und Fuge
Marie und Wozzeck	Szene 3	Largo
Wirtshausgarten	Szene 4	Scherzo
Wachstube in der Kaserne	Szene 5	Rondo con introduzione
Katastrophe und Epilog	*Akt III*	Sechs Inventionen
Marie und ihr Kind	Szene 1	Invention über ein Thema
Marie und Wozzeck	Szene 2	Invention über einen Ton
Schenke	Szene 3	Invention über
		einen Rhythmus
Tod von Wozzeck	Szene 4	Invention über
		einen Hexachord
	Zwischenspiel	Invention über eine Tonart
Kinder spielen	Szene 5	Invention über eine
		gleichförmige Achtelbewe-
		gung

Formale Vorbilder

Bergs Konzeption der Handlung als geregelte Abfolge von Szenen diente auch einem musikalischen Zweck, der durch die von seinem Schüler Fritz Mahler erstellte Szenenübersicht, aus der sich Tafel 7.1 ableitet., bekannt geworden ist[10]. Die Wahl der lehrbuchhaften musikalischen Formen ist in einigen Fällen explizit durch Ähnlichkeiten in der Abfolge oder auf metaphorische Weise auf die dramatische Situation bezogen. Berg selbst legt dies beispielsweise bei der ersten Szene des zweiten Aktes dar: »*Der zweite Akt [...] bringt als erste musikalische Form einen Sonatensatz. Es ist vielleicht kein Zufall, daß den hier auftretenden drei Figuren: Marie, ihr[em] Kind und Wozzeck, die drei Themengruppen einer musikalischen Exposition: Haupt-, Seiten- und Schluß-Satz, zugrunde gelegt worden sind, damit von vornherein die*

197

strenge Sonatenform ermöglichend. Ja, die ganze dramatische Entwicklung dieser Schmuck-Szene, die zweimalige Wiederkehr gewisser Situationen, dann das Aufeinanderprallen der Hauptgestalten, hat auch die weitere strenge musikalische Gliederung ermöglicht. Als da sind: nach der Exposition die erste Reprise, die Durchführung und schließlich die zweite Reprise.«[11] Ziemlich deutlich und dies nicht zum ersten Mal in der Musikgeschichte werden hier die Prinzipien der Symphonischen Dichtung Straussscher Provenienz auf den Bereich der Opernmusik übertragen, mit ihrem ambivalenten Rekurs auf Vorstellungen der absoluten und der programmatischen Musik. Aber das schließt auch einen neoklassizistischen Aspekt ein, nicht so sehr wegen der Anwendung von lehrbuchhaften musikalischen Formen per se, sondern eher aufgrund ihrer Stilisierung. Zum Beispiel kann man sich nicht vorstellen, daß Gustav Mahler, Bergs symphonischer Vorgänger, einen »strengen« Sonatensatz komponiert hätte, der wie diese Szene nicht länger als fünf Minuten einer normalen Aufführung in Anspruch nimmt.

Die Distanzierung vom historischen Ort der Form, die dies impliziert, ist notwendigerweise im Falle der ersten Szene des ersten Aktes greifbarer, die durch den Gebrauch der barocken Suite als formales Vorbild *»musikalisch das ihr zukommende, ich möchte sagen, historische Kolorit* [erhält]«, wie Berg zu verstehen gibt.[12] Douglas Jarman präzisiert dies durch die Beobachtung, daß der Einsatz der »altmodischen« Formen *»ein*[en] *Kommentar zum unmodernen, traditionellen und bürgerlichen Moralkodex des Hauptmanns«*[13] darstellt – mit anderen Worten, die Verwendung dieser Form ist kein naiver Archaismus, vielmehr läßt sie Raum für eine zusätzliche Ebene des auktorialen Kommentars von Seiten Bergs. Die Fortsetzung von Bergs Satz verdeutlicht jedoch, daß dies anderswo in seiner Oper nicht seiner Absicht entsprach: Es war etwas, *»an das ich mich in diesem wahrhaft zeitlosen Drama natürlich sonst nicht hielt.«*[14] Zugleich mag man nichtsdestoweniger einen übermächtigen Zug von Stilisierung in der Suite beobachten, nicht zuletzt in der Kürze ihrer »Sätze«. Die ganze Folge – Präludium, Pavane, Kadenz, Gigue, Kadenz, Gavotte mit zwei Doubles, Air und eine Reprise des Präludiums (ein Großteil davon im Krebs) – dauert um die sieben oder acht Minuten.

Man mag sich freilich fragen, inwieweit die Formen unter solchen Umständen erkennbar sind. Zweifellos traf die formale Konzeption der Oper in einigen Kreisen zuerst auf Unverständnis – beim Wiener Kritiker Emil Petschnig zum Beispiel: *»Aber außer einigen Dreiachteltakten, angefüllt mit chromatischen Windpassagen[...], die wohl die Gigue repräsentieren sollen, einem Abschnitt in [C], darin von Moral gehandelt wird, als Vertreter der Gavotte mit zwei Doubles [...] und einer mit sehr gutem Willen als Air zu deutenden 3/2-Partie vermochte ich absolut nichts Suitenähnliches zu entdecken. Ganz zu schweigen von dem Fehlen jeglicher Charakteristik, die doch diese alten Tanzformen notorisch voneinander sofort zu unterscheiden erlaubt«.«*[15] Es ist leicht, solche Einschätzungen aus der Rückschau zu diskreditieren, aber es lohnt sich auch, ein wenig genauer hinzuschauen. Die Kürze der Formen ist natürlich durch die Kürze von Büchners Szenen bedingt, und demgemäß ist sie eine Konsequenz von Bergs Entschluß, eine separate musikalische Form bei jeder Szene einzusetzen – selbst wenn er sie zu größeren Gruppen zusammenstellt, besonders im zweiten Akt. In seinem kurzen Artikel »Das Opernproblem« erklärte Berg seine Überlegungen:

>*[...] vom Komponisten* [werden] *[...] alle wesentlichen Aufgaben eines idealen Regisseurs [...]* [er]*fordert* *[t] [...] unbeschadet der sonstigen absoluten (rein musikalischen) Existenzberechtigung einer solchen Musik; unbeschadet ihres durch nichts Außermusikalisches behinderten Eigenlebens.*

[Es bestand] die Notwendigkeit, von den 26 losen, teils fragmentarischen Szenen Büchners eine Auswahl [...] zu treffen, hiebei Wiederholungen, soweit sie musikalische nicht variationsfähig waren, zu vermeiden [...].

Die [...] erübrigten 15 Szenen nun aber abwechslungsreich zu gestalten, wodurch allein ihre musikalische Eindeutigkeit und Einprägsamkeit gewährleistet ist, verbot aber erst recht, so wie dies häufig üblich ist, sie lediglich auf ihren literarischen Inhalt hin fortlaufend ›durchzukomponieren‹. Eine [...] das dramatische Geschehen noch so treffend illustrierende Musik hätte nicht verhindern können, daß sich, schon nach einer kleinen Anzahl von auf diese Weise komponierten Szenen, das Gefühl musikalischer Monotonie bemerkbar gemacht hätte [...]

Indem ich nun der gebieterischen Forderung, auch musikalisch jeder dieser Szenen, jeder der dazu gehörenden Zwischenaktsmusiken [...] sowohl ihr eigenes, unverkennbares Gesicht als auch Abrundung und Geschlossenheit zu geben, gehorchte, ergab sich von selbst die Heranziehung alles dessen, was eine solche Charakterisierung einerseits und Geschlossenheit andererseits verbürgt: die vielbesprochene Heranziehung alter und neuer musikalischer Formen [...]«.[16]

Mit anderen Worten, die Formen wurden vorrangig verwendet, um jeder Szene oder jedem Zwischenspiel »Abrundung und Geschlossenheit zu geben«. Berg wandte andere musikalische Verfahren an, um sie individuell zu gestalten, ihnen einen » eigenes, unverkennbares Gesicht« zu geben.

Die Differenzierung ist in der Tat bemerkenswert. Die vokalen Charakterisierungen und die Konstellation der Figuren, die denkwürdigen orchestralen Klänge und die Reduktion des gesamten Orchesters in einigen Szenen, um eine charakteristische Bandbreite von Klangfarben zu erhalten: All dies differenziert nicht nur die Szenen voneinander, sondern verleiht ihnen auch ein innere Kohärenz. Zumindest in den Akten II und III ist es strittig, ob eine solche Kohärenz wirksamer ist als ein durch stilisierte Formen hervorgerufener Zusammenhalt. Vielleicht ist bei der *Passacaglia* auf ein Zwölftonthema, die der vierten Szene des ersten Aktes zugrunde liegt und mit Hilfe von einundzwanzig Variationen die Obsessionen des Doktors verspottet, eher die formale Basis als die Vielfalt, die Berg bei der Komposition der Variationsfolge erlaubt ist, für den Zusammenhalt der Szene verantwortlich – obgleich die Wirkungskraft der Büchnerschen Satire auch eine Rolle spielt. Aber in der Wirtshausgartenszene (Akt II, Szene 4) oder in der vorangehenden Szene mit Wozzeck und Marie – in der die Reduktion des Orchesters auf Kammermusikproportionen und der Einsatz der »Sprechstimme« in den Vokalstimmen den musikalischen Charakter prägt – ist es sicherlich weniger die zugrundeliegende Scherzo und Trio-Form im einen Falle oder die zugrundeliegende dreiteilige Form des Largo im anderen, die diesen Szenen »Abrundung und Geschlossenheit« verleiht, sondern vielmehr Einsatz und Weg-nahme der im Vordergrund wirkenden musikalischen Charakteristika.

Damit soll weder die Dichte der formalen Konzeption in vielen Szenen ge-leugnet, noch soll der Unfähigkeit Petschnigs nachgeeifert werden, den Rekurs auf traditionelle Archetypen zu erkennen. Aber im Rahmen des gehaltvollen Gleichgewichts an Elementen, die Bergs schöpferisches Vermögen umfaßt, ist die Funktionsteilung zwischen dem musikalischem Vordergrund und den stili-sierten Formen weniger klar umrissen, als es das Diagramm, das Berg Fritz Mahler gegenüber andeutete und die Erklärung, die er in »Das ›Opernproblem«« abgab, zu implizieren scheinen. Berg selbst bedauerte es, daß der Einsatz tradi-tioneller Formen in der Oper zum Thema so vieler Diskussionen wurde: An einer Stelle seines Vortrags von 1929 gibt er zu verstehen, daß die alten Formen *»diese Oper bekannter gemacht haben als die bisherigen Aufführungen.«*[17] Seine umgehend publizierte Antwort auf Petschnig war vielleicht zu stürmisch in ihrer Verteidi-gung der Formen – er behauptet ihre »Richtigkeit und Gesetzmäßigkeit«[18] – und dies mag zum Teil zum Mißverständnis beigetragen haben.

Es gibt einen weiteren Aspekt in Bergs formaler Konzeption der Oper, der seine Affinität für diese Idee verdeutlicht. Dieser betrifft die gesamte Dispositi-on des ersten Aktes als Folge von fünf Charakterstücken und des zweiten Aktes als Symphonie in fünf Sätzen. Ein Brief, den Berg kurz vor seiner Arbeit am *Wozzeck* an Schönberg schrieb, teilt uns etwas über den Ursprung dieser Modelle mit: *»Leider muß ich Ihnen da, lieber Herr Schönberg, gestehen, daß ich von Ihren diversen Vorschlägen, was ich zunächst komponieren soll, nicht Gebrauch gemacht habe. So sehr mich auch Ihr Vorschlag, eine Suite für Orch. (mit Charakterstücken) zu schreiben, vom ersten Moment an angeheimelt hat, und ich gleich viel und oft daran dachte [...] sah* [ich] *mich immer wieder gedrängt, einem älteren Bedürfnis – nämlich eine Symphonie zu schreiben – nachzugeben.«*[19]

Kontext dieses Briefes war die scharfe Kritik, die Schönberg an Bergs Opera 4 und 5 geübt hatte; ihre musikalische Konsequenz war nicht die Symphonie, die niemals weiter als zum Fragment gedieh, sondern die *Drei Orchesterstücke* op. 6.[20] Die Arbeit daran war zur Zeit von Bergs schicksalshaftem Besuch der Woyzeck-Auffführung im Theater voll im Gange; speziell Bergs Arbeit am *Marsch* erfolgte zeitgleich mit der musikalischen Anfängen des *Wozzeck*, die die zweite Szene des zweiten Aktes und die Skizzen für die dritte und zweite Szene des ersten Aktes betrafen (letzteres führte dazu, daß die zweite Szene Material mit dem *Marsch* gemeinsam hat).[21] Doch der größte Teil des *Wozzeck* wurde nach seiner Rück-kehr vom Kriegsdienst Ende 1918 komponiert. Der erste Akt wurde am 22. Juli 1919 vollendet, die erste, dritte und fünfte Szene des zweiten Aktes (zusätzlich zur früher komponierten zweiten Szene) Ende August 1920; die vierte Szene des zweiten Aktes und der gesamte dritte Akt entstanden 1921, das Particell war Mitte Oktober beendet und die Partitur im April 1922 fertig.[22]

So war Berg zu der Zeit, da er seine »fünf Charakterstücke« und seine »Symphonie« in die Substruktur des *Wozzeck* hineinkomponierte, zumindest chronologisch gesehen weit weg von Schönbergs Versuchen, ihn zu demütigen. In der Tat war der Ältere in der Zwischenzeit milder gestimmt, bot Berg 1918 sogar das intime »Du« als Anredeform an.[23] Aber wenn sich Berg von dem Erlebnis hat distanzieren können, so scheint er Schönberg doch niemals ganz vergeben zu haben. Schönberg hatte auch mehr als einmal Einwände gegen eine Bearbeitung des *Wozzeck* als Oper angemeldet.[24] Der zentralen Szene des *Wozzeck* zollt Schönberg scheinbar Tribut, sowohl mit ihrer reduzierten Orchesterbesetzung, die der Ausstattung der *Ersten Kammersymphonie* des Älteren entspricht, als auch durch die Anwendung des »Sprechstimmen«-Verfahrens. Berücksichtigt man jedoch die Wahrscheinlichkeit, daß der entsprechende zentrale Satz von Bergs nächstem Werk, dem *Kammerkonzert*, eine versteckte Kritik an Schönbergs Reaktion auf die Untreue von dessen Frau darstellt,[25] ist man versucht, über die Hintergedanken von Bergs Tribut an seinen Lehrer gerade in jenem krisenhaften Moment der Oper, wo Wozzeck Marie auffordert, ihr Verhältnis mit dem Tambourmajor zu gestehen, zu spekulieren. Die musikalische Referenz an Schönberg wird überdies zu Beginn der Szene (Takte II/372–373) unterstrichen, wenn einige charakteristische thematische Materialien aus anderen Szenen von ihren gewöhnlichen Tonstufen transponiert werden, und das Intervall A-Es (Schönbergs Initialen A.S.) im Baß exponiert wird. Bergs Zitat aus Schönbergs *Fünf Stücken für Orchester* in einem von des Doktors verrückteren Momenten (Takte I/520f.) mag ein weiteres Beispiel für einen privaten Scherz auf Schönbergs Kosten sein.[26]

Berg konnte den Einfluß Schönbergs niemals in dem Maße überwinden, wie es seiner Oper gelingt, Büchners Drama in sich aufzunehmen. Im Sinne von Blooms »Bearbeitungsweisen« gleicht das, was hier vorliegt, dem dritten von ihnen, »Kenosis«, in dem *»[der] spätere Dichter, der sich scheinbar seiner eigenen Begeisterung, seiner imaginativen Göttlichkeit entäußert [...] [aber] dieses Entleeren wird [...] so durchgeführt, daß der Vorgänger ebenfalls entleert wird; damit ist das spätere Gedicht der Entleerung nicht so absolut wie es scheint.«*[27] Wie auch immer man es nennen mag, die feine Ironie besteht darin, daß, obwohl Schönberg Berg noch 1923 versicherte, daß er mit dem *Wozzeck* niemals Erfolg haben werde, die Oper innerhalb weniger Jahre nach ihrer Uraufführung in Berlin am 14. Dezember 1925 einen sehr viel größeren Publikumserfolg erzielte, als Schönberg selber ihn jemals erreicht hatte und tatsächlich jemals erreichen würde.[28] Eine noch feinere Ironie liegt darin, daß Berg diesen Erfolg, der ihn ereilte, mit Skepsis zur Kenntnis nahm und anscheinend von jemandem wie Adorno darüber hinweggetröstet werden mußte.[29]

Musikalische Substanz

Indem er am Ende seines Vortrags über die Oper erklärt, das Publikum möge »*Alles das, was ich Ihnen hier Theoretisches und Musikästhetisches zu erklären versucht habe, alles das [...] vergessen, wenn Sie [...] der Aufführung der Oper ›Wozzeck‹ [...] beiwohnen werden!*«,[30] löste Berg das Problem nicht völlig, ob beispielsweise die symphonische Struktur des zweiten Aktes bloß ein Konzept darstellt oder ob der Akt wirklich eine Symphonie ist, aber eine, von deren Beachtung das Drama vollkommen ablenkt. Und es ist auch nicht leicht, dies aus der Rückschau zu entscheiden. Aus musikalischer Sicht widerspricht die Erweiterung des musikalischen Horizonts – die Einbeziehung eines Wiegenliedes (Szene 1), einer Fuge (Szene 2), von Volksliedern und Tanzmusik (Szene 4) – nicht der symphonischen Basis, da diese Form der Erweiterung der Gattungsgrenzen durch die Symphonien Mahlers vollauf etabliert worden ist. Aber Mahlers Ausweitung der Gattungsgrenzen war ein wesentlicher Bestandteil von dessen Vorstellung, daß »*die Symphonie [...] wie die Welt [sein müsse]. Sie muß alles umfassen.*«[31] Im *Wozzeck* andererseits ist jede Szene so kurz, daß sie nur eine kleine Ecke »der Welt« darstellt – »nur ein Eckchen in der Welt«, wie Marie in der ersten Szene des zweiten Aktes singt – und es gibt eine Grenze darin, wieviel jede Szene zu umfassen imstande ist. Es läßt sich darüber streiten, ob es eher die entliehenen Genres sind, wenn sie denn auftauchen, oder die symphonischen Modelle, die dazu tendieren, den Charakter der Szenen zu prägen – obwohl diese Aspekte in der Wirtshausgartenszene glücklich miteinander vermittelt sind.

In einem anderen Sinne symphonisch ist das, was Adorno »*die innere Zusammensetzung der Musik, das Gewebe*« nennt[32]: Die Art, in der das musikalische Stimmgeflecht häufig gewissermaßen aus wiederholten motivischen, harmonischen und anderen Ideen »gewebt« wird. Der Fortführung von Adornos Darlegung zufolge erlaubt dies Verfahren der Musik, »*eine überaus reiche, vielfältig gegliederte Kurve des inwendigen Gesamtverlaufs*« zu umreißen, sie »zeichnet jede dramatische Regung bis zur Selbstvergessenheit nach.«. Als Wagner dieses Prinzip in den 1850er Jahren in den Bereich der Oper einführte, assoziierte man solch eine musikalische Struktur hauptsächlich mit den Durchführungsabschnitten symphonischer Sätze; aber Schönberg hatte seitdem in seinen frühen Kompositionen wie der *Kammersymphonie* gezeigt, daß diese Art von Musik fast überall in erweiterten klassischen Formen eingesetzt werden konnte, vermittels der Kombination von Formtypen und des Prinzips der entwickelnden Variation. Es war sein Beispiel, das es Berg erlaubte, ein Wagnersches »Gewebe« glaubwürdig als musikalische Substanz aus vielen unterschiedlichen Satztypen unter dem Banner einer Symphonie im zweiten Akten des *Wozzeck* zu präsentieren.

Dieser Aspekt des Kompositionsstils schließt weder entliehene Genres aus, noch ist er auf den zweiten Akt beschränkt. In der Tat gibt es, wie insbesondere Perle und Schmalfeldt nachgewiesen haben, einen bemerkenswert konsistenten

Unterbau in der Musik des *Wozzeck*, der viele der wiederkehrenden Motive, Harmonien und andere Konfigurationen miteinander verknüpft. Die Szenen des dritten Aktes werden in Fritz Mahlers Tabelle als »Inventionen« bezeichnet – Invention über ein Thema, einen Ton, einen Akkord etc. –, doch dieser Begriff könnte genauso gut anderswo verwendet werden. Die vierte Szene des ersten Aktes könnte man eine Invention über ein Zwölftonthema nennen, die zweite Szene des ersten Aktes eine Invention über drei Akkorde und so weiter. Vor allem zeigt sich im unendlichen »Gewebe« die unerschöpfliche Erfindungskraft Bergs, wenn er seine charakteristischen Motive, Akkorde, Rhythmen und andere musikalische Einfälle miteinander kombiniert, sie adaptiert und neu zusammenstellt.

Wie sehen die Beziehungen aus, die dieses Netzwerk von Materialien untermauern? Indem er einem Fingerzeig Bergs zu Beginn von dessen Vortrag nachgeht[33], demonstriert Douglas Jarman, wie die beiden kadenzierenden Akkorde am Ende des ersten Aktes ein reichhaltiges Reservoir an musikalischen Konfigurationen bereitstellen.[34] (Beispiel 7.1; Jarmans Etikettierung der Akkorde »A« und »B« wird übernommen).

Beispiel 7.1 Kadenzakkorde A und B

Viele der wichtigsten Motive und Harmonien der Oper kann man auf recht direkte Weise auf diese Akkorde beziehen: Beispielsweise zeigt Beispiel 7.2, wie Akkord A, erweitert durch einen Ton (B) zum Akkord A' (siehe I/317) und fünf Halbtöne nach oben transponiert, in die beiden Harmonien p und q aufgespalten werden kann, die normalerweise ein dreitöniges Motiv begleiten, das einen Großteil von Maries Musik in der dritten Szene des ersten Aktes prägt (die orchestrale Disposition des Materials in I/363f. wird im Beispiel angegeben).[35]

Beispiel 7.2 Beziehung zwischen dem Motiv von Maries »Komm, mein Bub!« und Kadenzakkord A'

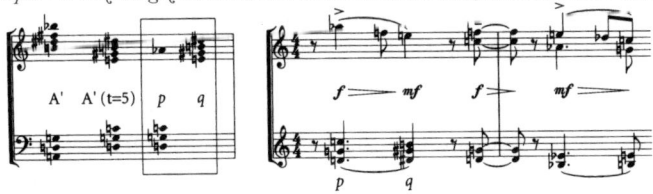

Beispiel 7.3 zeigt, wie die Töne von Akkord B, um einen Halbton nach oben transponiert, unter Auslassung eines Tones (C) die Substanz eines Motives bil-

den, das sowohl mit Wozzecks Bühnenauftritten assoziiert wird (siehe I/427 in derselben Szene) als auch, in der Umkehrung, mit seinen Abgängen.[36]

Beispiel 7.3 Beziehung zwischen Wozzecks Auftrittsmotiv und Kadenzakkord B

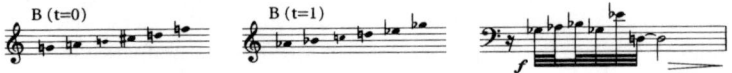

Das Motiv, das von der ersten Szene an unauslöschlich mit Wozzecks Ausruf »Wir arme Leut!« verknüpft ist, findet man leicht in den Tönen von Akkord B versteckt wieder, dementsprechend transponiert (siehe Beispiel 7.4); gleichzeitig kann man es unter den Tönen von Akkord A' entdecken (aufgelistet in Beispiel 7.5a), auf den drei verschiedenen Transpositionsebenen, die in Beispiel 7.5b gezeigt werden, jeweils vier Halbtöne (Intervallklasse 4) voneinander entfernt.

Beispiel 7.4 Beziehung zwischen Wozzecks »Wir arme Leut!«-Motiv und Kadenzakkord B

Beispiel 7.5
(a) Tonaggregat von Kadenzakkord A'

(b) »Wir arme Leut!«-Motiv integriert in Akkord A

Dies macht uns auf das aufmerksam, was Allen Forte »die strukturelle Bedeutung der Intervallklasse 4 in der Oper als ganzer« nennt,[37] eine Beobachtung, die er in Anbetracht des Aggregats von Tonhöhenklassen in den zwei Akkorden A und B macht. Nur ein anderes Achttonaggregat hat die maximale Anzahl von (sieben) Intervallen dieser Größe in den ihr zugrundeliegenden Tonhöhenqualitäten, wie er ausführt. Eine andere Auffassung dieses Sachverhalts ist die Beschreibung des Tonvorrats als Kombination aus zwei übermäßigen Dreiklängen plus zwei anderen Tönen im Abstand einer großen Terz – eine Beschreibung, die genauso auf das andere Achttonaggregat zutrifft, auf das Forte anspielt.[38] Obwohl die beiden Eigenschaften nachweisbar logische Folgerungen sind – eine Situation, die sich zahlreiche Male bezüglich anderer miteinander verknüpfter Töne in dieser Oper wiederholt –, stimmen die unterschiedlichen Beschreibungen nicht exakt miteinander überein. In der Tat, insoweit es der Beschreibungsmodus selbst ist, der eine Diskussion über die Phänomene, die er beschreibt, ermöglicht, kann eine solche technische Nuance weitreichende Konsequenzen für eine kritische Analyse nach sich ziehen. Insbesondere ist gerade die Frage der Aggregation – des Studiums von größeren Konfigurationen, die sich aus kleineren zusammensetzen und die Betrachtung der kleineren unter diesem Gesichtspunkt – eine, die einen speziellen Blickwinkel definiert. Grob gesprochen geht Jarmans Analyse von festgelegten großen Einheiten (den Kadenzakkorden) aus, in Richtung der kleineren Konfigurationen, wie der Motive in den Beispielen 7.2, 7.3 und 7.4. Janet Schmalfeldts Analyse tendiert in die entgegengesetzte Richtung, sie spürt oftmals unerwartete Eigenschaften von größeren Mengen im »Gewebe« auf, die auf den ersten Blick lediglich einer Collage von kleineren Einheiten entspringen.

Zweifellos sind Motivcollagen charakteristisch für den *Wozzeck* und vielleicht für Bergs reife Musik generell. Das klassische Beispiel des *Wozzeck* in dieser Hinsicht ist der Moment von Maries Tod, wo *»in sich überstürzender Aufeinanderfolge alle ihr zugehörigen wichtigen musikalischen Gestalten* [erklingen], *die – so wie es im Moment des Todes sich ergeben mag - wie die wichtigsten Gestalten des Lebens blitzartig und verzerrt an ihr vorüberziehen«*, wie Berg es formuliert.[39] In solchen Momenten muß man die einzelnen Motive als solche deutlich im Blick behalten, jedoch mag man auch auf eine Analyse hoffen, die einen Einblick in die spezielle Art ihrer Kombination gewährt. Wenn also die Aggregation von Tönen (und ferner ihr Gegenteil, die Segmentierung) grundlegende Analyseinstrumente darstellen, ist ein weiterer signifikanter Gesichtspunkt der daraus resultierenden Diskussion die Frage, ob die Analyse vorrangig eine interne, selbstreferentielle Konsistenz in der Musik bestimmt oder die Aufmerksamkeit darüber hinaus auf die außermusikalischen, uns von der tonalen Musik her vertrauten Gesetze richtet.

In seiner vielzitierten Analyse der Musik der ersten Szene des zweiten Aktes listet George Perle eine Reihe von Tetrachorden auf (gezeigt in Beispiel 7.6a), die er mit verschiedenen Abschnitten des Formgerüsts in Verbindung bringt.

Beispiel 7.6
(a) Tetrachordzellen a–d in der ersten Szene des zweiten Aktes (nach Perle)

(b) Hexachordaggregate der Zellen a–d

Er unterstellt des weiteren, daß »*der Satz als ganzer auf Tonaggregaten aus verschiedenen Zellen basiert«.* Eines dieser Aggregate ist in Beispiel 7.6b abgebildet.[40] Die Transpositionsstufen in Beispiel 7.6 unterscheiden sich von denjenigen Perles und wurden ausgewählt, um einen Vergleich zwischen diesem Tonaggregat und den

Tönen von Akkord A' zu erleichtern (Beispiel 7.5a). Daraus kann man ersehen, daß nur ein einziger Ton des Akkordes im Tonaggregat der viertönigen Zellen fehlt. Janet Schmalfeldts Identifizierung einer Reihe von eng aufeinander bezogenen »Set classes«, die mit Wozzeck (Beispiel 7.7) und Marie (Beispiel 7.8) assoziiert werden, bringt einen ganz ähnlichen Vergleich, jedoch in weit größerem Rahmen und in einer Detailliertheit, die nicht zusammengefaßt werden könnte, ohne damit der Autorin einen schlechten Dienst zu erweisen.[41]

Beispiel 7.7 Mit Wozzeck verknüpfte »Set classes« (nach Schmalfeldt)

Beispiel 7.8 Mit Marie verknüpfte »Set classes« (nach Schmalfeldt)

Schmalfeldts Bezeichnungen der »Set classes« werden hier durch exemplarische »Sets« illustriert, die in musikalische Notation übertragen worden sind, sowohl als Grundform wie auch als Umkehrung (manchmal sind diese äquivalent). Die unausgefüllten Notenköpfe veranschaulichen die konstrastierenden symmetrischen Bestandteile eines übermäßigen Dreiklanges (0, 4, 8) bei Wozzeck und eines verminderten Septakkordes (0, 3, 6, 9) bei Marie, dies aus später in diesem Kapitel erläuterten Gründen. Die Transpositionsstufen dieser »Sets« wurden ausgewählt, um einige der Inklusionsbeziehungen zwischen den »Set classes« und einige ihrer inhärenten motivischen Verwandtschaften auf den ersten Blick sichtbar werden zu lassen. Eine Analyse, die vorrangig darauf abzielt, ein Netzwerk an Beziehungen innerhalb der Oper selbst aufzuzeigen, könnte sich beinahe ausschließlich auf Korrespondenzen dieser Art fixieren: Wenn man den werkspezifischen Charakter der kleinen motivischen Einheiten wie auch der durch deren Kombination entstehenden großen Einheiten hervorhebt, würde solch eine Deutung der Ursachen der Kohärenz des Werkes gut zu folgender Beobachtung passen: Berg arbeitet im *Wozzeck* überwiegend ohne die kollektiven Kunstmittel einer Epoche mit einem gemeinsamen System.

Nichtsdestotrotz achten beide Autoren äußerst aufmerksam auf Zusammenhänge jenseits von *Wozzeck* allein. Das Gefühl der Tonalität ist in der Tat an vielen Stellen in der Oper äußerst fokussiert und Bergs Einbezug von Passagen aus zweien seiner frühen Klavierstücke[42] – ganz zu schweigen von parodierten Volkslied- und Tanzgenres – erfordert von einer technischen Analyse des Werkes, daß sie sich mit den verästelten Ressourcen der unendlich erweiterten tonalen Sprache, die zu Bergs Zeiten zur Verfügung stand, beschäftigt. Das heißt: Nicht die klassische Tonalität, nicht einmal die Tonalität Wagners, sondern das, was sich jenseits davon entwickelt hat, beispielsweise durch den Zuwachs von neuen harmonischen Modellen wie den Quartenakkorden und der Ganztonskala. Denn eine von Bergs bemerkenswertesten Fähigkeiten bestand darin, seinen eigene Erfahrungen zu speichern und sie von neuem zu synthetisieren, so daß er im Verlaufe seines Werdegangs nicht nur bloß von einem Phänomen zum anderen voranschreiten konnte, sondern seinen Horizont ständig bis an die Grenzen erweiterte. *Wozzeck* verkörpert seine damalige musikalische Erfahrung, der noch größere Reichtum der *Lulu* entspringt denselben Quellen.

Im früheren Werk läßt sich dies an Maries Bibelszene zu Beginn des dritten Aktes exemplifizieren, anhand der Handhabung zweier Themen in einer Variationsfolge. Das erste Thema (Beispiel 7.9a) steht in kaum verschleiertem g-Moll, das zweite (Beispiel 7.9b) ist eine Zwölftonfolge.

Beispiel 7.9
(a) g-Moll-Thema aus der ersten Szene des dritten Aktes (III/3–6)

(b) Zwölftonthema aus der ersten Szene des dritten Aktes (III/7–9)

Zunächst werden die Themen einfach abwechselnd präsentiert, sie spiegeln Maries unruhige Seelenverfassung wider, aber im Verlauf der Variationen spielt Berg mit der Distanz zwischen den beiden: Das tonale Thema wird so präsentiert, als sei es atonal (III/26–28), das Zwölftonthema wird in ein erweitertes f-Moll gekleidet (III/38–39). Letztere Passage erscheint in einer Variante, deren Beginn unmittelbar einem fragmentarischen Klavierstück aus der Arbeitsphase entnommen ist, die zu Bergs op. 1 führte: Wenn dies Thema sich sozusagen retrospektiv als Vorbild für das g-Moll-Thema herausstellt, dann hat die Korrespondenz mit der Nostalgie im Text vielschichtigen Charakter.

Eine der symbolträchtigsten Passagen im *Wozzeck* ist der Beginn der zweiten Szene des ersten Aktes (siehe Beispiel 9.3). Die drei ihr zugrundeliegenden Akkorde werden in Beispiel 7.10a (nach Perle) als X, Y und Z bezeichnet.[43] Beispiel 7.10a zeigt auch den Durchgangsakkord (Takt I/205), der zu einer Wiederholung des Akkordes X führt.

Beispiel 7.10
(a) Akkordsequenz aus der zweiten Szene des ersten Aktes

(b) Tonhöhenaggregate der Akkorde in (a)

Bergs Beschreibung dieser drei Akkorde in seinem Vortrag ist verblüffend: *»Das einheitliche Prinzip dieser Szene ist ein harmonisches: Drei Akkorde bestreiten das harmonische Skelett dieser Szene. Daß ein solches Prinzip ein formbildendes Element sein kann, wird man nicht bestreiten, wenn man an die Tonalität als formbildendes Mittel denkt und diese drei Akkorde etwa mit den Funktionen der Tonica, Dominante und Unterdominante vergleicht.«[44]*

Es leuchtet ein, daß Berg das starke Gefühl hatte, daß diese Akkorde als ein tonales Analogon funktionieren könnten; weniger klar ist, warum er sie auf die drei grundlegenden tonalen Funktionen in der spezifischen Reihenfolge X als Tonika, Y als Dominante und Z als Subdominante bezog. Da Z auf dem Höhepunkt der Phrase steht, könnte in Ermangelung anderer Kriterien – d.h. wenn die Analogie bloß eine Erfindung wäre – der Eindruck entstehen, als sei die Dominantfunktion eher Z als Y zugeteilt. Und man muß bedenken, daß in tonaler Musik die Sequenz I–IV–V(–I) weitaus gebräuchlicher ist als I–V–IV(–I) und daß eine Standardharmoniesequenz eine tonale Analogie viel leichter suggerieren könnte als eine weniger vertraute. Wenn wir Berg also beim Wort nehmen, scheint mehr dahinterzustecken. An einer anderen Stelle dieses Buches zeigt Patricia Hall, daß eine frühe Skizze dieser Passage eine Fortsetzung aufwies, die Berg mit »es dur u. moll mit unaufgelösten d« versah. Sie vermutet, daß Berg auf diese Weise explizit mit einem Aggregat von zehn Tönen arbeitete, das die Töne von Es-Dur und es-Moll kombiniert. In der endgültigen Version hat Berg sich ein wenig davon entfernt: Die drei Akkorde bilden ein Aggregat von neun Tönen, das in Beispiel 7.10b gezeigt wird. (Die Töne des Durchgangsakkordes gehören zum selben Aggregat, vielleicht zielen sie darauf ab, seinen Status als örtlichen Bezugspunkt zu bestärken.)

Beispiel 7.11 zeigt, daß dieses Aggregat tatsächlich immer noch durch eine Mixtur von Tonleitern gebildet werden könnte: Kombiniert man cis-Moll und -Dur, so hat man diese neun Töne plus einen weiteren Ton. Aber es gibt eine andere Tonleiterkombination, die das neuntönige Aggregat exakter erzeugt und diese Akkorde sowohl mit anderem harmonischen Material im *Wozzeck* in Verbindung bringt als auch mit einer Tendenz der harmonischen Innovation im späten neunzehnten Jahrhundert, einer Tendenz, die die Relevanz der Intervallklasse 4 einbegreift, auf deren Bedeutung für die Oper Allen Forte uns hingewiesen hat.

Beispiel 7.11 Aggregat der Tonvorräte von cis-Moll und Cis-Dur

Beispiel 7.12a interpretiert den kadenzierenden Akkord A' als Erweiterung des »hexatonischen« Tonvorrats, der aus zwei ineinandergeschachtelten übermäßigen Dreiklängen im Abstand eines Halbtons gebildet wird, um einen Ton.

Beispiel 7.12
(a) Kadenzakkord A' als hexatonischer Tonvorrat zuzüglich eines Tons

(b) Aggregat aus dem hexatonischen Tonvorrat von cis-Moll und cis-Moll/Dur

Richard Cohn hat nachgewiesen, daß dieser Tonvorrat bei Komponisten wie Liszt, Wagner, Franck, Brahms und Mahler gekannt, verstanden und eingesetzt wurde; er erlaubte es ihnen, mühelos zwischen Moll- und Durtonarten, deren Grundton eine große Terz auseinanderliegt, hin- und herzuwechseln, sowohl innerhalb als auch zwischen Phrasen –, obwohl er zu dieser Zeit offensichtlich nur selten an der Oberfläche musikalischer Texturen vorkam.[45] Beispiel 7.12b demonstriert, wie die diatonische Skala von cis-Moll und der hexatonische Tonvorrat, der die Dreiklänge von cis-Moll und -Dur enthält, so kombiniert werden können, daß sie das neuntönige Aggregat der Akkorde X, Y und Z bilden. Innerhalb dieses Rahmens könnten die drei Akkorde als halbtönig alterierte Formen der Tonika-, Dominant- und Subdominantakkorde in einem hexatonisch erweiterten cis-Moll interpretiert werden (Beispiel 7.13), in Übereinstimmung mit Bergs Beschreibung. Der Prototyp für den Akkord Z hat einen Vorhalt in der cis-Moll-Skala (siehe I/243, I/302ff.).

Beispiel 7.13 cis-Moll-Analogon der Akkorde X, Y und Z

Höchst bemerkenswert ist, daß die halbtönige Verschiebung in Akkord X diesen unmittelbar mit dem äußerst charakteristischen Anfangsklang des kathartischen d-Moll-Zwischenspiels, das vor der letzten Szene der Oper erklingt, verbindet. (Als X' wiedereingesetzt, ist dies der gleiche Akkord, nur eine kleine Sekunde tiefer.)[46] Die ersten sieben Takte dieses Zwischenspiels stammen direkt aus dem vierten von Bergs frühen Sonatenfragmenten, in denen ganztönige Erweiterungen von dominantischen Klängen vorherrschen. Beispiel 7.14 zeigt ein harmonisches Schema der ersten neunzehn Takte dieses Zwischenspiels, in dessen Verlauf Berg schrittweise seine stilistischen »Muskeln spielen« läßt und seine musikalische Sprache vor unseren Ohren vom d-Moll eines Schönbergschülers von 1908 zu den drei Akkorden X, Y und Z in den Takten III/337–338 erweitert.

Beispiel 7.14 Harmonisches Schema vom Beginn des Zwischenspiels in d-Moll (III/320–338)

Die darauffolgende Passage verwertet die drei Akkorde erneut, um die Intervallklasse 4 nach unten transponiert (Beispiel 7.15).

210

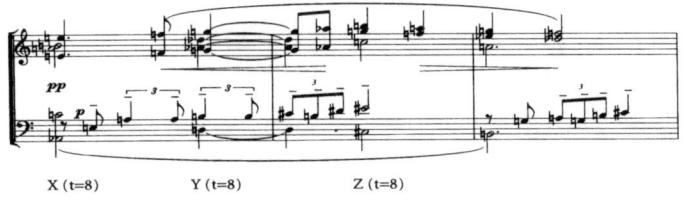

X (t=8)   Y (t=8)   Z (t=8)

Die vermutete hexatonische Komponente bleibt auf diese Weise erhalten, während die tonale Komponente vom Cis zum A wechselt. Es ist daher bemerkenswert, daß die Akkorde hier eine Hornmelodie harmonisch unterstützen, die ordnungsgemäß in A-Dur beginnt – es handelt sich um Andres' Lied aus der zweiten Szene des ersten Aktes – und die Tonart nur mit Hilfe von Ganztonmodifizierungen verläßt, die den übermäßigen Dreiklang A-Cis-Eis umreißen. Man beachte auch, wie das Ende der Hornmelodie sofort eine Intervallklasse 4 tiefer nachhallt, das entspricht einem doppelten Vorhalt zu Akkord Z.

Ein weiteres Detail ist in anderer Hinsicht aufschlußreich: Es handelt sich um den Einsatz des Akkordes Z im Takt III/331 (siehe noch einmal Beispiel 7.14), hier erklingt er ohne seine Gefährten Y und Z und läßt sich in seiner tonalen Umgebung als ein C^{13b}-Akkord interpretieren. Er erinnert daran, daß ein Akkord dieser Komplexität wahrscheinlich der Terminologie Schönbergs zufolge eine »vagierende« Harmonie ist, die auf vielfältige Weise tonal gedeutet werden und so im Rahmen einer kontinuierlich modulierenden harmonischen Progression effektiv eingesetzt werden kann. Das Auftauchen von Akkord X an dieser Stelle des Zwischenspiels dient auch der Einführung des Klanges selbst, wenn die tonale Sprache sich weitet, und bereitet den vollständigen Einsatz des tonalen Analogons X–Y–Z sechs Takte später vor.

Ein hexatonisch-diatonisches Wechselspiel kann man auch an anderer Stelle im *Wozzeck* beobachten. Die Klänge zu Beginn der fünften Szene des ersten Aktes (in Beispiel 7.16 umrissen) kombinieren die C-Dur-Skala mit dem hexatonischen Tonvorrat G–B–H–D–Es–Fis, und die ostentativen Orchesterakkorde, die die Pose des Tambourmajors untermalen (Takte I/670ff., siehe Beispiel 7.17), sind alle in hexatonisch-diatonischen Tonaggregaten enthalten, die dem der Akkorde X, Y und Z ähneln – auch wenn einige dieser Inklusionsbeziehungen statistisch irrelevant sind.

Beispiel 7.16 Harmonie am Beginn der fünften Szene des ersten Aktes (I/656)

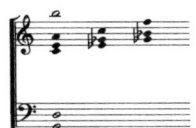

Dennoch fällt es schwer zu glauben, daß sich Berg wirklich einer hexatonisch-diatonischen Wechselwirkung »bedient« hat, wenn man sie unmittelbar als Wechselspiel von Tonvorräten betrachtet, als explizites Ingrediens seiner Kompositionstechnik. Damit soll nicht die Relevanz der »Invention über einen Hexachord« in der vierten Szene des dritten Aktes heruntergespielt werden[47] – einer Szene, die zu einer Zeit komponiert wurde, als Berg die Ideen über ein auf Tonvorräten basierendes Komponieren im aktuellen Werk von Josef Matthias Hauer[48] offenbar genau gekannt hat, wahrscheinlich durch Einfluß von seiten seines Schülers Fritz Klein. Jedoch gibt es eine überzeugendere Erklärung: Was man jetzt als eine auf den Tonvorrat abzielende hexatonisch-diatonische Wechselwirkung bezeichnen könnte, ist damals höchstwahrscheinlich – weitaus weniger fix und fertig – einem Komplex von Vorstellungen entsprungen. Er impliziert die Tonleitermixtur (insbesondere das Hinzufügen einer kleinen Terz und Sexte zu einer Durtonleiter oder vice versa) und die seit langem existierende Norm der gelegentlichen Modulation um eine große Terz nach unten zur tiefalterierten Untermediante (ein Klischee bei Schubert) sowie der Verbindung von dominantischen Klängen mit einer latenten Ganztonfolie, in der die Intervallklasse 4 schon fast per definitionem eine Rolle spielt.

Das Erbe der ideologischen Differenzen der 1920er und 1930er Jahre zwischen dem Schönbergzirkel und den Komponisten mit den »falschen Tönen« wie Strawinsky bewirkt selbst heutzutage noch, daß die These, Berg könnte atonale Musik durch die Modifikation tonaler Modelle geschaffen haben, eher wie eine Anklage denn eine Analyse erscheint. Doch gibt es dafür sowohl in seinen Skizzen als auch in der vollendeten Oper Indizien, vielleicht am deutlichsten in Andres' verzerrtem »Volkslied« aus derselben Szene, die erstmals die Akkorde X, Y und Z einführt. Die Modifikation bekannter Modelle kann man auch anderswo beobachten. Perle, Jarman und Schmalfeldt gehören zu den Wissenschaftlern, die auf den »beinahe ganztönigen« Charakter vieler musikalischer Themen aufmerksam gemacht haben (wie der Oboenmelodie aus den Anfangstakten der Oper und des Kadenzakkordes B);[49] den »beinahe hexatonischen« Charakter von Akkord A' (und genauso von A) hat man früher in diesem Kapitel studieren können. In Beispiel 7.7 (übernommen aus Schmalfeldts Wozzeck – »Sets«) offenbaren sich die viertönigen »Sets« als übermäßiger Dreiklang zuzüglich eines Tons, die fünf- und sechstönigen »Sets« sind »beinahe hexatonisch«, und die achttönigen »Sets« sind hexatonisch zuzüglich zweier Töne. Das Material der

Marie in Beispiel 7.8 entzieht sich auf ähnliche Weise einer exakten Übereinstimmung mit dem gewöhnlichen verminderten Septakkord (0, 3, 6, 9) und dem oktatonischen Tonvorrat (0, 1, 3, 4, 6, 7, 9, 10). Einen signifikanten Kontrast mag man hier zu den ironischen Konnotationen feststellen, die Berg für die »Reinheit« anbringt, in solchen Passagen wie dem diatonischen C-Dur-Thema in der Marschmusik des Tambourmajors (wenn auch über einem Cis-Gis im Baß, Takte I/334f.) und im berühmten vereinzelten C-Dur-Akkord, der in der dritten Szene des ersten Akts zu hören ist, als Wozzeck Marie den erarbeiteten Hungerlohn übergibt. Diese Art von Spielerei ist an der musikalischen Oberfläche das Äquivalent zu Bergs Handhabung von einigen (wenn auch offensichtlich nicht allen) formalen Modellen, die er auf einer anderen Ebene der Gesamtkonzeption einsetzt. Hier gibt es eine verlockende psychologische Verbindung zu Bergs wohldokumentierter Faszination durch Symmetrie, Zufall und Numerologie.[50] Und in der Tat, letzten Endes ist der von Berg vollbrachte musikalische Ausgleich zwischen dem subtil modifizierten Vertrauten und dem erstaunlich kohärenten Innovativen nur eines der Wunder dieser inspirierten Partitur.

Anmerkungen

1 Janet Schmalfeldt, *Berg's Wozzeck: Harmonic Language and Dramatic Design*, New Haven 1983.

2 George Perle, *Representation and Symbol in the Music of Wozzeck*, in: Music Review 33 (1971), S. 281–308. Siehe auch George Perle, *The Operas of Alban Berg*, Bd. 1: *Wozzeck*, Berkeley 1980, Kapitel 4 (S. 93–129).

3 Harold Bloom, *Einflußangst. Eine Theorie der Dichtung*, Frankfurt/Main 1995 [im englischen Original 1973], S.15f.

4 Bloom, *Einflußangst*, S.18: »*diese Errungenschaft des neuen Gedichtes hat die ungeheure Wirkung, daß es uns jetzt so vorkommt,[...] als ob der spätere Dichter selbst das charakteristische Werk des Vorläufers geschrieben hätte*« (Blooms Assoziation der »*Apophrades*« mit den letzten Werken eines Dichters findet man vielleicht ein Stück weit in der häufig zu beobachtenden Überraschung und Bewunderung der Kritik, wenn die erste Oper eines jüngeren Komponisten als Erfolg beurteilt wird). Eine Reihe von Autoren hat versucht, Blooms Thesen direkt auf die Musik zu übertragen, besonders Kevin Korsyn, *Towards a New Poetics of Musical Influence*, in: Music Analysis 10 (1991), S. 3–72, und Josef N. Straus, *Remaking the Past: Musical Modernism and the Influence of the Tonal Tradition*, Cambridge 1990.

5 Karl Emil Franzos' bewegenden Bericht über sein Ringen um die Entzifferung von Büchners Werk angesichts außerordentlicher praktischer Probleme und um eine gewissenhafte Präsentation trotz der Intervention von Büchners Bruder Ludwig findet man in: Deutsche Dichtung 29 (1901), S. 195ff und S.289ff unter dem Titel *Über Georg Büchner*.

6 Siehe Jarman, *Alban Berg. Wozzeck*, S. 1.

7 Perle, *Wozzeck*, S. 38.

8 Frank Schneider (Hg.), *Alban Berg: Glaube, Hoffnung und Liebe. Schriften zur Musik*, Leipzig 1981, S. 270.

213

9 Siehe S. 76ff.

10 Diese Tabelle bildet die Grundlage der Untersuchungen beispielsweise bei Willi Reich, *Alban Berg. Leben und Werk*, Zürich 1963, S. 109–134 [Reich berichtet, daß Fritz Mahlers Tabelle »von Berg selbst angeregt« wurde (S. 112)]; Perle, *Wozzeck*, S. 43–89 (die bibliographischen Quellen zur Tabelle werden auf S. 43 angegeben) und Jarman, *Alban Berg: Wozzeck*, S. 41–50.

11 *Alban Berg: Glaube, Hoffnung und Liebe*, S. 279.

12 Ebd., S. 274.

13 Jarman, *Alban Berg: Wozzeck*, S. 43.

14 *Alban Berg: Glaube, Hoffnung und Liebe*, S. 274.

15 Emil Petschnig, *Atonales Opernschaffen*, in: Die Musik 16 (1924), S. 340–345.

16 Zitiert nach *Alban Berg: Glaube, Hoffnung und Liebe*, S. 257f. [Den englischen Zitaten liegt ein Artikel zugrunde, der ursprünglich in der Modern Music, November – Dezember 1927, unter dem Titel *A Word about Music* publiziert wurde. Abgedruckt bei Jarman, *Alban Berg: Wozzeck*, S. 152f. Es handelt sich dabei um eine offenbar sehr freie Übersetzung von Bergs Aufsatz »Das Opernproblem«. Daraus wurde hier zitiert, um den Wortlaut von Bergs Äußerungen nicht anzutasten und damit möglicherweise zu verfälschen. Anm. d. Übersetzers].

17 *Alban Berg: Glaube, Hoffnung und Liebe*, S. 272.

18 *Alban Berg, Die musikalischen Formen in meiner Oper »Wozzeck«*, zitiert nach *Alban Berg: Glaube, Hoffnung und Liebe*, S. 263–266, hier S. 266. Ursprünglich publiziert in *Die Musik* 16 (1924), S. 587–589.

19 Brief Bergs an Schönberg vom 9. Juli 1913 (Typoskript im Staatlichen Institut für Musikforschung, Berlin; siehe auch *The Berg-Schoenberg-Correspondence*, S. 182).

20 Siehe Kapitel 5 und 6.

21 Siehe Mark DeVoto: *Alban Bergs Drei Orchesterstücke op. 6: Struktur, Thematik und ihr Verhältnis zu Wozzeck*, in: Franz Grasberger und Rudolf Stephan (Hg.), *Alban Berg Symposion Wien 1980* (= Alban Berg Studien Bd. 2), Wien 1981, S. 97–106.

22 Jarman, *Alban Berg: Wozzeck*, S. 7f.

23 Siehe Bergs Brief an Schönberg vom 24. Juni 1918 (*The Berg-Schoenberg-Correspondence*, S. 268).

24 Perle, *Wozzeck*, S. 192, Fußnote 23.

25 Siehe S. 218f.

26 Siehe Perle, *Wozzeck*, S. 123.

27 Bloom, *Einflußangst*, S. 17.

28 Einen Überblick über die frühe Inszenierungsgeschichte und die Rezeption des *Wozzeck* gibt Jarman, *Alban Berg: Wozzeck*, S. 69–78.

29 Theodor W. Adorno, *Berg. Der Meister des kleinsten Übergangs* (Gesammelte Schriften Bd. 13), Frankfurt/Main 1978, S. 336.

30 *Alban Berg: Glaube, Hoffnung und Liebe*, S. 289.

31 Siehe S. 157ff.

32 Adorno, *Berg. Der Meister des kleinsten Übergangs* (GS Bd. 13), S. 432.

33 *Alban Berg: Glaube, Hoffnung und Liebe*, S. 268.

34 Douglas Jarman, *The Music of Alban Berg*, London 1979, S. 47–63.

35 Ebd., S. 62.

36 Ebd., S. 51.

37 Allen Forte, *The Structure of Atonal Music*, New Haven 1973, S. 17.

38 Der Tonvorrat der kadenzierenden Akkorde lautet in der Notation in ganzen Zahlen (1, 2, 3, 5, 6, 7, 9, 11) – und entspricht Fortes »Set class« 8–24. Die vergleichbare »Set class« (8–19) hat die Grundform (0, 1, 2, 4, 5, 6, 8, 9).

39 *Alban Berg: Glaube, Hoffnung und Liebe*, S. 285. Vgl. Derrick Puffetts Analyse dieser Passage in *Berg and German Opera*, in: Douglas Jarman (Hg.), *The Berg Companion*, Houndmills 1989, S. 197–200.

40 Perle, *Wozzeck*, S. 145–155. Die zitierte Passage steht auf S. 145. Beispiel 7.6 kann man mit Perles Beispielen 114 und 115 (S. 146) vergleichen.

41 Schmalfeldt, *Berg's Wozzeck*, S. 120f., S. 206.

42 Siehe S. 92f.

43 Perle, *Wozzeck*, S. 139.

44 *Alban Berg: Glaube, Hoffnung und Liebe*, S. 275.

45 Richard Cohn, *Maximally Smooth Cycles, Hexatonic Systems, and the Analysis of Late-Romantic Triadic Progressions*, in: Music Analysis 15 (1996), S. 9–40.

46 David Fanning hat dargelegt, wie Berg in seinen Skizzen die Ähnlichkeit zwischen dem (nicht alterierten) Akkord X und dem Anfangsakkord des d-Moll-Zwischenspiels ausgelotet hat, in *Berg's Sketches for Wozzeck: A Commentary and Inventory*, in: Journal of the Royal Musical Association 112 (1987), S. 284f.

47 Eine detaillierte Analyse dieser Szene kann man bei Jarman, *Alban Berg: Wozzeck*, S. 52–58 finden.

48 Siehe Kapitel 10.

49 Perle, *Wozzeck*, S. 155–158; Jarman, *The Music of Alban Berg*, S. 57f. und *Alban Berg: Wozzeck*, S. 46; Schmalfeldt, *Berg's Wozzeck*, S. 48–59.

50 Siehe Kapitel 8.

GEHEIME PROGRAMME

Douglas Jarman

Im Januar 1977 machte der amerikanische Komponist und Berg-Forscher George Perle eine Reise nach Mifflinburg in Pennsylvania, um Dorothea Robetin, die Tochter von Herbert und Hanna Fuchs-Robettin zu besuchen. In ihrem Besitz befand sich eine zuvor noch nie untersuchte Ausgabe der ersten veröffentlichten Partitur der *Lyrischen Suite*, welche ihrer Mutter vom Komponisten übergeben worden war. Dieses außergewöhnliche Dokument, mit Anmerkungen in roter, blauer und grüner Tinte von Berg selbst versehen und aus neunzig Seiten bestehend, darunter nur acht ohne irgendeine Notiz von Bergs Hand, machte deutlich, daß sich hinter diesem Werk ein detailliertes außermusikalisches Programm verbarg, das den Verlauf einer Liebesaffaire zwischen Alban Berg und Hanna Fuchs-Robettin umriß.

Seit vielen Jahren wußten die Wissenschaftler, daß außermusikalische Programme irgendwelcher Art hinter einem Großteil von Bergs Musik stehen – Willi Reichs Beschreibung des Programms des *Violinkonzerts* im ersten Aufsatz, der je über dieses Werk publiziert wurde[1], und Bergs eigener *Offener Brief* zum *Kammerkonzert*[2] hatten dies ganz deutlich gemacht. Solche Gesichtspunkte wie die Abfolge der Tempovorschriften, die über den Sätzen der *Lyrischen Suite* stehen (Allegretto giovale, Andante amoroso, Allegro misterioso und Trio estatico, Adagio appassionato, Presto delirando, Largo desolato), und die verschiedenen musikalischen Zitate von Zemlinsky und Wagner, die im Verlauf des Werkes erscheinen, hatten einige Autoren bereits veranlaßt, darüber Spekulationen anzustellen.[3] Erst mit der Publikation von Perles Aufsätzen über seine Entdeckung im Sommer 1977 jedoch wurden die wahre Natur dieses Programms, welches Adorno »eine latente Oper« genannt hatte, und das Ausmaß, in welchem die Details des Programms in die Struktur des endgültigen Werks integriert waren und diese beeinflußten, evident.[4]

In Kürze: Die *Lyrische Suite* dokumentiert die Liebesaffäre von Berg und Hanna von ihrem unschuldigen Beginn an (erster Satz) über ihre Liebeserklärung (dritter Satz) bis zur abschließenden Erkenntnis der Unmöglichkeit im letzten Satz, daß diese jemals von längerer Dauer sein könnte. Der zweite Satz des Werkes ist einem Portrait von Hanna und ihren Kindern Munzo und Dorothea gewidmet; der vierte Satz eine Liebesszene, in welcher die beiden Protagonisten einander ihr Versprechen geben – auf ein Zitat aus Zemlinskys *Lyrischer Symphonie* (dort erscheint es zu den Worten »Du bist mein eigen, mein eigen«) – und der fünfte eine Schilderung der »Schrecken und Qualen, die nun folgten. – Von den Schrecken der Tage [...] mit ihren jagenden Pulsen [...] von dem qualvollen Tenebroso der Nächte«. Der letzte Satz stellte sich in der annotierten Partitur als eine Vertonung von *De profundis clamavi* aus Baudelaires *Les Fleurs du mal* in einer Übersetzung von Stefan George heraus– »*Zu Dir, Du einzig Teure, dringt mein Schrei, aus tiefster Schlucht darin mein Herz gefallen*« –, allmählich »*ersterbend in Liebe, Sehnsucht und Trauer – – –*«[5].

Die Enthüllung von Bergs verbotener Liebesaffäre war nur insofern überraschend, als sie das idealisierte Bild der Beziehung zwischen Berg und seiner Frau Helene, so wie es in all den Biographien des Komponisten bis zu diesem Zeitpunkt gezeichnet worden war, auf den Kopf stellte. Ungewöhnlicher war die Enthüllung von Art und Ausmaß, in dem Berg die Details dieses »geheimen Programms« als Richtschnur für die Festlegung von Tonhöhen, Proportionen, Tempi und anderen technischen Attributen des Werkes dienten. So offenbarte die mit Anmerkungen versehene Partitur, daß sich die Zelle aus den vier Noten A–B–H–F, die als wichtigste motivische Zelle des Werkes fungiert, und unter anderem häufig die Wahl der Reihenformen und der Reihentranspositionen bestimmt, von den in Noten umgewandelten Anfangsbuchstaben Alban Bergs und Hanna Fuchs' herleitet. Ein weiteres Motiv im Andante amoroso, dem zweiten Satz, – das wiederholte C in der Bratsche – hat seinen Ursprung im Kosenamen der Familie Robettin für Dorothea, »Dodo«. Ebenso beruhen sowohl die formalen Proportionen als auch die Metronomangaben des ganzen Werkes auf den zwei Zahlen, die Berg besonders mit sich und Hanna in Verbindung brachte: Die Zahl 23, die er für seine eigene Schicksalszahl hielt, und die Nummer 10, die er aus unbekanntem Grund mit Hanna Fuchs assoziierte.

Das Allegro misterioso und das Trio estatico des dritten Satzes können als eine Illustration der Art und Weise gesehen werden, in der nicht nur der Charakter der Abschnitte, sondern auch die wichtigsten Aspekte der Struktur und des musikalischen Materials durch außermusikalische, programmatische Erwägungen determiniert waren.

In der annotierten Partitur steht nur das Datum »20.5.25« über dem Satz. Daß sich dieses Datum auf den Tag bezieht, als Alban und Hanna zuerst ihre Gefühle füreinander bekannten oder ihrer gewahr wurden, wird durch die Anmerkung bestätigt, die Berg auf das Wort misterioso folgen läßt: »[...] *denn noch war alles ein Geheimnis*«. Der notwendigerweise geheime Charakter der Erklärung des Paares spiegelt sich in der Tatsache wider, daß die vier Instrumente durchgängig mit Dämpfer spielen (»wie ein Geflüster«, lautet Bergs Kommentar zu Beginn des Satzes), sogar im Trio, wo die dynamische Vorschrift »sempre *f* possibile« lautet. Der Satz hat eine A–B–A-Form, in der die Proportionen der einzelnen Abschnitte durch Bergs schicksalhafte Zahl 23 bestimmt werden, der erste A-Teil hat 69 Takte (3x23) und der B-Teil (das Trio) 23 Takte. Der letzte A-Teil ist eine verkürzte krebsgängige Reprise des Anfangsteils (46 Takte = 2x23), die Bedeutung des Krebses – der hier, wie immer in Bergs Musik, als eine Metapher für Ablehnung oder Verweigerung steht – zeigt sich im Kommentar

»Vergessen Sie es — — — — — !« Während die Anzahl der Takte in jedem Abschnitt und im Satz als Ganzem Vielfache von Bergs Zahl 23 sind, ist die Metronomvorschrift Viertel = 150 ein Vielfaches von Hannas Zahl 10. Zuguterletzt ist die Zwölftonreihe, die die Basis der Allegroabschnitte des dritten Satzes bildet, von der im ersten Satz verwendeten abgeleitet, doch nun wird sie modifiziert durch Vertauschen des vierten und zehnten Tons des Originals, so daß die Noten des A–B–H–F-Motivs nebeneinander stehen. Die Wahl der Reihenformen und Transpositionen ist begrenzt auf diejenigen, die Permutationen dieses Motivs darstellen.

Nun, da wir die annotierte Partitur kennen, können wir sehen, daß die Beziehung zwischen dem musikalischen Material und dem außermusikalischen Programm der *Lyrischen Suite* derjenigen zwischen dem musikalischen Material und dem Programm ihres unmittelbaren Vorgängers, des *Kammerkonzerts*, nicht unähnlich ist. In seinem *Offenen Brief* zum *Kammerkonzert*, den er im Februar 1925 veröffentlichte, ungefähr drei Monate vor dem am Kopfende des Allegro misterioso der *Lyrischen Suite* eingetragenen Datum, hatte Berg die Aufmerksamkeit auf die kryptographischen und numerologischen Besonderheiten des Werkes gelenkt. Er beschrieb seine Vorgehensweise bei der Verwendung der Buchstaben der drei Namen »**Arnol**d **Sch**ö**nberg**«, »**A**nton **W**ebern« und »**Alban Berg**« als Quelle musikalischen Materials und die allumfassende Rolle, die die daraus hergeleitete Zahl drei im Stück spielte.[6] Indem er uns detaillierte, konkrete Beweise über die Art lieferte, in der das außermusikalische Programm der *Lyrischen Suite* die Struktur und die technischen Aspekte des Werkes beeinflußt, hat Perle jedoch gezeigt, daß der Typus von chiffrierten und numerologischen Verfahren, den Berg in seinem *Offenen Brief* schilderte, nicht auf das *Kammerkonzert* beschränkt war. Seiner Vermutung nach bestand zumindest die starke Wahrscheinlichkeit, daß Berg eine ähnliche Strategie auch in anderen als den zwei Werken, von denen wir wissen, angewendet hat.

Jedoch wäre es selbst mit dem Beweis in Gestalt der annotierten Partitur schwierig gewesen, mehr als nur Spekulationen über die Programme anderer Werke anzustellen, hätte sich nicht zufällig zur gleichen Zeit die Möglichkeit für Wissenschaftler ergeben, Zugang zu Bergs Skizzen und Manuskripten zu erhalten. Im August 1976, fünf Monate vor Perles Entdeckung der Partitur der *Lyrischen Suite*, war Helene, die Witwe des Komponisten, gestorben, und nach und nach wurde im darauffolgenden Jahr das Material des Bergschen Nachlasses (ein Teil davon war bereits in der Österreichischen Nationalbibliothek deponiert worden, einiges war in Bergs Wohnung in der Trauttmansdorffgasse verblieben) zusammengetragen, katalogisiert und zum ersten Mal frei zugänglich gemacht für wissenschaftliche Untersuchungen. Nun wurde klar, die Skizzen bewiesen es, daß Berg selbst beim *Kammerkonzert* nur eine Handvoll seiner programmatischen Geheimnisse preisgegeben hatte. *»[...] wüßte man«*, hatte Berg in seinem *Offenen Brief*, mit dem er das Werk Schönberg widmete, gesagt, *»was ich gerade in diese drei*

Sätze von Freundschaft, Liebe und Welt an menschlich-seelischen Beziehungen hineingeheimnist habe, die Anhänger der Programm-Musik – wenn es solche überhaupt noch geben sollte – hätten ihre helle Freude daran [...]«.[7]

Was Berg nicht offengelegt hatte, was aber die Skizzen für das Werk verraten, ist, daß »Freundschaft«, »Liebe« und »Welt« die geheimen Titel der drei Sätze sind und daß jede der Variationen des ersten Satzes ein anderes Mitglied von Schönbergs Zirkel porträtiert.[8] Genausowenig hatte er, verständlicherweise, Schönberg mitgeteilt, daß das Adagio den Zusammenbruch der Beziehung zwischen Schönberg und seiner Frau Mathilde nach ihrer Affäre mit dem Maler Richard Gerstl darstellt. Wie aus Bergs Notizen hervorgeht, versinnbildlicht die weiträumige palindrome Struktur des zweiten Satzes Mathildes Krankheit und Verfall, nachdem sie Gerstl 1908 verlassen hatte und zu Schönberg zurückgekehrt war, während eine Referenz an das »Melisande«-Thema aus Schönbergs *Pelleas und Melisande* auf die Situation zwischen den dreien anspielt einschließlich einer Figur, die die Buchstaben von Mathildes Namen in Töne transformiert.[9] Mehr noch, wie wir aus den Skizzen, Briefen und einer Vielfalt von internen Indizien wissen, enthält das *Kammerkonzert* auch eine Vielzahl von anderen persönlichen Anspielungen, einige darunter kennen und verstehen wir[10], von anderen wissen wir, ohne ihren Hintersinn ganz erschlossen zu haben[11], und einige werden wohl immer ein Geheimnis bleiben. Das ganze Werk, das im ersten Satz im Stil von Wiener *Enigma-Variationen* beginnt und vielleicht als eine Art *Heldenleben* endet, malt in Wahrheit ein Bild der persönlichen Beziehungen und des professionellen Ranges der Schönbergschule dieser Zeit.

Nach der *Lyrischen Suite* gehörte die Affäre mit Hanna Fuchs und deren musikalische Umsetzung in ihre Chiffre H–F und ihre Zahl 10 zu den Geheimnissen im Zentrum aller künftigen Kompositionen Bergs. In *Der Wein* kam Berg auf die Sammlung von Baudelaires Gedichten zurück, die den geheimen Text des sechsten Satzes der *Lyrischen Suite* geliefert hatte, und verfaßte eine Konzertarie – durch ihren Titel indirekt bezogen auf Hannas Ehemann, der ein großer Weinkenner und Eigentümer eines berühmten Weinkellers war. Darin wird das Thema der verlorenen Liebe und der daraus resultierenden Einsamkeit erneut aufgegriffen, die Leitgedanken des Allegro desolato gewesen waren: *»Wen anders geht es an als Dich, Hanna, wenn ich (im ›Wein der Liebenden‹) sage: ›Laß Schwester uns Brust an Brust fliehn ohne Rast und Stand In meiner Träume Land‹ ... und diese Worte im leisesten Zusammenklang von H– und F–dur verklingen! – – Was dann folgt, kann ja nur mehr das Lied sein vom Wein des – Einsamen. Ja der bin ich und bleib ich [...]«*[12].

Und im *Violinkonzert* steht Hannas Zahl gleich am Beginn des Werkes, wo sie unsere Aufmerksamkeit durch die völlig überflüssige Anmerkung »Introduktion 10 Takte« auf sich zieht, während Bergs 23 unter anderem den Punkt bestimmt, an welchem der Schicksalsrhythmus des zweiten Teils zum ersten Mal erscheint (Takt 23), und die Metronomvorschrift des Allegro (Viertel = 69). Der letzte Takt des Konzerts schließlich, Takt 230, vereint Albans und Hannas Zahlen.

Das Violinkonzert

Das *Violinkonzert* stellt eine Ausnahme in Bergs Schaffen dar, denn wir haben in diesem Werk kein »geheimes« Programm (oder gar, wie beim *Kammerkonzert*, ein »halb geheimes«), sondern ein ganz explizites, das Berg selbst durch seinen Schüler und ersten Biographen Willi Reich publik machte. Wie bestens bekannt, ist das Konzert dem Andenken an Manon Gropius gewidmet und war als ein Requiem für sie gedacht. Manon war die Tochter von Alma Mahler und Walter Gropius, die im April 1935 im Alter von achtzehn Jahren an Kinderlähmung starb. Reich zufolge skizziert der erste Teil des Konzerts, der aus einem Andante und einem Allegretto besteht, ein Porträt Manons, während das Allegro und das abschließende Adagio von Teil II ihre Krankheit und ihren Tod beschreiben.[13] Diese programmatische Interpretation geht unmittelbar auf Berg selbst zurück – und wirklich tauchen viele der Worte, die in Reichs Erläuterung des Konzertes erscheinen, in Bergs Skizzen für Teil II auf, wo die Kommentare »Rufe«, »Stöhnen« und andere illustrative Vermerke über bestimmten musikalischen Phrasen stehen; der Akkord auf dem Höhepunkt des eröffnenden Allegro von Teil II zum Beispiel wird als »Lähmungsakkord« bezeichnet – in Anspielung auf die tödliche Kinderlähmung Manons.

Wir mögen uns wundern, warum Bergs 23 und Hannas 10 eine so prominente Rolle in der Struktur eines Werkes spielen, das von Manon Gropius handelt und ihr gewidmet ist, und es gibt, wie ich anderswo argumentiert habe, genügend innermusikalische Anhaltspunkte in diesem Werk, die die Existenz eines anderen, stärker autobiographischen Programms nahelegen, eines Programms, in dem Berg das Konzert bewußt als Requiem für sich selbst wie auch für Manon verstand, und die Gelegenheit wahrnahm, dem Stück eine Reihe von Bezügen sowohl auf seine erste Liebe, Marie Scheuchl, als auch auf seine letzte Liebe Hanna Fuchs einzuschreiben.[14] Die Skizzen für das Werk verdeutlichen jedoch, daß Berg eine beträchtliche Weile lang noch ein anderes, drittes Programm geplant hatte und daß ihm die Idee des Programms für Manon erst in den Sinn kam, als die Arbeit am Stück bereits weiter vorangeschritten war.

Eine der frühesten Skizzen für das Konzert ist ein Formplan, den Berg in seinem Tagebuch im März 1935 entwickelte. Er belegt, daß Berg sogar in diesem Stadium noch beabsichtigte, das Werk zweiteilig anzulegen – mit einem I. Teil, der aus einem improvisatorischen Andante besteht (Berg verwendet das Wort »phantasieren«), auf den ein ländlerartiges Allegretto folgt, und einem II. Teil, dessen Choralsatz in Adagiotempo durch eine Kadenz vom abschließenden Rondo in Allegrozeitmaß getrennt ist. Dieser Formplan, der etwa fünf oder sechs Wochen vor Manons Tod entstand, zeigt also, daß es von Beginn an Bergs Absicht war, daß das Konzert eine Reihe von Variationen enthielt, daß aber diese Variationen ursprünglich den Eröffnungssatz des II. Teils bilden sollten und er sie zunächst nicht als Träger der programmatischen Bedeutung sah (oder

220

vielmehr nicht derselben programmatischen Bedeutung), die sie im endgültigen Werk besitzen.

Der Zeitpunkt, an dem Berg beschloß, den Bachschen Sterbechoral »Es ist genug« als Basis der Choralvariationen zu verwenden, die den letzten Satz des Konzerts in der uns bekannten Form bilden, war Gegenstand einiger Kontroversen und Diskussionen. Allem Anschein nach steht jedoch zu vermuten, daß ihm die Idee, »Es ist genug« aufzugreifen und das Werk in eine Tondichtung zur Erinnerung an Manon Gropius zu verwandeln, nachdem er bereits zu Beginn entschieden hatte, daß ein Satz des Stückes aus einer Reihe von Variationen bestehen sollte, erst in einem verhältnismäßig späten Stadium der Komposition kam, lange nach Festlegung der Zwölftonreihe des Stückes, wie wir einem Skizzenpaar entnehmen können, die ihn beim Versuch, einen eigenen Choral zu ersinnen, der auf der Reihe des *Violinkonzerts* basiert, zeigen.[15]

Außergewöhnlich ist, daß es Berg sogar nach seinem Entschluß, den Bachschen Sterbechoral einzubeziehen, eine Zeitlang widerstrebte, seinen ursprünglichen Plan, den Choralsatz an den Beginn des II. Teils zu stellen, aufzugeben. Unter den Skizzen ist ein Entwurf, der zeigt, wie Berg sich den Anfang vom II. Teil des Konzerts einmal vorgestellt hat. Die ersten fünf Takte der Skizze entsprechen den Takten 14–18 in Teil II, so wie wir ihn kennen, aber sie führen direkt zu einem Zitat des Bachchorals, zunächst in C-Dur. Nachdem er sich eines anderen besonnen hatte, skizziert er ihn dann noch einmal in D-Dur. Erst danach – und der Entwurf zeigt genau den Moment, da Berg sich anders entschied – beschloß er, die Anordnung der beiden letzten Sätze umzustellen (das Allegro vor den Choralsatz im Adagiotempo zu plazieren), seinen Bleistift zu nehmen, einen heftigen Strich über die Skizze zu ziehen und den Hinweis »Übergang zu IIb bleibt« zu notieren. Zu diesem Zeitpunkt erhielt das Konzert seine endgültige Gestalt.[16]

Warum hat Berg so ungern das anfängliche Formschema aufgegeben? Warum hat er – sogar nach seiner Entscheidung für den Einsatz des Bachschen Sterbechorals (und mithin nachdem er sich vermutlich zumindest bis zu einem bestimmten Grad für das endgültige Programm des Konzerts entschlossen hatte) – so lange an der Idee festgehalten, den Teil II mit einem Choralsatz in Adagiozeitmaß beginnen und mit einem Rondo in Allegrotempo enden zu lassen? Ein munteres Allegro ist schließlich kaum ein angemessener Abschluß für ein als Requiem bestimmtes Werk. Wie die Skizzen zeigen, hat dies seinen Grund in seinem Bemühen, zwei Programme miteinander zu vereinbaren – dasjenige, das wir kennen, und ein anderes, das nichts mit Manon Gropius zu tun hatte, sondern von Beginn an vorhanden war, dessen Existenz deutlich aus den frühesten Entwürfen für das Stück hervorgeht.

Das ursprüngliche Programm für das Violinkonzert erscheint zum ersten Mal auf der Seite in Bergs Tagebuch, die derjenigen, auf der er die Form des Werkes umrissen hat, unmittelbar vorangeht. In der Mitte dieses Blattes, am Seitenrand, stehen die Initialen FFFF und neben ihnen die Tempoanweisungen Allegro, Largo, Allegretto, Rubato. Die Bedeutung dieser Initialen und ihre Verbindung zu den Tempobezeichnungen wird weiter unten auf der Seite ersichtlich, wo wir die Worte finden: »Die 4 Satzen: Frisch, Fromm, Fröhlich, Frei« und unterhalb dieser Worte eine Folge von römischen Zahlen und Tempovorschriften, die zeigen, daß Berg die anfängliche Anordnung folgendermaßen umgestellt hat:

Frisch	Fromm	Fröhlich	Frei
IV	III	II	I
	(Choral)	Ländler	Andante

»Frei« (mit der Anmerkung »Andante« darunter) wurde so zum ersten Satz, »Fröhlich« zum zweiten (mit dem Wort »Ländler« darunter), »Fromm« zum dritten (mit dem Wort »Choral« darunter) und schließlich »Frisch« zum vierten. Die folgende Tagebuchseite skizziert dann die zweiteilige Struktur des ganzen Stücks mit dem Choral (»Fromm«) für den Beginn von Teil II.[17]

Die Schwierigkeiten, denen Berg bei der Komposition des Anfangs von Teil II begegnete, ergaben sich aus seinem Wunsch, die wichtigsten Merkmale seines ursprünglichen Plans beizubehalten. Während aber die erste Hälfte des Entwurfs problemlos angepaßt werden konnte, war die zweite Hälfte inkompatibel mit dem neuen Manon-Programm und konnte nur unter der Voraussetzung programmatischen Sinn ergeben, daß die Aufeinanderfolge des Choralsatzes in Adagiotempo und des Allegros umgekehrt wurde.

Obwohl die Existenz des ursprünglichen FFFF-Programms unbestreitbar ist, bleibt seine Bedeutung unklar, und jeder Erklärungsversuch wirft einige unangenehme Fragen auf. Das Motto »Frisch, Fromm, Fröhlich, Frei« – das in umgekehrter Reihenfolge die ursprüngliche Idee des Konzertes umschreibt – war das Motto des Deutschen Turnvereins. Dieser war in seinen Anfängen eine von Friedrich Ludwig Jahn, dem sogenannten »Turnvater Jahn«, im frühen 19. Jahrhundert ins Leben gerufene Bewegung und betraf die Gründung von Vereinen, die sich der Gymnastik verschrieben. Jahn war ein leidenschaftlicher Patriot, der an die körperliche Ertüchtigung als eine Grundfeste nicht nur der Gesundheit, sondern auch der wahren Identität einer Nation glaubte, und das Motto des Turnvereins war ein Slogan, den sich viele deutsche Jugendliche und nationalistische Gruppen auf die Fahnen schrieben, die in den ersten Dekaden dieses Jahrhunderts aktiv waren. Mit Sicherheit war das charakteristische Symbol der vier F´s, das wir auf der ersten Skizze des *Violinkonzerts* finden und das seit Mitte der 1840er Jahre die Losung des Deutschen Turnvereins war, genauso wie der Reim »Frisch, Fromm, Fröhlich, Frei ist der Deutschen Turnerei« jedem Deutschen oder Österreicher aus Bergs Generation wohlbekannt.

Was aber halten wir von Bergs ursprünglichem Plan, das Violinkonzert auf einem Slogan basieren zu lassen, der mit dem deutschen Patriotismus assoziiert ist? Adorno hat bescheinigt[18], daß Berg völlig frei von jenem Antisemitismus war, der ein so typisches Attribut des Wiener Lebens dieser Zeit darstellte, und wir wissen, daß Berg während der 1930er Jahre seinen Namen der Zeitschrift »23« lieh und diese unterstützte – eine Zeitschrift, die eine Reihe von freimütigen und mutigen Attacken auf die Kulturpolitik des Dritten Reiches enthielt, häufig auf deren führende Personen; allerdings wissen wir auch, daß Berg in jenen Passagen der ersten Szene des dritten Aktes der *Lulu*, in denen der jüdische Bankier auftritt, Zusätze zu Wedekind anbrachte, die sowohl Schönberg als auch Erwin Stein als antisemitisch ansahen – Zusätze, die einen der Gründe darstellten, warum Schönberg die Vollendung der Instrumentation der Oper ablehnte.

George Perle hat Bergs Handhabung der Figur des Bankiers in der *Lulu* eloquent verteidigt; er berief sich dabei auf Bergs Bewunderung für Karl Kraus und *Die Fackel*.[19] Es ist unmöglich, herauszufinden, warum Berg zunächst beschloß, dem *Violinkonzert* einen offenkundig nationalistischen Slogan zugrundezulegen. Jedoch fällt es schwer, den Gedanken zurückzuweisen, den Schönberg als Antwort auf das *Lulu*-Libretto aussprach, nämlich daß Berg vielleicht gehofft habe, dadurch bei der Nationalsozialistischen Partei Anklang zu finden.[20] Andererseits zeugt es eher von politischer Naivität als von Opportunismus, anzunehmen, daß etwas so Belangloses wie die Hinzufügung einiger Sätze ins Libretto der *Lulu* oder die Orientierung eines Werkes an einem nationalistischem Motto (und ein obendrein krebsgängiges nationalistisches Motto) die Wahrscheinlichkeit einer Aufführung dieser Werke im Deutschland des Dritten Reiches erhöht haben könnte. Die Hindemith-Affäre von 1934, als Goebbels die Atonalität öffentlich *»[...] als drastischsten Beweis dafür, wie tief sich die jüdisch-intellektualistische Infizierung bereits in unserem eigenen Volkskörper festgefressen hatte«* denunzierte, hatte Berg sicherlich gezeigt, daß es seine musikalische Sprache war, die sein Werk politisch inakzeptabel machte und es unverrückbar in die Kategorie der entarteten Kunst verwies – und dennoch blieb diese Sprache von Erwägungen politischer Zweckmäßigkeit unberührt.

Ich denke, es ist möglich, in Bergs beabsichtigte Verwendung dieses FFFF-Mottos eine ganz andere Bedeutung hineinzulesen als die, welche sich unmittelbar aufdrängt. Es handelt sich um eine Lesart, die sich auf die Tatsache stützt, daß Berg von Beginn an beschloß, dies Motto krebsgängig zu verwenden. Die krebsgängige oder rückwärts laufende Bewegung ist eine besondere Eigentümlichkeit von Bergs Musik (das *Violinkonzert* ist das einzige reife Werk Bergs, das weder eine ausgedehnte rückläufige Bewegung noch ein Palindrom enthält), und sowohl in den Opern wie in der Instrumentalmusik – wie Bergs Anmerkung im dritten Satz der *Lyrischen Suite* beweist – hat es mit solch einer krebsgängigen Bewegung immer eine spezielle symbolische Bewandtnis, die darin besteht, daß sie stets mit Ablehnung oder Verweigerung assoziiert ist.[21]

Zu der Zeit, als Berg das *Violinkonzert* schrieb, wurde seine Musik als Manifestation des »Kulturbolschewismus« bezeichnet und nicht länger in Deutschland oder gar seinem Heimatland Österreich gespielt. Er selbst wurde in der Presse geschmäht (»Hindemith«, schrieb eine Zeitung zur Zeit der Affäre von 1934, komponiere Musik gerade gut genug für eine Atmosphäre, die *»durch die Namen Alban Berg und Arthur Honegger* [und] *Béla Bartók* [...] *gekennzeichnet ist«*) und wurde nicht länger als ein origineller Komponist gehandelt.[22] Das *Violinkonzert* mit seinen Ländlern, Walzern und Volksliedmelodien ist das österreichischste von allen Werken Bergs und angesichts der durchgängig metaphorischen Bedeutung, die Berg der krebsgängigen Bewegung beimaß, scheint es zumindest möglich, daß er, als er dem Werk das rückwärts verlaufende FFFF-Motto unterlegte, dem Krebs dieselbe Bedeutung zumaß wie der Verwendung der musikalischen Rückwärtsbewegung anderswo. Bergs Umkehrung der Phrase »Frisch, Fromm, Fröhlich, Frei« symbolisiert so eher eine Ablehnung denn eine Billigung des Nationalismus, der dem Motto innewohnt – auch wenn es ein sehr privater Akt der Ablehnung ist, da niemand beim Hören des Werks die Rolle, die das Motto in der Struktur des Stückes spielt, jemals kennen würde. Es war dies eine Zurückweisung von Seiten eines Komponisten, dessen Werke nicht länger als Teil der deutschen Musik angesehen wurden, eine Ablehnung des engstirnigen Nationalismus, der ihm (und anderen) einen Platz in der deutschen Tradition, als deren Teil er sich so sehr empfand, verweigerte.

Die Bedeutung des Wozzeck

Neuere Forschung hat uns mit der Tatsache vertraut gemacht, daß ein Großteil selbst der freien atonalen und zwölftönigen Musik der Zweiten Wiener Schule auf irgendeine Art subjektiven Programms zurückgeht[23], weit entfernt davon, bloß einen Versuch abstrakter technischer Natur zu verkörpern. In der Mehrheit waren diese Programme »inspirierende Kräfte«, die kaum Auswirkung auf die formale Organisation der Musik hatten[24] und privat und unveröffentlicht blieben – nicht zuletzt, weil in den 1920er Jahren die Glanzzeit der Programmusik der Vergangenheit angehörte und die jüngsten und radikalsten Komponisten eine neue Ästhetik der Objektivität anstrebten.

Bergs »Programme« jedoch sind anderer Natur. Wie so viele Komponisten fühlte er deutlich das Bedürfnis nach einem zusätzlichen außermusikalischen Ausgangspunkt, um seine schöpferische Einbildungskraft anzuregen; aber der detaillierte autobiographische Charakter der Programme und die Form, in der diese Details in die eigentliche Struktur des Werkes eingehen, unterscheidet sie essentiell von den allgemeiner gehaltenen Programmen, die seinen Kollegen als Ausgangspunkt dienten. *Wozzeck* scheint das Schlüsselwerk von Bergs Adaption solch eines detaillierten autobiographischen Programms zu verkörpern. Es ist bedeutsam, daß es kein einziges nicht der Gattung der Oper zugehöriges Werk nach *Wozzeck* gibt, das nicht ein solch außermusikalisches Programm besäße – und bei keinem einzigen Werk zuvor ist das der Fall.[25]

Einer der am häufigsten besprochenen Aspekte des *Wozzeck* und derjenige, dem Berg selbst die größte Aufmerksamkeit schenkte, der ihn mit besonderem Stolz erfüllte, ist die Verwendung von Formen der »absoluten« Instrumentalmusik – und die Tatsache, daß die Formen so eingesetzt werden, daß sie sowohl den psychologischen als auch den dramatischen Kern der Szene und winzige Details der dramatischen Aktion reflektieren, während sie zugleich ihre Autonomie als sich selbst genügende musikalische Strukturen bewahren.[26] Bei seiner Erörterung von Bergs Inanspruchnahme durch die technischen und formalen Aspekte seiner Opern hat Christopher Hailey hellsichtig die Verwendung von solchen Formen im Kontext einer Oper als Symptom des künstlerischen Bedürfnisses des Komponisten gedeutet, *»die niedrigen Triebe des Theaters mit den Erfordernissen der ›Hohen Kunst‹, die sinnliche Zügellosigkeit seines Wiener Erbes mit der Disziplin des Klassischen Erbes zu versöhnen.«*[27] Diese Beobachtung gilt genauso für eine der Rollen, die Bergs geheime Programme in der Instrumentalmusik spielen. Dort werden die emotionale Intensität und »sinnliche Zügellosigkeit« nicht nur von Kontrollinstanzen in Schach gehalten, sondern auch in solche transformiert. Sie distanzieren ihn von den zum Ausdruck gebrachten Gefühlen, so daß *»subjektive Elemente in objektive Zwänge umgeformt [werden], die paradoxerweise die Subjektivität, aus der sie entsprungen sind, sowohl verkörpern, als auch im Zaum halten.«*[28]

Wie *Lulu* ist der *Wozzeck* voll von autobiographischen Anspielungen, und es ist bemerkenswert, wie genau die in der Instrumentalmusik nach *Wozzeck* eingeschlagene Taktik die in der Oper angewandte spiegelt. In der Oper entscheidet sich Berg dafür, einer bereits vorhandenen Geschichte »abstrakte«, selbstgenügsame musikalische Formen zu oktroyieren (wenn auch Formen, von denen er hoffte, daß die Zuhörer sie nicht bemerken würden)[29]; in den späteren Werken, die keine Opern sind, beschließt er, abstrakten, sich selbst genügenden Formen der Instrumentalmusik eine Geschichte zu oktroyieren (wenn auch eine »geheime«, die dem Hörer nicht bewußt würde). Dem Wesen nach ist das Verfahren in beiden Fällen, den Opern und den Instrumentalwerken, identisch: Es wird eine Situation geschaffen, in der die Erfordernisse der Erzählung aus Worten – ob Opernhandlung oder geheimes Programm – und die Erfordernisse einer autonomen musikalischen Struktur identisch werden. Angeregt und inspiriert durch seine Arbeit am *Wozzeck*, und nachdem ihm die Versöhnung autonomer musikalischer Strukturen mit einer vorhandenen Erzählkurve so erfolgreich gelungen war, entwickelte Berg nun geheime Erzählungen für die instrumentalen Werke; nachdem er das Libretto der Oper so geformt hatte, daß sicher war, daß es sich als Sammlung von Sonatensätzen, Passacaglien, Variationen etc. eignete, begann er nun, sich um die Erfindung geheimer Programme zu bemühen, die so eingerichtet waren, daß sowohl das Ganze als auch die Details in zufriedenstellende und »absolute« musikalische Strukturen transformiert werden konnten. Zahlreiche Seiten der annotierten Partitur der *Lyrischen Suite* skizzieren eine Erzählung, die so detailliert wie der Handlungsgang einer jeden Oper ist, und es scheint nicht nur möglich, sondern auch wahrscheinlich zu sein, daß in Bergs Vorstellung viele Sätze sogar noch spezifischere Programme haben, als seine Kommentare offenbaren. Mark DeVoto hat auf den *»letzte[n] Akkord des zweiten Satzes, Andante amoroso* [Takt 150]« hingewiesen, der *»nachdem die pizzicato gespielten C's im Cello (wie aus der Ferne. Do–do‹) erstorben sind,* [ausgehalten wird]. *Hier wird der Tristanakkord eine Quinte nach unten transponiert, behält jedoch ansonsten seine charakteristische Gestalt. Der Sinn liegt auf der Hand: Hannas Kinder sind davongelaufen, um anderswo zu spielen, während Alban und Hanna allein gelassen über ihre Liebe füreinander nachsinnen.«*[30] Obwohl Dorothea Robetin zufolge die Liebesaffäre zwischen Berg und ihrer Mutter niemals Erfüllung gefunden hat, fällt es gleichermaßen schwer, sich nicht zu fragen, ob die Passage in den Takten 51–58 im Adagio appassionato nicht solch eine Erfüllung repräsentiert – sei es nun real oder in der Phantasie.

Nach dem *Wozzeck* wurde die Erfindung irgendeiner Art von außermusikalischer Erzählung sosehr zur Gewohnheit und zwangsläufig zum Bestandteil von Bergs Arbeitsverfahren, daß man dazu neigt, Adorno zuzustimmen, der Helene Berg in einem Schreiben nach dem Tod des Komponisten riet, sich keine Sorgen über die Affäre mit Hanna zu machen, weil Berg *»H.F. weit mehr liebte, um die Lyrische Suite schreiben zu können, als daß er die Lyrische Suite um der Liebe willen schrieb.«*[31] Aber die Adaption solcher geheimen Erzählungen scheint eine Reihe von Bedürfnissen, die Bergs künstlerische und individuelle Mentalität auszeichnen, befriedigt zu haben, und es gibt vielleicht weitere Gründe, warum er die Einbettung präziser Einzelheiten autobiographischer Ereignisse in die Musik für wichtig hielt – egal, ob jemand anderes jemals erfuhr oder nicht, um welche Ereignisse es sich handelte. Es gibt Gründe, die wiederum erstmalig im *Wozzeck* zum Vorschein kommen.

Als er die Publikation der Tagebücher von Bergs Wiener Zeitgenossen Arthur Schnitzler rezensierte, stellte Edward Timms fest, daß *»Schnitzlers Schriften von der Vergänglichkeit heimgesucht wurden. Der schmerzvolle Versuch, zu berichten, wie er jeden Morgen, jeden Nachmittag, jeden Abend seines erwachsenen Lebens verbrachte, entpuppt sich als ein Versuch, das Selbst gegen Flüchtigkeit und Vergeßlichkeit zu wappnen. Er handelt sich um eine Übung in Selbst-Bestätigung.«*[32] Zeit und das Vergehen von Zeit sind zentrale Themen von Bergs erster Oper, und sein obsessives Aufzeichnen der Einzelheiten seines eigenen Gefühlslebens in seinen Werken kann, wie bei Schnitzler, in mancherlei Hinsicht als ein Versuch gewertet werden, das Vorübergehende dauerhaft zu machen, die Realität der individuellen Erfahrung zu sichern und erhalten im Angesicht der schicksalhaft kreisenden Welt und des endlosen Verstreichens von Zeit, das den Hauptmann wie den Doktor im *Wozzeck* sosehr beschäftigt.

In einem Brief an Hanna vom Oktober 1931 differenziert Berg zwischen einer inneren Persönlichkeit und dem *»[...] äußerlichen Menschen, als den ich mich mei-*

226

nen Mitmenschen zu präsentieren gezwungen bin [...] u. der [...] eine Zeitlang erfüllt sein konnte von den Freuden des Autofahrens, nie aber im Stande wäre die ›Lulu‹ zu komponieren.«[33] Der innere, private Berg war ein Mann, der spürte – der spüren wollte –, daß das gesamte Leben von einem seltsam vorherbestimmten Schicksal gelenkt wird; ein Mann, der Zugtickets[34] und Poststempel zu untersuchen pflegte, um zu sehen, ob sie seine schicksalhafte Zahl enthielten (und geschraubte mathematische Berechnungen anstellte, um sicherzugehen, daß sie dies taten)[35], der, nachdem er die Zahl 23 in die Struktur des zweiten Teils des *Violinkonzerts* eingearbeitet hatte, sorgsam darauf achtete, daß der erste Teil 23 Manuskriptseiten im Particell beanspruchte; ein Mann, der begierig danach trachtete, jede Theorie zu akzeptieren oder in jeden Zufall Bedeutung hineinzulesen, die sein Gefühl zu bestätigen schienen, daß alles vorherbestimmt ist. Der Glaube an solche Dinge war zu Bergs Zeiten in Wien gang und gäbe, und auch ohne das Zeugnis von Freunden und Kollegen wie Adorno und Louis Krasner liefern Bergs Briefe und Kompositionen allein genügend Beweise für sein Interesse an Numerologie, Astrologie und Prädestination. In der Tat macht Berg, wie ich anderswo argumentiert habe, einzig und allein durch musikalische Mittel nicht nur die Zeit, sondern auch die Vorherbestimmung als zentrale Themen von *Lulu* und *Wozzeck* kenntlich.[36]

Bergs erster Aufenthalt bei der Familie Fuchs-Robettin und seine erste Begegnung mit Hanna ereigneten sich anläßlich seiner Teilnahme an der Prager Aufführung der *Drei Bruchstücke aus Wozzeck*-Stücken aus einer vier Jahre früher vollendeten Oper, in der die Töne ihrer Initialen bereits als Schicksalsmotiv auftreten. Wie George Perle gezeigt hat, *»ist es unwahrscheinlich, daß ein Mann von Bergs Prädisposition übersehen haben sollte, was ihm als ein prophetischer Zufall erschienen sein muß.«*[37] Bergs Gefühl, daß Hanna sein Schicksal repräsentierte, wurde des weiteren bestätigt, als er nach ihrer Begegnung seine früheren Werke durchsah und abermals entdeckte, daß die erste und letzte Note des Eröffnungsmotivs seines *Streichquartetts* op. 3 die Noten F–H waren, und daß der Anfangstakt des zweiten Satzes seines unlängst komponierten *Kammerkonzerts* (bezeichnenderweise überschrieben mit »Liebe« in den Skizzen) sowohl ihre wie seine Initialen enthielt.

Berg hatte bereits erkannt, daß es Ähnlichkeiten zwischen seiner Situation und der Situation des Protagonisten von Büchners Schauspiel *Woyzeck* gab. *»Steckt doch auch ein Stück von mir in seiner* [Wozzecks] *Figur [...]«*, schrieb er Helene am 7. August 1918[38] und bezog sich dabei scheinbar auf die Ähnlichkeiten zwischen der Welt des unterdrückten Wozzeck und seinen eigenen Erfahrungen in den Kriegsjahren – obgleich er kaum vermeiden konnte, zumindest für sich selbst die Ähnlichkeit zwischen Wozzeck und ihm als Väter eines illegitimen Kindes von einer Frau namens Marie zu konstatieren.[39] In der Tat mag die Erkenntnis dieser Ähnlichkeiten eine Rolle bei der Entscheidung, dieses Stück zu vertonen, gespielt haben. Ebenso wie einige Jahre später die Erkenntnis der

Ähnlichkeiten zwischen den Namen und Lebenslagen des Alwa und Schön und Alban und Schönberg, und der Ähnlichkeiten zwischen dem Tod von Richard Gerstl und Wedekinds Maler die Entscheidung, *Lulu* zu vertonen, beeinflußt haben muß. Die Begegnung mit Hanna kann ihn in seinem Gefühl, daß *Wozzeck* nicht nur sein eigenes Leben widerspiegelte, sondern es auf eine unheimliche Weise antizipierte, nur bestärkt haben.

»Linienkreise, Figuren ... Wer das lesen könnte!«, singt Wozzeck in der vierten Szene des ersten Akts, begleitet von einem Durcheinander von umgekehrt und palindromisch symmetrischen Figurationen, von den mysteriösen Mustern, die ihm in der Natur erscheinen. Wozzecks Obsessionen sind die von Berg selbst, und *»wenn die ständige Wiederkehr von solchen Mustern im Alltagsleben – ob wirklich oder nur eingebildet – die Illusion von Ordnung und Sinn erzeugte, dann muß diese Illusion wiederum ein gewisses Maß an wirklicher Sicherheit geboten haben«*, vermutet Geoffrey Poole.[40] Als Berg seine Arbeit am *Wozzeck* bereits begonnen hatte, veröffentlichte der Wiener Biologe Paul Kammerer 1919 ein Buch mit dem Titel *Das Gesetz der Serie*, in dem er versuchte, die unerforschten Gesetze der »Serialität« aufzuspüren. Er glaubte, daß Koinzidenzen in einem solchen Ausmaß herrschen, daß der Begriff der Koinzidenz sich selbst negiere. In den letzten Seiten des Buches kommt eine Überzeugung zum Ausdruck, der Berg zweifellos hätte zustimmen können. *»So ist denn Serialität«*, schrieb Kammerer, *»allgegenwärtig und ununterbrochen im Lebens-, Natur- und Weltgeschehen.[...] Nachahmung, Ausgleichung, Anpassung, Wiederholung leiht der Pflanze ihren Wuchs, dem Tier seinen Bau und seine Bewegung, dem Menschen seinen Geist und sein Geschick und seine Schöpfung [...] – sie alle sind der Wiederkehr unterworfen und tragen die Wiederkehr in sich selbst: mit dem Schoße des Weltalls, das alles in der Welt gebar, verknüpft sie alle das Gesetz der Serie..«*[41]

Anmerkungen

1 Neues Wiener Journal, 31. August 1935; revidiert in: Anbruch XVIII/9 (September /Oktober 1935), S. 250–252, und: Schweizerische Musikzeitschrift 75 (1935), S. 735–737.

2 Pult und Taktstock 2 (Februar/März 1925), S. 23–28.

3 Vgl. Constantin Floros, *Das esoterische Programm der Lyrischen Suite: Eine semantische Analyse*, in: Hamburger Jahrbuch für Musikwissenschaft Bd. 1, Hamburg 1975, S. 101–145.

4 George Perle, *Das geheime Programm der Lyrischen Suite*, in: Heinz-Klaus Metzger und Rainer Riehn (Hg.): *Alban Berg: Kammermusik I* (= Musik-Konzepte Heft 4), München 1978, S. 49–74. [Das Zitat im folgenden Absatz steht auf S. 62, spätere Zitate auf S. 60 und S. 61, Anm. d. Übersetzers].

5 Zitiert nach Perle, *Das geheime Programm der Lyrischen Suite*, S. 64, Beispiel 5, und S. 65.

6 [*Kammerkonzert für Klavier und Geige mit dreizehn Bläsern – Offener Brief an Arnold Schönberg*], in: Frank Schneider (Hg.), *Alban Berg: Glaube, Hoffnung und Liebe. Schriften zur Musik*, Leipzig 1981, S. 228–233.

7 Ebd., S. 232.

8 Bergs Skizzen zeigen, daß die ersten vier Variationen Eduard Steuermann, Rudolf Ko-lisch, Josef Polnauer und Erwin Stein respektive repräsentieren; die fünfte repräsentiert »...*die andern (die nachfolgen, überholen wollen etc.)«.* Vgl. Brenda Dalen, *Freundschaft, Liebe, und Welt: The Secret Programme of the Chamber Concerto,* in: Douglas Jarman (Hg.), *The Berg Compa-nion,* Houndmills 1989, S. 142–150, Zitat S. 179, Fußnote 19.

9 Dalen, *Freundschaft, Liebe, und Welt,* S. 160–171.

10 So sind die Pizzicatotöne der Solovioline in den Takten 111–112, die nur einmal im ersten Satz vorkommen, eine Referenz an Kolischs Gewohnheit, bei einem Konzertauftritt auf diese Weise vor seinem ersten Einsatz die Stimmung leise zu überprüfen; auf ähnliche Weise bezieht sich die Klavierfiguration in den Takten 775–780 durch ein Zitat seines »Mutterakkordes« (vgl. Kapitel 10) auf F.H. Klein.

11 Beispielsweise die Bedeutung einer Skizze, die vermuten läßt, daß die drei Sätze drei Orte – Wien, Trahütten und Baden – repräsentieren oder auf andere Weise damit assoziiert sind.

12 Berg an Hanna Fuchs, 4. Dezember 1929, zitiert in Constantin Floros, *Alban Berg und Hanna Fuchs: die Geschichte einer unglücklichen Liebe und ihre Auswirkungen auf Bergs Schaffen,* in: Österreichische Musikzeitschrift 50 (1995), S. 790.

13 Willi Reich, *Alban Berg. Leben und Werk,* Zürich 1963, S. 169f.

14 Douglas Jarman, *Alban Berg, Wilhelm Fliess and the Secret Programme of the Violin Concerto,* in: The International Alban Berg Society Newsletter 12 (Fall/Winter 1982), S. 5–11.

15 Sowohl Constantin Floros, in *Die Skizzen zum Violinkonzert Alban Bergs,* in: Franz Gras-berger und Rudolf Stephan (Hg.), *Alban Berg Symposion Wien 1980* (= Alban Berg Studien Bd. 2), Wien 1981, S. 118–135, als auch Anthony Pople, in *Berg: Violin Concerto,* Cambridge 1991, führen als Argument an, daß die Präsenz der letzten Phrase von »Es ist Genug« auf einer Skizze mit der Überschrift »Akkorde und Cadenzen« (eine Skizze, die das »ritmico«-Material von Teil I, Takte 140ff. enthält) darauf hindeutet, daß Berg in einem frühen Sta-dium beschlossen hatte, den Bach-Choral zu verwenden. Jedoch ist die Skizze mit den »Akkorde[n] und Cadenzen« Teil einer Doppelseite, deren gegenüberliegende Seite mit der »Akkorde und Cadenzen«-Skizze durch eine Reihe von Pfeilen verbunden ist und Bergs Ausarbeitung der Harmonisierung des Chorals in Teil II, Takte 214ff. zeigt.

16 Die relevante Seite ist als Faksimile 4 in *Alban Berg: Sämtliche Werke,* 5/2, Wien 1996, reproduziert.

17 Floros (*Die Skizzen zum Violinkonzert Alban Bergs,* S. 119) mißdeutet das Wort »Fromm« als »Traum« und nimmt folglich keine Notiz von der FFFF-Anmerkung und ihrer Bedeu-tung. Dieser Lesart folgt Pople in *Berg: Violin Concerto,* S. 30. Ich bin Regina Busch für ihre Hilfe bei der neuen Entzifferung von Bergs Skizze dankbar.

18 Theodor W. Adorno, *Berg. Der Meister des kleinsten Übergangs* (Gesammelte Schriften Bd. 13), Frankfurt/Main 1978, S. 338.

19 George Perle, *The Operas of Alban Berg,* Bd. 2: *Lulu,* Berkely 1985, S. 284–289.

20 Ebd., S. 286.[Das nachfolgende Goebbels-Zitat wurde zitiert nach Joseph Wulf, *Musik im Dritten Reich. Eine Dokumentation,* Frankfurt/Main u.a. 1983, S. 378].

21 Vgl. Douglas Jarman, *The Music of Alban Berg,* London 1979, S. 230–241.

22 Zitat nach Wulf, *Musik im Dritten Reich,* S. 371f.. Siehe auch Reich, *Alban Berg. Leben und Werk,* Zürich 1963, S. 86 – 91.

23 Siehe beispielsweise Walter B. Bailey, *Programmatic Elements in the Works of Arnold Schoenberg,* Ann Arbor 1984, und Hans Moldenhauer, *Anton von Webern: Chronik seines Lebens und Wer-kes,* Zürich 1980.

24 Bailey, *Programmatic Elements,* S. 98.

25 Dies schließt natürlich die Möglichkeit nicht aus, daß sich allgemeinere »inspirierende Kräfte« hinter einigen der früheren, vor Wozzeck entstandenen Stücken verbergen. Constantin Floros z.B. hat in *Alban Berg: Musik als Autobiographie*, Wiesbaden 1992, S. 153–164, die These aufgestellt, daß das *Streichquartett* op. 3 ein Programm besitzt, das Bergs Liebe für Helene betrifft (vgl. Kapitel 4). Jedoch ist das vorgeschlagene »Programm« in Floros' Darlegung so allgemeinen gehalten, daß es sich in Charakter und Funktion wesentlich von den Programmen der Werke nach *Wozzeck* unterscheidet.

26 Siehe S. 197–200

27 Christopher Hailey, *Between Instinct and Reflection: Berg and the Viennese Dichotomy*, in: Jarman (Hg.), *The Berg Companion*, S. 230.

28 Jarman, *The Music of Alban Berg*, S. 230.

29 Siehe Alban Berg, *Das Opernproblem*, in: *Alban Berg: Glaube, Hoffnung und Liebe*, S. 256–259, hier S. 259.

30 Mark DeVoto, zitiert nach George Perle, *Style and Idea in the Lyric Suite of Alban Berg*, Stuyvesant 1995, S. 50.

31 Adorno an Helene Berg, 16. April 1936, in: Rosemary Hilmar und Günter Brosche (Hg.): *Alban Berg 1885–1935: Ausstellung der Österreichischen Nationalbibliothek, Prunksaal, 23. Mai bis 20. Oktober 1985*, Wien 1985, S.174. Vgl. auch S. 47.

32 The Times Literary Supplement, 30. April 1982, S. 475.

33 Zitiert nach George Perle, *Das geheime Programm der Lyrischen Suite*, in: Heinz-Klaus Metzger und Rainer Riehn (Hg.): *Alban Berg: Kammermusik I* (= Musik-Konzepte Heft 4), München 1978, S. 70.

34 Floros, *Alban Berg und Hanna Fuchs*, S. 781.

35 Siehe z.B. Berg an Schönberg, 10. Juni 1915: »Ihr erstes Telegramm [...] erhielt ich am 4/.6 1 (46 = 2 x 23) das Telegramm hatte die N° Berlin Südende 46 (= 2 x 23) 12/11 (12 + 11 = 23). Das 2te Telegramm hatte die Nummer 24/23 und war um 11.50 aufgegeben (1150 = 50 x 23)«. [veröff. in: Juliane Brand, Christopher Hailey und Donald Harris (Hg.), *The Berg-Schoenberg-Correspondence. Selected Letters*, London 1987, S. 245]).

36 Jarman, *The Music of Alban Berg*, S. 223–241. Wegen einer anderen Perspektive auf diesen Aspekt von Bergs Denken siehe S. 81.

37 George Perle, *The Secret Programme of the Lyric Suite*, in: The Musical Times, 118 (1977), S. 629–632, S. 709–713 und S. 809–813, hier S. 812. [Ähnlich formuliert in *Das geheime Programm der Lyrischen Suite*, S. 73; Anm. d. Übersetzers].

38 Helene Berg (Hg.): *Alban Berg: Briefe an seine Frau*, München 1965, S. 376.

39 Erich Alban Berg, *Eine natürliche Tochter: Zur Biographie Alban Bergs*, in: Frankfurter Allgemeine Zeitung, 21. Mai 1975.

40 Geoffrey Poole, *Berg's Fateful Number*, in: Tempo 179 (Dezember 1991), S. 2.

41 Paul Kammerer, *Das Gesetz der Serie. Eine Lehre von den Wiederholungen im Lebens- und im Weltgeschehen*, Stuttgart 1919, S. 455f.

Der Schaffensprozess von
Wozzeck und *Lulu*:
Ein Blick auf Bergs Atonale Methode

Von Patricia Hall

Wenn wir die Anfänge von *Wozzeck* und *Lulu* vergleichen, haben offenkundig die Unterschiede das Übergewicht gegenüber den Ähnlichkeiten. In einem Abstand von dreizehn Jahren wurden sie begonnen: *Wozzeck* im Jahre 1914, als Berg relativ unbekannt war, *Lulu* im Jahre 1927, nachdem er durch den Erfolg des *Wozzeck* Berühmtheit erlangt hatte. Mehr noch, diese Kluft von dreizehn Jahren spiegelt sich in zwei verschiedenen kompositorischen Systemen wider. *Wozzeck* ist eine atonale Oper mit latent tonalen Tendenzen, *Lulu* hingegen ein reifes Zwölftonwerk, das auf Reihenverfahren beruht. Berg betont diese unterschiedlichen Systeme in seinen Schriften über die Opern: In seinem Vortrag über den *Wozzeck* (1929) konzentriert er sich fast gänzlich auf dramatische, formale und leitmotivische Kunstgriffe[1], während er bei der *Lulu* die aus seinen zyklisch abgeleiteten Zwölftonreihen erzeugte Einheit zu rechtfertigen bemüht ist.[2]

Da mag der Befund überraschen, daß die Skizzen für beide Werke identische Typen besitzen und daß Berg diese Typen verwendete, um ähnliche Ziele zu erreichen. Das läßt eine Kontinuität nicht nur seiner Arbeitsmethoden, sondern auch zwischen den beiden Kompositionssystemen – Atonalität und Dodekaphonie – vermuten. In diesem Kapitel werden die Typen der Bergschen Skizzen für *Wozzeck* und *Lulu* verglichen – von seiner frühesten Arbeit an den Libretti an bis zu seinen letzten Kompositionsskizzen –, um zwei analytische Fragen anzusprechen. Erstens: Deuten die Skizzen auf Analogien zwischen Bergs atonaler und seiner zwölftönigen Technik hin? Und zweitens: Können uns die Skizzen genaueren Aufschluß über Bergs atonale Methode geben?[3]

Vom Text zur Musik: Bergs melodische Kurzschrift

Am Anfang war das Drama. Berg war ein begeisterter Leser und Theatergänger. Es war eine Vorstellung von Georg Büchners *Woyzeck* in Wien im Jahre 1914, die ihm das Thema seiner ersten Oper eingab.[4] Auf ähnliche Weise regte eine Vorlesung von Karl Kraus bei der privaten Premiere von Frank Wedekinds *Büchse der Pandora* 1905 die ersten Ideen über die Verdopplung von Rollen und die Formkonzeption an, die Berg später zu charakteristischen Merkmalen seiner Opernbearbeitung der *Lulu*-Tragödien entwickelte.[5]

Da Berg die Libretti beider Opern aus den jeweiligen Dramen adaptierte, zeigen seine eigenen Ausgaben dieser Schauspiele – aufbewahrt in der Österreichischen Nationalbibliothek – erwartungsgemäß Unterstreichungen und Tilgungen des Textes. Doch manifestieren sich darin auch detaillierte musikalische Anmerkungen, die vermuten lassen, daß Berg seine Inspiration für rhythmische, melodische und formale Einfälle aus dem gedruckten Wort bezog. Ebenso sind seine musikalischen Skizzen oft mehrfach mit bedeutsamen Textfragmenten versehen. Diese Fragmente erzeugen durch ihren natürlichen Akzent oder psychologische Implikationen wichtige vereinheitlichende musikalische Motive. Zum Beispiel konzentriert sich Berg in einer der frühesten Skizzen für den *Wozzeck*, gezeigt in Abbildung 9.1, auf das Textfragment »In vier Wochen«, um eine bedeutsame motivische Idee für die zweite Szene des II. Aktes zu formen.

Abbildung 9.1
Skizze für Wozzeck, *Akt II, Szene 2 (ÖNB, Musiksammlung, F 21 Berg 13/II, S. 61)*

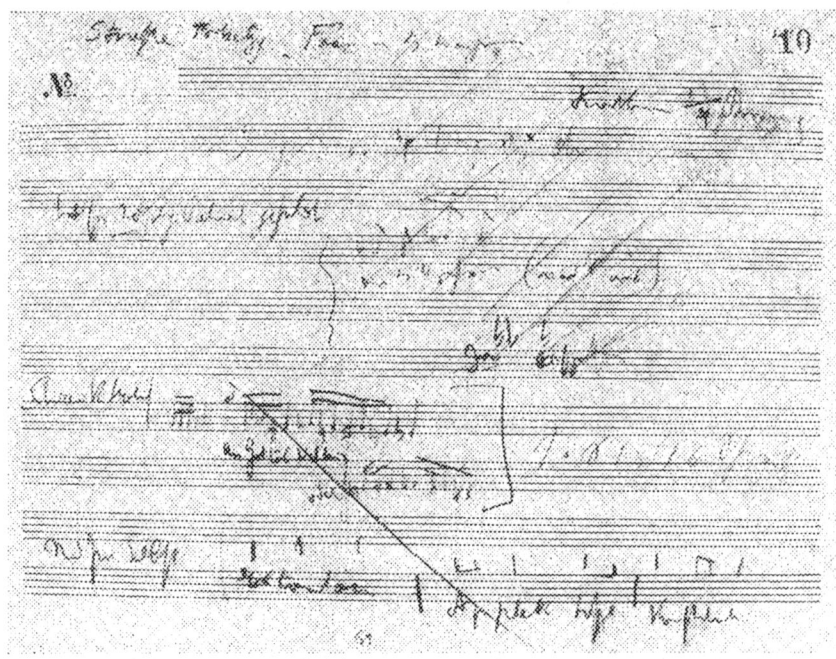

In der Mitte des oberen Randes notiert Berg »Frau in vier Wochen« und im vierten Notensystem experimentiert er mit einer melodischen Vertonung. Die abgekürzte rhythmische Figur im siebten Notensystem (vier Sechzehntel), die Berg als »Schreckmotiv« bezeichnet, erinnert uns an den psychologischen Impetus vieler seiner Skizzen. In der Tat erachtete er es häufig für unentbehrlich, seine Hauptfiguren psychologisch zu durchleuchten, bevor er ihre Musik schrieb. Ein Skizzenblatt liefert eine faszinierende psychologische Analyse des Hauptmanns, den Berg als »eine Null« charakterisiert.[6]

Selten wandelt Berg diese motivischen Skizzen direkt in Kompositionsentwürfe um. Eher schreibt er Passagen in einer rhythmischen Kurzschrift, gewöhnlich auf die Vokallinie konzentriert. Abbildung 9.2 zeigt zwei rhythmische Skizzen, eine für den *Wozzeck*, eine für die *Lulu*.

Abbildung 9.2
a) Skizze für Wozzeck, *Akt II, Szene 2 (F 21 Berg 13/II, S. 76, Notensystem 6–10)*

(b) Skizze für Lulu, *Prolog (F 21 Berg 28/XXV, F.3ʳ, Notensystem 1–4)*

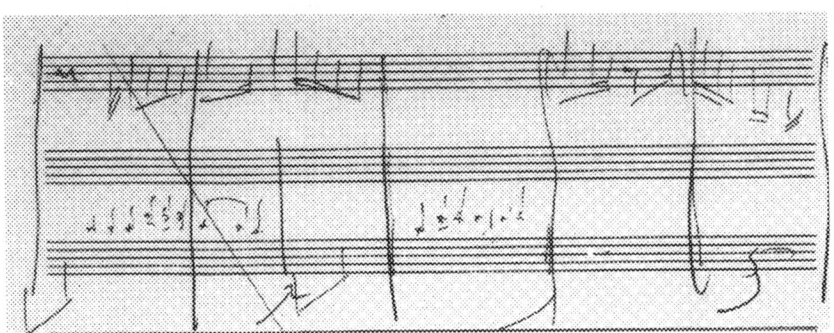

Wenn man die offensichtlichen Unterschiede in Handschrift und Papiertypen außer acht läßt, ist die Skizzierungstechnik im wesentlichen dieselbe. Beide Skizzen stellen das rhythmische Skelett und den Umriß der Vokallinie im oberen System dar. In der *Wozzeck*-Skizze kann man mit einiger Anstrengung die Worte »Dr.« im ersten Takt, »Sargnagel« in den Takten 2–3 und »in vier Wochen« in Takt 5 entziffern. Dieses Exzerpt stammt also wiederum aus der zweiten Szene des zweiten Aktes, wo der Hauptmann und der Doktor sich gegenseitig verspotten, bis Wozzeck auf der Bühne erscheint, für beide ein geeigneteres Opfer (Beispiel 9.1a).

Beispiel 9.1

(a) Wozzeck, *Akt II, Szene 2, Takte II/249–254, Vokalstimme (Hauptmann)*

(b) Lulu, *Prolog, Takte 9–11, Vokalstimme (Tierbändiger)*

Die *Lulu*-Skizze hat einen klar umrissenen Rhythmus in der Vokallinie (erstes Notensystem) und sogar einige Tonhöhenangaben (über dem dritten Notensystem, das man sich mit einem Baßschlüssel denken sollte). Diese Noten (C–E–F) bilden ein Motiv, das erstmalig im Prolog erscheint; in der Tat stellt die skizzierte Passage die Takte 9–11 dar (Beispiel 9.1b). Obwohl in dieser Skizze die Tonhöhen nicht Teil einer vollständigen Zwölftonreihe sind, entsprechen sie faktisch den ersten drei Tönen der Grundreihe für *Lulu*.

Wenn wir diese Skizzen mit den entsprechenden komponierten Passagen vergleichen, zeigt sich, daß Bergs Kurzschrift ziemlich genau war – d.h., er pflegte im wesentlichen dieselben Rhythmen und melodischen Konturen in die endgültige Version zu übernehmen. Dies legt nahe, daß Berg im Kopf bereits mit der melodischen Linie vertraut war – entweder aus vorhergegangenen thematischen Skizzen oder (in der *Lulu*) aus den Tabellen der Zwölftonreihen mit Anmerkungen für deren thematisches Potential.[7] Indem er solch ein Zwischenstadium der Komposition schuf, war Berg meist in der Lage, die unangenehmen Kämpfe und das ständige Umarbeiten zu vermeiden, das wir beispielsweise so häufig in Beethovens Skizzen beobachten.

Tonvorräte und Zentrizität

Die Untersuchung von Bergs Kompositionsskizzen kann uns helfen, seinen Einsatz von Tonvorräten und Zentrizität sowohl in seinem atonalen als auch seinem dodekaphonen Stil zu verstehen. Sie ermöglicht uns einen Einblick in den stilistischen Reichtum seiner Musik und in die Kontinuität zwischen seinen früheren und späteren Kompositionen.

Bergs Skizzen für *Wozzeck* und *Lulu* sind oft hybridisiert in dem Sinne, daß sie Merkmale von zwei oder mehr Skizzentypen verkörpern. Die Skizze für den Beginn der *Lulu* in Abbildung 9.3 ist technisch gesehen eine »Kompositionsskizze«, weil sie die tatsächliche Passage einer Oper umreißt (oder zumindest eine

Passage, wie Berg sie 1928 anvisierte – er verwarf diese Version später vollständig).[8]

Abbildung 9.3
Konzeptskizze für den Anfang von Lulu (F 21 Berg 28/XVI, F.2)

Aber sie stellt zugleich das dar, was Beethoven-Forscher eine »Konzeptskizze« nennen, weil sie eher der »Idee« der Passage oder der Beschreibung des Geschehens gewidmet ist, als den tatsächlichen Einzelheiten der dodekaphonen oder atonalen Schreibweise. Man kann vermuten, daß Berg oftmals eine ästhetische Idee im Kopf hatte, die er allmählich durch die Manipulation seines atonalen oder zwölftönigen Materials ausformte.

Eine überraschend große Zahl von Kompositionsskizzen für den *Wozzeck* betreffen Bergs Experimente mit der Tonalität – nicht nur im Volksliedidiom, das er mit einer Art von gebrochener Tonalität durchtränkt, was uns in Passagen, die in Analysen als atonal aufgefaßt werden, erlaubt, einen Ländler, ein Wiegenlied oder einen Marsch wahrzunehmen. Eine in Beispiel 9.2 transkribierte Skizze zeigt Bergs Arbeit am Beginn des *Wozzeck*, der zweiten Szene des ersten Aktes, in der Wozzeck und Andres zusammen Weiden schneiden.

Beispiel 9.2

Transkription von F 21 Berg 13/II, S. 90

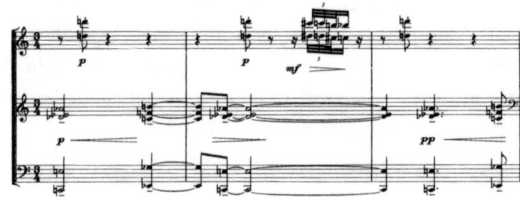

Wie die Skizze zum Prolog der *Lulu* zeigt sie Anzeichen einer Konzeptskizze. Die »Idee« besteht hier in einem Klang von fünf Tönen, der mit einem hohen D alterniert. Die drei je fünf Töne umfassenden Klänge, die Berg in der Skizze notiert, haben sich schließlich in die drei Akkorde verwandelt, die in der definitiven Version am Beginn der Szene auftauchen:

Beispiel 9.3 Wozzeck: *Akt I Szene 2, Takte I/201–206*

236

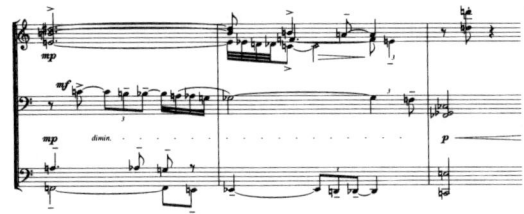

In seinem berühmten *Wozzeck*-Vortrag widmet Berg einen beträchtlichen Teil seiner Zeit der Erläuterung der Einheit stiftenden Funktion dieser Akkorde, die er mit der tonalen Matrix einer Tonika, Dominante und Subdominante vergleicht.[9]

In der Mitte der Skizze experimentiert Berg mit einer keilartigen Formation, die im Es des Basses konvergiert. Er notiert sich: »Es (moll)« und dann »Es dur und moll mit unaufgelösten d«.[10] Die Skizze und Bergs Notiz verdeutlichen zwei Vorstellungen in Bergs Konzeption der Atonalität bei dieser Passage der Oper. Erstens arbeitet er mit einem genau umrissenen Tonvorrat – einer Kombination von es-Moll und Es-Dur. Zweitens experimentiert er bewußt mit unaufgelösten Leittönen innerhalb des Tonvorrates – hier der siebten Tonstufe. Diese Leittöne fungieren als tonale Folie für den Tonvorrat, sie verursachen den Charakter von Unentschiedenheit und Unaufgelöstheit, den wir mit atonaler Musik assoziieren.

Obwohl die Mischung der Modi Dur und Moll ein übliches tonales Verfahren ist, impliziert es eine große Anzahl an Tönen: zehn, um exakt zu sein. Fügt man ein oder zwei Alterationszeichen hinzu, so hat man alle zwölf Töne. Wie aber hat Berg das Es als tonales Zentrum etabliert? In der Skizze taucht das Es als ausgehaltener Baßton auf – eine Tonika, wenn man so will –, die über das Gerüst eines Dominantseptakkordes in den zwei tiefen Stimmen (B–As) erreicht wird. Dies suggeriert einen letzten Gedanken über Bergs Konzeption der Atonalität: Daß sie auf Hierarchie beruht. Berg betonte die Haupttöne einer Tonart, wie die erste und fünfte Tonstufe, während er Leittöne unaufgelöst ließ. Da diese Spannungen durch die Disposition der Register und die Instrumentation verstärkt werden, erhält der Beginn der Szene einen unheimlichen Zug, das hohe D harmoniert nicht mit dem Rest des Orchesters. Berg greift diese Akkorde am Ende der Szene erneut auf, verbunden durch eine skalenartige Passage in der oberen Stimme. Obwohl unklar ist, ob hier wirklich ein Tonartenzentrum etabliert wird, läßt uns unser Ohr dennoch einige der Töne der Oberstimme harmonisch hören und andere als betonte Durchgangsnoten. Mich hat diese Stelle immer bewegt – eine Absolution für Wozzeck. Er mag halluzinieren und herumtoben wie ein Geisteskranker, aber die Musik mit ihrem unerbittlich melodisch abfallenden Marsch erinnert uns daran, daß er ein Opfer der Umstände ist.

In anderen tonalen Skizzen für den *Wozzeck* akzentuiert Berg häufig alterierte Tonstufen, die sich nicht durch Mischung erklären lassen. In einer Skizze für die erste Szene des dritten Aktes, in der Marie die Bibel liest und über ihr Schicksal nachsinnt, betont Berg den Ton H, obwohl er das Exzerpt als f-Moll bezeichnet (siehe Beispiel 9.4).

Beispiel 9.4
Transkription von F 21 Berg 13/I, S. 36, Notensystem 3–4

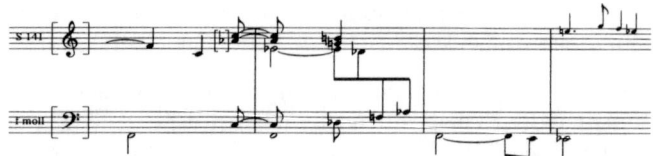

F-Moll wird durch das gehaltene F im Baß und die fünfte Tonstufe in der Ober-stimme deutlich etabliert, doch dann mittels der erhöhten vierten Stufe H durchkreuzt. Die Töne H und F werden anschließend in dem Motiv, das mit Maries Tod assoziiert ist, miteinander verbunden.[11]

Ähnlich ausgedehnte Partien, wo Tonalität vorgegaukelt wird, finden sich in der *Lulu*, sehr häufig an emotional kathartischen Stellen. Diese »großen tonalen Momente« finden sich meist dann ein, wenn eine Opernfigur endlich unter-drückten Gefühlen von Liebe und Leidenschaft Ausdruck verleiht. Zu einem solchen Moment kommt es in der ersten Szene des zweiten Aktes, als Alwa Lulu schließlich seine Liebe gesteht (Beispiel 9.5).

Beispiel 9.5
Lulu: Akt II, Szene 1, Takte II/318–323

Diese Stelle wird durch eine zweitaktige Introduktion und die Weiterführung eines Dominantseptakkordes in die Tonika vorbereitet – in einem gewissen Grad ähnelt dies unserer Skizze des Beginns der zweiten Szene vom ersten Akt des *Wozzeck*. Berg hat diese Passage recht gründlich vorbereitet. In seinen Skizzen umreißt er, im Stil eines Verlaufsschemas, ein Diagramm, das die Entwicklung von Alwas Vokalstil von einer Sprechstimme ohne Musik (sein Einsatz bei Takt II/239) bis zum molto cantabile dieser Passage etwa achtzig Takte später beschreibt.[12]

Zweifelsohne gibt es in der Hauptreihe für das Rondo inhärente tonale Elemente: Darum bezieht sich Berg selbst in seinen Skizzen auf den Moll-Dreiklang, der Alwas wichtigste Reihenform eröffnet (den Dreiklang sieht man in Beispiel 9.5 bei Alwas ersten Worten »Eine Seele«: Cis–A–Fis). Aber wichtiger noch, durch den Einsatz der Stimme verstärkt Berg diese inhärente Tonalität. Man beachte etwa das Fis im Baß des Taktes II/320, das mit der Vokallinie so kombiniert wird, daß das Erreichen von fis-Moll suggeriert wird. Ähnlich verhält es sich am Ende derselben Phrase, wo der nunmehr transponierte Baß vom Gis zum Cis springt, um den Eindruck einer »Modulation« nach cis-Moll hervorzurufen. Unterdessen verknüpft die Vokalstimme den letzten Ton von Alwas Reihe auf G_1 mit der ersten Note von G_8, um eine Auflösung der Sexte in die Quinte zu bilden (Ais–Gis). Dies erinnert uns daran, daß Bergs Illusion von Tonalität auch stark vom Metrum abhängt.

Skizzen für andere Passagen der *Lulu*, wie das Duett zwischen dem Maler und Lulu in der ersten Szene von Akt I (Takte I/305ff.), zeigen, wie Berg seine Zuflucht zu komplizierten Kombinationen von Segmenten aus verschiedenen Reihen nimmt, um motivische Umrisse zu bewahren und zu entwickeln.[13] Auch wenn er hier die Reihentechnik nicht aufgibt, gerät Berg an die äußerste Grenze der Zwölftonmethode. In Wahrheit führt das Duett die typische motivische Variation vor (Entwicklung, Vergrößerung und Verkleinerung von Intervallen), die man in der atonalen Musik findet.

Berg kombiniert in seinen beiden Opern Elemente von Tonalität, Atonalität und (in der *Lulu*) Zwölftontechnik, die er ja nach dramatischer Situation nuanciert. Kaum etwas von dieser Integration findet sich in Bergs erster Zwölftonkomposition, dem Lied *Schliesse mir die Augen beide* (1925). In seinen Skizzen für das Lied[14] etikettiert Berg zwanghaft beinahe jede Note, um ihren Platz in der Zwölftonreihe nachzuweisen – es ist offensichtlich, daß er seine erste Erprobung der Zwölftonmethode nicht genießt – und das Resultat hat für mich immer mechanisch geklungen, nicht wie Berg. Obwohl Bergs Skizzen für *Wozzeck* und *Lulu* uns nicht jedes Detail einer leicht zu definierenden musikalischen Sprache liefern, erlauben sie uns festzustellen, daß Bergs Zwölftontechnik zugleich mit ihrer Fortentwicklung auch einen Bogen rückwärts beschrieb, so daß er einmal mehr in der Lage war, die expressiven Qualitäten seiner früheren atonalen und tonalen Werke einzulösen.

Anmerkungen

1 *[Wozzeck-Vortrag von 1929]*, in: Frank Schneider (Hg.), *Alban Berg: Glaube, Hoffnung und Liebe. Schriften zur Musik*, Leipzig 1981, S. 228–233.

2 Vgl. Willi Reich, *Alban Bergs Lulu*, in: Musical Quarterly 22 (1936), S. 383–401, und Willi Reich, *Alban Berg: Leben und Werk*, Zürich 1963, S. 147–168. Diese Darstellungen beruhten auf Diskussionen zwischen Reich und Berg, die 1934 stattfanden; die Musikbeispiele gehen hauptsächlich auf Berg selbst zurück.

3 Dieses Kapitel ist Teil einer in Arbeit befindlichen Untersuchung der Skizzen des *Wozzeck*, die in der Österreichischen Nationalbibliothek erfolgt. Eine frühere Version wurde als Referat bei der West Coast Conference of Music Theory and Analysis vorgetragen, die an der University of British Columbia, Vancouver abgehalten wurde. Ich möchte mich bei den Zuhörern für ihre substantiellen Kommentare, von denen ich viele eingearbeitet habe, bedanken.

4 In der Aufführung, der Berg beiwohnte, und in der Edition, die auf Paul Landaus kritische Ausgabe zurückgeht und aus der er sein Libretto entwickelte, lautet der Titel des Dramas *Wozzeck* Seither favorisieren Büchner-Forscher die Buchstabierung *Woyzeck*, die man aus der beinahe unentzifferbaren Handschrift des Dramatikers herauslesen kann.

5 Karl Kraus' Vortrag ist abgedruckt in: Christian Wagenknecht (Hg.), *Karl Kraus. Schriften*, Bd. 3: *Literatur und Lüge*, Frankfurt/Main 1987, S. 9–21. Bryan R. Simms hat weitere mutmaßliche Quellen für die Konzeption der Doppelrollen und der formalen Anlage in Wedekinds Tragödien ermittelt (*Berg's Lulu and the Theatre of the 1920s*, in: Cambridge Opera Journal 6 (1994), S. 147–158), nichtsdestoweniger ist der enorme und anhaltende Einfluß von Kraus auf Bergs kulturelle Anschauungen im allgemeinen und seine Deutungen dieser Dramen im besonderen gut dokumentiert (vgl. Kapitel 2).

6 ÖNB, Musiksammlung, F 21 Berg 13/vii Fol. 6v.

7 Vgl. Kapitel 11; auch Volker Scherliess, *Alban Bergs analytische Tafeln zur Lulu-Reihe*, in: Die Musikforschung 30 (1977), S. 452–464, und Patricia Hall, *The Progress of a Method: Berg's Tone Rows for Lulu*, in: The Musical Quarterly 71 (1985), S. 500–519.

8 Siehe Thomas F. Ertelt, *»Hereinspaziert...« Ein früher Entwurf des Prologs zu Alban Bergs Lulu*, in: Österreichische Musikzeitschrift 41 (1986), S. 15–25, und Douglass M. Green, *A False Start for Lulu: An Early Version of the Prologue*, in: David Gable und Robert P. Morgan (Hg.), *Alban Berg: Historical and Analytical Perspectives*, Oxford 1991, S. 203–213.

9 Siehe S. 208–211 *[»Wozzeck«-Vortrag von 1929]*, in: Frank Schneider (Hg.), *Alban Berg: Glaube, Hoffnung und Liebe. Schriften zur Musik*, Leipzig 1981, S. 268–289, hier S. 275.

10 In seinem Aufsatz *Berg's Sketches for Wozzeck: A Commentary and Inventory*, in: Journal of the Royal Musical Association 112 (1987) S. 280–322, mißdeutet David Fanning »unaufgelöste« als »übereinandergestellte«.

11 Vgl. Douglas Jarman, *Alban Berg: Wozzeck*, Cambridge 1989, S. 29f., S. 38 und S. 53; auch George Perle, *The Operas of Alban Berg*, Bd. 1: *Wozzeck*, Berkeley 1980, S. 105f. und S. 135–140.

12 Siehe den oberen Rand der Skizze für die erste Szene des zweiten Aktes, Takt 242 (ÖNB, Musiksammlung, F 21 Berg 29/i).

13 Siehe S. 212f.; auch Patricia Hall, *The Sketches for Lulu*, in: Douglas Jarman (Hg.), *The Berg Companion*, Houndmills 1989, S. 235–259.

14 ÖNB, Musiksammlung, F 21 Berg 15/i.

KOMPOSITIONSVERFAHREN 1923–1926: DAS *KAMMERKONZERT* UND DIE *LYRISCHE SUITE*

Von Neil Boynton

Die zwei Hauptwerke der Zeit zwischen 1923 und 1925 – das *Kammerkonzert* (1923–1925) und die *Lyrische Suite* (1925/1926) verkörpern bedeutende Entwicklungsstufen in Bergs Kompositionsverfahren. Zwischen diesen zwei Partituren verfaßte Berg seine zweite Vertonung von Theodor Storms Gedicht *Schliesse mir die Augen beide*, welche er in einem Brief an Webern als seinen *»erste[n] Versuch strengster 12 Ton-(Reihen)-Komposition«*.[1] Grob gesagt ist das *Kammerkonzert* zum überwiegenden Teil atonal, während die *Lyrische Suite* größtenteils zwölftönig ist, auch wenn das *Kammerkonzert »Partien [...], die den [...] Gesetzen der ›Komposition mit zwölf Tönen‹ entsprechen«* enthält und umgekehrt der zweite und vierte Satz der *Lyrischen Suite*, genauso wie Teile des dritten und fünften, »frei« im Stil sind.[2] Das Zwölftonverfahren verbindet so alle drei Werke und ist das zentrale Thema dieses Kapitels.

Klein und Hauer

Man hat immer eine Differenz zwischen Bergs Zwölftontechnik und derjenigen von Schönberg und Webern diagnostiziert, und *»obwohl Charakteristika sowohl von Schönbergs als auch von [Josef Matthias] Hauers Systemen in Bergs Musik zu beobachten sind, verwendet keines seiner Werke ausschließlich eine dieser Methoden«*, schreibt Douglas Jarman.[3] Die Tragweite dieser These ist vom amerikanischen Musikwissenschaftler Arved Ashby genauer überprüft worden. Er stellt die Bedeutung von Hauers Tropentheorie für Bergs Zwölftonverfahren in Frage und vermutet, daß *»das Konzept von zusätzlichen, systematisch abgeleiteten Reihen«*, die in Wirklichkeit Bergs Methode von derjenigen Schönbergs und Weberns trennt, ihren Ursprung im Werk des Berg-Schülers Fritz Heinrich Klein (1892–1977) hatte.[4]
Ausgehend von Quellenmaterialien für *Schliesse mir* II und die *Lyrischen Suite*, hat Ashby unter anderem Bergs »Adaption« von Kleins »Mutterakkord«, der damit assoziierten Allintervallreihe, der Aufspaltung der Reihe in diatonische Akkorde und Kleins Methode der Ableitung einer zweiten Allintervallform der Reihe von der ersten dokumentiert – all dieses kann man im analytischen Vorwort zu Kleins *Variationen* für Klavier op. 14 (1924) finden.[5] Ashby weist darauf hin, daß Berg in einem Brief an Schönberg vom 13. Juli 1926, der die in der

Lyrischen Suite praktizierte Zwölftontechnik erläutert, *»viele der Kleinschen Ausfüh-*
rungen [aus dem Vorwort zu den Variationen] *übernimmt und sie in derselben Reihen-*
folge äußert. Nachdrücklich erwähnt Klein die Kapazität der Reihe, Skalen zur Verfügung zu
stellen und einen durchlaufenden Zirkel von Quinten, zwei Charakteristika, die sich im ersten
Satz der »Lyrischen Suite« als bedeutungsvoll erweisen.«[6] Beispiel 10.1 reproduziert die
ersten drei dieser Musikbeispiele aus Bergs Brief. Es zeigt die erste Form der
Allintervallreihe, die Ableitung der Quarten- und Quintenreihen und die permutierten Formen jedes Hexachords, welche die Abkunft der Skalensegmente und
diatonischen Akkorde enthüllen.[7]

Beispiel 10.1
(a)   Berg an Schönberg, 13. Juli 1926: erste Form der Allintervallreihe

(b)   Ableitung der Quarten- und Quintenreihen

(c)   Skalensegmente und diatonische Akkorde, die aus den permutierten Hexachorden abgeleitet wurden

Ashby zieht auch einen aufschlußreichen Vergleich zwischen der Zwölftonstruktur von *Schliesse mir* II und einem Zwölftonplan in den Skizzen für die *Lyri-*
sche Suite, die sich beide um zwei Formen von Kleins Reihe mit allen elf Intervallen drehen. Im analytischen Vorwort zu den *Variationen* demonstriert Klein
eine etwas idiosynkratische Methode für die Ableitung der zweiten Form aus der
ersten[8]; anscheinend war weder ihm noch Berg klar, daß beide Formen durch
Umkehrung aufeinander bezogen sind.[9] In *Schliesse mir* II sind, wie Perle bemerkt, die *»Reihen [...] so entwickelt, daß eine strukturelle Basis für die zweiteilige formale*
Anlage vorgegeben wird. Die permutierte U_8-Form [Kleins zweite Form] *[...] wird zu*
Beginn des zweiten der beiden Abschnitte in einer dem Klavier anvertrauten Gestalt eingeführt,
die den Einsatz von G_5 [Kleins erster Form] *nachahmt, die der Stimme in den An-*
fangstakten zugewiesen ist.«[10] Ashby weist darauf hin, daß Bergs Ableitungsmethode
für die zweite Form der Reihe, ausgeführt in einer Skizze für das Lied, derjenigen Kleins entspricht.[11] Aus Ashbys Sicht legt eine Skizze für die *Lyrische Suite*
nahe, daß Berg *»das Quartett ursprünglich als Enthüllung der Verbindungen und Unter-*
schiede zwischen den beiden Kleinschen Allintervallreihen [konzipierte]. *[...] Alle Anzeichen*
sprechen dafür, daß Berg dachte, die Einführung von Kleins zweiter Form der Allintervallreihe

242

würde das Haupteignis der Lyrischen Suite darstellen und die Vielfalt der Segmente des Stückes ins Extrem treiben.«[12] Ashbys Thesen über die Zwölftonstruktur dieser beiden Stücke sind verführerisch, aber vielleicht überschätzt er Kleins Anteil an Bergs Technik; umgekehrt wird die Bedeutung Hauers im allgemeinen verkannt.

Im Gespräch mit Hauer erklärte Schönberg 1924, daß sie beide ein- und denselben Brillanten gefunden hätten, den sie von verschiedenen Seiten betrachten.[13] Soweit man von einer Zwölftontechnik sprechen kann, die weder spezifisch Schönberg zugehört noch Hauer, wurde das Prinzip in den frühen 1920er Jahren mehr oder weniger allgemein diskutiert. Zwölftonkomposition in diesem allgemeinen Sinn konstituiert einen Teil des konzeptuellen Horizonts in Bergs Entwicklung »einer persönlichen Epistemologie von Zwölftonmusik.«[14] Es ist vielleicht symptomatisch, daß es Martina Sichardt nicht möglich ist, festzustellen, ob ein Ideenaustausch zwischen den beiden Männern schon 1920 stattfand, als Schönbergs Variationssatz komponiert wurde[15], nachdem sie die Ähnlichkeit zwischen Schönbergs Reihentechnik in der dritten und vierten Variation des dritten Satzes der *Serenade* op. 24 und Hauers kanonischen Techniken[16] konstatiert hat. Und da Hauers *Atonale Musik* für Klavier op. 20, in welcher er erstmals die »zweite Kanontechnik« anwandte, zwischen 1920 und 1922 entstand, gelingt es weder zu zeigen, daß Schönberg sich Hauers Techniken aneignete, noch vice versa, daß Hauer Schönbergs Methode adaptierte. Vielmehr ist es wahrscheinlich, wie die überlieferte Konversation bestätigt, daß beide unabhängig voneinander zu mehr oder weniger demselben Ergebnis gelangten.[17] Die Eigenständigkeit ihrer Wege muß dennoch im Lichte ihrer gemeinsamen theoretischen Bemühungen gewertet werden. Dasselbe gilt für Berg. Darum überrascht es nicht, wenn man in Hauers *Etüden* op. 22 (komponiert 1922/1923)[18] der Ableitung von Quinten und Skalensegmenten aus dem ursprünglichen Hexachord begegnet, der die Kleinsche Allintervallreihe hervorbringt (siehe Beispiel 10.2).

Beispiel 10.2
Hauer: Etüden *Nr. 8, Takte 73–80*

Permutation ist wohl das Verfahren, das man am häufigsten mit Hauers Namen in Verbindung bringt. Tatsächlich stellt Jarman anläßlich der Erörterung der Nebenreihen im ersten Satz der *Lyrischen Suite* fest, daß *»die internen Permutationen, denen die zwei Hexachorde der Grundreihe unterworfen werden, an das Tropensystem von*

Hauer erinnern.«[19] Der tonale Charakter von Hauers atonaler und zwölftöniger Musik ist ebenfalls auffallend, besonders im Zusammenhang mit Bergs Musik. Schon 1916 besuchte Hauer Egon Wellesz, ein Mitglied des Schönberg-Kreises, und spielte ihm einige seiner Stücke vor. Wellesz berichtete von dieser Begegnung, daß jedes dieser kurzen Stücke *»einen Nomos repräsentierte und der Nomos bestand aus zwölf Tönen. [...] Dies bedeutete, daß jede Melodie die gesamte chromatische Skala in sich trug, doch waren die Töne auf solch geschickte Weise ausgesucht, daß die Disposition einer Reihe fast diatonisch klang.«*[20] Ein drittes Merkmal von Hauers Werk ist die Ableitung des Rhythmus aus der besonderen Anordnung der Tropen, die er als »Bausteine« bezeichnete.[21] In seiner »zweiten Kanontechnik« ist der Einsatz jedes neuen Tons vom vorigen Ton durch eine Dauerneinheit getrennt, eine Technik, die der Bergschen Ableitung der beiden wichtigsten Rhythmen aus dem dritten Satz der *Lyrischen Suite* nicht unähnlich ist.[22] Beispiel 10.3 zeigt den ersten »Baustein« des ersten Beispiels dieser Technik in *Die Lehre von den Tropen*, welches auf einer transponierten Form von Hauers 23. Tropus basiert.[23] Er wird erst in Hauers »Zwölftonschrift« dargestellt, dann »in der alten Notation«. Die Linien von Hauers Notensystem repräsentieren die schwarzen Noten der Klaviertastatur, die Zwischenräume stellen die weißen Tasten dar.

Beispiel 10.3
(a) Hauers »zweite Kanontechnik«: Notation des Komponisten

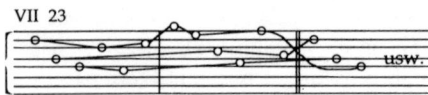

(b) in »der alten Notation«

Ob und wie diese Charakteristika von Hauers Werk Berg beeinflußten – Schönberg erachtete Hauers Stücke mehr als »Exempel« denn als Kompositionen[24] –, muß noch geklärt werden: Inwieweit man individuelle Beiträge und deren Bedeutung aus dem allgemeinen theoretischen Wissensfundus der Zeit aussondern kann, ist keineswegs entschieden. Bei der Erörterung von Bergs Adaption der neuen technischen Möglichkeiten ist Regina Busch sicherlich beizupflichten, wenn sie den Schwerpunkt mehr auf die Art und Weise legt, wie Berg das ihm zugängliche Wissen für sich fruchtbar machte, als darauf, woher er es bezog, wenn sie für bedeutsamer erachtet, welche Stadien er auf dem Weg zu seinem Zwölftonverfahren durchläuft, als Fragen chronologischer Priorität zu klären.[25]

Obwohl man begonnen hat, die Geschichte von Kleins Verhältnis zu Berg zu schreiben, sollte in der Tat der lückenhafte Zustand dieser Rekonstruktion zu Vorsicht Anlaß geben, wenn man Kleins theoretische Schriften betrachtet und ihnen Bedeutung für Berg zumißt. Arved Ashbys bedeutende Forschungen haben sich auf die Zeit von 1924 an konzentriert; was man über ihre Verbindung vor diesem Zeitpunkt sagen kann, ist keineswegs erwiesen. Es ist noch nicht einmal sicher, wann Klein erstmals bei Berg Unterricht nahm: Die angegebenen Daten variieren zwischen 1917 und 1921, das wahrscheinlichste Datum ist das Jahr 1918.[26] Es liegt also ein Zeitraum von mindestens drei Jahren, wahrscheinlich eher von sechs Jahren, zwischen dem Zeitpunkt, wo Klein als Schüler zu Berg kam und der Komposition von Kleins *Variationen* 1924. Auch gibt es beinahe genauso viele Daten für den Zeitpunkt, an dem Klein Berg seine Entdeckung des »Mutterakkords« anvertraut hat, wie es Berichte darüber gibt.[27] Wie wir gesehen haben, weist Ashby nach, daß einige der Beispiele in Bergs Brief an Schönberg vom 13. Juli 1926 hinsichtlich der Zwölftontechnik der *Lyrischen Suite* sich auch im Vorwort zu Kleins *Variationen* finden, aber ob die Autorschaft der Beispiele, die bei beiden übereinstimmen, gänzlich Klein zugesprochen werden kann, ist nicht ohne zusätzliche Anhaltspunkte zu klären. In seinen Briefen an Schönberg und Kolisch machte Berg kein Geheimnis aus seiner Verwendung von Kleins Reihe; aber die Tatsache, daß er Klein nicht mehr als dies zusprach, läßt vielleicht darauf schließen, daß Berg die Ableitung einer zweiten Allintervallreihe (Kleins »zweiter Form«) nicht als geistiges Eigentum seines Schülers ansah.[28] Berg war nach alledem und trotz seines Images als Romantiker[29] fasziniert von theoretischer Experimentierei, sehr viel mehr als Schönberg und Webern.[30] Es steht zu vermuten, daß weitere Forschungen, besonders eine Untersuchung der Korrespondenz zwischen Berg und Klein, einen Gedankenaustausch zwischen den beiden aufdecken würden.[31]

Kontinuität in Bergs Technik

Es gibt darüber hinaus Anlaß, vorsichtig mit Spekulationen über das Ausmaß von Kleins Anteil an Bergs Methode zu sein, denn das Zwölftonsystem war, wie Douglas Jarman herausstellt, *»in vielerlei Hinsicht [...] nicht mehr als eine Kodifizierung von einigen der Verfahren, die ein Kennzeichen von Bergs Musik seit der Periode der Altenberg Lieder gewesen waren.«*[32] Die motivisch-thematische Arbeit der *Altenberg-Lieder* op. 4 und der *Drei Orchesterstücke* op. 6 ähnelt Aspekten von Bergs Zwölftontechnik, darunter in einem gewissen Grad das Konzept der Reihenableitung (jedoch nicht das spezifische Verfahren von Reihenableitung nach numerischen Prinzipien, das in der *Lulu* praktiziert wird).[33] Erwin Steins Formulierung – *»er jongliert mit Motiven sozusagen wie mit einem Päckchen Karten und läßt sie neue Melodien bilden. Die Motive des Themas tauchen wieder auf, aber in einer anderen Konstellation«*[34] – beziehen sich auf Mahler, aber wie Jarman andeutet, könnten sie genauso auf Bergs Verfahren in den Orchesterstücken gemünzt sein.[35]

In der endgültigen Version der *Lyrischen Suite* verzichtete Berg auf die Verwirklichung der Idee, die zweite Form der Kleinschen Allintervallreihe im dritten Satz als entscheidendes Ereignis des Werkes einzuführen. Tatsächlich markiert die maximale Vielfalt an Intervallen in Kleins Reihe einen Extremfall von Bergs Materialselektion, im Gegensatz zu den mono-intervallischen Zyklen, die einen allgemeinen Charakterzug seiner Musik repräsentieren.[36] Stattdessen werden die Hauptreihen des ersten, dritten und fünften Satzes sukzessive durch den Austausch von Tonpaaren zwischen den beiden Hexachorden erzeugt, wie Berg dies in den *Neun Blättern* darlegt (S. 239 und S. 242). Aber dieser Ableitungsprozeß – *»der tatsächliche Prozeß des Austauschs«*, wie Jarman sagt – *»ist nirgends auskomponiert.«*[37]

Doch gibt es ein anderes Verfahren, das unter anderem an Reihenableitungen beteiligt ist, die in der *Lyrischen Suite* auskomponiert werden. Dies ist die Aufspaltung einer Stimme in zwei (oder mehr) Stimmen; drei Beispiele hierfür werden hier untersucht.[38] Erstens: Die Ableitung von Segmenten mono-intervallischer Quart- und Quintzyklen aus Kleins Allintervallreihe. Wie sich an den Notenhälsen und -balken in Bergs Brief an Schönberg vom 13. Juli 1926 ablesen läßt, wird dies meist durch Aufspaltung der Reihe erreicht (siehe Beispiel 10.1b). Berg zeigt das kompositorisch in den Takten 42–44 des ersten Satzes: Das erste Auftreten dieser Figur, gespielt von der ersten Violine in den Takten 2–4, ist in Beispiel 10.4a abgebildet; die aufgespaltene Version wird in Beispiel 10.4b gezeigt.[39]

Beispiel 10.4
(a) Berg: Lyrische Suite, *erster Satz, Takte 2–4, 1. Violine*

(b) Takte 42–44, Viola und Cello

246

Eine weitere Aufspaltung taucht im dritten Satz auf, hier zeigen sich die kontrapunktischen Ursprünge dieser Technik deutlicher. Die oberen Töne der Reihe werden zu einer Stimme, die unteren Töne zu einer zweiten. Wie bei Hauers zweiter Kanontechnik beträgt der Abstand zwischen aufeinanderfolgenden Tönen eine Dauerneinheit.[40] Bergs Beispiel in den *Neun Blättern*, in dem er die Aufmerksamkeit auf die Rhythmen lenkt, die durch die Aufspaltung der Reihe erzeugt werden, ist in Beispiel 10.5a abgebildet; das erste Auftreten dieser Aufspaltung im Satz, wo eine transponierte Form der Reihe verwendet wird, zeigt Beispiel 10.5b.[41]

Beispiel 10.5
(a) Musikbeispiel aus Bergs Neun Blätter über die Lyrische Suite, *S. 240*

(b) Lyrische Suite, *dritter Satz, Takte 10–12*

Ein weiteres Mal wird die Aufspaltungstechnik im sechsten Satz eingesetzt, dort ähnelt sie kontrapunktisch und rhythmisch dem Beispiel aus dem dritten Satz. Hier enthüllt sie außerdem die Beziehung zwischen den beiden Reihen, die in diesem, dem letzten Satz des Werkes zum Einsatz kommen. Wie Jarman erklärt, wird in Takt 30 eine Umkehrung der Reihe, mit der der Satz beginnt (Cello, Takte 1–2), aufgespalten zwischen den beiden Violinen, »*derart, daß die erste Violine die Töne des ersten Hexachords spielt, während die zweite Violine die Töne des zweiten Hexachords* [der zweiten Reihe] *übernimmt«*; diese zweite Reihe ist eine Umkehrung der Reihe, die von der Viola in den Takten 2–3 gespielt wird.[42] Berg illustriert diese Beziehung auch in den *Neun Blättern* (S. 244): Sein Beispiel ist in Beispiel 10.6a abgebildet, die Musik wird in Beispiel 10.6b gezeigt.[43]

Beispiel 10.6
(a) Musikbeispiel aus Bergs Neun Blätter über die Lyrische Suite, *S. 244*

247

(b) Lyrische Suite, *sechster Satz, Takt 30*

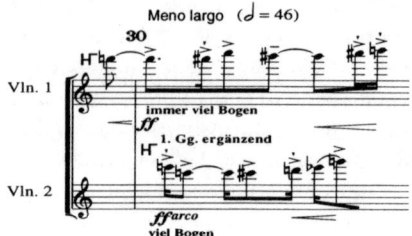

Die in diesen Beispielen aus der *Lyrischen Suite* gezeigte Aufspaltungstechnik verbindet so die Ableitung von Intervallzyklen, Rhythmen und Nebenreihen. Man kann einen fruchtbaren Vergleich mit Beispielen von ähnlichen Verfahren in Bergs früheren Werken ziehen. In der zweiten Variation des ersten Satzes aus dem *Kammerkonzert* wird eine Terzenkette, konstruktives Kennzeichen der »Hauptstimme« in den Takten 63–66, in den Takte 67–68 ähnlich wie die Reihe im ersten Satz der *Lyrischen Suite* aufgespalten.[44] In Fortsetzung der Terzenkette in der Klarinette wird die absteigende Arpeggiofigur – welche vom anfänglichen A in Takt 67 an sukzessive zwei übermäßige Dreiklänge, einen Dur-Dreiklang und zwei verminderte Dreiklänge enthält – so aufgespalten, daß eine Kette von reinen und verminderten Quinten entsteht, die von Fagott und Kontrafagott gespielt wird. (siehe Beispiel 10.7a).

Beispiel 10.7
(a) Kammerkonzert, *erster Satz, Takte 66–68*

(b) Dritter Satz, *Takte 586–589*

Die Aufspaltung vermittelt so zwischen der Kette von Terzen und Quinten im *Kammerkonzert*, genau wie sie zwischen der Allintervallreihe und den Segmenten aus den Quarten- und Quintenzyklen im ersten Satz der *Lyrischen Suite* vermittelt. Die aufgespaltene Linie des Beispiels 10.7a wird bei ihrer Reprise im dritten Satz (Violine, Takte 586–589, Beispiel 10.7b) als eine einzige Linie rekonstruiert.[45]

In der Einleitung zum dritten Satz wird die Aufspaltung bei einer absteigenden skalenartigen Figur angewandt, die zuerst im »Thema« des ersten Satzes exponiert wird (Englischhorn, Takt 17). Durch die Einführung eines zusätzlichen Tones C entstehen zwei verminderte Dreiklänge, die sich durch ihr Register voneinander unterscheiden (Klavier, Takt 509). Beispiel 10.8a zeigt die ursprüngliche Englischhorn-Figur und die sie umgebenden »Hauptstimmen«, Beispiel 10.8b zeigt die entsprechende Passage aus dem dritten Satz.

Beispiel 10.8
(a) Kammerkonzert, *erster Satz, Takte 16–19*

(b) Dritter Satz, Takte 507–513

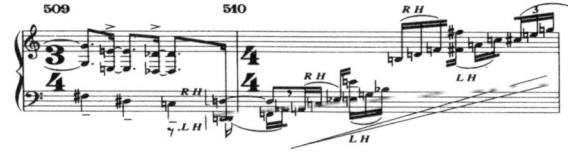

Die neu abgeleiteten verminderten Dreiklänge antizipieren die Art, wie die kleinen Terzen aus der auftaktigen Figur zur ersten Phrase dieser Passage (Takt 507) zu verminderten Dreiklängen in der auftaktigen Figur zur zweiten Phrase ausgeweitet werden (Takt 510). Die Aufspaltung ähnelt hier auch derjenigen im ersten Satz der *Lyrischen Suite*: Beide Beispiele betreffen die Herauslösung von Segmenten aus Intervallzyklen. Etwas ferner liegt die Verbindung zur Aufspaltung im sechsten Satz der *Lyrischen Suite*, insoweit, als die Aufspaltung der ersten musikalischen Figur in zwei Teile (x alterniert mit y) mit einer zweiten musikalischen Figur korrespondiert, wenn diese beiden Teile sukzessiv auftreten (x gefolgt von y). Jedoch ist die durch Transposition hergestellte Verbindung der beiden simultanen Dreiklänge in Takt 509 anders als die zwischen den aufeinanderfolgenden Dreiklängen in Takt 510.

Das dritte der *Altenberg-Lieder* liefert ein Beispiel aus einer bedeutend früheren Phase in Bergs Entwicklung. Hier wird eine Pendelfigur vom Umfang einer großen Sexte in den Pauken in Takt 12 eingeführt; die Figur wird danach den Streichern anvertraut und schließlich der Harfe. Wenn sie von diesen Instrumenten gespielt wird, steigt der obere Ton chromatisch höher, während der untere Ton nach unten wandert. Die chromatischen Stimmen dieser Figur werden von den Begleitinstrumenten herausgegriffen: Zuerst von der Baßklarinette und dem ersten Fagott, dann von den beiden Posaunen (siehe Beispiel 10.9).[46]

Beispiel 10.9
Altenberg-Lieder *op. 4, Nr. 3/Takte 12–16 (Auszug)*

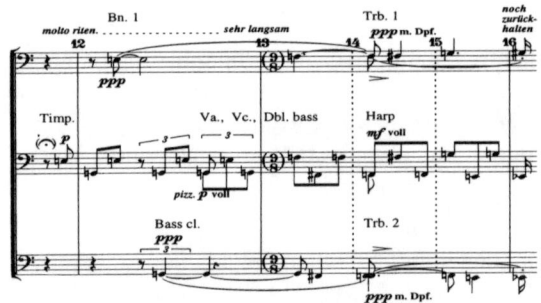

Hier taucht keine Aufspaltung auf: Eher werden die kontrapunktischen Implikationen der Pendelfigur in der Begleitung realisiert. Es ist der kontrapunktische Aspekt dieses Beispiels, der eine Affinität mit der Aufspaltung der Reihe im dritten und sechsten Satz der *Lyrischen Suite* nahelegt.

Im Vergleich mit den drei letzten Beispielen scheint die Aufspaltung in der *Lyrischen Suite* eine neugewonnene Bedeutung zu haben – eine, die hauptsächlich, wenn auch nicht ausschließlich, an die Ableitung von Nebenreihen gekoppelt ist. Es ist nichtsdestotrotz schwierig, das Neuartige ihrer Bedeutung aufgrund dieser wenigen Beispiele einzuschätzen; außerdem würde man erwarten, daß der Einsatz der Aufspaltung im *Kammerkonzert* begrenzt ist, weil der prinzipielle technische Aspekt des Werkes die Kombination von Material betrifft.

Berg hat die Aufspaltung in der *Lulu* erneut verwendet: Wie Jarman anmerkt, vor allem in einer der wenigen »geplanten Ableitungen« aus der Grundreihe der Oper, der Ableitung von Schigolchs »Reihentropus«.[47] Die Beziehung zwischen diesem Tropus und Schöns Reihe wird in der zweiten Szene des ersten Aktes offenbart, in einer Form, die der Aufspaltung im sechsten Satz der *Lyrischen Suite* nicht unähnlich ist, wenn *»die drei chromatischen Segmente von Schigolchs Reihentropus [...] übereinandergesetzt und so arrangiert werden, daß sie die Form der Reihe Schöns annehmen.«*[48] Zweifelsohne markierte die *Lyrische Suite* ein neues Stadium in der Entwicklung von Bergs Verfahren was die Art betrifft, wie Reihen aufeinander bezogen werden, und sie repräsentierte einen bedeutsamen Schritt nach vorn im Gebrauch der beiden Formen von Kleins Allintervallreihe, in *Schliesse mir* II. Alle Reihen in der *Lyrischen Suite* können nachweislich aus der Reihe des ersten Satzes (d.h. Kleins Reihe) abgeleitet werden und das analytische Vorwort zu Kleins *Variationen*, wie auch immer die Geschichte seines Inhalts aussieht, beschreibt einige dieser Methoden. Aber, wie die Beispiele der Aufspaltung zeigen, existieren daneben auch andere Methoden.

Aspekte des Kammerkonzertes

Die Untersuchung einiger anderer Techniken im *Kammerkonzert* kann die Fortschritte in der Zwölftonmethode, die die *Lyrische Suite* repräsentiert, präzise illustrieren. Es ist wichtig festzuhalten, daß die Stadien, die Berg bis zum Erreichen jener in den letzten Werken beschriebenen Technik durchlief, nicht die Komposition mit zwölf Tönen in einer festgelegten und unabänderlichen Reihenfolge einschließt – d.h. die Verwendung nur einer Zwölftonreihe in einem Werk –, welche streng genommen die logische Prämisse dessen ist, was Ashby das »Konzept von zusätzlichen, systematisch abgeleiteten Reihen« nennt.[49] Eher mag man einen kompositorischen Vorboten für den Einsatz von multiplen Reihen in der *Lyrischen Suite* darin sehen, wie das *Kammerkonzert* vor lauter aufeinander bezogener Themen überquillt, solche des zweiten Satzes insbesondere offenbaren einige der Charakteristika einer Reihe im Schönbergschen Sinn.[50] Die Fülle von Themen im *Kammerkonzert* entspricht der Vielfalt von Reihen und Nebenreihen in der *Lyrischen Suite*. Die neuen (oder besser gesagt die neu angewendeten) Techniken in der *Lyrischen Suite* stellen für Berg einen Fortschritt in der Verknüpfung von Themen und Reihenn dar.

In diesem Kontext ist das Aufspaltungsverfahren, durch das der Bezug zwischen den beiden Reihen im sechsten Satz der *Lyrischen Suite* demonstriert wird, nur ein Mittel in einem größeren Fundus an Techniken. Das wichtigste Mittel, durch das Bezüge zwischen Themen und motivisch-thematischem Material im

Kammerkonzert kultiviert werden, ist die Auswertung gemeinsamer Segmente –
eine Methode, deren Anwendung in der *Lyrischen Suite* durch den Einsatz der
Viertongruppe A–B–H–F berühmt wurde.[51] Zum Beispiel ist die Klarinettenmelodie in den Takten 8–10 im Thema des ersten Satzes des *Kammerkonzertes* mit
dem Beginn der vorherigen Flötenstimme, die Bergs Chiffre enthält, durch die
gemeinsamen Töne Des, D und C verbunden Wie man im Beispiel 10.10 sehen
kann, beginnt die Klarinette durch Wiedergabe dieser drei Töne im Krebs.

Beispiel 10.10
(a) Kammerkonzert, *erster Satz, Takte 6–7, Flöte*

(b) Takte 8–10, Klarinette

Auf einem höheren Abstraktionsgrad zeigt die Analyse, daß die letzten vier Töne
der Flötenmelodie (Des–As–D–C) dem gleichen »Pitch-class-Set« angehören –
mit der Grundform (0, 1, 2, 6) – wie die ersten vier verschiedenen Töne der
Klarinettenmelodie (C, D, Cis, Fis) und daß dies dasselbe »Pitch class-Set« ist, zu
dem die berühmte Viertongruppe der *Lyrischen Suite* gehört.[52] Man beachte auch
die Präsenz von verminderten Dreiklängen und Ganztonabschnitten sowohl in
der Flöten- wie auch in der Klarinettenmelodie.

Ein besonderer Fall von Verknüpfung über gemeinsamer Inhalte findet sich
zu Anfang des dritten Satzes. Hier wird die »Schönbergsche« Reihe, mit der das
Thema beginnt (»Hauptstimme«, Takte 1–4, Beispiel 10.11a), mit dem Hauptrhythmus des zweiten Satzes verbunden.[53]

Beispiel 10.11
(a) Kammerkonzert, *erster Satz, Takte 1–4*

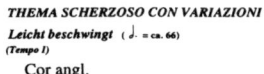

(b) Dritter Satz, *Takte 481–484*

Die ersten vier Töne der Reihe werden als arpeggierte Zweiklänge im Klavier in Takt 481 exponiert; der fünfte Ton der Reihe, das A, wird durch den Einsatz des Hauptrhythmus in der Violine geliefert (Beispiel 10.11b). Nach zwei weiteren aufeinanderfolgenden diminuierten Einsätzen des Hauptrhythmus werden die ersten fünf Töne in der Violine wiederholt und dann die sechste Note hinzugefügt (Takt 484), ein Prozeß, der an das allmähliche Entfalten der Reihe zu Anfang des ersten Satzes erinnert.[54]

253

Beispiel 10.11 verkörpert einen speziellen Fall von Verknüpfung über gemeinsamen Inhalt, denn dieser besteht lediglich aus einem Ton. Ansonsten dient er, wie viele andere in diesem Werk das ebenfalls könnten, als ein Beispiel für die Verbindung von räumlich entferntem Material.

Adorno hat darauf hingewiesen, daß die formale Idee des dritten Satzes des *Kammerkonzerts* derjenigen Schönbergs in *Der Mondfleck*, Nr. 18 aus dem *Pierrot lunaire* op. 21, verpflichtet ist, in dem eine zielgerichtete Form mit einer palindromischen kombiniert ist.[55] Die in Beispiel 10.11b gezeigte Materialverknüpfung verbindet zu Beginn des dritten Satzes das zielgerichtete Material des ersten Satzes mit dem palindromischen Material des zweiten. Ähnlich hat in *Der Mondfleck* die eröffnende Phrase der zielgerichteten Musik des Rezitators das A als Zielnote und so wird über diesen Ton auf der zweiten Zählzeit von Takt 1 die Verknüpfung mit dem Ostinatorhythmus der palindromischen Musik hergestellt. Wenn man die rhythmischen Werte des ersten Taktes der Musik des Rezitators und die erste Hälfte der zweiten Zählzeit in der Violine zusammennimmt, so ergibt sich Bergs Hauptrhythmus, angezeigt durch Pfeile im Beispiel 10.12.

Beispiel 10.12
Schönberg, Der Mondfleck (Pierrot lunaire), *Takt 1, Rezitator und Violine*

Im allgemeinen betreffen die Beispiele von Verknüpfung im *Kammerkonzert*, ähnlich wie die Beispiele für Aufspaltung in der *Lyrischen Suite*, nicht nur Beziehungen zwischen Tonhöhen-Phänomenen, sondern auch zwischen Tonhöhe und Rhythmus: Beide Techniken werden eingesetzt, um diese oft voneinander getrennten Bereiche miteinander zu verzahnen.

Die Verknüpfung von Material mittels des Tonvorrates im *Kammerkonzert* und die Aufspaltung in der *Lyrischen Suite* sind nur zwei Beispiele der Methoden, durch die der Reichtum an Material, von dem Adorno in den früheren Werken spricht und der auch hier greifbar ist, zu organisieren.[56] Mehr noch, den im dritten Satz des *Kammerkonzertes* betriebenen Kombinationsprozeß kann man als technisches Komplement der Zerlegungsmethode in der *Lyrischen Suite* bezeichnen. Die kompositorische Emphase, die in beiden Werken auf diese Techniken gelegt wird, wirft ein Licht auf den zweitrangigen Status von Zwölftonattributen per se. Obwohl dies gleichfalls für die Musik von Schönberg und Webern gilt – insoweit als Musik mit Weberns Worten »Darstellung eines Gedankens in Tönen« ist[57] –, wird in Bergs Musik der zweitrangige Status aufgrund des Charakters der Ideen selbst stärker betont. In seinem Bemühen darum, das Bild von

Berg als einem Abweichler von der Zwölftontechnik zu zerstreuen, tut Ashby recht daran, die Vorstellung von Bergs »persönlicher Epistemologie der Zwölftonmusik« zu verfechten, doch sollten wir uns dann sicherlich hüten, ihn zum Verfechter einer andersgearteten theoretischen Orthodoxie zu erklären.

Anmerkungen

1   Brief Alban Bergs an Webern, 12. Oktober 1925 (Typoskript in den Räumlichkeiten der Arnold Schönberg – Gesamtausgabe). Berg vertonte dieses Gedicht zuerst 1907 (siehe Willi Reich, *Alban Berg: Leben und Werk*, Zürich 1963, S. 104); auch Rosemary Hilmar (Hg.), *Katalog der Schriftstücke von der Hand Alban Bergs, der fremdschriftlichen und gedruckten Dokumente zur Lebensgeschichte und zu seinem Werk* (Alban Berg Studien, Bd. 1), Wien 1985, S. 45 und S. 47; und Constantin Floros, *Alban Berg: Musik als Autobiographie*, Wiesbaden 1992, S. 227–229.

2   *[Kammerkonzert für Klavier und Geige mit dreizehn Bläsern – Offener Brief an Arnold Schönberg]*, in: Frank Schneider (Hg.), *Alban Berg: Glaube, Hoffnung und Liebe. Schriften zur Musik*, Leipzig 1981, S. 228–233, hier S. 231; zuerst publiziert als *Alban Bergs Kammerkonzert für Geige und Klavier mit Begleitung von dreizehn Bläsern*, in: Pult und Taktstock 2 (1925), S. 23–28. *Neun Blätter zur ›Lyrischen Suite für Streichquartett‹*, in: Ursula von Rauchhaupt (Hg.), *Schönberg-Berg-Webern: Die Streichquartette der Wiener Schule. Eine Dokumentation*, S. 105–116, hier S. 105; revidiert und vervollständigt publiziert bei Frank Schneider (Hg.), *Alban Berg: Glaube, Hoffnung und Liebe. Schriften zur Musik*, Leipzig 1981, S. 236–253, hier S. 236 *[Neun Blätter zur Lyrischen Suite für Streichquartett]*.

3   Douglas Jarman, *The Music of Alban Berg*, London 1979, S. 81.

4   Arved Ashby, *Of »Modell-Typen« und »Reihenformen«: Berg, Schoenberg, F.H. Klein, und the Concept of Row Derivation*, in: Journal of the American Musicological Society 48 (1995), S. 67–105, hier S. 72.

5   Publiziert vom Komponisten. Ashby vermutet, daß Bergs Ausgabe (Wien, Österreichische Nationalbibliothek) »vielleicht die letzte noch vorhandene [ist]«. Zur Geschichte der Publikation des Werkes vgl. Ashby, *Of »Modell-Typen«*, S. 86.

6   Ebd., S. 83. Siehe Jarman, *The Music of Alban Berg*, S. 82f., S. 129.

7   Die Beispiele 10.1a-c sind von den auf S. 349 in Juliane Brand, Christopher Hailey und Donald Harris (Hg.), *The Berg-Schoenberg-Correspondence. Selected Letters*, London 1987, reproduzierten Faksimiles transkribiert worden.

8   Fritz Heinrich Klein, Vorwort zu den *Variationen für Klavier*, op. 14 (1924), Tafel 22; zitiert in Ashby, *Of »Modell-Typen«*, S. 86.

9   Ashby, *Of »Modell-Typen«*, S. 90. Desgleichen hielten sowohl Berg wie auch Klein dessen Allintervallreihe für die einzige derartige Reihe (ebd., S. 88f.). Einige umfassende Darstellungen der Allintervallreihen und ihrer Eigenschaften erschienen in den 1960er und 1970er Jahren. Vgl. Hanns Jelinek, *Die krebsgleichen Allintervallreihen*, in: Archiv für Musikwissenschaft 18 (1961), S. 115–125; Herbert Eimert, *Grundlagen der musikalischen Reihentechnik*, Wien 1964, S. 39–86; Stefan Bauer Mengelberg und Melvin Ferentz, *On Eleven-Interval Twelve-Tone Rows*, in: Perspectives of New Music 3 (1965), S. 93–103, und Robert Morris und Daniel Starr, *The Structure of All-Interval Series*, in: Journal of Music Theory 18 (1974), S. 364–389.

10 George Perle, *The Operas of Alban Berg*, Bd. 2: *Lulu*, Berkeley 1985, S. 7. Eine harmonische Analyse dieses Liedes gibt Craig Ayrey, *Tonality and the Series: Berg*, in: J. Dunsby (Hg.), *Models of Musical Analysis: Early Twentieth-Century Music*, Oxford 1993, S. 81–113.

11 Ashby, *Of »Modell-Typen«*, S. 90, S. 86 (Klein, Tafel 22) und S. 93 (Transkription von Bergs Skizze, Tafel 8). Die Skizze wird in Wien aufbewahrt [ÖNB, Musiksammlung, F 21 Berg 116, Fol.1]. Vgl. auch Joan Allen Smith, *Some Sources for Berg's »Schliesse mir die Augen beide« II*, in: International Alban Berg Society Newsletter 6 (1978), S. 9–13.

12 Ashby, *Of »Modell-Typen«*, S. 92, S. 94f. F 21 Berg 76/V, Fol.11. Eine zweite Skizze enthält einen Plan für das Werk, der die Einführung von Kleins zweiter Form im dritten Satz zeigt (Ashby, *Of »Modell-Typen«*, S. 96; F 21 Berg 76/V, Fol.8).

13 Berichtet bei Walter Szmolyan, *J.M. Hauer* (= Österreichische Komponisten des XX. Jahrhunderts, Bd. 6), Wien 1965, S. 49. Siehe Felix Greissle: *»[...] wissen Sie, er sagte, er und Hauer hätten von einer anderen Seite her beinahe dasselbe entdeckt«*; transkribiertes Interview in Joan Allen Smith, *Schoenberg and His Circle: A Viennese Portrait*, New York 1986, S. 203.

14 Die Formulierung stammt von Ashby (*Of »Modell-Typen«*, S. 103).

15 Martina Sichardt, *Die Entstehung der Zwölftonmethode Arnold Schönbergs*, Mainz 1990, S. 55–74 (bes. S. 72–74). Vgl. auch Rudolf Stephan, *Zur Entstehung der Zwölftonmusik*, in: Günter Schnitzler (Hg.), *Musik und Zahl. Interdisziplinäre Beiträge zum Grenzbereich zwischen Musik und Mathematik*, Bonn 1976, S. 159–170.

16 Siehe Josef Matthias Hauer, *Zwölftontechnik. Die Lehre von den Tropen* (= Theoretische Schriften Bd. 2), Wien 1926, S. 10–18. Ein Beispiel für die zweite Kanontechnik wird im vorliegenden Kapitel gezeigt (Beispiel 10.3).

17 Mehr über die Datierung der Komposition von Schönbergs Variationensatz bei Sichardt, *Die Entstehung der Zwölftonmethode Arnold Schönbergs*, S. 56. Eine von Berg stammende Analyse des dritten Satzes der *Serenade* Schönbergs befindet sich unter dem Skizzenmaterial des *Kammerkonzertes* (siehe Hilmar, *Katalog*, S. 55, S. 102; zwei Blätter dieser Analyse sind als Faksimile auf den Seiten 184–185 reproduziert); vgl. Ashby, *Of »Modell-Typen«*, S. 70, Fußnote 12.

18 Dies sind die Daten, die Szmolyans Werkverzeichnis angibt (*J.M. Hauer*, S. 71); Stephan nennt das Jahr 1922 in *Über Josef Matthias Hauer*, in: Archiv für Musikwissenschaft 18 (1961), S. 265–293 (hier S. 290). Wie Bergs *Kammerkonzert* sind Hauers *Etüden* Schönberg aus Anlaß seines fünfzigsten Geburtstag gewidmet.

19 Jarman, *The Music of Alban Berg*, S. 83–84. Beispiel 10.1c im vorliegenden Kapitel stimmt mit der ersten dieser Reihen überein; die zweite entsteht durch sukzessive Einfügung der von Berg skizzierten partiellen Reihen (Beispiel 10.1b) in jeden Hexachord, so daß der vollständige Quintenzirkel entsteht, wenn man von rechts nach links liest (der Krebs dieser Reihe erklingt Pizzicato im Cello in den Takten 8–9). Ashby ist eingestandenermaßen vorsichtig, wenn er diese Ableitungen Klein zuschreibt: *»Bergs [...] Verwendung der Quintenzirkelreihe im Allegretto giovale der Lyrischen Suite zeigt nicht zwingend, daß er viel mehr als nur die Kleinsche Allintervallreihe und zwei von deren Ableitungen adaptierte [...] Es würde Berg nicht viel Zeit gekostet haben, den Quintenzirkel in der Reihe zu bemerken, angesichts dessen, was Perle als seine ›charakteristische Beschäftigung mit Intervallzyklen‹ bezeichnet hat, erkennbar schon seit den Liedern op. 2«* (*Of »Modell-Typen«*, S. 85; George Perle, *Berg's Master Array of the Interval Cycles*, in: Musical Quarterly 63 (1977), S. 1–30).

20 Egon Wellesz, *The Origins of Schönberg's Twelve-Tone System: A Lecture [...] January 10, 1957*, Washington 1958, S. 7f.

21 Regina Busch erwähnt, daß Berg bekannt war, daß der Begriff »Baustein« auf Hauer zurückgeht (*Einige Bemerkungen zur Zwölftonkomposition bei Schönberg, Berg und Webern*, in: Rudolf Stephan, Sigrid Wiesmann und Matthias Schmidt (Hg.), *Arnold Schönberg: Neuerer der*

Musik. 3. Internationaler Schönberg-Kongreß. Duisburg 1963, Wien 1997, S. 114ff. Vgl. auch Sichardt, *Die Entstehung der Zwölftonmethode Arnold Schönbergs*, S. 72f. Ich danke Regina Busch, daß sie mir ein Typoskript ihres Referats überlassen hat.

22 Hauer, *Die Lehre von den Tropen*, S. 13f.; Berg, *[Neun Blätter zur »Lyrischen Suite für Streichquartett«]*, S. 240 (in: *Alban Berg: Glaube, Hoffnung und Liebe*).

23 Das ganze Beispiel ist reproduziert bei Szmolyan, *J.M. Hauer*, S. 61.

24 Arnold Schönberg, *Harmonielehre*, Wien 1922, S. 487. Schönbergs Bemerkung steht in einer Fußnote der revidierten Edition von 1922, für die Berg den Index erstellte. Berg kommentiert das neu hinzugefügte Material in einem Brief an Schönberg vom 12. Juni 1922 (*The Berg-Schoenberg-Correspondence*, S. 314–316).

25 Busch, *Einige Bemerkungen zur Zwölftonkomposition*.

26 Vgl. Christian Baier, *Fritz Heinrich Klein: Der »Mutterakkord« im Werk Alban Bergs*, in: Österreichische Musikzeitschrift 44 (1989), S. 585–600 (hier S. 585); Rosemary Hilmar, *Alban Berg. Leben und Wirken in Wien bis zu seinen ersten Erfolgen als Komponist*, Graz 1978, S. 147; Erich Alban Berg, *Der unverbesserliche Romantiker: Alban Berg 1885–1935*, Wien 1985, S. 96, S. 165; Ashby, *Of »Modell-Typen«*, S. 72; *The Berg-Schoenberg-Correspondence*, S. 317, Fußnote 1; Smith, *Schoenberg and his Circle*, S. 277; David Headlam, *Fritz Heinrich Klein's »Die Grenze der Halbtonwelt« and Die Maschine*, in: Theoria 6 (1992), S. 55–96 (hier S. 57). Die Datierung variiert zwischen kurz nach 1917 und 1921 (das Datum 1921 wird in *The Berg-Schoenberg-Correspondence* angegeben). Kleins eigene, in Erich Alban Bergs Buch abgedruckte Darstellung besagt (doch dies ist nicht der einzige Bericht Kleins), daß er nach der Teilnahme an Schönbergs Kompositionsseminar an der Schwarzwaldschule (dies war Baier zufolge 1917–1918) das Studium bei Berg aufnahm, läßt aber die Zeitspanne offen, die zwischen den beiden Ereignissen lag.

27 Vgl. Erich Alban Berg, *Der unverbesserliche Romantiker*, S. 96f.; Rosemary Hilmar und Günter Brosche (Hg.), *Alban Berg 1885–1935: Ausstellung der Österreichischen Nationalbibliothek, Prunksaal, 23. Mai bis 20. Oktober 1985*, Wien 1985, S. 163f. (Nr. 391: Brief von Klein an Berg vom März 1922); Ashby, *Of »Modell-Typen«*, S. 87; Baier, *Fritz Heinrich Klein*, S. 589. Die mitgeteilten Daten sind 1920, 1922, 1922 und 1923 respektive. Man beachte, daß die zwölftönige Allintervallakkord, den Klein im Brief an Berg vom März 1922 anführt, nicht mit einer der beiden Formen des ›Mutterakkordes‹ im Vorwort der *Variationen* übereinstimmt (Tafel 23; Ashby, *Of »Modell-Typen«*, S. 86). Die erste der beiden Formen erscheint vorher in der Klavierversion von *Die Maschine* (Faksimile-Reproduktion bei Headlam, *Fritz Heinrich Klein's »Die Grenze der Halbtonwelt« and Die Maschine*, S. 68). *Die Maschine* wird auch recht ausführlich bei Hans Oesch, *Pioniere der Zwölftontechnik*, in: *Basler Studien zur Musikgeschichte* (= Forum Musicologicum 1), Bern 1975, S. 273–304, erörtert. Man beachte auch, daß Klein in einem im März 1922 an Berg gerichteten Brief erklärt, er habe diesen, *»den ersten 12-verschiedentönigen und zugleich 12-verschieden-intervalligen Akkord«* durch *»die Permutation des Mutterakkordes«* hervorgebracht (Hilmar und Brosche (Hg.), *Alban Berg 1885–1935*, S. 163; ÖNB, Musiksammlung, F 21 Berg 935/I [1 Doppelblatt]). Dies wird durch Ashbys Übersetzung des Briefes von Klein an Berg vom 28. März 1922, F 21 Berg 935/I, Fol.2: *»Nun, dieser Akkord ist zwar einfalls-mäßig entstanden, es ist jedoch wissenschaftlich einwandfrei, daß er auch im Laufe der Permutation der Intervallzahlen des Mutterakkordes* [bei Ashby nur ›des Akkordes] *schließlich irgendmal erscheinen muß«* undeutlicher (Ashby, *Of »Modell-Typen«*, S. 87 bzw. S. 87, Fußnote 41).

28 Das Verfahren, mit dem Klein die Ableitung der zweiten Form aus seiner Intervallreihe demonstriert (Tafel 22, zitiert in Ashby, *Of »Modell-Typen«*, S. 86), nämlich ein Intervall nach dem anderen in vertauschter Reihenfolge anzuordnen, ist im wesentlichen dasselbe, das Berg im ersten seiner *Vier Lieder* op. 2 praktiziert. Eine tabellarische Präsentation der

Krebsstruktur dieses Liedes findet man bei Robert P. Morgan, *The Eternal Return: Retrogra-de and Circular Form in Berg*, in: David Gable und Robert P. Morgan (Hg.), *Alban Berg: Histo-rical and Analytical Perspectives*, Oxford 1991, S. 111–149 (Beispiel 3, S. 134). Baier erläutert detailliert die Arrangements zwischen Berg und Klein bezüglich der Anerkenntnis der Verwendung von Kleins Reihe in den Partituren des *Kammerkonzerts* (die Reihe erscheint im Klavier, Takt 775–780), von *Schliesse mir* II und der *Lyrischen Suite*; nur bei *Schliesse mir* II wurde die Anerkenntnis in der Partitur publiziert (*Fritz Heinrich Klein*, S. 593, S. 595 und S. 597).

29 Ein »unverbesserlicher Romantiker« in seinen eigenen Worten, wie es sein Neffe, Erich Alban Berg, überliefert (*Der unverbesserliche Romantiker*, S. 7f.

30 Siehe Jarman, *The Music of Alban Berg*, S. 224f.; Busch, *Einige Bemerkungen zur Zwölftonkompo-sition.*

31 ÖNB, Musiksammlung, F 21 Berg. Die meisten der Briefe Bergs an Klein wurden zerstört (Ashby, *Of »Modell-Typen«*, S. 74, Fußnote 24).

32 Jarman, *The Music of Alban Berg*, S. 79. Bei der Erörterung der Frage, welche Charakteristi-ka von Bergs Zwölftonmusik in latenter Form in seiner früheren Musik beobachtet wer-den können, schlägt Busch eine Revision von Jarmans Begriff der »Kodifizierung« vor, da er eine generelle Subsumierung der harmonischen Phänomene unter motivisch-thematische impliziert, und führt Fälle in der atonalen und der zwölftönigen Musik an, in denen die Entscheidung, wodurch die Musik in erster Linie determiniert wird, vielleicht unmöglich ist – zumindest ist es nicht offensichtlich, daß motivische Erwägungen oder die geordnete Reihe primär sind (*Einige Bemerkungen zur Zwölftonkomposition*). Vgl. auch Adornos Kommentare zu Bergs thematischen »Leitharmonien« in seinem Essay *Bergs kompositionstechnische Funde*, in: Theodor W. Adorno, *Quasi una Fantasia*, (Gesammelte Schriften Bd. 16), Frankfurt/Main 1978, S. 420–422. Ann Shreffler bietet ein alternatives historisches Modell an, das von dem Kunsthistoriker James Ackerman vorgeschlagen wurde, um es auf die Entwicklung von Weberns Zwölftonkomposition zu beziehen: *»Die Entwicklung in den Künsten sollte nicht als eine Folge von Schritten in Richtung einer Lösung für ein ge-gebenes Problem beschrieben werden, sondern als eine Reihe von Schritten, die eine oder mehrere ursprüng-liche Problemstellungen hinter sich lassen« (»Mein Weg geht jetzt vorüber«: The Vocal Origins of We-bern's Twelve-Tone Composition*, in: Journal of the American Musicological Society 47 (1994), S. 275–339 (hier S. 279f.).

33 Siehe Kapitel 5 und 6; vgl. auch Ernst Křenek, *Fünf Orchesterlieder nach Ansichtskartentexten von Peter Altenberg op. 4*, in: Reich, *Alban Berg. Leben und Werk*, S. 43–47; Jarman, *The Music of Alban Berg*, S. 34–46; und Mark DeVoto, *Some Notes on the Unknown Altenberg Lieder*, in: Perspectives of New Music 5 (1966), S. 37–74. Ein Aspekt von Kleins Methoden, der in Bezug auf die Ableitung der Reihen in *Lulu* erstaunlich ist, jedoch keine Erwähnung bei Ashby findet, ist die von ihm verwendete Formulierung für die Beschreibung der Quar-ten- und Quintenform: *»jeder zweite Ton miteinander verbunden, ergibt reine Quarten oder Quinten«* (Ashby, *Of »Modell-Typen«*, S. 82f.). Obgleich Kleins Betonung mehr auf den Intervallzy-klen als auf dem numerischen Prinzip zu liegen scheint, kann man diese Beschreibung insbesondere mit Bergs Ableitung der Reihe des Akrobaten in der *Lulu* vergleichen (siehe Kapitel 11).

34 Erwin Stein, *Orpheus in New Guises*, London 1953, S. 7; Jarman, *The Music of Alban Berg*, S. 45.

35 Siehe jedoch Derrick Puffetts Kommentare auf S.163f [Hg.].

36 Siehe Perle, *Berg's Master Array*.

37 Jarman, *The Music of Alban Berg*, S. 126.

38 Das hier präsentierte Material über die Aufspaltung in der *Lyrischen Suite* stützt sich auf Jarmans Arbeit über die Ableitung von Hilfsreihen (ebd., S. 126–130).

39 Ebd., S. 129 (Beispiel 162).

40 Der Einsatz dieser Rhythmen im dritten Satz wird von Jarman, *The Music of Alban Berg*, S. 156–158, und Douglass M. Green, *The Allegro misterioso of Berg's Lyric Suite: Iso- and Retrorhythms*, in: Journal of the American Musicological Society 30 (1977), S. 507–516, analysiert.

41 Beispiel 10.5a und die anderen Beispiele aus den *Neun Blättern* in diesem Kapitel sind von den in Willi Reich, *Alban Berg: Bildnis im Wort*, Zürich 1959, S. 45–54, reproduzierten Faksimiles transkribiert worden.

42 Jarman, *The Music of Alban Berg*, S. 127f. (Beispiel 160); und George Perle, *Serial Composition and Atonality*, Berkeley ⁵1981, S. 72–74 (Beispiel 104).

43 Reichs Transkription der *Neun Blätter* in *Alban Berg: Bildnis im Wort* unterschlägt die in Klammern gesetzte Nebenbemerkung unter dem Beispiel (siehe Faksimile, S. 53); Schneider transkribiert diese nur partiell und fehlerhaft in seiner Edition von *Alban Berg: Glaube, Hoffnung und Liebe*, S. 244. Die beste Version kann man an den Rändern von Redlichs Ausgabe des Buches von Reich finden (Lancaster, University Library, Redlich Collection): »*(NB Ähnlichkeiten der Ausläufer der Halbreihen und Anfänge der Reihen ausgenützt. Besonders am Schluß bei den [Einsätzen] der 4 ersten Formen!)*«. Das Detail, auf das sich dieser Kommentar bezieht, fehlt im Beispiel 10.6a, doch ist es, wenn auch undeutlich, auf dem Faksimile in Reich, *Alban Berg: Bildnis im Wort*, zu sehen und in Schneiders Transkription enthalten. In einer autographen Partitur der *Lyrischen Suite*, bei welcher in den letzten Satz der Text von Baudelaires *De profundis clamavi* eingetragen worden ist, protokollieren mit Bleistift eingezeichnete Pfeile den Verlauf der ersten Reihe in den Stimmen der zwei Violinen in Takt 30 [ÖNB, Musiksammlung, F 21 Berg 23/I; das Faksimile ist reproduziert in Rosemary Hilmar und Günter Brosche (Hg.), *Alban Berg 1885–1935*, S. 87].

44 Ähnliche Beispiele finden sich in den Takten 138–40, 145–147, 281 und 663–665. Das Material der Takte 663–665 (dritter Satz) stellt die Reprise des Materials in den Takten 145–147 (erster Satz) dar.

45 Diese Übereinstimmung und andere ihr ähnliche spiegeln die Gesamtarchitektonik des *Kammerkonzerts* wider. Der dritte Satz verwendet phantasievoll die Materialien des ersten und zweiten Satzes in der ursprünglichen Reihenfolge und vollbringt das nicht nur mittels freier Schreibweise, sondern auch durch Verfahren wie die Aufspaltung.

46 Siehe in Kapitel 5 eine eingehende Diskussion der »Keilbildung« in Bergs Opera 4 und 5.

47 Jarman, *The Music of Alban Berg*, S. 118–124, S. 130. Vgl. auch Rudolf Stephan, *Drei Autographe von Alban Berg*, in: Hans Jörg Jahns, Felix Meyer und Ingrid Westen (Hg.), *Komponisten des 20. Jahrhunderts in der Paul Sacher Stiftung*, Basel 1986, S. 148–156 (dort sind Faksimiles der drei Seiten mit analytischen Anmerkungen, die Berg für Reich nach der Vollendung der Oper ausarbeitete, reproduziert (S. 152–154) und die Ableitung der »Schigolch-Chromatik« aus der Grundreihe wird ganz oben auf der ersten Seite gezeigt (S. 152)); und Thomas F. Ertelt, *Alban Bergs »Lulu«: Quellenstudien und Beiträge zur Analyse* (= Alban Berg Studien Bd. 3), Wien 1993, S. 69–74.

48 Jarman, *The Music of Alban Berg*, S. 92 (Beispiel 115), S. 128 (Beispiel 160).

49 Ashby, *Of »Modell-Typen«*, S. 72.

50 Jarman, *The Music of Alban Berg*, S. 73f.

51 Ebd., S. 73–79; und Philip Lambert, *Berg's Path to Twelve-Note Composition: Aggregate Construction and Association in the Chamber Concerto*, in: Music Analysis 12 (1993), S. 321f.

52 Eine abweichende Analyse dieser beiden Melodien offeriert Lambert; sie zielt jedoch darauf ab, deren abschnittsweise übereinstimmenden Gehalt nachzuweisen (*Berg's Path to Twelve-Note Composition*, S. 324–326).

53 Der Hauptrhythmus wird zuerst in Takt 297 vom Kontrafagott und der Posaune gespielt.

54 Adorno nannte diese stufenweise Entfaltung »Kapuzinern« und bezog sich damit auf ein Kinderspiel von Verbergen und Enthüllen, das *»das Wort ›Kapuziner‹ auseinandernimmt und wieder zusammenfügt: Kapuziner – Apuziner – Puziner – Uziner [...] – Er – R; R – Er – [...] Uziner – Puziner – Apuziner – Kapuziner.«* [Theodor W. Adorno, *Berg. Der Meister des kleinsten Übergangs* (Gesammelte Schriften Bd. 13), Frankfurt/Main 1978, S. 328, S. 441]. Siehe auch Busch, *Einige Bemerkungen zur Zwölftonkomposition.*

55 Adorno, *Bergs kompositionstechnische Funde*, S. 430.

56 Ebd., S. 425–427.

57 Willi Reich (Hg.), *Anton Webern: Der Weg zur Neuen Musik*, Wien 1960, S. 18 (7. März 1933). Die Akzentuierung der Verfahren der Verknüpfung und der Aufspaltung erinnert an Rudolf Stephans Zusammenfassung der Zwölftonmerkmale in der *Lulu. »Der Zwölftonaspekt ist für die Hörer der Oper kaum von Interesse, zumal er musikalisch kaum irgendwo weniger bedeutet als in diesem Werk«,* zitiert in Volker Scherliess, *Alban Bergs analytische Tafeln zur Lulu-Reihe,* in: Die Musikforschung 30 (1977), S. 452–464 (hier S. 452).

IM BANNKREIS DER *LULU*:
DIE SPÄTEN WERKE

Anthony Pople

Eine Oper und ihre Satelliten

Die Arbeit an seiner zweiten Oper dominierte die letzten acht Jahre oder mehr von Bergs Leben. Dennoch vollendete er einiges andere nebenbei. Auch sein *Violinkonzert* fällt in diese Periode – die früheste Zwölftonkomposition, die den Status eines modernen Klassikers errang –, zusammen mit der Konzertarie *Der Wein*. Berg stellte auch seine Sammlung der *Sieben frühen Lieder* zusammen und instrumentierte sie, fertigte eine Streichorchesterbearbeitung von drei Sätzen aus der *Lyrischen Suite* an, revidierte die *Drei Orchesterstücke* op. 6, so daß sie die üblicherweise zu hörende Form erhielten, und stellte die Sammlung von fünf symphonischen Stücken zusammen, die heute als *Lulu-Suite* bekannt ist; er publizierte zudem einige Artikel und führte ein paar kleinere kompositorische Aufgaben aus, wie den vierstimmigen Kanon, den er dem Frankfurter Opernhaus widmete.[1] Die meisten dieser Projekte wurden mehr oder weniger stark von ihrer chronologischen Nähe zur Komposition der *Lulu* tangiert, und umgekehrt trägt die Oper Spuren von einigen der kleineren Projekte.

Berg begann mit seiner Suche nach einem neuen Opernsujet einen Monat nach der *Wozzeck*-Premiere und gemäß eines Vorschlags seines Freundes Soma Morgenstern begann er das »Glashüttenmärchen« *Und Pippa tanzt!* (1906) von Gerhart Hauptmann (1862–1946) in Erwägung zu ziehen.[2] Er schrieb Hauptmanns Verlegern schon am 8. Juni 1926 wegen der Frage der finanziellen Vertonungsrechte[3], aber noch während der Verhandlungen bezog er auch die beiden *Lulu*-Tragödien von Frank Wedekind (1864–1918) in seine Überlegungen mit ein – damit reagierte er nach über zwanzig Jahren auf den enormen Eindruck, den die private Aufführung des zweiten *Lulu*-Schauspiels, *Die Büchse der Pandora*, durch sein literarisches Idol Karl Kraus im Jahre 1905 auf ihn als jungen Mann gemacht hatte. Doch waren dies keineswegs die einzigen Quellen, die er sich anschaute; aber Mitte 1927 schienen *Pippa* und *Lulu* die einzigen ernsthaft in Frage kommenden Möglichkeiten zu sein.[4]

Schon bevor er sich zwischen diesen Alternativen entschied, ersann Berg eine Zwölftonreihe für seine Oper, und in einer übersichtlichen Tabelle, datiert vom 17. Juli 1927, notierte er verschiedene Möglichkeiten, brauchbare neue Konfigurationen aus den Formen der Grundreihe abzuleiten.[5] Es mag ein wenig überraschend erscheinen, daß er sich bereits in einem so frühen Stadium dazu in der Lage sah, ohne die potentiellen Bezüge zwischen der noch ungeschriebenen

Musik und dem noch nicht festgelegten Drama zu untergraben; aber das ist nachvollziehbar, wenn man bedenkt, daß Hauptmann und Wedekind eine ähnliche Materie behandeln, wenn auch in kontrastierenden Stilen und vor divergentem szenischem Hintergrund. *Und Pippa tanzt!* war weder das einzige unter Hauptmanns Schauspielen, das in seiner Heimat Schlesien spielte, noch einzigartig in seinem Zugriff auf das Genre des »Märchens«, das erotischen Phantasien angepaßt wird.[6] Im Gegensatz dazu adaptieren Wedekinds Dramen einen naturalistischen Tonfall und eine bürgerliche Umgebung, die die bizarren und destruktiven Konsequenzen der schwachen Versuche der Dramenfiguren, ihrer eigenen sexuellen Instinkte Herr zu werden, scharf hervortreten lassen und durch ironische Farce einen Anflug von Sozialsatire annehmen, die im weiteren Verlauf eine Rolle spielt, wie dies schon im *Wozzeck* der Fall gewesen war.

Gegen Ende des Jahres 1927 suchte Berg Rat bei dem Versuch, seiner Unentschiedenheit zwischen den beiden Texten abzuhelfen: Während Adorno den Wedekind favorisierte,[7] gaben andere – einschließlich Helene Berg – *Pippa* den Vorzug. Am Ende schloß Berg sich letzterem Standpunkt an und traf Hauptmann Ende Januar 1928 persönlich, um das Projekt zu erörtern.[8] Zwei Monate später erzählte er Schönberg von seinen Plänen für das Libretto: *»Hauptmanns Buch muß ich für meine Zwecke natürlich sehr zusammenstreichen, ja ich beabsichtige sogar den 3.+4. (letzten) Akt in einen einzigen zusammenzuziehen, wodurch auch die Schwäche gerade dieser Partie des Dramas etwas behoben wird«.*[9] Berg verwandte mehr Arbeit auf *Pippa*, als generell angenommen wird. Neben der Reihentabelle erstellte er auch eine Anzahl von Konzeptskizzen für charakteristische Musikpassagen, wovon einige einfach in das *Lulu*-Projekt übernommen wurden.[10] Insbesondere war die Chromatik, die in der *Lulu* mit der Figur des Schigolch verknüpft wird, ursprünglich für den nicht unähnlichen Huhn in *Pippa* gedacht.[11] Als Berg jedoch diese Skizzen in die *Lulu* übertrug, verband er die Chromatik zunächst mit ihrem ersten Ehegatten, dem Medizinalrat Dr. Goll. Die Aufeinanderfolge von Ereignissen erklärt vielleicht eine ansonsten recht merkwürdige Stelle im Eröffnungsabschnitt der ersten Szene des ersten Aktes (I/Takte 112–114), wo die Schigolch-Reihe als musikalisches Fundament für eine Passage dient, in der Schön und Lulu über ihren Ehemann sprechen.

Die stockenden Anfänge des Reihenmaterials der *Lulu* können allerdings kaum ihre musikalische Übereinstimmung mit der *Lyrischen Suite* und dem *Kammerkonzert* verschleiern. Die Allintervallreihe, auf der die *Lyrische Suite* basiert – und auch ihr Vorgänger *Schliesse mir die Augen beide* – zerfällt in zwei Hexachorde, dessen zweiter einfach der transponierte Krebs des ersten ist (Beispiel 11.1a); der erste Hexachord der Grundreihe der *Lulu* ist nichts anderes als eine Rotation dieses Krebses (siehe Beispiel 11.1b).

Beispiel 11.1
(a) *Diatonischer Hexachord und sein Krebs; Hexachord und transponierter Krebs kombiniert zur Zwölfton-*
reihe für die Lyrische Suite

(b) *Rotierter Krebs des Hexachordes eröffnet Grundreihe der Lulu*

Bei der Arbeit an der *Lyrischen Suite* hatte Berg fasziniert erkannt, daß Dreiklänge und andere tonale Elemente als eingebettete Bestandteile einer Zwölftonreihe konzipiert werden können[12], und die frühen *Pippa/Lulu*-Skizzen zeigen, daß er dieselben Möglichkeiten für das neue Reihenmaterial, das er für die Oper entwarf, sicherzustellen suchte.[13] Beim Blick zurück wie beim Blick nach vorn kann man tatsächlich Kontinuitäten in Technik und Substanz feststellen, die diese gesamte Periode durchziehen. Einige Autoren haben darauf aufmerksam gemacht, daß die Reihe von *Der Wein* stark einer skalenartigen Reihe ähnelt, die mit der Figur der Lulu verknüpft wird,[14] und als Berg nach der Komposition von *Der Wein* auf seine Oper zurückkam, knüpfte er eindeutig an seine Erfahrungen mit der Arie an. Zuguterletzt weist auch die Reihe des *Violinkonzerts* Verbindungen mit derjenigen von *Der Wein* auf, und die gesamte Kompositionsmethode des Werks weist ihm deutlich einen Platz im Bannkreis der *Lulu* zu.

Auf dem Weg zu einer musikalischen Sprache

Zur Zeit des *Violinkonzerts* hatte Berg sich eine bemerkenswerte technische Gewandtheit angeeignet. Seine Arbeitsweise schloß ein Planungsstadium ein, in welchem die gesamte Form und der Charakter der Abschnitte eines Werks festgelegt wurden, und eine anfängliche Sondierung der Konfigurationen innerhalb der Reihe (oder von solchen die aus ihr deduzierbar sind), die seinem tonal orientierten Zwölftonstil entgegenkamen – Modelle wie Skalenausschnitte, arpeggierte Dreiklänge und andere vertraute Akkorde. Es gab eine Phase der groben Skizzierung, wo Details zugunsten einer Fixierung des musikalischen Verlaufs innerhalb breiterer Umrißlinien übergangen wurden, und andere Stadien mit genau definierten Zielsetzungen; das gewichtigste darunter war das Particell, in dem praktisch alle Details bis auf die genaue Instrumentation, festgelegt waren.[15]

Berg tendierte bei der Komposition mit der Reihe dazu, sie als Quelle von flexiblen Modellen zu behandeln, die in den kontinuierlichen Verlauf seiner musikalischen Texturen eingearbeitet werden konnten. Dabei griff er häufig auf Techniken zurück, die über die einfache Reproduktion von Reihenformen hinausgingen, die zustande gekommen wären, hätte er die Töne stets streng vom ersten bis zum zwölften durchlaufen lassen. Beispielsweise konnte er die Elemente in einer rotierten Reihenfolge präsentieren, d.h. er begann mit einem anderen als dem ersten Ton und kehrte dann vom letzten Ton zum Anfang zurück (so wie man auf dem Deckblatt einer Uhr den Zeiger, sagen wir, von neun Uhr vormittags bis acht Uhr abends durchlaufen lassen kann). Oder er verteilte herausgelöste Segmente einer linearen Reihe auf individuelle Stimmen eines musikalischen Satzes und ordnete so die strikte Ordnung der Töne der Art, wie die kontrapunktischen Rhythmen ineinander verzahnt waren, unter. Häufig pflegte er einen oder mehrere der gerade erklungenen Töne wiederzuverwenden (z.B. Elemente einer Reihe in der Folge 1–2–3–4–2–3–5–6 ... zu präsentieren) und in Fällen, wo das Material akkordisch konzipiert war, vertauschte er bisweilen die Töne innerhalb des Akkordes – d.h. er behielt die fixierten Akkorde bei, aber deren Töne erklangen in einer beliebigen Anordnung.

All dies dient der Aufrechterhaltung eines Ausgleichs zwischen reihenmäßiger Korrektheit und einer wahrnehmbaren harmonischen und thematischen Konsistenz. Insbesondere der thematische Charakter der Musik entsteht oft durch die Verknüpfung von abstrakten Reihenmodellen mit charakteristischen musikalischen Konturen und Rhythmen und wird durch die Priorität, die bestimmten melodischen Modellen oder harmonischen Elementen gegenüber den verbleibenden Reihentönen eingeräumt wird, aufrechterhalten. Dies ist besonders auffällig, wenn vorab existierende Themen zitiert werden, so wie der Beginn von *Tristan und Isolde* im letzten Satz der *Lyrischen Suite*,[16] ein Kabarettlied in Akt III der *Lulu*[17] und die Melodie eines lutherischen Chorals im *Violinkonzert*. Grob gesagt, wenn eine melodische Gestalt solche Priorität genießt, tendieren die restlichen Töne der Reihe dazu, in einer mehr oder weniger strengen Ordnung abgerufen zu werden, falls die Textur auf der kontrapunktischen oder orchestralen Ebene hochdifferenziert ist, jedoch wird die Reihenfolge angeglichen – wahrscheinlich aus harmonischen Gründen –, wenn die Textur homogener ist.

Es ist kein Zufall, daß die resultierenden musikalischen Prozesse sehr stark denen einer intensiven entwickelnden Variation ähneln – der wesentliche Unterschied besteht darin, daß die Reihenformen und daraus abgeleiteten Konfigurationen, anders als die anfänglichen motivisch-thematischen Konstellationen, von denen eine Textur in entwickelnder Variation ausgeht, zumindest in der Theorie auf Bergs Skizzenblock verbleiben und so nicht notwendigerweise als Ausgangspunkt der Musik gehört werden. Aber in der Praxis neigte Berg dazu, die Formabschnitte seiner späten Werke sehr deutlich zu markieren und die thematischen Anfänge solcher Abschnitte oft genug eng an die Reihe zu binden oder an erkennbar abgeleitete Konfigurationen. So lehnen sich die musikalischen Prozesse innerhalb eines Abschnitts eher stärker an die entwickelnde Variation an, als dies sonst der Fall gewesen wäre. Dies bedeutet zugleich, daß die zugrundeliegenden Verbindungen zwischen den thematischen Materialien wohldefiniert sind – und es sind faktisch diese Bezüge, die auf dem Skizzenblock des Komponisten verbleiben, eingeschlossen in die privaten Ableitungen von verschiedenen Materialien aus der Reihe, so wie sie auf andere Weise auf den Skizzenblöcken von Schönberg und Berg zwanzig Jahre zuvor stehengeblieben sein könnten. Diese Praktik war partiell schon zu Zeiten des *Kammerkonzerts* evident, wie Neil Boynton in Kapitel 10 nachweist.[18] Aber eine systematische, vom amerikanischen Musiktheoretiker Philip Lambert durchgeführte Untersuchung der Art und Weise, wie im Konzert zahlreiche dodekaphone und beinahe-dodekaphone Themen aufeinander bezogen waren, demonstriert unter anderem, daß Bergs Praxis in dieser Hinsicht nicht systematisch war.[19] Vielleicht noch erstaunlicher ist, daß die kleinen Tongruppen, die Themen gemeinsam haben – man betrachte etwa Beispiel 10.10 –, zu diesem Zeitpunkt im allgemeinen nicht offen tonal, ganztönig, quartenharmonisch, oktatonisch, hexatonisch oder anderweitig bekannt sind. Es scheint die Erfahrung der Arbeit mit diatonischen Hexachorden in der *Lyrischen Suite* gewesen zu sein, die Berg veranlaßte, diese Richtung einzuschlagen. Diese fand ihre stärkste Entfaltung im Sekundärmaterial der *Lulu*.

Das *Kammerkonzert* war offensichtlich für Bergs Entwicklung bedeutsamer hinsichtlich der Form, in der dort formale Kombinationen in Verbindung mit Spiegelungen auftreten – Umkehrung und Krebs –, im Ethos ähnlich wie Schönbergs Zwölftonprinzipien, aber nicht tatsächlich daraus abgeleitet. In der Tat, während das Werk dem Schönberg-Zirkel kunstvoll seine Hochachtung erweist und thematischen Gebrauch von einer musikalischen Verschlüsselung macht, die auf dem Namen von **Arnold Schö**nberg beruht (genauso wie auf denen von **Anton Webern**, **Alban Berg** und, weniger offen, von **Mathilde Schönberg)**,[20] lassen einige Faktoren darauf schließen, daß Berg seine Kompositionstechnik eher parallel zu der Schönbergs entwickelte, als direkt auf der Basis der jüngsten Ideen seines ehemaligen Lehrers.[21] Es gibt beispielsweise keinen Anlaß anzunehmen, daß Berg, als er Spiegelungen auf den gesamten dreißig Takte umfassenden thematischen Komplex vom Kopfsatz des *Kammerkonzerts* anwandte, Schönbergs Verfahren einfach mißverstand. Dieser Satz mit Solopiano (»Thema scherzoso con variazioni«) kombiniert die Form eines Themas mit Variationen mit der eines Sonatensatzes. Das bedeutet, daß die Folge von Variationen so gestaltet ist, daß sie von der Konzeption her die Umrisse einer Lehrbuchsonatenform zu erfüllen in der Lage ist. Die Abfolge der Geschehnisse ist folgende:[22]

Thema und Variationen	»Sonatensatz«
Thema (30 Takte)	»Exposition«
Variation 1 (Thema wiederholt für Klavier solo)	»Wiederholung der Exposition«
Variation 2 (umgearbeitetes Material im Krebs)	
Variation 3 (Umkehrung)	»Durchführung«
Variation 4 (krebsgängige Umkehrung)	
Variation 5 (Original, ausgearbeitet)	»Reprise«

Die Form, in der das Thema den Operationen von Umkehrung und Krebs unterworfen wird, ist recht frei, sie erlaubt es dem Charakter der Musik, sich ziemlich unabhängig von der Variationsform zu entwickeln. Beispiel 11.2 illustriert die Präsentation des Themas am Ende der Krebs-Umkehrungs-Variation: Die spitzen Klavieroktaven könnten kaum einen größeren Kontrast zum satten Legato des Englischhorns in dessen tiefstem Register bilden.

Beispiel 11.2
(a) Kammerkonzert, erster Satz: Themenbeginn (I/1–3)

(b) Ende der vierten Variation (I/178–80)

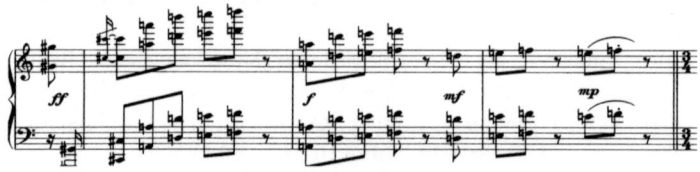

Der zweite Satz mit Solovioline (»Adagio«) ist im wesentlichen ein Palindrom: Jede Hälfte des Satzes kann als dreiteilig betrachtet werden und das Ganze entspricht in der Länge dem ersten Satz mit 240 Takten. Auf dem Höhepunkt gesellt sich das Klavier kurz zum Ensemble und läßt (auf einem tiefen Cis) etwas ertönen, was wie die zwölf Schläge einer Mitternachtsglocke anmutet. Dieser unheimliche Moment scheint im Einklang mit der programmatischen Beziehung des Satzes zum Schicksal von Mathilde Schönberg zu stehen. Sie starb nach einer langen Phase des Verfalls im Jahre 1923, fünfzehn Jahre nachdem ihr Liebhaber Richard Gerstl Selbstmord begangen hatte, als sie ihn verließ, um zu ihrem Mann zurückzukehren.

Der letzte Satz, an dem beide Solisten teilhaben (»Rondo ritmico con introduzione«), profitiert von der exakten Übereinstimmung der Länge vom ersten und zweiten Satz. Mit Hilfe eines wahren Meisterstücks an formaler Kombination ist sein Material aus beiden Sätzen zusammen abgeleitet, manchmal alternierend und manchmal buchstäblich simultan. Abstrakt betrachtet, hört sich dieses Konzept gewagt an, und als Pierre Boulez das Werk als das wohl strengste Werk Bergs beschrieb, hat er wahrscheinlich auf die Tatsache angespielt, daß Berg Ähnliches niemals wieder versucht hat.[23] Im Vergleich dazu sollte Bergs Umgang mit formaler Kombination in der *Lulu* sehr viel freier sein, sowohl vom Konzept als auch von der Ausführung her.

Im Kontext von Bergs im Entstehen begriffener Matrix an technischen Kunst-griffen und musikalischen Prozessen bezieht sich eine mehr oder weniger umge-kehrte Situation im selben Werk auf die Ableitung von einer Reihe aus einer anderen. Obgleich die von ihm in der *Lyrischen Suite* angewandten Methoden, mittels derer die Reihe des ersten Satzes so eingerichtet wird, daß sich daraus weitere Reihen für andere Sätze formen lassen, alles andere als unkompliziert sind, sind sie keineswegs mechanisch.[24] In der Tat ist das zugrundeliegende Ver-fahren des simplen Positionstauschs von einem oder mehreren Reihentönen, um zu einer neuen Anordnung zu gelangen, in hohem Maße willkürlich. In nachfol-genden Werken, noch motiviert durch den Wunsch nach thematischer Vielfalt, die von wahrnehmbaren Querbezügen untermauert wird, setzte Berg seine Ar-beit mit abgeleiteten Reihen fort, aber die von ihm eingesetzten Ableitungsver-fahren wurden immer strenger. Dies ist jedoch in der anfänglichen Tranche von Materialien für *Pippa/Lulu* noch nicht evident. In der Reihentabelle von 1927 ist dies zusammengefaßt. Obwohl hier deduzierte Konfigurationen zu finden sind (einige darunter werden im Beispiel 11.3 gezeigt), werden die Mittel der Ablei-tung weitgehend beschränkt auf die Herauslösung der von Berg favorisierten musikalischen Konfigurationen, wie Dreiklänge und Skalen.[25]

Beispiel 11.3
Einige Konfiguraionen, die sich auf Bergs Reihentabelle für Pippa/Lulu *von 1927 finden:*
(a) Grundreihe

(b) Hexachorde als Zweiklänge übereinandergesetzt; benachbarte Zweiklänge als Akkorde kombiniert

(c) Aufteilung in beinah-chromatische Fragmente

(d) Identifizierung von eingebetteten Dreiklängen

(e) Bildharmonien und damit verknüpfte Skalenreihen

(f) Herauslösung von Zweiklängen aus Quarten und linearen Ganztonhexachorden

(g) Herauslösung von Konfigurationen, die von großen und kleinen Terzen beherrscht werden

Diese Materialien hatte Berg zweifellos im Kopf, als er eine Fassung des Prologs zum ersten *Lulu*-Drama, *Erdgeist*, am oder um den 23. Juni 1928 skizzierte, denn diese Musik entwickelt einiges davon, wenn auch in einer recht rudimentären Form.[26] (Das *Pippa*-Projekt war zuletzt an den exorbitanten Forderungen von Hauptmann und seinen Verlegern gescheitert.)

Es sollte weitere bedeutsame Vorstudien für Bergs Arbeit an der *Lulu* geben, obgleich sie damals belanglos erschienen sein mögen. Der Erfolg von *Wozzeck* gab Berg die Gelegenheit, Geld durch die Herausgabe neuer Arrangements von bereits existierenden Werken zu verdienen, ein Unterfangen, bei dem auch die Wünsche seiner Verleger eine Rolle spielten. In der ersten Hälfte von 1928 fertigte er eine Sammlung von *Sieben frühen Liedern* für die Publikation an, in Versionen mit Klavier- und Orchesterbegleitung, und später im selben Jahr erschien die Veröffentlichung seiner Streichorchesterbearbeitung der drei Sätze aus der *Lyrischen Suite*.[27] Viele Forscher haben das Projekt der *Sieben frühen Lieder* wegen dessen charakteristischer Textur für Solosopran und Orchester als eine Studie für *Pippa/Lulu* interpretiert, und obwohl sich diese Textur auch in den *Drei Bruchstücken aus Wozzeck* (1923/1924) findet, kann man glaubhaft behaupten, daß die Klangwelt der Orchesterlieder der *Lulu* sehr viel näher ist als den *Drei Orchesterstücken*, *Wozzeck* oder den *Bruchstücken*. Zugleich hat Bergs erneuerte Bekanntschaft mit seinem früheren Stil eine weitaus schwerer wiegende Konsequenz: Der extensive tonale Einschlag, den die Zwölftonwerke der *Lulu*-Zeit aufweisen. Während er an der *Lyrischen Suite* arbeitete, hatte Berg Schönberg von seinem »[...] *Versuch [...]*, *in der aller strengsten 12 Ton – Musik mit stark tonalem Einschlag zu schreiben [...]*«[28] berichtet, und dieser Versuch ist sehr viel erfolgreicher in den Werken, die den *Sieben frühen Liedern* folgten.

Folglich war die Einlagerung tonaler Konfigurationen in das Reihenfundament der *Lulu* der bedeutsamste technische Faktor, der Berg die stilistische Freiheit gab, die Route vom *Kammerkonzert* und der *Lyrischen Suite* weiterzuverfolgen. Aber als er die erste Szene des ersten Aktes und den Beginn der zweiten Szene des ersten Aktes ausgearbeitet hatte, wurde dieses Fundament undeutlicher. Obwohl die Musik der *Lulu* durchkomponiert ist, entschied sich Berg dafür, die Oper als eine Folge von deutlich markierten formalen Abschnitten zu organisieren.[29] Die meisten sind mit Themen versehen, und dies brachte Implikationen für die Reihentechnik mit sich. Er hatte auffallend oft Gebrauch von den Materialien der Reihentabelle in den Abschnitten bis zum und einschließlich des Melodramas gemacht (I/196–257). Alle Materialien werden der Reihe nach entfaltet, als ob er einfach eins nach dem anderen ausprobieren wollte[30], aber als die Komposition voranschritt, fand er es offenbar notwendig, zusätzliche Themen zu entwickeln. Dies führte ihn merklich von den eingebetteten tonalen Elementen weg, da er diese neuen Themen durch eine sogar noch verwickeltere Reihenarbeit ableitete. Ein frühes Stadium kann man am Thema der *Canzonetta* beobachten (I/258ff., Beispiel 11.4): Der Beginn beruht auf einer Umkehrungsform der Grundreihe, die trotz der Schwierigkeit, sie gehörsmäßig zu verfolgen, auf dem Papier recht klar ist. Umgekehrt ist mit ihrer gehörsmäßig deutlichen Entfaltung in der nachfolgenden musikalischen Textur eine beträchtliche Kompliziertheit der Reihenarbeit verbunden.

Beispiel 11.4 Lulu
Beginn der Canzonetta (I/258–260), zeigt die Entfaltung der Grundreihe

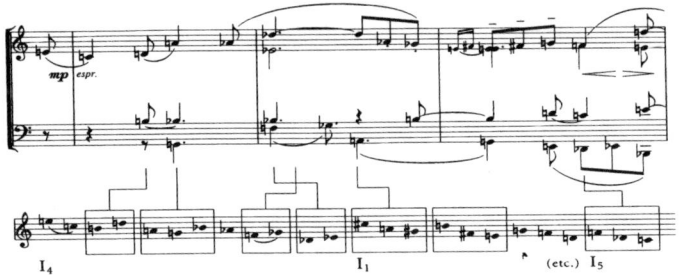

Andererseits ist das Duett (I/305ff.) sogar zu Beginn reihentechnisch intrikat, aber hier gelingt es Berg, aus miteinander vereinigten Reihen ein tonales Gerüst abzuleiten – nichts Geringeres als ein C-Dur-Fragment. Dies geschieht, indem er Töne in der Skalenfigur versammelt. Diese wird unabhängig von der Reihe wiederholt, um einen Kern zu bilden, um den herum sich neue Reihentöne entfalten (Beispiel 11.5).[31] Auf ähnliche Weise wird ein motivisches Fragment aus der Folge G-Es-Des heraufbeschworen, seine zweimalige Wiederholung verleiht dem Ende der Phrase Stabilität.

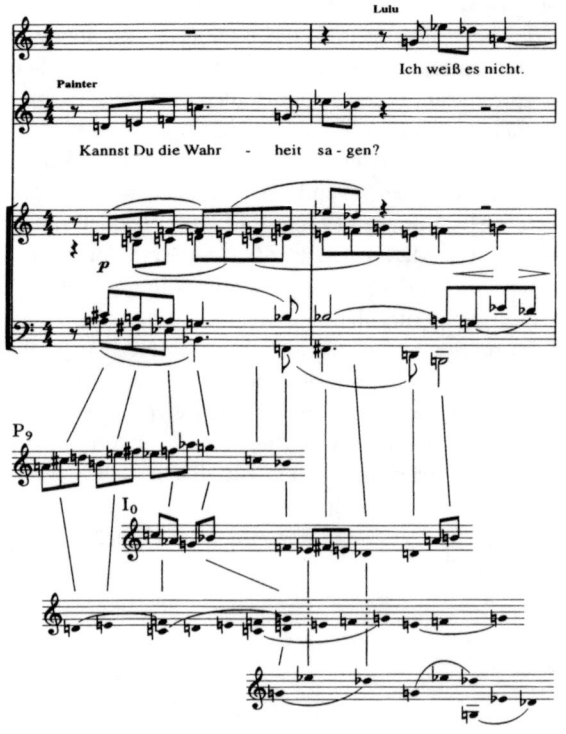

Der Wein

Zur Zeit seiner Rückkehr nach Wien im Herbst 1928 hatte Berg »über 300 Takte« der *Lulu* komponiert, vielleicht bereits näherungsweise bis zum Takt I/414[32], doch an dieser Stelle unterbrach ihn die Komposition von *Der Wein*. In Erwartung der Uraufführung der *Drei Orchesterstücke* in Oldenburg hatte er diese revidiert.[33] Danach zog sich Berg Ende Mai 1929 auf den Berghof zurück, um einen finanziell attraktiven Kompositionsauftrag der Sopranistin Ružena Herlinger zu übernehmen, mit der er im vorhergehenden Jahr in Paris zusammengearbeitet hatte.[34] Zu diesem Zweck war es notwendig, ein anderes Ensemble von Reihenmaterialien zu entwerfen, das ungefähr zwei Jahre nach dem *Pippa/Lulu*-Reihenkomplex entstanden ist: Einiges davon wird im Beispiel 11.6 zusammengefaßt, auf der Grundlage dessen, was man in der endgültigen Partitur finden kann.

270

Beispiel 11.6
(a) Grundreihe von Der Wein als Original und Umkehrung

(b) Dreitongruppen werden übereinandergestellt, um harmonische Tropen zu bilden

(c) Alternierende Töne werden miteinander verknüpft

(d) Alternierende Töne werden als halbe Reihen behandelt; Umkehrung wird in Akkorden gruppiert

(e) Herauslösung von Moll-, Dur- und Moll/Dur-Dreiklängen (Grundgestalt und Umkehrung)

(f) Herauslösung von Stimmen in parallelen Quarten

(g) Herauslösung von Ganztonskalenfragmenten

(h) Herauslösung von Tritonusfolge und chromatischen Motiven

Der Wein ist oft als eine Vorstudie für *Lulu* analysiert worden. Mosco Carner weist ausdrücklich darauf hin, daß es sich um eine Studie für das Lied der Lulu in der ersten Szene des zweiten Aktes handelt[35], Berg habe außerdem bei der Komposition das Tangopasticcios in *Der Wein* (Takte 39–63 und 181–195) sicherlich die hinter der Bühne befindliche Jazzband in der dritten Szene des ersten Aktes im Sinn gehabt. Vielleicht von größter Bedeutung war die ihm in der Arie gebotene Gelegenheit, im voraus mit einem Orchester zu arbeiten, das einige der speziellen Instrumente einschloß, die er für die Klangwelt der *Lulu* benötigte, besonders das Altsaxophon.[36] Es war zudem ein günstiger Moment für ihn, an einer auf einem Text beruhenden Komposition in bescheidenerem Umfang etwas auszuprobieren, was der bereits entworfenen Gesamtgestalt der Oper nahekam:[37] Der dritte Teil von *Der Wein* ist eine verkürzte Reprise des ersten, und 59 der 85 Takte des zweiten Teils gehören zu einem Palindrom, dessen zweite Krebshälfte als ein Orchesterzwischenspiel dient.

Berg hatte sich mit Stefan Georges Übersetzung von Baudelaires *Les Fleurs du mal* beschäftigt, als er das geheime Vokalfinale der *Lyrischen Suite* komponierte.[38] Seine Wahl von weiteren drei Gedichten aus dieser Sammlung als Textvorlage für *Der Wein* legt nahe, daß auch diese Komposition in einem gewissen Grad von seinen Gedanken an Hanna Fuchs-Robettin inspiriert war. Tatsächlich machte Berg sie in einem Brief auf die Kombination der H-Dur- und F-Dur-Dreiklänge in der Mitte des Werkes aufmerksam und fügte hinzu: *»Wen anders geht es an als Dich, Hanna, wenn ich [...] sage: ›Laß Schwester uns Brust an Brust fliehn [...] In meiner Träume Land‹«.*[39] Ob Hanna über ihre Verbindung mit dem Werk als Ganzem geschmeichelt gewesen wäre, ist zugegebenermaßen zweifelhaft. Adorno beschreibt es als »ein einziges ›Ossia‹« – da es französische Texte in deutscher Übersetzung vertont – und verknüpft diese Beobachtung vermittels der für ihn typischen Spitzfindigkeit mit dem, was er als eine Synthese von Bergs impressionistischen Zügen mit der Zwölftonstruktur der Arie bezeichnet.[40] Doch wie so oft bei Adorno sollte man dieses Argument nicht für bare Münze nehmen, sondern als Hinweis auf ein tieferes Unbehagen an dem Werk, das man den unterschiedlichen Mentalitäten im Umgang mit den unerfreulichen Bildern zuschreiben kann, die von Baudelaire heraufbeschworen werden, besonders im dritten der von Berg ausgewählten Gedichte (*Le vin du solitaire*). Mosco Carner ist ehrlicher mit seiner Geringschätzung dieses Stücks, er findet sich durch den Bericht bestätigt, daß *»bei der Erwähnung von* Der Wein *ein apologetischer Ausdruck auf seinem* [Bergs] *Gesicht zu erscheinen pflegte«*, aber er fragt auch: *»Hat Berg eine Art geistiger Verwandtschaft mit diesem rebellischen Dichter empfunden? Denn auch* [Berg] *mißbilligte die moralischen Tabus und moralischen Konventionen seiner Gesellschaft.«*[41] Durch Bergs Vertonung steht *Der Wein* in der Mitte zwischen der Romanze einer aussichtslosen Leidenschaft und verhaltener Einsamkeit in der *Lyrischen Suite* und der sozialen Analyse einer verzweifelten Sexualität, die eine der Grundlagen der *Lulu* bildet.

Die Zugänglichkeit der musikalischen Sprache von *Der Wein* dient einem wichtigen Zweck, denn sie nimmt den mißlichen Trend auf, der in der *Lulu* entwickelt worden war. In der Arie entfaltet Berg tonale Konfigurationen beinahe demonstrativ, sowohl harmonisch wie melodisch, und umschreibt zugleich symbolisch eine schäbige und triebgesteuerte Welt. Er schwelgt darin und empfindet vielleicht eine gewisse Genugtuung dabei, Schönbergs Reihentechnik für die Komposition eines Werkes zu verwenden, das der Tonalität der *Sieben frühen Lieder* näher steht als alles, was er seit jenen Partien des *Wozzeck* geschrieben hatte, die den Klavierstücken seiner Studentenzeit entlehnt waren.

Zwei Passagen, die dies illustrierten, findet man am Anfang des Werkes (Beispiel 11.7) und beim ersten Einsatz der Stimme (Beispiel 11.8)

Beispiel 11.7
Der Wein: *Anfang (Takte 1–3), zeigt den Einsatz der Reihe*

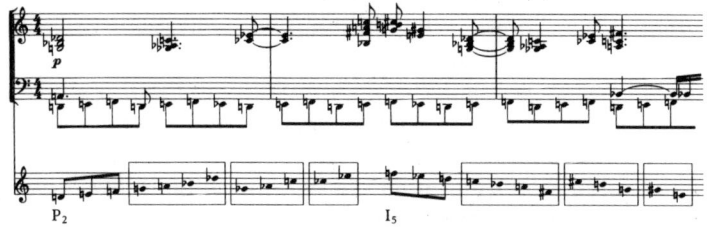

Beispiel 11.8
Der Wein: *Eintritt der Stimme (Takte 15–16), zeigt den Einsatz der Reihen und des Tropus*

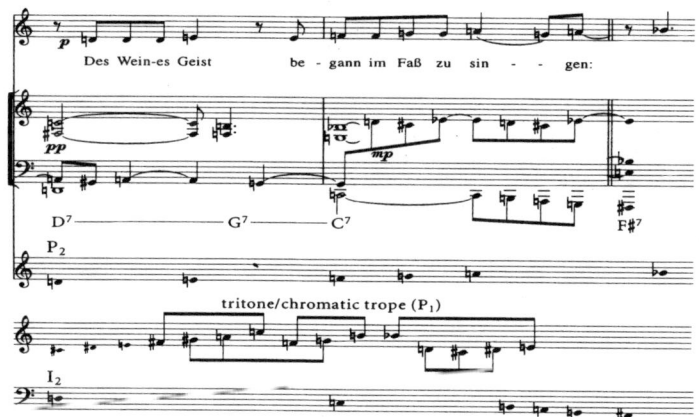

Der Anfangsakkord bedient sich des Faktums, daß die Grundreihe des Werkes auf der hier verwendeten Tonstufe mit allen sieben Tönen der aufsteigenden Skala von d-Moll harmonisch beginnt. Die ersten drei Töne setzen ein schwerfälliges Ostinato im Baß in Gang, das die Musik auf D verankert, während oben die verbleibenden Töne so arrangiert werden, daß sie den Klang eines (vermollten) Dominantnonakkordes nachahmen: Es entsteht eine Dominantharmonie

273

über einem Tonikapedal. Die von den restlichen Reihentönen suggerierten Harmonien lassen an tonale Konfigurationen mit den Grundtönen As und Ces denken, die sich über das verminderte Septakkordmodell, das der V^{9^b}-Klang ebenfalls impliziert, auf das D beziehen. Die Fortsetzung der Phrase basiert auf der Umkehrung der Reihe, wie es im *Violinkonzert* zur Gewohnheit wurde. Sie ist so angelegt, daß die erste Dreitongruppe das Ostinato bildet. Diese Sequenz wird danach wiederholt und weiterentwickelt, indem die Ostinatotöne die vierte, fünfte und sechste Note von G_9 und U_{10} herausgreifen; die Musik wird von Textur und Umfang her konstruiert, sie führt zum Höhepunkt der Phrase.

Wenn überhaupt, dann ist die in Beispiel 11.8 gezeigte Passage bemerkenswerter: Simultan auf- und absteigende Formen der Reihe, beide auf D beginnend, umschließen den in Beispiel 11.6h abgebildeten harmonischen Tropus von Tritoni und chromatischen Motiven. Die rhythmische Artikulation ist so beschaffen, daß eine klassische harmonische Sequenz im Rahmen des Quintenzirkels entsteht, die mit einem oktatonisch umrissenen Bindeglied zwischen C^7 und Fis^7 endet – ein von Rimsky-Korsakow, Skrjabin und dem frühen Strawinsky her vertrauter Kunstgriff. Vielleicht war es die Achse der französisch-russischen Tradition, die Adorno im Sinn hatte, als er die Nonenakkorde in *Der Wein* als impressionistisch charakterisierte.[42] Und zweifelsohne haben die parallelen Dur-Dreiklänge, die in Richtung des zentralen »H/F«-Momentes der Arie nach unten schweben und dann im Krebs davon weg hinaufsteigen (Beispiel 11.9), Gemeinsamkeiten mit der Parallelakkordschreibweise, die man mit dem Namen Debussys assoziiert.

Beispiel 11.9:
Der Wein: Harmonische Zusammenfassung der Takte 131–141, zeigt die parallelen Dur-Dreiklänge

Jedoch sind die Dreiklänge zwölftönig komponiert, Harmonie und Textur werden mit atemberaubender Schlichtheit durch den simultanen Einsatz der Reihe in drei Formen erzeugt, deren Transpositionen durch das konstitutive Intervall einer großen Terz aufeinander bezogen sind.

Lulu *nach* Der Wein

Nach der Vollendung der Arie Mitte August[43] konnte Berg etwa einen Monat auf einen zweiten Arbeitsgang an der *Lulu* verwenden, dabei stützte er sich auf die ursprünglichen Materialien, aber er bekannte, es sei schwierig, *»mit einer Reihe für so ein mehrstündiges Werk auszukommen«*[44], und Ende September war er zurück in Wien, nachdem er nicht weiter als bis ungefähr I/Takt 521 gekommen war.[45]

Es ist wahrscheinlich, daß das »Duettino« (I/416ff.) zu dieser Zeit komponiert wurde. Das reihentechnische Fundament ist extrem kompliziert, und es ist sicher kein Zufall, daß der Stimmeinsatz kaum je, wenn überhaupt, in einer Aufführung korrekt intoniert wird. Die Musik beruht auf der Ableitung, die Reich für das Motiv der »Erdgeistquarten« angegeben hat[46], und macht Gebrauch von einem acht Töne umfassenden Rest, der nirgends sonst in der Oper mehr hervortritt. Beispiel 11.10 demonstriert, wie außerordentlich intrikat die Konstruktion der Textur anmutet, sogar wenn die reihentechnische Basis analytisch in den Noten aufgeschlüsselt wird.[47]

Beispiel 11.10
Lulu: *»Duettino« (I/416–419)*

Es überrascht wohl kaum, daß Berg sofort Zuflucht zu einer aufsteigenden Figur aus parallelen Dur-Dreiklängen nimmt – ähnlich wie in den zentralen Phrasen von *Der Wein*. Hier wie dort entsteht sie, im Sinne der Zwölftonterminologie gesprochen, durch den simultanen Einsatz einer Zwölftonreihe auf drei verschiedenen Tonhöhenstufen. (In diesem Fall ist es die mit der Figur der Lulu verknüpfte Skalenreihe, die umgekehrt das Modell für die Reihe von *Der Wein* gewesen sein mag.) Diese Methode, parallel geführte tonale Klänge in zwölftönige Texturen einzuarbeiten, beherrscht auch andere Stellen in späteren Abschnitten der *Lulu.* Die Coda von Schöns Sonate beispielsweise (Dur-Dreiklänge, I/968–972; Moll-Dreiklänge I/972–977) und die Harmonien, die das Hauptthema von Alwas Rondo untermauern (Dominantseptakkorde, I/1027ff. und danach).

Die dritte und längste Phase der Arbeit an der Oper begann im Sommer 1930, nachdem Berg einen Weg gefunden hatte, den Umfang des Reihenmaterials radikal zu erweitern, das aus seiner Originalreihe abgeleitet werden konnte. Sein Schüler Willi Reich hatte mit ihm über die »Komplementärreihen« korrespondiert, die man durch strenge Ableitung aus jeder beliebigen Reihe erhalten konnte, wenn man jeden zweiten Ton oder jeden dritten Ton und so weiter herausgriff.[48] Dies ermutigte Berg zur Deduktion einer Reihe von zusätzlichen Materialien aus der Grundreihe der Oper. Er verlieh diesem Material eine Funktion innerhalb des Musikdramas, indem er jede der Hauptfiguren mit einer spezifischen Reihenkonfiguration versah: Zum Beispiel wurden vier »komplementäre« Reihen mit dem Akrobaten, dem Schuljungen, Alwa und Dr. Schön respektive verknüpft (siehe Beispiel 11.11).

Beispiel 11.11
Lulu: *Ableitung von ausgewählten »komplementären« Reihen aus der Grundreihe*
(a) Grundreihe (G₀), wird solange wie erforderlich wiederholt

(b) Jeder zweite Ton (Akrobat)

(c) Jeder dritte Ton (Schuljunge)

(d) Jeder siebte Ton (Alwa)

(e) 1–2–3/3–2–1/1–2–3/3–2–1 Töne werden ausgelassen (Dr. Schön)

In den 1960er und 1970er Jahren entbrannte eine Kontroverse über die Bedeutung von Bergs Verwendung der »Komplementärreihen« in dieser Phase der Arbeit an *Lulu.* Obwohl es niemals irgendeinen triftigen Grund gegeben hat,

Willi Reichs Bericht über die Prozeduren, mittels derer die neuen Reihenkonfigurationen aus der Grundreihe abgeleitet wurden, anzuzweifeln[49], ist George Perle, maßgebliche Autorität unter den Berg-Forschern, nachdrücklich für die These eingetreten, daß die musikalischen Verbindungen zwischen diesen Materialien, die auf gemeinsamen Segmenten einer Reihe beruhen, bei weitem von größerer Bedeutung sind[50] – ein Prinzip, das vom *Kammerkonzert* und der *Lyrischen Suite* her vertraut ist. In Wirklichkeit stellte Perle die Überzeugung in Frage, daß man von nachgewiesenen, aber unhörbaren kompositorischen Prozeduren sagen könne, sie seien eine bessere »Erklärung« der Musik als Aspekte, die man der Wahrnehmung für zugänglich hält.

Ein unabhängiger Beobachter mag darauf verweisen, daß sich diese Anschauungen nicht gegenseitig ausschließen. In der Tat läßt die wissenschaftliche Untersuchung von Bergs Skizzen darauf schließen, daß sie sich in diesem Fall gegenseitig stützen – das mag äußerst symptomatisch für Bergs Fähigkeit erscheinen, unterschiedliche Aspekte seiner musikalischen Welt zu synthetisieren. Es ist klar, daß die speziellen Komplementärreihen, die Berg verwendete, nicht die einzigen waren, die er in seinen privaten Skizzen entwickelte.[51] Der Verdacht liegt nahe, daß Berg bei der Wahl zwischen den verschiedenen Möglichkeiten, die sich ihm darboten, jene Art von Segmentverknüpfung im Kopf hatte, die ihm in seinen früheren Werken vertraut geworden war, besonders im *Kammerkonzert* und der *Lyrischen Suite*. Wahrhaftig scheint er diese Arbeitsweise sogar in *Der Wein* anfänglich eingesetzt zu haben: Der in Beispiel 11.6d gezeigte Tropus ist von den Hexachorden her identisch mit der permutierten Version der Grundreihe, von der er abgeleitet ist, und solche Ambiguitäten scheinen die Tangomusik von Zeit zu Zeit zu beleben.[52] Da der Tropus in Wahrheit ein rudimentäres Beispiel einer »Komplementärreihe« ist – er wurde abgeleitet durch Herausgreifen jedes zweiten Tons aus der Grundreihe von *Der Wein*, genauso wie die Reihe des Akrobaten aus der *Lulu* zustande kam –, und weil dieses besondere Ableitungsverfahren auch in der *Lyrischen Suite* zu finden ist (siehe die Beispiele 10.1 und 10.4) und in der »Aufspaltung«, die man in noch früher entstandenen Werken ausfindig machen mag,[53] gibt es Gründe für die Annahme, daß all diese technischen Verfahren, die Berg in der zweiten Phase seiner Arbeit an der Lulu entwickelte, in seiner früheren Musik latent bereits vorhanden waren. Reichs Ideen mögen Bergs Konzept der Reihenableitung erweitert haben, aber viele der damit verknüpften Prinzipien waren schon Teil seines Repertoires.

Die Beziehung zwischen dem Hörbaren und dem Unhörbaren hat Wissenschaftler noch auf andere Weise beschäftigt. In manchen Passagen scheint Berg vor unseren Augen die tatsächliche Ableitung einer Reihe aus einer anderen zu sichtbar werden zu lassen. Zum Beispiel wird das Material von Schigolch (eigentlich aus der Reihentabelle von 1927 stammend) in Takt I/458f. aus der Reihe genau so entwickelt, wie das in Reichs abstrakterer Darstellung geschieht. Auf der anderen Seite haben einige Autoren den Eindruck, der Beginn von Schöns

Sonatensatz illustriere die Erzeugung von Schöns Reihe aus der Grundreihe, anderen hingegen erscheint das zu ungenau an der musikalischen Oberfläche abzulaufen, als daß dieser Ableitungsprozeß hörbar würde.[54] Dieses Thema hat wegen der Verknüpfung von verschiedenen Reihen mit verschiedenen Charakteren des Dramas und der Tatsache, daß Abhängigkeit eines der wichtigsten Themen ist, das die Interaktionen zwischen diesen Dramanfiguren motiviert, größere Relevanz. Und tatsächlich geht aus den Skizzen hervor, wie sowohl Patricia Hall, als auch Thomas Ertelt beschrieben haben, daß es sich bei der Passage, welche dies Rätsel löst – mit einer weiteren Synthese à la Berg –, nicht um das Hauptthema der Sonate handelt, sondern um die Coda (siehe Beispiel 12.2). Diese Musik scheint so komponiert worden zu sein, daß das abstrakte Bindeglied zwischen den beiden Reihen deutlich hervorgehoben wird; zur gleichen Zeit verleiht es dem »Besitz« oder der »Zugehörigkeit« Ausdruck, die Lulu und Schön fatalerweise aneinanderfesselt.[55]

Solch kalkulierte Präzision entspricht ganz dem Charakter von Berg, genauso wie die Akribie, mit der viele Details der Bühnenhandlung in der Orchestermusik nachvollzogen werden, mit Hilfe einer Technik, die in den Soundtracks für Zeichentrickfilme Allgemeingut geworden ist und in diesem Kontext als »Mickey mousing« bekannt geworden ist. Berg hatte sich dieser Methode zuvor bedient, um geheime Programme in das *Kammerkonzert* und die *Lyrische Suite* hineinzukomponieren.[56] In der *Lulu* ist sie besonders augenfällig, wenn Opernfiguren auf der Bühne herumgeistern, aber nicht singen – so wie die Gräfin Geschwitz gegen Anfang der ersten Szene des zweiten Aktes vorgibt, Schöns und Lulus Heim zu verlassen, sich in Wahrheit aber hinter einem Kaminschirm verbirgt oder wie etwas später in derselben Szene Lulus andere heimliche Verehrer sich gezwungen sehen, Verstecke für sich zu suchen. Motive, die mit diesen Opernfiguren verknüpft sind, werden im allgemeinen sehr deutlich wahrgenommen, und die Bühnenhandlung soll mit der Musik synchronisiert werden, indem diese Motive als Anhaltspunkte dienen. Das von Berg skizzierte Drehbuch für den Stummfilm, der zwischen den beiden Szenen des zweiten Aktes gezeigt wird, realisiert diese Idee eingehend. So entsteht die Choreographie des Orchesterzwischenspiels, und es wird eine explizite Verbindung zum Film hergestellt.[57]

Im Gegensatz zu solch zwölftöniger und musikdramatischer Präzision verschiedenster Art muß man allerdings feststellen, daß einige der bemerkenswertesten musikalischen Passagen in der *Lulu* erstaunlich unklar im Hinblick auf ihre zwölftönigen Ursprünge sind. Dies erklärt sich zum Teil aus Bergs Gewohnheit, beim Schreiben von umfangreicheren Werken zwölftönig komponiertes Material wiederzuverwenden, ohne unbedingt die subtileren Details ihrer ursprünglichen Ableitung wiederaufzugreifen. Als Ergebnis kommt bisweilen ein Prozeß von »Chinesischem Geflüster« zustande, besonders an den Anfängen und den Enden solcher Querverweise und besonders in Hinblick auf Material, das aus musikdramatischen Gründen oft wiederkehrt. Ein Beispiel ist die als »Lulus Auftritts-

musik« (George Perle) oder »Freiheitsmusik« (Judy Lochhead in Kapitel 12)
bekannte Passage. Es ist eine Musik, die Lulus Freiheit symbolisiert, die Verführerin zu spielen, und sie ist erstmals im Prolog zu hören, wenn Lulu im urzeitlichen Schlangenkostüm auf die Bühne gebracht wird. Aber diese Fassung der
Passage wurde nicht wirklich als erste komponiert – in Wahrheit war es die letzte, da Berg die Oper vor dem Prolog komponierte. Die erste »Freiheitspassage«
im Innern der Oper taucht in der ersten Szene im zweiten Akt auf, wo ihre
zwölftönige Basis trotz ihrer Komplexität zumindest erkennbar ist: Berg scheint
das anfängliche diatonische Klangbild anvisiert und die restlichen Töne bloß
darum herum gruppiert zu haben (Beispiel 11.12).

Beispiel 11.12
Lulu: »Freiheits«-/ »Eintritts«-/ »Verführungs«-Musik (II/145–151, vereinfachter Satz)

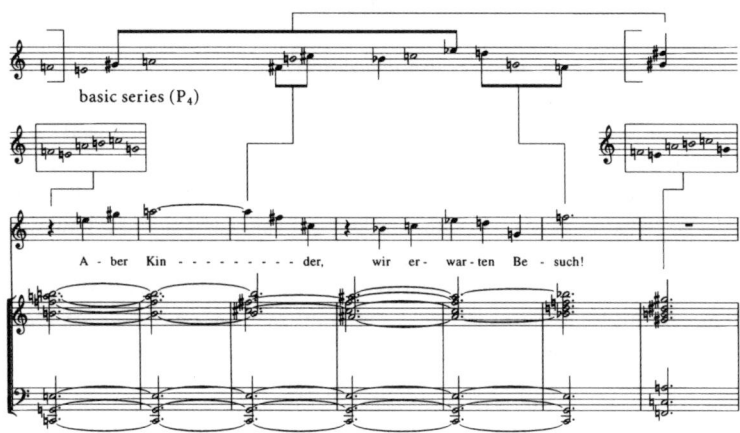

Spätere Wiederholungen – bei II/163, 209, 222, 683 (im Krebs), 690, 857,
953, 1001, 1010, 1030, 1033 und 1084, bei III/1270 und zuguterletzt dreimal
im Prolog – implizieren manchmal kleinere harmonische Modifikationen und
verzichten oftmals auf den bewegten Part, der bei II/145ff. den einzigen
deutlichen Hinweis auf eine zugrundeliegende Reihe gibt.

Lulu-Suite

Obwohl Bergs Arbeit an der *Lulu* immer leichter von der Hand ging, gestaltete
sie sich doch unleugbar langsam. Der erste Akt war im Particell nicht vor Juli
1931 fertig und Akt II erst September 1933, mehr als fünf Jahre nach Bergs
erster Skizze für den Prolog. Im Winter 1933/1934 beschloß Berg, den Vergnügungen des Wiener Lebens zu entsagen zugunsten der spartanischen Umgebung
seines »Waldhauses« auf dem Lande, um den letzten Akt voranzutreiben. Dieses

279

Opfer, zusammen mit der Tatsache, daß viel von der Musik im dritten Akt aus dem ersten und zweiten Akt rekapituliert wird (und in einer sehr viel weniger ausgeklügelten Form als im dritten Satz des *Kammerkonzerts*), hatte den gewünschten Erfolg. *Lulu* war im April 1934 vollendet, zumindest im Particell.[58]

Nach dem »Überholen« des Particells der ganzen Oper[59] begann Berg mit der Arbeit an der Instrumentation, indem er die von ihm so bezeichneten *Fünf symphonischen Stücke aus der Oper »Lulu«* zusammenstellte. Diese Sammlung von Ausschnitten – heute als *Lulu-Suite* bekannt – führte zu Aufführungen nicht nur abseits der Einflußsphäre der Nazis, sondern auch zu einem Konzert im April 1934 unter Erich Kleiber in Hitlers Hauptstadt Berlin, unter heroischen Umständen. Der Prozeß des Kompilierens ging mit großer Effizienz vor sich: Berg orchestrierte einfach die Teile der *Lulu*, die für die *Suite* benötigt wurden, vorrangig, um sie schnell seinen Verlegern zu schicken, dann ging er an den Anfang der Oper zurück und arbeitete sie durch. Wie Douglas Jarman später entdeckte, »[wurde] *das Manuskript* [der Suite] *[...] Berg zurückgeschickt, der es, um Zeit und Kraft zu sparen, einfach auseinandernahm und die verschiedenen Sätze der Suite an den entsprechenden Stellen in die Partitur der Oper einfügte.«*[60] Glücklicherweise waren bedeutende Teile des dritten Aktes darin eingeschlossen, die er ansonsten vor seinem Tod nicht mehr für die Oper hätte instrumentieren können. Berg plante auch eine *Lulu-Symphonie* mit drei zusätzlichen Sätzen, die man aufgrund interner Anhaltspunkte mit ziemlicher Sicherheit in der Partitur der Oper lokalisieren kann (siehe Tabelle 11.1). Die hier gemachten Taktzahlangaben für die Sätze, die Berg niemals beendete, sind natürlich ungefähr: Konzertanfänge wären für die Allegro-, Scherzo- und Quodlibetsätze erforderlich geworden, und auch eine Überleitung zwischen den zwei Teilen des Sonatensatzes.

Tabelle 11.1
Satz-Plan für die Lulu-Symphonie

I	Allegro (Sonatensatz)	I/533–688, I/1209–1361
II	Scherzo (mit Trio)	I/351–413
III	Ostinato (Filmmusik)	= *Lulu-Suite*, 2. Satz (II/652–720)
IV	Rondo	=*Lulu-Suite*, 1. Satz (II/243–336, II/1001–1150)
V	Quodlibet	I/463–521
VI	Lied der Lulu	= *Lulu-Suite*, 3. Satz (II/491–538)
VII	Variationen	=*Lulu-Suite*, 4. Satz (III/693–740)
VIII	Adagio	= *Lulu-Suite*, 5. Satz (III/1146–86, I/958–90 und III/1294–1326)]).[61]

Violinkonzert

Zu dieser Zeit schrumpften Bergs Einkünfte als Folge der Schmähung seiner Werke durch die Nazis (die er zusammen mit vielen anderen Künstlern erlitt), aber eine letztlich glückliche Konsequenz war seine Annahme von Louis Krasners Auftrag für ein *Violinkonzert*, zu der er sich 1935 gezwungen sah. Er wollte seinen Verlegern gegenüber Wort halten, die ihm regelmäßige Vorschüsse auf seine Tantiemen zahlten, welche ständig unsicherer zu werden schienen.[62] Das Material des Konzerts konzentriert sich um die im Beispiel 11.13a gezeigte Reihe, deren Beginn dem Beispiel 11.6d von *Der Wein* vergleichbar ist.

Beispiel 11.13
(a) Violinkonzert: *Grundreihe (G7)*

(b) Alternierende Töne bilden Motiv aus leeren Quinten, verwendet im Solopart, I/Takte 2–5

Die Komposition des Werkes nahm ihn vom späten April bis Mitte August in Anspruch, danach wandte er sich wieder der Instrumentation der *Lulu* zu und hatte zum Zeitpunkt seines Todes den Takt III/268 erreicht.[63]

Das Konzert besteht aus zwei Teilen, jeder davon hat zwei Sätze. Nach einer zehntaktigen Introduktion, in der alternierende Töne aus der Reihe herausgegriffen werden, um die reinen leeren Saiten der Geige vorzustellen (Beispiel 11.13b), schließen sich in Teil I ein weitgehend im 2/4-Takt gehaltener Andantesatz und ein weitgehend im 6/8-Takt stehendes Allegretto an. Teil II beginnt mit einem als begleitete Kadenz konzipierten Allegrosatz und fährt nach einem gewaltigen Höhepunkt zu einem letzten Adagio, das eine Folge von Variationen auf einen lutherischen Sterbechoral (»Es ist genug!«) einschließt, der in J.S. Bachs Harmonisierung zitiert wird. Diese aus zwei Teilen zusammengefügte Form markiert eine Abkehr von den Dreierkonstellationen, die Bergs Werk beherrschten: die *Drei Orchesterstücke* op. 6, die drei Akte von *Wozzeck* sowie *Lulu*, die drei Sätze des *Kammerkonzerts*, die drei Lieder von *Der Wein*. Mehr noch, das Konzert meidet vor allem das zyklische Gefühl von Aufbruch und Rückkehr, das ein Merkmal der meisten dieser Werke ist. Darin spiegelt sich die gewichtige Bedeutung des Teleologischen in den »offiziellen« und »geheimen« Programmen, die hinter dem Konzert stehen. Sie werden von Douglas Jarman auf den Seiten 216ff. skizziert. In seiner endgültigen Form kann das Werk nicht nur als eine Klage um Alma Mahlers Tochter, die achtzehn Jahre alte Manon Gropius verstanden werden – deren Tod am 22. April 1935 der Katalysator war, der die Schaffenskraft des

Komponisten für dieses Werk entfesselte –, sondern auch als ein verborgenes und intimes autobiographisches Requiem für Berg selbst. Das ist nicht gleichbedeutend mit der Annahme, daß Berg eine Vorahnung von seinem Tod hatte, vielmehr könnte er vernünftigerweise antizipiert haben, daß ein »dem Andenken eines Engels« gewidmetes Werk zu einem späteren Zeitpunkt in Erinnerung an ihn selbst gespielt werden könnte. Es würde seiner Mentalität entsprochen haben, wenn er mit diesem Gedanken im Sinn eine Reihe von Details einkomponiert hätte, die einer solchen Aufführung angemessen wären.

Das Konzert stellt sich fast durchgängig als flüssig und zugänglich dar. Adorno, solchen Attributen gegenüber stets skeptisch, aber ein Anhänger Bergs, schrieb dies der Geschwindigkeit zu, mit der das Werk komponiert worden war, und der Tatsache, daß es sich um ein Auftragswerk handelte.[64] Doch einiges von der an Hast grenzenden Leichtigkeit, die man in bestimmten Passagen des Konzerts beobachtet – vielleicht besonders im Kadenzsatz –, kann man schon im dritten Akt der *Lulu* finden, insbesondere in der zweiten Szene (Musik, die Adorno nicht sehr gut gekannt haben kann, wenn überhaupt). Diese letzte Szene der Oper wird dominiert von Wiederholungen früherer Passagen, aber Berg scheint weniger Zeit in die Gestaltung der Verbindungen zwischen diesen Abschnitten investiert zu haben, als man vom »Meister des kleinsten Übergangs«[65] hätte erwarten können. Die Übergänge im *Violinkonzert* hingegen sind mit großer Sorgfalt ausgeführt worden.

Dies zeigt sich besonders deutlich bei den Übergängen zwischen dem Andante und dem Allegretto in Teil I und zwischen der Kadenz und dem Adagio in Teil II. Das Andante kombiniert eine ausgedehnte dreiteilige Form (ABA') mit einer palindromischen Folge von thematischem Material. Das Motiv der leeren Quinten aus der Introduktion kehrt so am Ende des Andante wieder, und eine allmähliche Transformation von musikalischer Textur und Material in den Takten I/94–103 einschließlich einer Vorwegnahme der Achtelbewegung des 6/8-Allegrettos führt zum Scherzando-Thema in den Takten I/104ff. (Beispiel 11.14).

Beispiel 11.14
Violinkonzert, *Allegretto: Anfangsphrase und Fortsetzung (I/ 104–105, 108)*

Dieses Thema greift auch eine Konstellation aus leeren Quinten aus der Reihe heraus, exponiert sie aber als eine wiederholte Baßfigur, die d-Moll als tonales

Zentrum suggeriert (siehe den Beginn von *Der Wein*, Beispiel 11.7). Die folgenden Takte illustrieren Bergs Annäherung an die Mikrostruktur in dieser Komposition: Die Anfangsphrase wird eine große Septime höher wiederholt, wobei die Klarinettenmelodie von der Solovioline aufgegriffen wird (I/Takte 106f.); dann setzt sich der musikalische »Satz«, den Schönbergschen Lehren gemäß[66], mit einer abgekürzten Weiterentwicklung der ersten Phrase fort (I/108), führt harmonische Bewegung ein, und dies wird sofort im Intervall eines Tritonus vor der Kadenz nach c-Moll wiederholt.

Eine der bemerkenswertesten Eigenschaften des Konzerts ist sein Gebrauch von entliehenem thematischen Material. Neben der Choralmelodie gibt es ein Kärntner Volkslied, das im »offiziellen« Programm für den ländlichen Aspekt von der »Vision des lieblichen Mädchens als anmutigem Reigen« steht, das sich aber durch die Worte des Liedes – in Bergs Partitur gestrichen – auch auf des Komponisten jugendliche Affäre mit einem Dienstmädchen (etwa in Manons Alter) bezieht, mit der er als Jugendlicher ein Kind zeugte.[67] Es taucht zweimal auf: Zuerst als ein Zwischenspiel im pastoralen Allegretto (I/214–228) und dann in wehmütiger Erinnerung gegen Ende des Adagios (II/200–213), wo es magisch in den Choralvariationen zum Vorschein kommt. Die Musik des Volkslieds ist nicht in die zwölftönige Struktur des Konzerts integriert; Berg stellt jedoch durch seine Harmonisierung mit Hilfe von alternierenden Akkorden in Tonarten, die einen Tritonus auseinanderliegen, eine Verbindung zu den seinem Stil zugrundeliegenden harmonischen Merkmalen und zu seiner Behandlung der Choralmelodie her.

Tatsächlich repräsentiert der Einsatz der melodischen Phrasen des Chorals in alternierenden, durch den Tritonus aufeinanderbezogenen Tonarten ein mittleres Stadium im Rahmen von dessen Integrierung und zeigt, wie die Variationen vor der Reminiszenz des Volksliedes weitergeführt werden. Bei seinem erstmaligen Erscheinen ist der Wechsel strikter: Die wiederholten Phrasen werden erst in den Kontext eines zwölftönigen Kontrapunktes gestellt (Beispiel 11.15 zeigt den Beginn) und dann in den von Bachs eigener Harmonisierung und so orchestriert, daß eine mächtige Kirchenorgel imitiert wird. Nachdem das Volkslied aufgetaucht ist, um erneut zu verschwinden, deutet sich zuletzt eine Synthese an. Die lutherische Melodie wird in einen choralähnlichen Satz von blockartigen Akkorden gekleidet, aber eher in zwölftöniger Harmonisierung als in der Bachs, während sich die zwölftönige Klage der Solovioline in die letzten Töne des Chorals auflöst. Aber da die Kluft zwischen der Melodie und ihrer Vertonung stets erkennbar bleibt, könnte man die These aufstellen, daß Berg durch stilistische Manipulation in diesen letzten Takten seines letzten Werkes ein bemerkenswertes Phänomen zustandebringt: Er stellt die Vision einer endgültigen Lösung mehr als jenseitige Möglichkeit, denn als etwas definitiv Erreichbares dar.[68]

Anmerkungen

1 Der Kanon basiert auf einem Thema aus Schönbergs komischer Oper *Von heute auf morgen*. Siehe Craig Ayrey, *Introduction:Different Trains*, in: C. Ayrey and M. Everist (Hg.), *Analytical Strategies and Musical Interpretation: Essays on Nineteenth- and Twentieth-Century Music*, Cambridge 1996, S. 26–31.

2 Siehe Thomas F. Ertelt, *Alban Berg's ›Lulu‹: Quellenstudien und Beiträge zur Analyse* (= Alban Berg Studien Bd. 3), Wien 1993, S. 26.

3 Rosemary Hilmar (Hg.), *Katalog der Schriftstücke von der Hand Alban Bergs, der fremdschriftlichen und gedruckten Dokumente zur Lebensgeschichte und zu seinem Werk* (Alban Berg Studien, Bd. 1/2), Wien 1985, S. 22.

4 Ertelt, *Alban Berg's ›Lulu‹*, S. 27–29.

5 Friedrich Cerha, *Arbeitsbericht zur Herstellung des 3. Aktes der Oper ›Lulu‹ von Alban Berg*, Wien 1979, S. 7.

6 Siehe S. 76ff.

7 Theodor W. Adorno, *Berg. Der Meister des kleinsten Übergangs* (Gesammelte Schriften Bd. 13), Frankfurt/Main 1978, S. 357.

8 Alma Mahler-Werfel, *Mein Leben*, Frankfurt/Main 1960, S. 186.

9 Brief an Schönberg, 30. März 1928 (Typoskript im Staatlichen Institut für Musikforschung, Berlin; siehe auch Juliane Brand, Christopher Hailey und Donald Harris (Hg.), *The Berg-Schoenberg-Correspondence. Selected Letters*, London 1987, S. 366).

10 Ertelt, *Alban Berg's ›Lulu‹*, S. 11–24.

11 Ebd., S. 21–23.

12 Siehe Kapitel 10.

13 Ertelt, *Alban Berg's ›Lulu‹*, S. 39f.

14 Darauf hat beispielsweise David Headlam in *The Derivation of Rows in Lulu*, in: Perspectives of New Music, 24/1 (1985), S. 212, hingewiesen.

15 Das ist einer der Gründe, warum wir auf einen außerordentlichen Grad an Authentizität im publizierten dritten Akt der *Lulu* vertrauen können – ein anderer ist ganz eindeutig Friedrich Cerhas musikalisches Können und seine wissenschaftliche Integrität.

16 Siehe George Perle, *The Operas of Alban Berg*, Bd. 2: *Lulu*, Berkeley 1985, S. 14.

17 Siehe Douglas Jarman, *The Music of Alban Berg*, London 1979, S. 144f.

18 Siehe S. 251f.

19 Philip Lambert, *Berg's Path to Twelve-Note Composition: Aggregate Construction and Association in the Chamber Concerto*, in: Music Analysis 12 (1993), S. 321f.

20 Siehe S. 218f.

21 Siehe Kapitel 10.

22 Bergs tabellarische Darstellung des Formgefüges im *Kammerkonzert* findet man in: *[Kammerkonzert für Klavier und Geige mit dreizehn Bläsern – Offener Brief an Arnold Schönberg]*, in: Frank Schneider (Hg.), *Alban Berg: Glaube, Hoffnung und Liebe. Schriften zur Musik*, Leipzig 1981, S. 228–233, hier S. 233.

23 Boulez einleitender Kommentar zur Studienpartitur (UE 12419). Daß Bergs Strenge im *Kammerkonzert* Boulez' eigener Technik im *Le marteau sans maître* ähnelt, ist interessant. *Le marteau sans maître* ist ein anderes Werk, in dem ein sorgfältig geschichteter, vor der Komposition fixierter Plan so ausgeführt wurde, daß er an der musikalischen Oberfläche Freiheiten zuließ. Siehe Lev Koblyakov, *Pierre Boulez: A World of Harmony*, Chur 1990.

24 Siehe S. 218 und S. 246f.

25 Siehe Volker Scherliess, *Alban Bergs analytische Tafeln zur Lulu-Reihe*, in: Die Musikforschung 30 (1977), S. 452–464.

26 Thomas F. Ertelt, *›Hereinspaziert...‹: Ein früher Entwurf des Prologs zu Alban Bergs Lulu*, in: Österreichische Musikzeitschrift 41 (1986), S. 15–25; Douglass M. Green, *A False Start for Lulu: An Early Version of the Prologue*, in: David Gable und Robert P. Morgan (Hg.), *Alban Berg: Historical and Analytical Perspectives*, Oxford 1991, S. 203–213; siehe auch S. 234f. Beinahe alle musikalischen Entwürfe dieser Skizze wurden schließlich im Zuge der Abfassung eines neuen Prologes verworfen, nachdem der Rest der Oper vollendet worden war.

27 Sechs der sieben Lieder, die Berg auswählte, hatten auch Eingang in eine frühere, unveröffentlichte Sammlung von *Zehn Liedern aus dem Jahre 1907* [sic] gefunden, die er 1917 für Helene anfertigte. Die Ausnahme ist *Traumgekrönt*, dessen Verse er für Helene in einem Brief während ihrer Verlobungszeit zitierte [15. August 1907: Helene Berg (Hg.), *Alban Berg: Briefe an seine Frau*, München 1965, S. 15]. Die Manuskripte der sieben Lieder fehlen im (zweiten) Band mit frühen Liedern, betitelt mit *Alte Lieder*, den Berg Rosemary Hilmar zufolge (*Katalog der Schriftstücke*, S 44f.) in den 1920er Jahren hatte binden lassen. Da Berg am 30. Mai 1926 an Schönberg schrieb, daß er sich mit dem Geld aus den Tantiemen für den *Wozzeck* »[...] die vielen uneingebundenen Noten u. Bücher habe endlich binden lassen« (Typoskript in den Räumlichkeiten der Arnold Schönberg – Gesamtausgabe, Berlin; siehe auch

The Berg-Schoenberg-Correspondence, S. 347), könnte es sein, daß er seine Auswahl für das *Sieben frühe Lieder*-Projekt zu dieser Zeit traf.

28 Brief an Schönberg (27. Juni 1926), zitiert in Ursula von Rauchhaupt, *Schönberg, Berg, Webern, die Streichquartette: Eine Dokumentation*, Hamburg 1971, S. 92.

29 Perle, *Lulu*, S. 68–77.

30 Siehe Ertelt, *Alban Berg's Lulu*, S. 49–80.

31 Siehe Patricia Hall, *The Sketches for Lulu*, in: Douglas Jarman (Hg.), *The Berg Companion*, Houndmills 1989, S. 248–253; Anthony Pople, *Secret Programmes: Themes and Techniques in Recent Berg Scholarship*, in: Music Analysis 12 (1993), S. 384–387.

32 Berg hatte die frühe Skizze für den Prolog aufgegeben, ohne sie zu fertigzustellen. Dies, obgleich er einen Plan hatte, wie dieser enden und die erste Szene der Oper beginnen würde (siehe Green, *A False Start for Lulu*, S. 212f.). Es ist nicht geklärt, inwieweit die Zahl von »über 300 Takte[n]«, die er Schönberg in einem Brief vom 1. September 1928 mitteilte (Typoskript im Staatlichen Institut für Musikforschung, Berlin; siehe auch *The Berg-Schoenberg-Correspondence*, S. 373) den Prolog mit einbezieht: Nimmt man an, daß dies nicht der Fall war, dann beläuft sich die erste Szene einschließlich des instrumentalen Zwischenspiels auf 329 Takte (I/86–414), danach kommt ein musikalischer Hiatus, so daß es einleuchtend erscheint, daß dies den Umfang von Bergs Arbeit an der Oper im Jahre 1928 darstellt.

33 Briefe an Schönberg vom 17. Januar und 7. Mai 1929 (Siehe *The Berg-Schoenberg-Correspondence*, S. 382, S. 387).

34 *The Berg-Schoenberg-Correspondence*, S. 365, Fußnote 3. Bergs Honorar für *Der Wein* betrug 5.000 Schilling.

35 Mosco Carner, *Alban Berg*, London ²1983, S. 110.

36 Folgendes sollte vielleicht betont werden: Auch wenn die musikalische Substanz des Anfangs der *Lulu* vor *Der Wein* entstand, war dies bei der Instrumentation nicht der Fall.

37 Patricia Halls Untersuchungen dieses Aspekts in den *Lulu*-Skizzen bestätigen, daß er dies bereits früh in seine Überlegungen mit einbezog (*Role and Form in Berg's Sketches for Lulu*, in: Gable und Morgan (Hg.), *Alban Berg*, S. 235–259).

38 Siehe S. 216f.

39 Brief vom 4. Dezember 1929 an Hanna Fuchs-Robettin, zitiert in Constantin Floros, *Alban Berg und Hanna Fuchs: Die Geschichte einer unglücklichen Liebe und ihre Auswirkungen auf Bergs Schaffen*, in: Sonderheft der Österreichischen Musikzeitschrift von 1995, S. 63. Das tiefe Des, das Berg unter die H-F-Dreiklänge in der Mitte von *Der Wein* setzt, bildet ein faszinierendes Verbindungsstück zu den hallenden Cis-Tönen im Baß in der Mitte des Adagios des *Kammerkonzertes* und zur *Lulu*, III/Takte 1006f. (die Atempause, bevor Lulu Alwa und der Geschwitz trotzt, um alleine auf die Straße zurückzukehren).

40 Adorno, *Berg. Der Meister des kleinsten Übergangs* (GS Bd. 13), S. 467f., S. 470.

41 Carner, *Alban Berg*, S. 108, S. 110. Die Anekdote über Bergs »apologetische[n] Zug« geht auf den Verleger Hans W. Heinsheimer zurück (siehe Erich Alban Berg, *Alban Berg: Leben und Werk in Daten und Bildern*, Frankfurt/Main 1976, S. 34).

42 Adorno, *Berg. Der Meister des kleinsten Übergangs* (GS Bd. 13), S. 468.

43 Brief an Schönberg, 26. August 1929 (*The Berg-Schoenberg-Correspondence*, S. 388).

44 Brief an Webern, 20. September 1929, zitiert in Patricia Hall, *The Progress of a Method: Berg's Tone Rows for Lulu*, in: Musical Quarterly 71 (1985), S.500 Fußnote 1.

45 Siehe Patricia Hall, *The Progress of a Method: Berg's Tone Rows for Lulu*, in: Musical Quarterly 71 (1985), S. 512 und S. 518, Fußnote 19. Es gibt einen Doppeltakt in I/521, zwei Takte bevor eine der sekundären Reihen erscheint.

46 Willi Reich, *Alban Berg: Leben und Werk*, Zürich 1963, S. 154f.

47 Ich danke Patricia Hall für Mitteilungen, die Licht auf diese Passagen werfen.
48 Reich, *Alban Berg: Leben und Werk*, S. 73f.; Hall, *The Progress of a Method*, S. 501f.
49 Reich, *Alban Berg: Leben und Werk*, S. 152–154.
50 Zusammengefaßt in Perle, *Lulu*, S. 93–127; siehe auch Douglas Jarman, *Alban Berg: Lulu*, Cambridge 1991, S. 68–73.
51 Hall, *The Progress of a Method*, S. 501–510.
52 Genauer gesagt sind die Töne 1–6 des Tropus eine Transposition (t=4) der Töne 2–7 der Grundreihe.
53 Siehe S. 247–250.
54 Siehe beispielsweise Hall, *The Sketches for Lulu*, S. 244f.; Manfred Reiter, *Die Zwölftontechnik in Alban Bergs Oper Lulu*, Regensburg 1973, S. 44f.; Jarman, *The Music of Alban Berg*, S. 119f.
55 Hall, *The Sketches for Lulu*, S. 253–256; Ertelt, *Alban Berg's ›Lulu*, S. 91–98 und S. 108–116. Siehe Kapitel 12, dort wird die weiterreichende dramatische Bedeutung dieser Passage diskutiert.
56 Siehe Kapitel 8.
57 Siehe Perle, *Lulu*, S. 150–156.
58 Weitere Details der Chronologie der *Lulu* im Jahre 1934 bei Cerha, *Arbeitsbericht*, S. 4–6.
59 Sicherlich wurden während dieses Prozesses einige Änderungen vorgenommen. Unter den gravierenderen waren Verbesserungen der Takte I/98–99 und I/119–123, die komponiert worden waren, bevor Alwas und Schöns Reihen von der Grundreihe abgeleitet wurden. Berg fügte diese Reihenformen nun ein und steigerte die in beiden Passagen erzielte Charakterisierung. Siehe Hall, *The Progress of a Method*, S. 515–518; Ertelt, *Alban Berg's ›Lulu‹*, S. 62–65, S. 74–77.
60 Jarman, *The Music of Alban Berg*, S. 7f.
61 Ebd., S. 131; siehe auch Anthony Pople, Rezension von Friedrich Cerha (Hg.), *Alban Berg, Lulu, Akt 3* [etc.], in: Journal of the Royal Musical Association 114 (1989), S. 258.
62 Berg stellte Anfang 1953 auch eine Bearbeitung des zweiten Satzes des *Kammerkonzertes* für Violine, Klarinette und Klavier her. Siehe David Congdon, *Kammerkonzert: Evolution of the Adagio and the Trio Transcription*, in: Franz Grasberger und Rudolf Stephan (Hg.), *Alban Berg Symposion Wien 1980* (= Alban Berg Studien Bd. 2), Wien 1981, S. 154.
63 Weitere Einzelheiten der Chronologie des *Violinkonzertes* und über Bergs letzte Krankheit kann man bei Anthony Pople, *Berg: Violin Concerto*, Cambridge 1991, S. 26–41, finden.
64 Adorno, *Berg. Der Meister des kleinsten Übergangs* (GS Bd. 13), S. 350.
65 So lautet der Untertitel von Adornos Berg-Buch.
66 Rudof Stephan (Hg.), *Arnold Schönberg: Grundlagen der musikalischen Komposition*, Wien 1979, S. 31f.
67 Reich, *Alban Berg: Leben und Werk*, S. 169; Pople, *Berg: Violin Concerto*, S. 33f.
68 Siehe S. 81; auch Pople, *Berg: Violin Concerto*, S. 98–102.

LULUS WEIBLICHE »PERFORMANZ«

Von Judy Lochhead

In den letzten fünfzig Jahren hat man dem Charakter der Lulu, der Titelfigur von Bergs Oper *Lulu*, viel wissenschaftliche Aufmerksamkeit geschenkt. Und im Laufe dieser Zeit hat sich das kritische Verständnis ihrer Wesensart gewandelt. Diese Wandlungen sind die Folge von feministischem und poststrukturalistischem Gedankengut in Europa und den Vereinigten Staaten. In der ersten Welle der Forschung der Nachkriegszeit in den 1950er und 1960er Jahren wird Lulu als *»die Universalgeliebte, die wir alle zu besitzen oder nachzuahmen wünschen«* (Donald Mitchell)[1] und als *>die Naturmacht, das Dämonische, das ebensowenig des Verführens müde oder mit dem Verführen fertig wird, wie der Wind jemals damit fertig wird, zu stürmen, das Meer, zu wogen, oder ein Wasserfall, von seiner Höhe hinabzustürzen.‹«* (George Perle) bezeichnet.[2] Ein Forscher, Theodor Adorno, hält die Lulu nicht für die Hauptfigur der Oper: *»Tatsächlich ist Lulu nicht das Ich, aus dessen Perspektive musiziert wird, sondern Alwa, der sie liebt.«*[3] Laut Adorno prägt also eine männliche Sichtweise die musikalische Perspektive; und nach Mitchell und Perle ist Lulu selbst nicht imstande, eine musikalische Perspektive zu kreieren, weil sie als Phantasiebild männlichen Sexualtriebes nur ein Objekt ist, das man zu besitzen trachtet (oder dem man nachzueifern wünscht, falls der Zuhörer eine Frau sein sollte).[4]

Während die Forscher sie jedoch im einen Moment als passives Objekt porträtieren, beschreiben sie sie im nächsten als eine starke und teuflische Macht. Wenn sie entweder passives Objekt oder Naturmacht ist, agiert Lulu nicht. Durch ihre Charakterisierung der Lulu als »Universalgeliebte« und »Göttin« beschränken sich die Forscher zu allem Überfluß auf transzendentale Bedeutungen, die in Wahrheit die Bestimmung des Charaktertyps, den sie repräsentiert, für ungültig erklärt. Da Lulu einen universalen Typus verkörpert, folgt daraus, daß die Echtheit oder Bedeutung ihres Charakters kein Thema mehr ist.

In der zweiten Welle von wissenschaftlicher Literatur in den 1980er und 1990er Jahren richtet sich die Aufmerksamkeit direkt auf die Bedeutung der Figur der Lulu. Aus dem Blickwinkel einiger Wissenschaftler, beispielsweise Karen Pegley, spielt die Charakterisierung Lulus als »Femme fatale-Typus« eine Rolle in der *»Operntradition, die die Unterdrückung der Frau verewigt.«*[5] Und für andere ist die Figur der Lulu eine »Projektion« von männlichem Trieb und männlicher Furcht[6], die für den »sozialen Kommentar« der Oper von Bedeutung ist, weil sie uns zwingt, entweder *»das Stück völlig abzulehnen [...] oder aber solchen Seiten unserer selbst ins Auge zu sehen, die wir uns lieber nicht eingestehen würden.«*[7]

Für jene, die die Oper als Fortschreibung der »Unterdrückung der Frau« verstehen, ist die Figur der Lulu »authentisch« in dem Sinne, daß sie unmittelbar gesellschaftliche Haltungen Frauen gegenüber verkörpert, die in der zeitgenössischen westlichen Welt ziemlich weit verbreitet sind. Aus diesem Blickwinkel entwerten Forscher die Figur der Lulu (und die musikalischen und dramatischen Kräfte, die sie hervorruft) als Fortsetzung negativer Haltungen gegenüber Frauen. Für solche, die die Oper als einen »gesellschaftlichen Kommentar« verstehen, umreißt Lulu Charakteristika, die eine negative Einstellung gegenüber Frauen »signalisieren«, aber diese Charakteristika werden nicht unmittelbar verkörpert, d.h. die Figur der Lulu besitzt keine Authentizität. Vielmehr bezieht sich ihre Charakterisierung als eine Femme fatale, als eine »dämonische Naturmacht« negativ auf solche Eigenschaften. Aus dieser Perspektive verkörpert die Figur der Lulu nicht irgendein wesentliches Merkmal der »Frau«. Eher umreißt die Figur der Lulu ein soziales Konstrukt der »Frau«, ein Konstrukt, das zu den tragischen und zerstörerischen Folgen in der Oper führt.

Die erste Gruppe von Wissenschaftlern stimmt darin überein, Lulu als eine authentische Figur anzusehen: Sie verkörpert unmittelbar die mythischen und zweideutigen Eigenschaften der »Frau«, wie sie als typisch in der westlichen Kultur zirkulieren. Die zweite Gruppe von Forschern unterscheidet sich in ihrer Konzeption der Figur der Lulu. Der Begriffsrahmen des späten zwanzigsten Jahrhunderts liefert ein Verständnis von Lulu sowohl als Verewigung wie auch als Kritik von negativen Einstellungen gegenüber Frauen. Der Unterschied zwischen diesen beiden Interpretationen besteht in der Frage, ob die Interpretation ihres Wesens authentisch oder parodistisch verstanden wird. Wenn Lulu auf authentische Weise »weibliche« Eigenschaften verkörpert, die einen negativen Wert in der Gesellschaft haben, dann ist diese Figur Gegenstand der Kritik als Verewigung negativer Einstellungen. Wenn die Figur der Lulu solche »weiblichen« Eigenschaften darstellt, um sie zu kritisieren, dann ist die Lulu eine parodistische Figur. Die Musik der *Lulu* spielt eine zentrale Rolle in diesem kritischen Schema von Authentizität und Parodie.

Sowohl die Wissenschaftler der ersten wie auch der zweiten Gruppe verweisen auf zwei wiederkehrende musikalische Passagen in der Oper als Beweis für ihr Verständnis der Figur der Lulu. Donald Mitchell argumentiert, von diesen erfülle eine Passage *»die Lulu der Oper* [mit] *tiefen und mächtigen Gefühlen«*, die nicht mit ihrer passiven und *»entschieden nicht als Entwicklung angelegter Rolle«* im Drama allgemein übereinstimmt.[8] George Perle, der dieselbe Beobachtung anführt, nämlich daß die Musik Gefühle in Lulu hineinprojiziert, versteht den emotionalen Gehalt als Attribut einer Figur, die in hohem Maße inkonsistent ist: Sie ist zugleich *»die Göttin [...], >[...] [die] ebensowenig des Verführens müde oder mit dem Verführen fertig wird, wie der Wind jemals damit fertig wird, zu stürmen«*« und die *»menschliche Inkarnation, die natürliche und daher unschuldige Frau«*[9], letztere ist empfänglich für emotionalen Ausdruck. Leo Treitler bezieht sich in den 1980er Jahren ebenfalls auf eine dieser beiden Passagen, bezeichnet sie als »*strahlende, prachtvolle Musik*«, die »*ein Zeichen von* [Lulus] *Identität*« ist.[10] Jeder dieser drei Autoren geht in seiner Argumentation von der Annahme einer Musik aus, die authentisches menschliches Gefühl oder Identität zum Ausdruck bringt.

Aber in den meisten wissenschaftlichen Untersuchungen der letzten fünfzig Jahre gibt es noch eine andere Beobachtung, die implizit – und nur implizit – der Idee eines »authentischen« musikalischen Ausdrucks in der Oper widerspricht. Es handelt sich um ein kritisches Unbehagen am Verhältnis zwischen musikalischem Klang und dramatischer Handlung: »*was im Orchestergraben und auf der Bühne vor sich geht, paßt nicht zusammen*« (Mitchell);[11] »*immer wieder werden wir in der Lulu der verstörenden Differenz zwischen der emotionalen Haltung, welche die Musik annimmt, und dem Charakter des Textes, den sie vertont, gewahr*« (Douglas Jarman);[12] und »*wenn sich jemand auf die Handlung und die Charaktere konzentriert, scheint die Musik vollkommenen unpassend zu sein*« (Robin Holloway).[13] Das Unbehagen scheint von einem Gefühl der Kluft zwischen einer Musik, die eine Welt von emotionaler »Schönheit« evoziert und einer dramatischen Aktion, die – mit ihren Morden und Selbstmorden, Prostitution, Inzest und Betrug – entschieden nicht »schön« ist, herzurühren. Während »Ironie« und »Witz« einigen Einblick in diese Kluft zwischen Klang und Drama verschaffen, liefern die Konzepte von Authentizität und Parodie, welche das kritische Verständnis der Figur der Lulu einrahmen, eine wirksamere und verständlichere Erklärung.

Die »*Performanz*« von Identität

Eine Erörterung der Frage, ob die Figur der Lulu authentische oder parodistische Züge trägt, hängt von den Postulaten über persönliche Identität und deren Konstituierung ab. Judith Butlers Buch *Das Unbehagen der Geschlechter* analysiert westliche Konzepte von Identität und stellt eine Grundlage für das Verständnis der Voraussetzungen zur Verfügung, die die kritischen Darstellungen der Lulu veranlaßt haben. Ich werde mich bei meiner Erörterung von Lulus Identität auf ihr Werk stützen und Identität mit den Themen der Authentizität und Parodie verbinden. Insbesondere werde ich Butlers Vorstellungen über die »Performanz« von Identität« als Basis verwenden, um (1) die These zu vertreten, daß Lulu ein parodistischer Charakter ist[14], und um (2) zu demonstrieren, wie die Musik der *Lulu* an dem Entwurf von Lulus dramatischem Verhalten als einer »Performanz« des »Femininen« teilhat.

Zwei Auszüge aus Butlers Buch liefern einen Ausgangspunkt: 1. »[...] *worauf beruht die Annahme, daß Identitäten selbstidentisch sind, d.h. in der Zeit als selbe, einheitlich und innerlich kohärent fortbestehen?*«[15] 2. »*Dennoch ist ein großer Teil der feministischen Theorie und Literatur davon ausgegangen, daß hinter der Tat ein ›Täter‹ existiert. Ohne Handlungsträger (agent) keine Tätigkeit (agency) und damit, so wird argumentiert, auch keine*

290

Möglichkeit, eine Veränderung der gesellschaftlichen Herrschaftsverhältnisse in Gang zu setzen.«[16]

Der erste, als Frage formuliert, legt nahe, daß die Annahme von Einheitlichkeit und Kohärenz als Basis von Identität unbegründet ist, und erhellt die vielen, oft widersprüchlichen Facetten von Lulus Identität. Der zweite berührt das Thema der Handlung in einem gesellschaftlichen Kontext: Er liefert eine Basis für die Überlegung, ob die Figur der Lulu ein »Täter« ist und ob sie eine Veränderung in ihrer gesellschaftlichen Situation initiiert.

Das Thema von Lulus »uneinheitlichem und inkohärentem« Charakter zieht sich durch Wedekinds Dramen und Bergs Oper.[17] Die Hauptschwierigkeit bei der Definition und sogar der Beschreibung dessen, »wer Lulu ist«, hat mit der Unmöglichkeit zu tun, ein einziges, kontinuierliches Charakteristikum aufzuspüren, das ihre Persönlichkeit umreißt. Forscher reagieren auf ihre widersprüchlichen Eigenschaften auf unterschiedliche Weise. Donald Mitchell zufolge rühren die Widersprüche von der Musik her, er deutet sie als Scheitern der Opernkonzeption. Einige andere Wissenschafter reagieren mit Theorien von verschiedenen Lulus. George Perle argumentiert, daß es zwei sind: *»eine Göttin [...] ›Naturmacht‹«* und ein Mensch, *»die natürliche und daher unschuldige Frau, die für alle Männer die ideale Erfüllung von sexuellem Begehren ist«.*[18] Und Leo Treitler stellt die These auf, daß es einen *»Kontrapunkt auf der Bühne«* gibt, zwischen Lulu als einem »Wunderkind«, wie sie sich selbst nennt, und *»einer Lulufigur, die einen Komplex der Rollen darstellt, die die Männer im Drama aufgrund ihrer eigenen Bedürfnisse, Phantasien und Ängste im Hinblick auf Frauen auf sie projiziert haben.«*[19]

Wissenschaftler, die die Theorie eines »Kontrapunkts« von Lulus aufstellen, müssen auch die Frage des Handelns stellen: Ist Lulu ein »Täter« oder ist sie bloß eine passive Existenz, »eine Naturmacht«? Und was die kontrapunktisch aufeinander bezogenen Lulus anlangt, gibt es eine primäre oder ursprüngliche »Identität«, die als eine einheitliche Präsenz hinter den anderen, »projizierten« Lulus steht? Mit anderen Worten, gibt es eine »authentische«, für ihre Handlungen verantwortliche Lulu?

Beides, das Thema des Handelns und die Frage der Verantwortlichkeit in Verbindung mit Handeln, spielt eine zentrale Rolle in den frühesten Untersuchungen der Dramen und der Oper. Donald Mitchell, der die Meinung von Wedekind selbst wiedergibt, erkennt im Verhalten von Lulu kein Handeln: Lulu hat *»eine entschieden nicht als Entwicklung angelegte Rolle«*, *›passiv‹ durch und durch.«*[20] Aber Mitchell fährt fort, daß Lulu in ihrer Passivität todbringend ist: *»Sie ähnelt einer hellbrennenden Kerzenflamme. Die Motten klappern mit ihren Flügeln, versengen sich und verbrennen sich zu Tode.«* In dieser Deutung wirken Lulus destruktive und furchtbare Attribute auf die Männer um sie herum, aber diese Attribute gewinnen ihre Macht nicht durch ihre Handlungen, sondern durch ihr Sein.

Während Mitchell Lulu für »passiv durch und durch« hält, bedient er sich zugleich einer Sprache, die Handlung und persönlichen Willen einschließt. Indem er sich auf sie als »Mörderin« von Dr. Schön bezieht, schreibt Mitchell ihrer Figur eine Handlung zu, die quer zu seiner Interpretation von ihrer Passivität steht. Auch George Perle betrachtet Lulu als »verantwortlich« nicht nur für den Tod Schöns, sondern auch den der anderen Männer, die in der Oper sterben, und bezieht sich auf sie als »Opfer« Lulus; für Perle ist die Möglichkeit von »Schuld« vielleicht im Sinne der menschlichen Lulu zu verstehen (eher als im Sinne der Göttin Lulu), so wie er sie auffaßt.

Das Thema des Handelns stellt sich für Leo Treitler ganz anders dar. Zu Lulus Verteidigung legt er dar, daß es unangebracht ist, ihr in der Frage von Schöns Tod einen »Mord« aufzubürden: *»Ein guter Verteidiger würde auf Selbstverteidigung plädieren.«*[21] Wenn Lulu Schön in einem Akt der »Selbstverteidigung« oder »Selbstbewahrung« erschoß, dann müssen wir annehmen, daß sie ein »Selbst« – eine Identität – zu »bewahren« hatte. Treitler erklärt, daß diese Identität am markantesten in der Musik – im Klang – der Oper hervortritt. Besonders eine Passage ist entscheidend: Diese Musik *»ist ein Zeichen ihrer Identität. Mit ihrer Hilfe sagt sie ›Das bin ich.‹ Die Musik erfüllt den Raum, so wie ihre Gegenwart die Bühne ausfüllt.«*[22] Als er über dieselbe Musik schreibt, findet auch George Perle Hinweise auf ein seiner selbst bewußtes Subjekt. Dadurch daß sie Lulu menschliches Handeln zuspricht, so behauptet er, *»bereitet uns«* die Musik *»auf* [Lulus] *heroischen Kampf gegen den Marquis vor«* (der versucht, sie in die Prostitution zu verkaufen).[23]

Die Probleme, denen Wissenschaftler beim Versuch, Lulus Figur zu verstehen, begegnen – Probleme, die mit ihren widersprüchlichen Eigenschaften, Passivität und Schuldfähigkeit, zusammenhängen –, rühren von den zugrundeliegenden Begriffen der Identität her. Insbesondere die Idee einer einheitlichen Persönlichkeit. und die Vorstellung von individuellem Handeln in Verbindung mit dieser Persönlichkeit bilden gewichtige Hindernisse für ein adäquates Verständnis der Lulu. Während einzelne Thesen einzelner Forscher den dramatischen Charakter der Lulu zu beleuchten helfen, zieht sich die Diskussion darüber hin, ob es eine »authentische« Lulu gibt, eine einheitliche Identität, die als Projektionsfläche für die anderen Lulus dient, wie die Beziehung dieser verschiedenen Lulus untereinander aussieht und die Rolle der Musik bei der Definition der unterschiedlichen Manifestationen ihres Charakters.

Zwei weitere Auszüge aus Judith Butlers *Das Unbehagen der Geschlechter* vervollständigen die Basis meines Zugangs zu Lulus »weiblicher Performanz«: 3. *»›Kohärenz‹ und ›Kontinuität‹ der ›Person‹ sind keine logischen oder analytischen Merkmale der Persönlichkeit, sondern eher gesellschaftlich instituierte und aufrechterhaltene Normen der Intelligibilität.«*[24] 4. *»Hinter den Äußerungen der Geschlechtsidentität (gender) liegt keine geschlechtlich bestimmte Identität (gender identity). Vielmehr wird diese Identität gerade performativ durch diese ›Äußerungen‹ konstituiert, die angeblich ihr Resultat sind.«*[25] Wie die beiden oben zitierten Ausschnitte gehören diese Zitate in den Kontext von Butlers Diskussion der Schwierigkeiten bei der Definition und der Anwendung des Geschlechterkonzepts in der feministischen Theorie. Sie vertritt die These, daß die Schwierigkeiten von einem »substantivischen« Begriffsverständnis von Identität herrühren, d.h., die Vorstellung von Identität ist die eines einheitlichen und kohärenten »Objekts« einer Persönlichkeit. Innerhalb eines vordringlich feministischen Ansatzes definieren stabilisierende Merkmale wie das Geschlecht die Substanz der Identität, eine Substanz, die festgelegt, einheitlich und von Dauer ist. Stabilisierende Attribute von Identität wie das Geschlecht sind »notwendige« Merkmale im Rahmen dieser Konzeption, unveränderliche Eigenschaften der Person. Der substantivische Begriff von Identität und die damit verknüpfte »Wesentlichkeit« machen persönliches Handeln problematisch. Wenn man Identität durch ein paar stabilisierende und einheitliche Eigenschaften definiert, die dauerhaft sind (z.B. Geschlecht), dann ist Identität keine Frage der Wahl: Identität bedeutet »Sein«, nicht »Tun«. Das Wesen des substantivierten Begriffsverständnisses von Identität ist eng verknüpft mit der Vorstellung von Determinismus.

Butler argumentiert gegen den substantivierten Begriff von Identität, eben weil er zu einer Wesensdefinition von Geschlecht führt und die Vorstellung vom Handeln problematisch werden läßt. Stattdessen versteht Butler, wie die Zitate 3 und 4 nahelegen, Identität als ein performatives Resultat, das keinen originären, definierenden Ursprung hat. Performative Entscheidungen, die von Individuen getroffen werden und in eine »Identität« münden, rühren von *»gesellschaftlich institutierte*[n] *und aufrechterhaltene*[n] *Normen der Intelligibilität«* her. Mit anderen Worten: Die Auswahl von »Performanzen« – »freier Wille«, Handeln – ist durch die Bedürfnisse eines Individuums innerhalb eines gesellschaftlichen Kontextes begründet.

Butlers Konzept einer performativen Wahl eröffnet neue Perspektiven für die Deutung von Lulus Charakter. Erstens: Lulu kann als Bündel all ihrer widersprüchlichen Eigenschaften betrachtet werden, da der Begriff einer »performierten« Identität eine Vielfalt von persönlichen Merkmalen einschließt. Solch eine Konzeption macht die Notwendigkeit einer »kontrapunktischen« Definition von Lulus Identität überflüssig, führt jedoch gleichzeitig zu zwei Fragen über die Motivation. Erstens: Was könnte eine Person dazu veranlassen, eine Identität aus widersprüchlichen Eigenschaften darzustellen? Und zweitens: Wenn die Auswahl von »Performanzen« aus *»gesellschaftlich institutierte*[n] *und aufrechterhaltene*[n] *Normen der Intelligibilität«* entspringt, warum entscheidet sich Lulu zur Darstellung einer Identität, die die Grenzen solch einer Intelligibilität sprengt?[26]

Lulu übernimmt die Rolle einer Darstellerin explizit in ihrer Arbeit als Tänzerin in der dritten Szene des ersten Aktes, aber wir können ihre Handlungen während der ganzen Oper als unausgesprochene »Performanzen« deuten. Lulu spielt für den Maler die Kokette in einem verführerischen Fangspiel (erste Szene des ersten Akts) als Mittel, um nicht nur auf seine, sondern auch auf ihre eigenen erotischen Bedürfnisse zu reagieren. Ihre Weigerung in der dritten Szene des ersten Aktes, für Schöns Verlobte zu tanzen, ist eine Inszenierung, die auf die

Demaskierung von Schöns doppelzüngigem Verhalten ihr gegenüber abzielt. Im zweiten Akt unterhält sie den Akrobaten, den Schuljungen und Schigolch als Demonstration ihrer »weiblichen« Künste. Und in der ersten Szene des dritten Akts versucht sie, den Marquis davon zu überzeugen, sie nicht in die Prostitution zu verkaufen unter Zuhilfenahme eines bürgerlichen und melodramatischen Arguments, der Ehrlichkeit sich selbst gegenüber. In diesem Fall hat die »Performanz« keinen Effekt auf den Marquis, und er besteht auf seiner eigenen Vorstellung von »Selbst«.

Durchgängig ist Lulu sowohl durch die »Bewahrung ihres Selbst« als auch durch die Regeln der bürgerlichen Gesellschaft – die Regeln der »gesellschaftlichen Intelligibilität« motiviert. Sie stellt eine »feminine« Rolle dar, um gesellschaftlichen Status, ökonomische Sicherheit, erotisches Vergnügen, familiäre Stabilität und anderes mehr zu gewinnen, sie spielt eine Rolle wegen des schieren Vergnügens an der »Performanz«. Aber in gewisser Weise sind ihre »Performanzen« zu erfolgreich, zumindest im ersten und zweiten Akt. Die »Performanzen« sind übertrieben, die »Weiblichkeit« zu stark akzentuiert: Mit anderen Worten, die »Performanzen« überschreiten die Grenze der »Intelligibilität«.

Ein Teil von Butlers Vorhaben in *Das Unbehagen der Geschlechter* ist es, nicht nur zu demonstrieren, daß Geschlecht und Identität performative Entscheidungen sind, sondern auch, daß sie als solche enthüllt werden, »*sobald in der Kultur ›inkohärent‹ oder ›diskontinuierlich‹ geschlechtlich bestimmte Wesen auftauchen, die Personen zu sein scheinen, ohne den gesellschaftlich hervorgebrachten Geschlechter-Normen (gender norms) kultureller Intelligibilität zu entsprechen, durch die die Personen definiert sind.*«[27] Butler bezieht sich auf solche kulturellen Praktiken wie »*der Travestie, des Kleidertausch und der sexuellen Stilisierung der butch/femme-Identitäten*«, die die gesellschaftlich intelligiblen Geschlechtstypen – Mann und Frau, maskulin und feminin – parodieren. Mit anderen Worten, diese kulturellen Praktiken offenbaren das Geschlecht als eine performative Entscheidung durch das Unterlaufen der Intelligibilität von gesellschaftlich akzeptierten Kategorien von »Geschlechter-Normen.«

Eine Erweiterung von Butlers Begriff von Geschlechtsparodie kann die problematischen Aspekte der Figur der Lulu erkennen helfen. Viel von Lulus dramatischem Verhalten mag als ihre »Performanz von Identität« verstanden werden. Es ist eine »Performanz«, die als »feminin« geltende Attribute übertreibt: Diese maßlose Femme fatale wechselt ihre Launen zu abrupt, ihre sexuell gefärbten Verführungskünste sind zu offenkundig, ihr Festhalten an einem moralischen Selbst zu melodramatisch. Diese Übertreibungen untergraben faktisch nicht nur die geschlechtsspezifische Rolle, mit der Frauen typischerweise ihre Intelligibilität gewinnen, sondern auch jedes Verständnis von Lulu als einem »authentischen« Charakter.

Das Verhalten der Männer in der Oper parodiert in ähnlicher Weise die männliche Reaktion auf den Typus der Femme fatale. Sie werden allzu leicht durch ihre körperlichen Reize hypnotisiert, sie erliegen ihren Verführungskünsten allzu schnell. Lulus lesbische Freundin Geschwitz erliegt ebenfalls dem Bann von Lulus Weiblichkeit, inszeniert ihre eigene Übertreibung von selbstloser, alles aufopfernder Liebe. Die Parodie der »weiblichen« und der männlichen und lesbischen Verhaltensweisen, die sie hervorruft, hat den Effekt der Enthüllung des »Weiblichen« als »Performanz« und von deren Subversion als eine »intelligible« gesellschaftliche Praktik.

Als Autor der Lulu-Schauspiele schuf der Dramatiker Frank Wedekind eine parodistische Figur, die selbst die Idee des »Weiblichen als Performanz« darstellt. Seine Figur vollbringt allerdings mehr als nur eine simple Parodie des »Weiblichen«. Wedekind kommentiert mit Hilfe des Schicksals der Lulu die destruktiven Konsequenzen des »Weiblichen« und der gesellschaftlichen Bräuche, die Geschlechtsidentitäten als »Normen von Intelligibilität« instituieren und aufrechterhalten. Ich werde am Ende dieses Kapitels auf das Thema von Wedekinds gesellschaftlichem Kommentar zurückkommen, mich aber nun der Frage zuwenden, wie Bergs Musik diese Konzeption der Figur der Lulu ausarbeitet und wie der Komponist seinen eigenen auktorialen Kommentar in der Musik inszeniert.

Drei symbolische musikalische Passagen

Forscher haben drei musikalische Stellen als symbolisch für die Figur der Lulu erkannt. Obwohl ich mit ihnen darin übereinstimme, daß diese Passagen eine entscheidende Rolle bei der musikdramatischen Charakterisierung der Lulu spielen, werde ich verständlich machen, welchen Beitrag die Musik zu dieser Charakterisierung, welche sich von früheren Forschungen unterscheidet, leistet. Insbesondere will ich zeigen, wie die Musik die Idee von Lulu als einer parodistischen Figur, die die Idee vom »Weiblichen« als »Performanz« darstellt, unterstützt. Die drei Passagen sind (1) Lulus »Freiheitsmusik«,[28] (2) die Musik der »Coda« der Sonate und (3) Lulus Lied.

Da Lulus Freiheitsmusik und die Codamusik gewisse strukturelle, dramatische und affektive Merkmale teilen, betrachte ich sie hier gemeinsam. Beide sind wiederkehrende Passagen, die George Perle »Leitsektionen« nennt, und er versteht diese beiden als »besondere ›Leitsektionen‹, die Konzepte verkörpern, die das Werk als Ganzes bestimmen.«[29] Die Wiederkehr dieser musikalischen Typen, ihre Verknüpfung mit signifikanten dramatischen Momenten und ihre charakteristischen musikalischen Attribute begründen ihre Bedeutung für die Oper insgesamt. Zuerst eine kurze Beschreibung von beiden.

Ich benenne die Freiheitsmusik nach ihrem Einsatz in der zweiten Szene des zweiten Aktes, als Lulu nach der Rückkehr aus dem Gefängnis den leidenschaftlichen Aufschrei »Freiheit!« ertönen läßt. Beispiel 12.1 zitiert die Anfangstakte.

295

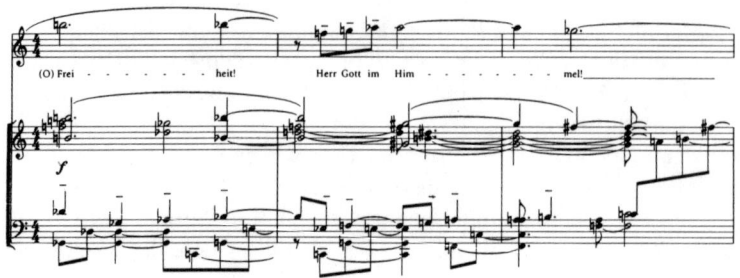

Die Freiheitsmusik erklingt mehrere Male vor und nach dem Einsatz in der zweiten Szene des zweiten Aktes: Im Prolog, als der Tierbändiger Lulu als Schlange auf die Bühne bringt; in der ersten Szene des zweiten Aktes, als die nun mit Schön vermählte Lulu die große Treppe ihres Hauses hinuntersteigt, um ihre »Verehrer« zu begrüßen (siehe Beispiel 11.12) und in der zweiten Szene des dritten Aktes just vor Jacks Mord an Lulu (es gibt an weiteren Stellen in der Oper kurze Anspielungen darauf, aber ich zähle diese nicht zu den »Einsätzen«). Wie die Anfangstakte der Musik andeuten, wird die Freiheitsmusik durch Dreiklangsharmonien – besonders in den Baßmodellen – und durch vorhaltsähnliche melodische Figuren geprägt.

Donald Mitchell, der sich auf die Freiheitsmusik bezieht, die Lulus Rückkehr aus dem Gefängnis begleitet (Akt II, Szene 2), schreibt, dies sei *»vielleicht die bewegendste [Musik] in der ganzen Oper [...] Bergs Musik teilt uns mit größter Schönheit mit, daß sie gelitten hat.«*[30] Und Leo Treitler nennt sie, als er allgemeiner über die Freiheitsmusik schreibt, *»strahlende, prachtvolle Musik [...], die ihre Identität ausdrückt.«*[31] Für diese Autoren hat die Freiheitsmusik einen »schönen« und »prachtvollen« Klang, der Lulu als eine authentische und authentisch-fühlende Figur reflektiert.

Ebenso wird die Musik der Coda als eine interpretiert, die Gefühle heraufbeschwört. Douglas Jarman beschreibt sie als das *»reiche, Mahlersche Codathema«*[32] und Donald Mitchell legt dar, daß *»[die] außergewöhnliche Schönheit dieser Passage keinen Zweifel an der Tiefe von Lulus Liebe läßt«*, eine Einschätzung, der George Perle zustimmt.[33] Beispiel 12.2 zitiert ihr erstes Erscheinen in der zweiten Szene des ersten Aktes.

Beispiel 12.2 Die Codamusik (Akt I, Szene 2, Takte I/615–620)

Wie Lulus Freiheitsmusik verwendet die Musik der Coda Dreiklangsharmonien, die Tonalität assoziieren, und melodische Figuren, die Vorhalten ähneln.[34] Und genauso wie die Freiheitsmusik ist die Musik der Coda mit intensiven und authentischen Gefühlen behaftet.

Die emotionalen Implikationen der Codamusik gehen teilweise aus ihren anfänglichen dramatischen Assoziationen hervor. Sie erscheint erstmals in der zweiten Szene des ersten Aktes als Abschluß der Sonatenexposition, die wörtlich und metaphorisch eine Auseinandersetzung zwischen Schön und Lulu darstellt – eine Konfrontation zwischen ihnen, die sinnbildlich durch die Opposition der Reihentranspositionen, welche mit jedem in der ersten und zweiten Themengruppe verknüpft sind, zum Ausdruck kommt.[35] Während der Codamusik spricht Lulu über ihre Zugehörigkeit zu Schön – man beachte, wie dadurch daß sie nicht singt, der melodramatische Effekt verstärkt wird –, und begründet diese durch die Fürsorglichkeit, die er ihr zukommen ließ, als sie ein junges, armes Kind auf der Straße war. Die Codamusik taucht als Schluß der Sonatenreprise am Ende des ersten Aktes wieder auf. Nach seiner Einwilligung in die Auflösung seiner Verlobung mit einer anderen Frau und in seine Heirat mit Lulu, beklagt Schön das, was er als seine drohende »Hinrichtung« bezeichnet, und gesteht damit seine »fatale Unfähigkeit ein, sich von Lulu freizumachen«, wie Jarman es nennt.[36] Die Musik der Coda erscheint ein letztes Mal in der letzten Szene der Oper, just bevor Jack the Ripper Lulu und dann die Geschwitz ermordet. Dieser

297

letzte Einsatz der Musik der Coda führt direkt und sanft zu einem letztmaligen Erklingen der Freiheitsmusik.

Beide, die Freiheitsmusik und die Musik der Coda, weisen implizit tonale Stimmführung in ihren Melodien auf und verwenden Harmonien, die sich auf Dreiklänge stützen. Beschreibungen der Musik als »schön«, »prachtvoll« und »unvergeßlich« verbinden sich mit diesen Passagen größtenteils, weil ihre »tonalen« Attribute in einem »nicht-tonalen« Kontext sie »anders« erscheinen lassen. Mit anderen Worten, diese Passagen (genau wie einige andere in der Oper) verwenden Verfahren der tonalen Musik, die manchmal mehr, manchmal weniger explizit sind, aber ihre Wirkung beruht auf dieser klanglichen Eigenart. Berg, der die kompositorische Entscheidung getroffen hatte, in diesen Passagen einen »tonalen« Klang heranzuziehen, tat dies um des musikdramatischen Effektes willen, so müssen wir annehmen. Ein Verständnis dieses Effektes beginnt mit einer Betrachtung des historischen Kontextes, in den sich sowohl Bergs kompositorische Entscheidungen als auch die musikalische Bedeutung dieser Entscheidungen einordnen lassen.

Verglichen mit der Musik der *Lulu*-Zeit demonstrieren Bergs frühere Werke wie die *Altenberg-Lieder* und *Wozzeck* eine in sich geschlossenere Klangsprache: den »atonalen« Klang, der die Zweite Wiener Schule kennzeichnet. In die späteren Werke, einschließlich der Lulu, integriert Berg Passagen mit einem implizit tonalen Klang, stellt »tonal« neben »atonal«. Mit anderen Worten, seine kompositorische »Stimme« und die Ausdruckspalette erweitern sich. Indem er einen Mahlerschen Klangstil adaptiert und diesen neben den vorherrschenden »Klang« der Oper stellt, setzt Berg eine besondere Art von expressiver Strategie ein.

Bergs erweiterte kompositorische Sprache läßt eine Reihe von Fragen aufkommen: Was bringt die »implizit tonale« Musik zum Ausdruck? Bedient sich Berg dieses Mahlerschen Stils, um Figuren mit Gefühlen auszustatten, um ihnen aus dem Herzen kommende Emotionen zu verleihen? Imitiert er diesen musikalischen Stil, um solch einen expressiven Gehalt zu projizieren, den der »originale« Mahlersche Stil gehabt haben würde? Oder ahmt er diesen Stil nach, um den expressiven Gehalt des Originals zu parodieren?

Ein »Mahlerscher« Stil ist für den Berg der *Lulu*-Periode keine »authentische« musikalische Sprache: Es ist ein Stil, den er sich aneignet. Bei der Imitation des Stils – eines Stils, den der Zuhörer im »originalen« Kontext als mit einem emotionalen Gehalt versehen auffaßt und versteht – kopiert Berg nicht, er unterminiert vielmehr die »Authentizität« dieses Gehaltes.[37] Bergs parodistische Realisierung eines musikalischen Stils verstärkt hier die übertriebenen Geschlechterrollen, die Lulu und die anderen Figuren im Drama ausfüllen. Der Klang der Freiheitsmusik und der Codamusik parodieren einen Mahlerschen emotionalen Gehalt und unterminieren jedes Gefühl von emotionaler Authentizität, das sich in der dramatischen Situation einstellen könnte.

Die Freiheitsmusik, die Forscher als eine Projektion von Lulus Gefühlen und ihrer Identität gedeutet haben, erklingt nach ihrer Flucht aus dem Gefängnis, einer von der Geschwitz organisierten Flucht, und ihrer anschließenden Rückkehr in Schöns Haus, wo Alwa sie erwartet (Akt II, Szene 2, Takte II/1001ff.). Die Passage, die Lulus »leidenschaftlicher« Offenbarung in der Freiheitsmusik vorangeht (II/953ff.), informiert uns mittels ihres lethargischen Tempos über ihre Krankheit. Die Musik bewegt sich in langsamem Zeitmaß, als Schigolch Lulu zu ihrem Zimmer begleitet, wo Alwa auf sie wartet. Unmittelbar nach Schigolchs Abgang findet Lulu die Kraft, ihren Gefühlen auf dem hohen H von »Freiheit« Luft zu verschaffen und ihre Befreiung zu feiern (II/1001). Sicherlich jedoch hat Lulu, die vollendete Darstellerin, die ihre weiblichen Verführungskünste gut beherrscht, in diesem Moment andere Probleme. Sie ist plötzlich alleine mit Alwa, dem Sohn des Mannes, für dessen Ermordung sie verurteilt worden war und der sie am Schluß der vorangegangenen Szene der Polizei übergeben hatte. Lulu kann sich nach dem Tod seines Vaters der Gefühle Alwas ihr gegenüber nicht sicher sein, und um ihr eigenes Überleben zu sichern, muß sie ihre »weiblichen« Reize einsetzen, um Alwas Handlungen und Gefühle zu beeinflussen. Lulu stellt ihren verführerischen Charme durch die geliehene Expressivität des Mahlerschen Stils zur Schau. Der Klang zieht uns und Alwa in ihren bestrickenden Bann. Aber während Alwa vollkommen Lulus Mahlerschen Verlockungen erliegt, ist die Wirkung auf das Publikum, das dessen Verführung hört, recht anders. Der weiträumigere musikalische Kontext veranlaßt die Wahrnehmung der Freiheitsmusik als übertriebenen und adaptierten »romantischen« Klang, der auf das Stichwort Lulus hin Gefühle verströmt.

Die beiden früheren Einsätze der Freiheitsmusik tragen zu dieser Hörweise bei. Sie erklingt erstmals im Prolog und dann erneut in der ersten Szene des zweiten Aktes, im Geschehen, das Schöns Tod vorangeht. Diese früheren Einsätze hallen in der Version der zweiten Szene des zweiten Aktes wider, vergrößern die verlockenden und manipulierenden Implikationen von Lulus leidenschaftlichem Ausbruch von »Freiheit«.

Die Freiheitsmusik im Prolog (Takte 44ff.) begleitet Lulus ersten Bühnenauftritt. Nachdem er alle anderen Tiere vorgestellt hat, die hinter dem Vorhang warten, ruft der Tierbändiger nach der Schlange, die herausgebracht werden soll: Die Freiheitsmusik begleitet den Bühnenarbeiter, als er die Sopranistin, die die Lulu auf der Bühne verkörpert, hereinträgt, und dann den Tierbändiger, als er sie neckisch beschreibt: »Sie ward geschaffen, Unheil anzustiften, zu locken, zu verführen, zu vergiften – und zu morden – ohne daß es einer spürt.« Die Kombination des Mahlerschen Klangs der Freiheitsmusik mit der expliziten Anspielung auf den Mythos von der »Frau als Versucherin« durch die Worte des Tierbändigers und das Bild der Schlange haben zur Folge, daß sowohl die Bedeutung des Mythos als auch die Authentizität des musikalischen Stils untergraben wird.

Der zweite Einsatz der Freiheitsmusik, in der ersten Szene des zweiten Aktes (Takte II/145ff.), inszeniert den Mythos von der »Frau als Versucherin« erneut. Zwischen dem Ende von Akt I und dem Beginn von Akt II hat Lulu Schön geheiratet, ein Ereignis, das den Gipfelpunkt ihrer »weiblichen« Macht signalisiert. Die Stärke ihrer Anziehungskraft zeigt sich an den männlichen Bewunderern, die in dieser Szene Schöns Haus bevölkern. Nach einem anfänglichen Gespräch mit der Geschwitz und Lulu verläßt Schön die Bühne, doch anstatt wie angekündigt zur Börse zu gehen, bleibt er, um Lulu zu überwachen. In der Annahme, daß ihr Mann das Haus verlassen hat, wendet Lulu ihre Aufmerksamkeit den Verehrern zu, die im Haus herumrennen. Als die schmeichelnden Männer und Jungen um sie herumscharwenzeln, begleitet die Freiheitsmusik Lulus kokette Neckerei mit dem Akrobaten (II/209–223). Während sie die Macht ihres verführerischen Charmes unübersehbar auskostet, verwickelt Lulu ihre Bewunderer in ein spielerisches und erotisches Hin und Her.

Diese Beispiele der Freiheitsmusik hallen bei ihrem Auftauchen in der zweiten Szene des zweiten Aktes nach. Die Unterminierung der musikalischen und mythischen Bedeutung der Freiheitsmusik im Prolog und der Sinn der spielerisch-verführerischen Manipulation in der ersten Szene des zweiten Aktes beeinflussen hier ihre Bedeutung. Als entflohene Strafgefangene kann Lulu nicht länger ihre bezaubernden Reize lediglich spielerisch einsetzen; die Effizienz ihrer Verlockung könnte den Unterschied zwischen Freiheit und Einkerkerung, zwischen Leben und Tod bedeuten. Lulu entscheidet sich für die »Performanz« der weiblichen Rolle einer »Frau als Versucherin« aus einem Selbsterhaltungstrieb heraus. Mehr noch, wenn man die »Versucherin«-Rolle in der Version der Freiheitsmusik der zweiten Szene im zweiten Akt als eine »Performanz« von Selbsterhaltung wahrnimmt, erhält ihre Bedeutung in den früheren Einsätzen eine andere Konnotation. Die spätere Darstellung verwandelt frühere Präsentationen des Mythos vom Weiblichem und von weiblicher Verführung in »tödlichen Ernst«.

Die Codamusik erscheint erstmals am Ende der Sonatenexposition in der zweiten Szene im ersten Akt (Takte I/615ff.) und ist verknüpft mit Lulus Liebe und Zugehörigkeitsgefühl gegenüber Schön. Während der Exposition streiten Schön und Lulu. Er will ihre Beziehung abbrechen; sie beklagt sich über ihr Leben mit dem Maler, ein Leben voller langweiligem Komfort, arrangiert und kontrolliert durch Schön. Unfähig, Schön in der Konfrontation zu beherrschen, versucht sie es mit emotionaler Verführung. Die Mahlersche Coda schafft eine emotional anspielungsreiche Umgebung, in welcher Lulu Schön von ihrer Liebe zu ihm durch Erinnerungen und Ergebenheitsbezeugungen überzeugen kann. Die Codamusik, mit ihren Dreiklangsharmonien und »sehnsuchtsvollen« Vorhalten, »verlagert das Thema« von konfrontierendem Dialog hin zu warmer Gefühlsseligkeit, die Schöns Herz dahinschmelzen lassen wird. Lulu handhabt ihre weibliche Macht in der melodramatischen Erzählung mittels der »überwältigenden« Aura von tonalen Implikationen.

Die Effektivität von Lulus verführerischer Darstellung manifestiert sich im Einsatz der Codamusik am Ende der dritten Szene des ersten Aktes. Als Abschluß der Sonatenreprise begleitet diese Version der Codamusik (Takte I/1356ff.) Schöns Proklamation der ihm drohenden »Hinrichtung«. Außerstande, sich von Lulus weiblicher Macht zu befreien, verleiht Schön seiner Ohnmacht in derselben Musik Ausdruck, derer sich Lulu für seine Verführung bedient hatte, der Codamusik. Die Musik, die Lulus weibliche Stärke ausspielt, erscheint wieder, um die Ohnmacht, die sie bei Schön verursacht hatte, zu verdeutlichen. Der übertrieben pathetische Sinn von Schöns Worten »Jetzt – kommt – die Hinrichtung ...« wird verstärkt durch die parodistische Imitation eines »romantischen« Klangs.

Die musikalische Gestaltung der Lulu als einer Figur, die eine Kritik des »Weiblichen« als einer »gesellschaftlich instituierten und aufrecherhaltene Norm von Identität« darstellt, gründet nicht nur in der parodistischen Imitation des Mahlerschen Stils in der Freiheitsmusik und der Codamusik, sondern auch in einer anderen Strategie, die ähnlich wie die Parodie funktioniert: Das Pastiche. Sowohl Parodie wie Pastiche beinhalten die Imitation oder Entlehnung von etwas Früherem, aber das Pastiche erreicht sein Ziel durch das Zusammentragen und Nebeneinanderstellen von früheren Ideen. Obwohl er die Verbindung zwischen Parodie und Pastiche konstatiert, vermutet Frederic Jameson, daß das Pastiche keinen solchen »satirischen Impuls« wie die Parodie besitzt.[38] Die dritte der Passagen, die von früheren Forschern als symbolisch für Lulus Identität angesehen wurde, Lulus Lied, wendet die Strategie eines Pastiches an.

Besonders George Perle konzentriert sich auf die Bedeutung von Lulus Lied, nennt es ihre »große Arie des Selbstbewußtseins«.[39] Perle legt eine sehr detaillierte Analyse der Tonhöhenstruktur und der Form des Liedes vor, aber er erörtert nicht die Beziehung dieser kompositorischen Entscheidungen zur dramatischen Bedeutung des Liedes.

Das Lied erscheint in der Mitte von Schöns fünf Strophen umfassender Arie in der zweiten Szene des zweiten Aktes (die Arie nimmt die Takte II/380–490 und 539–551 ein; Lulus Lied. II/491–538). Schon, der außer Haus vermutet wird, versteckt sich und beobachtet Lulus kokettes Geplänkel mit ihren verschiedenen Verehrern. Schließlich stellt er sie zur Rede, kurz nachdem Alwa, Schöns Sohn, seine Liebe zu Lulu erklärt hat. Nachdem er Alwa aus dem Raum geleitet hat, kehrt Schön zurück und drängt Lulu, sich selbst zu töten. Sie gibt zu verstehen, daß Scheidung eine bessere Lösung sei, doch er, nun ziemlich hysterisch, will davon nichts hören. Lulu antwortet mit dem Lied, in dem sie sich verbal verteidigt. Sie präsentiert fünf Argumente, jedes davon korrespondiert mit einer formalen Einheit des Liedes:

1. Lulus Verdienst oder Wert als Person wird nicht gemindert, weil sich Menschen ihretwegen das Leben nehmen
2. Schön ging die Ehe mit offenen Augen ein
3. Schön hat nicht nur seine Freunde über sie getäuscht, er hat sich selbst getäuscht
4. Lulu hat Schön ihre Jugend gegeben, was von nicht geringerer Bedeutung ist, als daß er ihr sein Alter geopfert hat
5. Lulu hat niemals versucht, etwas anderes zu sein als das, was sie »ist«.

Der Text von Lulus Lied liefert Informationen über sie und Schön: Lulu hat ein starkes Selbstwertgefühl, und Schön hat sich Illusionen über sie hingegeben. Aber darüber hinaus gibt das Lied wenig Einzelheiten über die Selbstwahrnehmung der Figur der Lulu und über die Motive ihrer Handlungen preis. Mit anderen Worten, aus dem Text spricht nicht die übermächtige Verlautbarung von »Selbstbewußtsein«, wie Perle behauptet. Bergs Musik wirft helles Licht auf die Deutung der dramatischen Rolle, die das Lied in der Oper spielt.[40]

Wie Perle festgestellt hat, besteht das Lied aus fünf Phrasen oder »Perioden«. Jede Periode hat die Form einer Phrase aus Vordersatz und Nachsatz, in welcher die vokalen und instrumentalen Linien des Nachsatzes die Umkehrung derjenigen des Vordersatzes sind. In der ersten Periode (II/491–497) singt Lulu eine Melodie, die aus der Grundreihe für den Vordersatz und der Umkehrung der Reihe für den Nachsatz gebildet ist; das Orchester spielt Akkorde, die aus der Grundreihe geformt sind und welche man als Anspielung auf Lulus Interaktion mit dem Maler in der ersten Szene der Oper hört.[40] In der zweiten Periode (II/498–507) spielt das Orchester ein mit Lulu verknüpftes Thema – die »Lulu-Melodie« –, das auf Lulus Reihe basiert, welche wiederum von der Aufteilung der Grundreihe in die dreitönigen Akkorde der »Bildharmonien« abgeleitet ist.[41] Diese Melodie bildet das thematische Fundament des Kanons in der ersten Szene des ersten Aktes, welche ein kokettes Fangspiel zwischen Lulu und dem Maler begleitet.[42] Die dritte Periode (II/508–515) bringt eine oktatonische Melodie in der Singstimme, die aus der Oberstimme von aufeinanderfolgenden Einsätzen der Bildharmonien geformt wird. Die vierte und fünfte Periode wiederholen die melodischen Verfahren der ersten und zweiten Periode im Krebs: Die vierte Periode (II/516–521) läßt wie die zweite Periode die »Lulu-Melodie« erklingen, und die fünfte Periode (II/522–536) bringt wie die erste Periode eine auf der Grundreihe basierende Melodie; jeder der beiden Teile dieser Periode ist durch Einsätze des Motivs der »Erdgeistquarten« angereichert.[43] Die kurze, abschließende Musik des Liedes im Orchester (II/536–538) bringt die Version einer auf Alwas Reihe beruhenden Melodie, die die Musik kennzeichnet, die Lulus Konversation mit ihm vor ihrer Auseinandersetzung mit Schön begleitet. Im früheren Gespräch singt Lulu diese Melodie in der Umkehrung, als sie Alwa fragt: »Liebst du mich denn«? Am Schluß des Liedes wird die Melodie im Baß durch einen Dreiklang begleitet, der die implizite es-Moll-Tonalität der Melodie unterstützt und die ersten drei Töne einer Umkehrungsform der Reihe Schöns erklingen läßt.[44]

Die verschiedenen musikalischen Verweise auf andere Figuren und frühere Ereignisse in der Oper unterstützen nicht die Interpretation des Liedes als einer in sich geschlossenen Verlautbarung von Lulus Identität. Das Lied verweist auf musikalische Konstellationen, die explizit mit Lulu verknüpft sind, aber selbst diese versuchen nicht, einen »authentischen« Charakter zu definieren – anders als die Melodien und Gebilde, die mit Schön, Alwa und einigen anderen im Drama verknüpft werden –: Die Lulu-Melodie basiert auf einer Linearversion der Bildharmonien, und die Bildharmonien, selbst eine Aufteilung der Grundreihe in dreitönige Akkorde, sind mit ihrem Porträt als Pierrot verbunden. Das Lied ähnelt mehr einer Collage in seiner klanglichen Skizzierung von früheren Ereignissen aus Lulus Leben, als daß es eine musikalische Verkörperung ihrer »authentischen« Identität wäre. Die Figur, die sich aus diesem Pastiche aus vergangenem Geschehen und Assoziationen herauskristallisiert, ist selbstsicher, aber ihr Selbstbewußtsein ist nicht nach innen gerichtet. Die Musik reflektiert Bewußtsein für die unmittelbare Situation: Ihre Klänge informieren uns über sie und die Menschen, mit denen sie Umgang hatte. Lulu weiß, daß sie Schöns hysterischen Zorn besänftigen muß: Er wütet und hat sie mit dem Tode bedroht. Sie präsentiert ihm ein verbales und musikalisches Pastiche früherer Ereignisse, dessen unmittelbares Ziel es ist, seine Wut zu entschärfen, gleichzeitig jedoch liegt der Effekt dieses Pastiche darin, seinen tobenden Zorn zu verspotten.

Douglas Jarman stellt die These auf, daß die »*verstörende Differenz zwischen der emotionalen Haltung, welche die Musik annimmt, und dem Charakter des Textes, den sie vertont*«, Teil von *Lulus* »subversiver« Strategie ist.[45] Robin Holloway hebt das »subversive« Element in Lulus Musik heraus, wenn er schreibt, daß Lulu »*die Subordination ihrer Hörer unter emotionale Verhaltensmaßregeln erschüttert.*«[46] Holloways Beobachtung des subversiven Elements in der Oper im allgemeinen – und, wie ich hinzufügen möchte, von Lulus Figur im besonderen – hallt direkt in den Bemerkungen wider, die ich über die Freiheitsmusik und die Codamusik angestellt, und indirekt in denen, die ich im Hinblick auf Lulus Lied gemacht habe.

Wie die obige Diskussion gezeigt hat, liefern der musikalische und dramatische Kontext, in dem die Freiheitsmusik und die Codamusik erscheinen, und der Kontext von Bergs eigenem kompositorischen Werdegang einen Rahmen für ein Verständnis der beiden musikalischen Passagen, die eine »typische« gefühlsbedingte Reaktion auf ihren Mahlerschen Stil »unterminieren«. Dieser Rahmen etabliert auch eine stärkere Unterminierung des »Weiblichen« durch Skizzierung sowohl der besonderen gefühlsbedingten Reaktion als auch der weiblichen Identität als Resultat performativer Entscheidungen. Am Ende führen die subversiven musikdramatischen Ziele der *Lulu* zu einer Situation, in der »*verstörende Differenz zwischen der emotionalen Haltung [...] und dem Charakter des Textes*« nicht aufkommt. Der »verstörende« Effekt kommt nur dann zustande, wenn der Zuhörer »typisch« auf die Mahlersche Imitation reagiert. Wenn der Zuhörer die Freiheitsmusik und die Musik der Coda als parodistische Imitation hört, dann entsteht ein Gefühl für die Figur der Lulu als Kritik des »Weiblichen«.

Obwohl die zugrundeliegende Strategie von Subversion in Lulus Lied wirkt, sind die Besonderheiten ihrer Entfaltung recht verschieden von Freiheitsmusik und Codamusik. Das Lied führt den Hörer nicht mit einer »typischen« emotionalen Reaktion in Versuchung, sondern sättigt ihn mit einer Folge von musikalischen Assoziationen, die gleichzeitig eine dramatische Geschichte skizzieren und nüchtern Lulus Reaktion auf Schöns hysterisches Wüten nachzeichnen. Die Musik des Liedes öffnet keine Türe zu einer »authentischen« Lulu, deren »menschliche Natur« ihren »heroischen Kampf gegen den Marquis« unterstreicht;[47] vielmehr repräsentiert es eine Figur, deren Aktionen ihre Geschichte widerspiegeln, ihr Selbstbewußtsein und ihre Strategien für Selbsterhaltung.

Bergs eigene Stimme

Ich kehre nun zur Frage von Wedekinds gesellschaftlichem Kommentar zurück und der Form, in der Bergs Musik einen auktorialen Kommentar in Klängen ausformuliert. Früher hatte ich vorgeschlagen, daß Wedekind einen auktorialen Kommentar über die zerstörerischen Aspekte des »Weiblichen« als einer performativen Wahl innerhalb einer patriarchalischen Gesellschaft mit Hilfe von Lulus Mord durch Jack the Ripper liefert. Jack ist die einzige Figur im Drama, bei der Lulus »Weiblichkeit« keine hypnotisierende Wirkung hat.[48] Ihre weibliche »Performanz« bezaubert ihn nicht, sondern führt vielmehr zu ihrem eigenen Tod. Die von Wedekind hier erteilte Lehre ist nicht die eines frauenfeindlichen patriarchalischen Systems, sondern vielmehr die von den schwächenden Wirkungen einer gesellschaftlichen Ordnung, die auf bestimmten Formen von »weiblichem« und »männlichem« Verhalten insistiert. Diese Einschätzung von Wedekinds Kommentar wird von verschiedenen, über Bergs Oper forschenden Wissenschaftlern geteilt. Treitler schreibt: *»Die Toten in der Oper – und ich spreche nun von allen – sind die verheerenden Auswirkungen eines sozio- und psychosexuellen Kampfes.«*[49] Und Jarman behauptet, daß die Oper uns zu Mitleid zwingt und zur Identifikation mit *»all den hilflos in diesem grotesken Totentanz gefangenen Figuren«* sowie dazu, *»unserer moralischen Verantwortung für die auf der Bühne gezeigte Gesellschaft ins Auge zu sehen.«*[50]

Berg übernimmt Wedekinds auktorialen Kommentar und nutzt die Möglichkeiten aus, die ihm die Musik bietet, um ihn greifbarer und emotional direkter zu gestalten. Der Klang von Lulus Todesschrei und sein Nachwirken im Orchester gegen Ende der Oper (Takte III/1294ff.) zwingen uns, die durch Lulus Tod manifest gewordene Tragödie intensiv zu empfinden. Die schrillen Streicher durchbohren uns, Berg macht schmerzhaft klar, was wir bei ihrem Tod zu fühlen haben. Lulu ist das Symbol dieser umfassenden gesellschaftlichen Tragödie, da sie als Archetyp einer Frau die größte soziale Last zu tragen hat: Sie ist der Sündenbock für das gesellschaftliche Übel, sie ist Pandora, sie ist Eva. Aber es ist nicht allein ihre Tragödie. Sie eignet allen Männern und Frauen, die an diesem »Totentanz« teilhaben.

Die Wirksamkeit von Bergs auktorialem Kommentar ist nicht nur die Folge seiner instrumentalen Kunstfertigkeit im Moment von Lulus Tod, sondern darüber hinaus entspringt sie der Art und Weise, wie er uns auf dieses Geschehen im abschließenden Wortwechsel zwischen Jack und Lulu vorbereitet (Takte III/1258ff.). Unmittelbar bevor sie sich in einen Innenraum zurückziehen, erklärt Jack Lulu, daß sie die Lampe, die sie trägt, nicht benötigen – wir wissen, daß er dann sein Messer führen kann, ohne daß sie dies sofort bemerkt – und sie gibt ihrem Wunsch Ausdruck, mit ihm zusammen zu sein. Während dieses Wortwechsels erklingt im Orchester die Codamusik, die unmerklich in die Freiheitsmusik übergeht. Die Passage erreicht ihren Höhepunkt an der Stelle in der Freiheitsmusik, wo zwei im Abstand eines Tritonus stehende Dreiklänge nebeneinandergestellt sind, als Lulu sagt: »Lassen sie mich nicht länger betteln«.

Beispiel 12.3
Vereinigung der »Freiheitsmusik« und der Musik der Coda (Akt III, Szene 3, Takte III/1276–1281]

Bergs Vereinigung der Freiheitsmusik mit der Codamusik an dieser entscheidenden Stelle der *Lulu* bezeugt das Gewicht dieser Passagen für die Oper als Ganzes. Aber in diesem Kontext ist ihr musikdramatischer Sinn modifiziert. Das Gleichgewicht der Kräfte hat sich in dieser Passage verändert. Lulu, nicht mehr Herrin der Lage, muß nun die Freiheitsmusik – Musik, die ihr ein mächtiges, verführerisches Mittel war – einsetzen, um zu bitten. Und die Musik der Coda, derer sie sich bediente, um Schöns Sentimentalität zu nähren, begleitet nun die Ergebenheit, mit der sie sich in Jacks Wünsche fügt. Die Freiheitsmusik und die Musik der Coda sind nicht mehr übertriebene und melodramatische Vehikel für Lulus weibliche »Performanzen«, um diejenigen, die sie kontrollierten, zu lenken und zu verführen, sondern vielmehr tönende Kommentare der tragischen Folgen der *»gesellschaftlich instituierte*[n] *und aufrechterhaltene*[n] *Normen der Intelligibilität«* geworden, die Lulus »weibliche Performanz« heraufbeschworen haben.

Bergs auktorialer Kommentar zur Tragödie eines gesellschaftlichen Systems, das auf bestimmten Spielregeln von »weiblichem« und »männlichem« Verhalten besteht, operiert in zwei Phasen: Erstens charakterisiert er Lulu als eine Übertreibung des »Weiblichen« und demonstriert dadurch »weibliches« Verhalten als eine performative Entscheidung mittels der Parodie des impliziten emotionalen Gehalts der Mahlerschen Klangsprache; und zweitens setzt er parodistische Musik ein, um eine Situation zu umreißen, in der die performativen Strategien nicht länger Wirkung zeigen. Die Stärke von Bergs auktorialem Kommentar in der Reaktion des Orchesters auf Lulus Tod resultiert nicht bloß aus der Qualität seiner Musik, sondern aus den Klängen in Verbindung mit ihrer Bedeutungsmodifikation, die die Musik der Coda und die Freiheitsmusik im Wortwechsel zwischen Jack und Lulu erfahren.

Zusammenfassung

Butlers Konzept der performativen Wahl liefert ein Instrumentarium, um Lulus verschiedene widersprüchliche Eigenschaften und ihren uneinheitlichen Charakter zu deuten. Außerdem erhellen Fragen der Authentizität bezüglich der Darstellung und der Identität diejenigen musikalischen Charakteristika, die Forscher als »verstörend« empfunden haben – die Kluft zwischen Musik und dramatischer Handlung. Die Figur der Lulu übertreibt performativ ihre Weiblichkeit, und ihre Musik orchestriert diese Darstellung durch Parodie und Pastiche. Berg gibt sich jedoch am Schluß der Oper hinter dem parodistischen Schleier zu erkennen. Durch den Zusammenschluß der Musik der Coda und der Freiheitsmusik und die schrillen Streicher, die uns Lulus Tod mitteilen, macht Berg seine Position eindrucksvoll deutlich. Während Lulu buchstäblich unter den Händen von Jack the Ripper stirbt, geht sie auch symbolisch an den »gesellschaftlichen Normen der Intelligibilität« zugrunde, die ein bestimmtes geschlechtsspezifisches Verhalten diktieren. Durch parodistische Übertreibung und Pastiche läßt uns Bergs Musik deutlich die tragischen Konsequenzen von Lulus weiblicher »Performanz« fühlen.

Anmerkungen

1 Donald Mitchell, *The Character of Lulu*, in: The Music Review 15 (1954), S. 268–274 (hier S. 270).

2 George Perle, *The Character of Lulu: A Sequel*, in: The Music Review 25 (1964), S. 311–319 (hier S. 317/18) [Perle zitiert Kierkegaard, siehe Fußnote 18; A.d.Ü].

3 Theodor W. Adorno, *Berg. Der Meister des kleinsten Übergangs* (Gesammelte Schriften Bd. 13), Frankfurt/Main 1978, S. 484.

4 Ich möchte nicht die Möglichkeit von Lulu als einem Phantasiebild weiblichen (homosexuellen) Begehrens ausschließen, eine Möglichkeit, die in Wedekinds Drama selbst tatsächlich realisiert wird. Vielmehr möchte ich die Sichtweise der drei zitierten männlichen Wissenschaftler reflektieren.

5 Karen Pegley, *Musical Characterization of Women in Lulu: A Feminist Deconstruction*, (vorgetragen beim jährlichen Treffen der American Musicological Society, Oakland 1990), S. 1.

6 Leo Treitler, *The Lulu Character and the Character of Lulu*, in: David Gable und Robert P. Morgan (Hg.), *Alban Berg: Historical and Analytical Perspectives*, Oxford 1991, S. 261–286 (hier S. 274–275).

7 Douglas Jarman, *Alban Berg: Lulu*, Cambridge 1991, S. 91 und S. 101.

8 Mitchell, *The Character of Lulu*, S. 272.

9 Perle, *The Character of Lulu: A Sequel*, S. 318.

10 Treitler, *The Lulu Character*, S. 263.

11 Mitchell, *The Character of Lulu*, S. 274.

12 Jarman, *Alban Berg: Lulu*, S. 95.

13 Zitiert ebd., S. 37.

14 Andere haben festgestellt, daß Berg in seiner späteren Musik Allusion und Parodie einsetzt. Zum Beispiel schreibt Anthony Pople in: *Berg: Violin Concerto*, Cambridge 1991: »Lulu *steckt voll subtiler Beispiele von flüchtigen Allusionen und ist durchzogen von Musik, die von Moment zu Moment etwas anderes suggeriert*« (S. 13).

15 Judith Butler, *Das Unbehagen der Geschlechter*, Frankfurt/Main 1995, S. 37.

16 Ebd., S. 49f.

17 Das Thema der inneren Widersprüchlichkeit Lulus wird in all den hier zitierten Quellen behandelt. Ich möchte diese Widersprüchlichkeiten hier nicht rekapitulieren.

18 Perle, *The Character of Lulu: A Sequel*, S. 317f., zitiert Kierkegaards Beschreibung des Don Giovanni mit der Formulierung »Naturmacht« [Zitat in: Hermann Diem und Walter Rest (Hg), *Sören Kierkegaard, Entweder – Oder*, München 1975, S.112; Anmerkung des Übersetzers]. Wissenschaftler, die sich mit Wedekinds Dramen auseinandersetzen, stellen ebenfalls Theorien über die multiplen Charaktere Lulus auf. Zum Beispiel ergründet Elizabeth Boa in *The Sexual Circus: Wedekind's Theatre of Subversion*, New York 1987, »*Die Drei Gesichter der Lulu«*: Sie ist (1) »*ein allegorischer Geist der Natur*«, (2) »*verkörpert und externalisiert* [sie] *Träume und Phantasien auf eine irreale Weise, die dem expressionistischen Theater vergleichbar ist*« und (3) »*ist* [sie] *ein mimetischer Charakter [...] aus einem niedrigen Milieu [...] zerstört von der bürgerlichen Gesellschaft*« (S. 54).

19 Treitler, *The Lulu Character*, S. 274.

20 Mitchell, *The Character of Lulu*, S. 272.

21 Treitler, *The Lulu Character*, S. 269.

22 Ebd., S. 263.

23 Perle, *The Character of Lulu: A Sequel*, S. 319.

24 Butler, *Das Unbehagen der Geschlechter*, S. 38.

25 Ebd., S. 49.

26 Ich lege die Diskussion hier so an, als wäre Lulu kein dramatischer Charakter. Später werde ich die Frage von Wedekind als dem Dichter der Lulu-Figur und Berg als dem Komponisten ihrer musikalischen Projektion anschneiden.

27 Butler, *Das Unbehagen der Geschlechter*, S. 38. [Folgendes Zitat auf S.201; Anmerkung des Übersetzers]

28 Meine Deutung der Figur der Lulu führt zur Bezeichnung »Lulus Freiheitsmusik«. Andere Wissenschaftler haben davon abweichende Bezeichnungen geprägt, die mit ihrem Verständnis der Lulu konform gehen: Treitler bezieht sich auf diese musikalische Passage als »Lulus Musik« und Perle nennt sie »Lulus Auftrittsmusik«..

29 George Perle, *The Operas of Alban Berg*, Bd. 2: *Lulu*, Berkeley 1985, S. 79.

30 Mitchell, *The Character of Lulu*, S. 272f.

31 Treitler, *The Lulu Character*, S. 263.

32 Douglas Jarman, *Alban Berg: Lulu*, S. 87. Die an Mahler erinnernden Charakteristika von Alban Bergs Musik sind von zahlreichen Wissenschaftlern vielerorts erörtert worden (siehe Kapitel 6). In diesem Kapitel werde ich die klanglichen Besonderheiten, die sich in der Freiheitsmusik und der Codamusik manifestieren, mit dem Attribut »Mahlersch« charakterisieren.

33 Mitchell, *The Character of Lulu*, S. 273, und Perle, *Lulu*, S. 79.

34 Sowohl Jarman wie auch Perle untersuchen die tonalen Implikationen von Lulus Freiheitsmusik und der Coda-Musik im Detail: Douglas Jarman, *The Music of Alban Berg*, London 1979, S. 94ff. und Perle, *Lulu*, S. 131–139.

35 Ich habe die Einzelheiten dieses metaphorischen Gegensatzes in einer unpublizierten Studie dargelegt, *Lulu: Ways of Being Twelve-Tone*.

36 Jarman, *Alban Berg: Lulu*, S. 87.

37 Mein Kollege Joseph Auner hat gezeigt, daß Mahlers Musik selbst oft ein parodistisches oder pointierter ausgedrückt ironisches Moment an der Oberfläche eignet. Adorno bestätigt diesen Aspekt von Mahlers Musik in: *Mahler. Eine musikalische Physiognomik* (Gesammelte Schriften Bd. 13): »*Sein* [Mahlers] *Erfahrungskern, Gebrochenheit, das Gefühl der Entfremdung des musikalischen Subjekts, will sich ästhetisch realisieren, indem auch die Erscheinung nicht als unmittelbar sich gebärdet sondern ebenfalls gebrochen, eine Chiffre des Gehalts; auf diesen wiederum wirkt die abgetrennte Erscheinung zurück. Bei ihm sind die musikalischen Phänomene ebensowenig à la lettre zu verstehen, wie der Erfahrungskern geradeswegs kompositorische Struktur werden kann.*« (S. 182). Und: »*Mahlers Musik drückt nicht Subjektivität aus, sondern diese bezieht in ihr Stellung zur Objektivität.*« (S. 174).

38 Frederic Jameson, *Postmodernism and Consumer Society*, in: Hal Foster (Hg.), *The Anti-Æsthetic: Essays on Postmodern Culture*, Port Townsend 1983, S. 114, zitiert in Butler, *Das Unbehagen der Geschlechter*, S. 204.

39 Perle, *Lulu*, S. 81. Das Lied wird in einer verkürzten Form im Duett von Marquis und Lulu in der ersten Szene des dritten Aktes wiederholt.

40 Perle (ebd., S. 106–109) bezeichnet sie als »Akkorde des Malers«. Siehe Beispiel 11.3b..

41 Willi Reich, *Alban Berg. Leben und Werk*, Zürich 1963, S. 153; siehe auch Perle, *Lulu*, S. 110–112. Hier wird Perles Terminologie verwendet. Siehe Beispiel 11.3e.

42 Eine Diskussion dieses Kanons findet man bei Craig Ayrey, *Introduction: Different Trains*, in: Craig Ayrey and Mark Everist (Hg.), *Analytical Strategies and Musical Interpretation: Essays on Nineteenth- and Twentieth-Century Music*, Cambridge 1996, S. 1–32 (hier S. 21–25).

43 Willi Reich, *Alban Berg. Leben und Werk*, S. 154f.; siehe auch Perle, *Lulu*, S. 87–89. Perle nennt dieses Motiv »Basic Cell I«.

44 Hier ist vielleicht auffälliger, daß der es-Moll-Dreiklang auch die ersten drei Töne von Alwas Reihe in der Grundgestalt bringt. Die enge Verbindung zwischen den beiden Reihen über ihre Dreitongruppen wird wohl bei Jarman (*The Music of Alban Berg*, S. 92f.) als auch bei Perle (*Lulu*, S. 97) erwähnt.

45 Jarman, *Alban Berg: Lulu*, S. 95.

46 Zitiert ebd., S. 96.

47 Perle, *The Character of Lulu: A Sequel*, S. 319.

48 Dasselbe trifft vielleicht auf den Marquis zu, der Lulu um seines eigenen Profits willen in die Prostitution zu verkaufen sucht. Es gelingt ihr jedoch, ihm zu entfliehen.

49 Treitler, *The Lulu Character*, S. 273.

50 Jarman, *Alban Berg: Lulu*, S. 98.

BERG UND DAS 20. JAHRHUNDERT

Arnold Whittall

Die Moderne und der Pluralismus

Als ein »Zeitalter der Extreme«[1] mit einem ausgesprochen vielgestaltigen Main-stream eignet sich das 20. Jahrhundert – in der Musik wie in anderer Hinsicht – nicht für einen unproblematischen Überblick oder die Ermittlung von eindeuti-gen, in sich geschlossenen Tendenzen und Richtungen, einschließlich scharfge-zogener Linien der Einflüsse und Abhängigkeiten. Was gezeigt werden kann, wenn man die musikalische Geschichte des Jahrhunderts überblickt, sind Netz-werke gemeinsamer Anliegen, die viele verschiedene Komponisten in vielerlei Hinsicht betreffen, in vielfach abgestuften Graden von Konnex und Divergenz. Die Geschichte des 20. Jahrhunderts zu erzählen, mit Berg als einer zentralen Figur, würde eine besonders feinfühlige Interpretation solcher Netzwerke erfor-dern. Die Möglichkeit, daß Bergs Musik einen »unverrückbaren Wert« darstellen könnte, ist nichtsdestotrotz eine Zeitlang anerkannt worden – zum Beispiel in einer bemerkenswerten Stellungnahme von Pierre Boulez, erstmals 1958 publi-ziert, und einmal mehr von Bedeutung wegen der Art, wie darin Boulez' frühere (1948) und sehr viel feindseligere »Rezeption« des Komponisten modifiziert wird.[2] Nachdem er zunächst festgestellt hatte, daß Bergs *»[...] Einfluß gegenwärtig trotz der überaus hohen unmittelbaren Ausstrahlung seiner Musik weniger entscheidend als der Weberns«* war, fuhr Boulez fort: *»Doch steht zu vermuten, daß Bergs Anziehungskraft gewinnbringender zu werden verspricht, wenn erst einmal die Stilistik unserer Zeit noch stärker gefestigt ist. Auf jeden Fall wäre es abwegig, in Berg nur den von seinen Widersprüchen zerris-senen Helden zu sehen, oder ihn lediglich als eine Verkörperung romantischer Abendröte zu betrachten, dessen Beispiel heute untauglich sei. Ganz im Gegenteil: hebt man die Widersprü-che, die den Schlüssel zu seinem Werk bilden, über die Phänomene hinaus, aus denen sie sich herleiten, so lassen sich gerade aus Bergs Schaffen nutzbringende ästhetische Lehren ziehen. Dieses Werk bewahrt sein Einflußpotential noch unversehrt, und dies nicht zuletzt sichert ihm einen unverrückbaren Wert innerhalb der Musik unserer Zeit«.*[3]

Einer der aufschlußreichsten Aspekte dieser Bemerkungen ist Boulez' An-nahme, daß »die Stilistik unserer Zeit« in der Zukunft »noch stärker gefestigt« sein wird. Mehr als dreißig Jahre nach der Abfassung dieser Äußerungen könnte man geltend machen, daß die Haupterkenntnis, die sich über »die Stilistik unse-rer Zeit« »gefestigt« hat, diejenige ist, daß sie reichlich und durchweg ungefestigt bleibt: Die Auffassung, die sich über den modernen Stil eingebürgert hat, ist seine Vielfalt per definitionem. Doch mehr als das, unter all den Meistern des frühen 20. Jahrhunderts ist Berg besonders prophetisch bezüglich dieser Pluralität, und das, was Boulez als Bergs »Bürde einer eklektizistischen Ästhetik«[4] bezeichnet, erscheint nun als ein exzellentes Modell für ein fin de siècle, in welchem die Unterschiede zwischen Komponisten, die eine stilistische und technische Synthese anstreben, und solchen, die einer solchen Integration zu widerstehen scheinen, von wachsender Bedeutung sind. Wie später etwas ausführlicher erörtert werden soll, offenbart uns Boulez' anhaltende Reserviertheit gegenüber Berg viel über seine eigenen Antriebe als Komponist, die in einer Suche nach Synthese münden, welche in ästhetischer Hinsicht letztlich eher klassisch als expressionistisch oder modern anmutet. Für Boulez sind solche »Widersprüche« der »Schlüssel« zu Bergs Werk, und das, was er als den Ursprung für das »Einflußpotential« dieses Werks ansieht, muß man nicht als modernistische Brüche, die sich einer endgültigen Integration entziehen, verstehen, sondern als klassische Gegensätze oder Polaritäten, die eine abschließende Synthese mit einbeziehen und fordern. In aufschlußreichen Kommentaren zur *Lyrische Suite* hat Boulez von deren *»Sicherheit und Meisterschaft der Form,* [der] *Vollendung und Vollkommenheit der instrumentalen Gestaltung«* geschrieben, die *»zu jener Synthese zusammen[treten], die Berg bei der Komposition im Sinne hatte. Er war hier zu einem äußerst seltenen Punkt des Gleichgewichts gelangt, den er in den folgenden Werken nicht mehr zu halten vermochte«*.[5] Es ist keine bloße Wortklauberei, zu behaupten, daß »Synthese« und »Gleichgewicht« nicht genau dasselbe sein müssen. Wenn beide Möglichkeiten im Hinblick auf die *Lyrische Suite* plausibel erscheinen, so könnte dies genau die Art von Zweideutigkeit zeigen, die dazu beigetragen hat, Berg eine so gewichtige Position in der späteren Musik des 20. Jahrhunderts zu verschaffen.

Vergleichbare Bedenken wie die von Boulez lassen sich in Strawinskys verschiedenen Äußerungen über Berg finden. In seinen reifen späteren Jahren, als seine eigene Musik durch das Zwölftonprinzip an neuer Lebenskraft gewann, äußerte er folgende Einschätzung:

»Wäre ich in der Lage, die Schranken des Stils zu durchdringen (nämlich Bergs überaus fremdartiges emotionelles Klima), ich glaube, er würde mir als der begabteste Formkonstrukteur aller Komponisten des Jahrhunderts erscheinen. Er übertrifft selbst sein eigenes, sehr offensichtliches Modell. Tatsächlich ist er der einzige, dem groß angelegte Entwicklungsformen gelang, ohne jegliche Andeutung >neoklassizistischer Heuchelei<. Sein Vermächtnis enthält jedoch wenig, um drauf aufzubauen. Aber er steht am Ende einer Entwicklung (auch sind Form und Stil keine so unabhängigen Gewächse, als daß wir vorgeben könnten, das eine zu verwenden und das andere wegzulegen), während die >Sphinx< Webern ein ganzes Fundament zeitgenössischer Sensibilität und Stilistik hinterlassen hat«.[6]

Strawinsky stimmte mit Boulez überein, was Bergs »emotionelles Klima« angeht, schätzte jedoch dessen »Einflußpotential« anders ein, mißbilligte besonders den »direkten Ausdruck der Gefühle des Komponisten«, wie er sich im »d Moll«-Zwischenspiel des *Wozzeck* kundtut. Mit dem für ihn so bezeichnenden hochmütigen Tadel erklärte er, *»was mich an diesem großen Meisterwerk, das ich liebe, stört, ist der Grad seiner Resonanz beim >ungebildeten< Publikum«*. Strawinsky zufolge muß »*leidenschaftliches Gefühl*« »*innerhalb eng begrenzter Regeln*« zum Ausdruck kommen, vor allem sollte »*das crescendo molto*« vermieden werden.[7] Unter allen Komponisten kann man gerade von Strawinsky – er war schließlich drei Jahre älter als Berg – kaum erwarten, die Aussicht zu begrüßen, daß ein so explizit vom spätromantischen österreichisch-deutschen ›Espressivo‹ herkommender Stil in den 1960er Jahren weiterhin Anhänger anziehen und gar einen Stil, der stärker Weberns Sensibilität reflektiert, übertreffen könnte. Aber jüngere Komponisten hatten mehr Zeit, den Trend zu erkennen, und Boulez' partieller Widerruf der früheren Feindschaft ist symbolisch für die Fähigkeit der Nachkriegsavantgarde, sich selbst davon zu überzeugen, daß Berg im Grunde eine authentisch moderne, d.h. komplexe Sprache besaß. Strawinsky selbst verwies auf diese Einschätzung in seiner »Programmeinführung« von 1964 für *The Rake's Progress*, wo er erklärt, er habe sich das Modell einer Nummernoper des 18. Jahrhunderts entschieden, »*anstelle [...] von musikalischen Formen, die den dramatischen Gehalt symbolisch ausdrücken (wie in den komplizierten Beispielen Alban Bergs)*«.[8]

»Kompliziert« – intrikat, labyrinthisch; solche Begriffe tauchen immer wieder in der Berg-Forschung und -Analyse auf. Boulez berichtet davon in seiner Studie des *Kammerkonzerts*: »*[...]ich sah, daß es bei Berg auch noch andere Dinge gibt als diesen Romantizismus [...]. [...] was mich [...] gefangennahm, war die Komplexität dieses Geistes: die große Zahl von Eigenbezügen, die Verwobenheit, die Verästelung seiner musikalischen Konstruktion, ja sogar die Esoterik vieler Bezüge, die Dichte der Textur, diese ganze Welt, die sich in ständiger Bewegung befindet und unaufhörlich um sich selbst kreist: all das ist sehr faszinierend. Eine Welt, die nie zu Ende kommt, eine Welt in immerwährender Expansion, eine so tiefe, so dichte und so reiche Welt, deren Analyse außerdem eine so große Kenntnis des Werks verlangt, daß man vier- oder fünfmal darauf zurückgreifen kann; es finden sich flüchtige, hauchfeine Bezüge darin, die man erst bei der dritten oder vierten Lektüre wahrnimmt*«.[9]

Nichtsdestotrotz blieb Boulez, wie zuvor erwähnt, ablehnend gegenüber der Art von »Widerspruch«, den er in Bergs Versuch, so etwas wie eine »Koexistenz« von tonalem und nicht-tonalem Material zu erzwingen, erkannte: »*Wenn man gewisse Aspekte der Vergangenheit bewahren und sie unserem heutigen Denken einschmelzen will, muß man das meiner Meinung nach in äußerst abstrakter Form tun*«.[10] In Anbetracht dessen, was man Boulez' Suche nach einem »neuen Organizismus« nennen könnte, sein Vertrauen in sich steigernde Wiederholungen und sogar in Momente von Tonhöhenzentrizität in Werken wie *Rituel* (1975) und *Répons* (1980/1984), ist es kaum überraschend, einen stillschweigenden Mangel an Sympathie mit jenen ästhetischen Prinzipien anzutreffen, die manchmal als postmodern, manchmal als Repräsentanten einer aufs Neue radikalisierten und wieder erstarkten Moderne definiert werden, wie sie in den späteren Dekaden des Jahrhunderts immer mehr in Mode gekommen sind. In diesem Kontext hat sich Bergs Resonanz durch die Beobachtung verstärkt, daß selbst die rückwärtsgewandten Kunstgriffe, die die größte Kluft aufreißen – das Zitat einer Bach-Choral-Harmonisierung oder eines Wiener Volksliedes –, in ihrem zwölftönig erzeugten, atonalen Kontext jene Art von unlösbaren Spannungen heraufbeschwören, die heutzutage als Gipfel modernen Denkens angesehen werden kann. Aus diesem Blickwinkel heraus kann man sogar ein Moment dessen, was Strawinsky sarkastisch die »neoklassizistische Heuchelei« nannte, ins Feld führen, vorausgesetzt, daß es sich nicht über eine ganzes Werk erstreckt. Dies kann als eine akzeptablere moderne Ausdrucksweise fungrieren als alles, womit der sphinxhafte Webern aufwartet. Der offeriert in Boulez' späterer Charakterisierung eine »*Vollendung, die eine wahrhafte Askese bedeutet; aber wenn Sie dieses Bild oder diese Bilder später wiedersehen, haben Sie ihnen* [wie bei Mondrian] *nichts mehr zu entnehmen.*«[11]

Zweideutige Klagen

Die Bedeutung Bergs für die Musik des 20. Jahrhunderts seit ungefähr 1960 ist eng verknüpft mit der Bedeutung des Expressionismus, der als Teil einer weitgestreuten Reaktion gegen strengere und idealistischere Initiativen der direkten Nachkriegsjahre wiederbelebt und gestärkt wurde. In der Tat könnte Bergs Einfluß auf spätere Komponisten am deutlichsten daran fühlbar werden, wie der Expressionismus des späten 20. Jahrhunderts seinen Platz in dieser an Klagen und Protesten reichen Stimmung zu finden sucht, die mit skeptischen oder pessimistischen Empfindlichkeiten korrelieren, wenn sie sie nicht gar explizit verkörpern. Leo Treitlers Formulierung »*Man könnte leicht den Eindruck bekommen [...], daß Bergs wohlbekannter Hang zu symmetrisch geschlossenen Formen und dichten motivischen Netzwerken keine Frage der musikalischen Neigung allein ist, sondern eine fatalistische Lebenseinstellung*«[12] ist nur eine Manifestation dieser Vorstellung. Douglas Jarmans Beurteilung des *Wozzeck*, dessen »*Struktur [...] als eine Bestätigung der Nichtigkeit verstanden werden sollte, die [...] das endgültige Ende des flüchtigen menschlichen Individuums im Angesicht der verhängnisvoll und endlos sich verwandelnden Welt darstellt*«[13], ist eine andere. Doch all jene Musik als »Bergianisch« zu kategorisieren, die dunkle Gedanken evoziert, von Birtwistles melancholischen Prozessionshymnen und Lachenmanns äußerst flüchtigen Gesten bis hin zu Schnittkes melodramatischeren Ausbrüchen, ist eine gefährliche Vereinfachung, nicht zuletzt, weil der expressive Kontext von Bergs Musik von konstant höherer Komplexität ist, als es das Argument, daß sie im wesentlichen oder gar ausschließlich »fatalistisch« sei, zugesteht. Wie später vorgeschlagen werden soll, gibt es in der Regel weitere, ganz andersgeartete expressive Elemente, im Vergleich zur Geltendmachung der »Nichtigkeit«. Zum jetzigen Zeitpunkt muß auch klargestellt werden, daß Bergs kontinuierliche Resonanz und auch seine verhältnismäßig große Nähe zur Tradition von der Tatsache abhängen, daß er ein deutlich thematisch orientierter Komponist blieb: Dies ist nicht nur eine Frage jener »dichten motivischen Netzwerke«, auf die sich Treitler bezog, sondern auch einem überschwenglichen Melodienreichtum, und allein aus diesem Grund stellt ein Großteil des abstrakte ren, im wesentlichen strukturellen Expressionismus des späten 20. Jahrhunderts (wie bei Schnittke und Maxwell Davies) eine beachtliche Distanzierung von Bergs Verfahren dar, wie sehr er ihm auch von Stimmung und Tonfall her nahekommen mag. In diesen Fällen wird freilich eines von Bergs wesentlichen Anliegen nicht übernommen.

Einfach weil Bergs »Fatalismus« konterkariert und herausgefordert werden muß, statt lediglich etabliert und hingenommen zu werden, scheint die Bergianische »Ambiguität« tiefer in das zeitgenössische musikalische Bewußtsein eingedrungen zu sein. Es lohnt sich, Jarmans Kommentar zum Schluß der *Lulu* in voller Länge zu zitieren: *»Anders als* Wozzeck *erlaubt uns* Lulu *keine problemlose emotionale Entlastung. Das große d-Moll-Zwischenspiel im* Wozzeck *[...] bewirkt eine emotionale Katharsis, die den Hörer direkt auf die Macht der Musik reagieren läßt. Der Schluß der* Lulu *ist zweideutiger. Die Musik der letzten Seiten der Oper hat eine emotionale Intensität, die derjenigen des* Wozzeck-*Zwischenspiels nicht unähnlich ist, aber ihre Wirkung ist eine ganz andere. Die Musik, die an dieser Stelle der Oper wiederkehrt, ist eine Musik, die eine Ansammlung von komplexen und widerstreitenden Assoziationen mit sich bringt [und der] Unterschied zwischen der luxuriösen, elegischen Musik und den Ereignissen auf der Bühne erzeugt eine emotionale Desorientierung, die zutiefst verstörend ist; sie kann auch, wenn wir auf die Musik reagieren und den Charakteren das Verständnis und Mitleid zu geben bereit sind, das die Humanität von Bergs Partitur verlangt, menschlich festigen.«*[14]

Jarman proklamiert völlig zurecht einer Art von »höherer« Ambiguität, in der eine unaufhebbare Opposition zwischen der Möglichkeit von »emotionaler Desorientierung« und der »menschlichen« Erneuerung besteht. Doch die Möglichkeit, daß solche unterschiedlichen Gefühle zur gleichen Zeit gegenwärtig sein können, läßt vermuten, daß das, was Robin Holloway – wieder in Bezug auf den dritten Akt der *Lulu* – als ein *»Auseinanderrücken von Ursache und Wirkung, mitunter gar als eine vorsätzliche Kluft zwischen beiden«*[15] bezeichnet hat, einen Brennpunkt bildet. Diese spezifisch Bergianische Spannung zwischen dem Niedrigen (Lulus Ermordung) und dem Erhabenen (der kurzen, aber ekstatischen Liebeserklärung der Geschwitz) am Ende der Oper hat seine Parallele am Schluß des *Violinkonzerts* in der abstrakteren, aber nicht weniger greifbaren Kombination von Sinnlichkeit und Spiritualität, die ihre Bestätigung in Bergs simultaner Verwendung der Anmerkungen »religioso« und »amoroso« (Takt II/222) findet. Auseinanderrücken, Desorientierung – das sind verstörende Erfahrungen, und bei Berg besteht die Ambivalenz nicht bloß in einer Frage des Konflikts zwischen Desorientierung und einer »menschlich festigenden« Erfahrung, sondern in einer Spannung zwischen den Vorstellungen von Ordnung und Chaos, die Struktur und Ausdruck gleichermaßen berühren. Damit realisierte Berg eine der gewichtigsten Vorstellungen des Expressionismus, kein anderer Musiker erreichte dies im selben Ausmaß. Adorno brachte das folgendermaßen auf den Punkt: *»Das organisierende, rationale Prinzip tilgt nicht das Chaos, sondern steigert es womöglich kraft seiner eigenen Artikulation. Damit hat er eine der tiefsten Ideen des Expressionismus realisiert; kein* *anderer Musiker vollbrachte das ebenso«.*[16] Dem könnte man hinzufügen, kein anderer Musiker vor Brian Ferneyhough, in dessen Werk, wie Richard Toop festgestellt hat, *»viel von der Eindringlichkeit und dem Reichtum [...] sowohl aus den konzeptuellen Hindernisläufen, die der Komponist selbst bei der Bildung der einzelnen Schichten erzeugt hat, als auch aus der gewaltigen Kollision zwischen diesen Schichten resultiert.«*[17] »Gewaltige Kollisionen« bilden den Gipfel eines wiederbelebten Expressionismus, und Komponisten, die sie zu vermeiden suchen – wie Boulez –, stehen Berg im Hinblick auf Stil und ästhetische Orientierung am fernsten. Allerdings ist nicht weniger wahr, daß die Form, in der die »komplexen« Komponisten des 20. Jahrhunderts ihre eigenen »gewaltigen Kollisionen« inszenieren, Welten entfernt ist vom anspielungsreichen, immer noch wesentlich romantisch geprägten Idiom der persönlichsten Kompositionen Bergs.

Desintegration der Erinnerung?

Das Paradigma des durch Rationalität verstärkten Chaos mag eine befriedigende Formel der Moderne des 20. Jahrhunderts liefern, die bei der Majorität der Kunst des 20. Jahrhunderts sofort begreiflich ist, aber sie überläßt ernsthaft betriebener Wissenschaft eine immens komplexe Aufgabe.

Max Paddison hat zurecht festgestellt, daß Adornos *»Analysen von Bergs Musik von besonderem Interesse sind, weil [...] sie den Komponisten als einen beispielhaften Fall für den Prozeß der ›Integration durch Desintegration‹ darstellen.«*[18] Es ist genauso wahr, daß Adornos Analysen nicht jene Art von eingehender technischer Exploration von Bergs musikalischem System aufrechterhalten, durch die ein deutliches Bild der »Integration durch Desintegration« erzielt würde. Adorno überzeugt am meisten bei seinen allgemeinen Beobachtungen, so wenn er bemerkt, daß Bergs Musik in sich selbst kaum eine Synthese, sondern eher einen Prozeß permanenter Auflösung vollziehe. So beginne Bergs Musik nicht nur mit den kleinsten zusammengefügten Elementen und unterwerfe diese dann einer Art von Atomisierung, vielmehr sei der ganze Charakter seiner Musik der eines unausgesetzten Rückzugs oder einer Selbstpreisgabe. Ihr Werden bestehe in all jenen Momenten, wo sie ihre Idee in der reinsten Form auskristallisiere, in ihrer eigenen Negation.[19]

Wie die letzten Abschnitte dieses Aufsatzes zu zeigen versuchen, können solche Formeln wie die von Adorno geäußerte im Verhältnis zu post-Adornitischen analytisch-kritischen Versuchen und ebenfalls zu post-Bergianischen kompositorischen Unternehmen betrachtet werden. Einige einflußreiche Berg-Autoren scheinen den Schwerpunkt auf die Beziehungen zwischen »alt« und »neu« als Ersatz für Adornos Nebeneinanderstellen von Rationalität und Chaos zu legen, um den Anspruch auf Bergs Rolle als Fortsetzer von altbewährten musikalischen Traditionen zu unterstützen. So verknüpft beispielsweise Peter Burkholder Bergs Resonanz sowohl beim Kenner als auch beim Laienpublikum mit der Art von *»vollkommener Integration von Oberflächenrheto-*

rik und innerer Struktur«, die man bei Haydn und Mozart findet, erzielt mittels *»eines musikalischen Idioms, das mit seinem Reichtum an externen Anspielungen und interner Integration und der weitgestreuten und dauerhaften Wirkung eine Parallele zu den früheren Errungenschaften von Haydn und Mozart aufweist.«*[20] Burkholder ist der Ansicht: *»Berg belebte das Vertraute wieder, indem er atonale Musik schrieb, die die emotionale Expressivität des gemeinschaftlichen romantischen Erbes bewahrte und intensivierte.«*[21] Eine Synthese vermag nicht mehr zu leisten und darum wird Burkholders Lesart denen erzwungen« und unplausibel vorkommen, die die Spannungen, das »Chaos«, die besonderen persönlichen Eigenschaften hervorheben, die Bergs Musik ihre kompromißlose expressionistische Kraft verleihen.

Ein Problem, dem alle kritische Wissenschaft über Berg begegnet, ist die Notwendigkeit, die Wahrnehmung seiner stilistischen und technischen Geschlossenheit (das typisch »Bergianische Idiom«) mit dem Eingeständnis von Momenten modernistischer Desintegration zu vereinbaren. Der daraus resultierende semantische Balanceakt zeigt sich in exemplarischer Deutlichkeit in Anthony Poples Monographie über das *Violinkonzert*, die von der Prämisse ausgeht, daß *»in den reifen Werken Bergs jedes musikalische Element gleichzeitig von mehreren verschiedenen Denkweisen gespeist wird. Das Resultat ist keine genuine Synthese, sondern erzeugt die Illusion einer solchen – genau wie ein mosaikartiges oder pointillistisches Gemälde durch eine feinkörnige Annäherung ein kohärentes Bild zu übermitteln vermag.«*[22] Pople fährt dann mit einem erzählerischen Versuch fort, die integrativen und disruptiven Komponenten des Werks auszubalancieren und endet mit der Charakterisierung des Konzerts als *»eines Werkes, das simultan und in der Tat auf ähnliche Weise beides, Versöhnung und Konfrontation, zelebriert«* und von dem man *»gleichzeitig sagen kann, es habe diese untrennbaren und ewigen Gegensätze miteinander versöhnt – und sie doch nicht miteinander versöhnt«*[23] – eine eloquente und überzeugende Schlußfolgerung, der Adorno wohl zugestimmt hätte. Nicht weniger bedeutsam, was das angeht, sind zwei Studien von Craig Ayrey, die die *»eigentümliche Mehrdeutigkeit«* der frühen Mombert-Vertonung op. 2 Nr. 2 untersuchen[24] und die *»essentielle Ambiguität«* der Art, wie zwölftönige und tonale Elemente in der zweiten Vertonung von *Schliesse mir die Augen beide* aufeinander einwirken.[25] Wie Ayrey zeigt, weist dieses kurze Lied eine *»zweideutigere, stärker integrierte zwölftönige Struktur auf als die Choralvariationen der* Lulu*«*, jedoch hat es nichtsdestoweniger eine *»›komplizierte‹ Struktur, weil es im wesentlichen zwölftönige und auf Dreiklängen beruhende [...] Formen einander entgegensetzt.«*[26]

Solche analytischen Untersuchungen des Charakters und der Reichweite von Gegensätzen und Wechselwirkungen in Bergs Musik können problemlos mit dem eigenen Anliegen des Komponisten in Zusammenhang gebracht werden, wie es in seinem Vortrag über *Wozzeck* von 1929 zum Ausdruck kommt, *»[...] meinen Bestrebungen nach Einheitlichkeit und Geschlossenheit einerseits und nach Abwechslung und Mannigfaltigkeit andererseits gerecht zu werden«*.[27] Da dies den Ausgleich zwischen Gegensätzen anstelle eines merklichen Ungleichgewichts impliziert, könnte es als jene Art von »Mainstream«-Manifest betrachtet werden, das alle Komponisten des späten 20. Jahrhunderts, die weder kompromißlose Minimalisten noch beharrlich »komplex« sind, unterschreiben könnten. Doch wie oben dargelegt, sollte der Eindruck gemeinsamer Bestrebungen vorherrschen, ein Moment von stilistischer Verwandtschaft und eine rein strukturelle Affinität, ehe ein Komponist sinnvollerweise als »Bergianer« betrachtet werden kann – ein Gefühl für jene »großen Entwicklungsformen«, die Strawinsky beschrieben hat, vielleicht mit einer »Musik der Klage und des Protests« verbunden? Allerdings kann kaum geleugnet werden, daß einige Komponisten technische Lektionen von Berg gelernt haben, ohne sich gezwungen zu sehen, die expressionistischen Aspekte seines musikalischen Stils nachzuahmen. Ein besonders auffallendes Beispiel dafür ist George Perle, dessen Autorität als Berg-Forscher sich aus einer Faszination für die Art von »Intervallzyklen«-Verfahren entwickelte, mit denen Perle als Komponist in den späten 1930er Jahren arbeitete, bevor er Ähnliches in Bergs *Lyrischer Suite* entdeckte.[28] Dennoch ist Perles eigene Musik eher neoklassizistisch als neobergianisch geblieben, sie zeigt die Art von eher angedeuteten denn expliziten Verbindungen zum Meister, die Robin Holloway bemerkt, wenn er sich auf Oliver Knussens Verpflichtung gegenüber einem *»nicht-expressionistischen Berg, einem Berg, der mit Ravel vergleichbar ist (besonders La Valse) und (über Der Wein und Lulu) mit amerikanischer Volksmusik«*[29], bezieht.

Was dem expressionistschen Berg zu verdanken ist – egal, wie indirekt –, läßt sich sogar noch leichter dingfest machen. Ein frühes Beispiel, Dallapiccolas kurze Oper *Il Prigioniero*, vollendet 1948, verfolgt die Möglichkeit der Koexistenz von verschiedenartigem Material und die zwischen tonalen und zwölftönigen Verfahren mit einer heutzutage eher überhitzt anmutenden Beharrlichkeit. Die Oper hat dennoch etwas von Bergs umfassendem Melodienreichtum, und es gibt Momente von Ambiguität in den späteren Stadien – Klage und Zustimmung, Fatalismus und Glaube –, sogar eine Bergianische Verschmelzung von Sinnlichem und Spirituellem in der makabren Zärtlichkeit, mit der der Gefangene in den Tod geführt wird. Was in *Il Prigioniero* fehlt, ist das formale Raffinement der *Lulu* und des *Violinkonzerts* und nach 1950 können in wachsendem Maße Differenzen zwischen Bergs Fähigkeit, in seine Opern und Instrumentalwerke Momente des traditionellen »Symphonischen« zu integrieren, so daß der moderne Expressionismus dieser Werke zur Geltung kam, und Schönbergs eher neoklassizistischem Zugang, wie er sich in seinen Konzerten für Geige und Klavier zeigt, aufgezeigt werden. Während man bei Schönberg feststellte, daß er sich auf Verfahren zurückzog, die eher Brahms als Mahler nahekamen – nur das späte *Streichtrio* und die *Phantasie für Violine* verweisen auf einen wiederbelebten Expressionismus –, konnte Berg als jemand gefeiert werden, dem eine phantasievolle Transformation der Mahlerschen »Angst« in eine authentisch dem 20. Jahrhundert zugehörige Sprache gelungen war. In der Tat kann es kaum ein Zufall sein, daß der wiederbelebte Expressionismus, der Komponisten von so unterschiedlichem Alter und Hintergrund wie Elliott Carter (geboren 1908) und Peter Maxwell Davies (geboren 1934) beeinflußte, mit der Mahler-Renaissance zusammenfiel, die in den 1950er Jahren begann und seither an Schwungkraft nicht verloren hat.

Eine auf Mahler und Berg zurückgehende Entwicklungslinie, die Nachkriegskomponisten eine fruchtbare Alternative zu stärker avantgardistischen oder anti-expressionistischen Tendenzen bot, die von Webern und Strawinsky herstammen, kann in vielen verschiedenen Kontexten angetroffen werden. Sie hatte zweifelsohne Einfluß auf die Musik Hans Werner Henzes, während weithin aufgeführte Opern wie Bernd Alois Zimmermanns *Die Soldaten* (1957–1964) und Aribert Reimanns *Lear* (1975–1978) in der Essenz als direkte Abkömmlinge der explizit post-Mahlerschen Stellen von *Wozzeck* oder *Lulu* angesehen werden können. Jedoch sollte die Gültigkeit solcher Verbindungslinien nicht über die Tatsache hinwegtäuschen, daß die meisten jüngeren Komponisten – selbst die, welche man zum zeitgenössischen »Mainstream« zählen könnte – Bergs explizites Festhalten an thematischer Musik zu vermeiden gesucht haben. All das, was man (nach Strawinsky) als »große Entwicklungsformen« bezeichnen kann – Henzes symphonische Werke oder großflächiger angelegte Formen von Carter oder Maxwell Davies –, entwickelt sich mit weit weniger Anzeichen von expliziter motivischer Wiederkehr, egal wie stark die Emotionen sind, die sie während des Prozesses heraufbeschwören. Es sind daher jene Komponisten, die am nachdrücklichsten mit Aspekten des musikalischen Gedächtnisses arbeiten, weniger zum Zwecke eines Pastiches, als vielmehr um die Konfrontation zwischen etwas Erinnertem und etwas Gegenwärtigem zu intensivieren, die auf kreativste Weise ein Bergianisches Ethos entwickelt haben.

Der dritte Satz von Berios *Sinfonia* (1968–1969), der wörtlich das Scherzo aus Mahlers zweiter Symphonie zitiert, stellt einen besonderen Meilenstein in der Etablierung einer stark vom 20. Jahrhundert geprägten, modernen Spielart der Romantik dar. Er repräsentiert einen Stil, dessen besonders subtile Fortführung sich an einem von Berios grandiosesten Werken, *Voci* (1984) für Viola und Kammerorchester, beobachten läßt, das Anklänge an die sizilianische Volksmusik in ein reichhaltiges, aber delikat nuanciertes harmonisches Gewebe einflicht. Wenn man Charles Rosens Argumentation zustimmt, daß Beethoven »*der erste Komponist* [war], *der den komplexen Prozeß der Erinnerung darstellte – nicht bloß das Gefühl von Verlust und Bedauern, das Visionen aus der Vergangenheit begleitet, sondern die physische Erfahrung vom Heraufbeschwören der Vergangenheit in der Gegenwart*« [30], dann stehen Berg und nach ihm Berio sicherlich in dieser Beethovenschen Tradition, der vor allem eine Intensivierung der »alt/neu«-Polarität gelingt. Auf diesem Niveau können Verbindungslinien zu einigen unwahrscheinlich anmutenden Zusammenhängen führen: Zum Beispiel könnte man versuchen, Tippett wegen der außerordentlich starken Allusionen an Beethoven in seiner *Symphonie Nr. 3* (1970–1972) mit Berg in Verbindung bringen, dessen Reminiszenzen an Bach im

Violinkonzert nicht weniger deutlich *»das Gefühl von Verlust und Bedauern, das Visionen der Vergangenheit begleitet,* [repräsentieren].« Allerdings ist es die Qualität von »Verlust und Bedauern«, die von Bedeutung ist, und Tippetts Kontext unterscheidet sich ebenso sehr von Berg wie von Maxwell Davies im Schlußabschnitt von dessen *Klarinettenkonzert* (1990), wo eine schottische Volksliedmelodie so heraufbeschworen wird, daß es kaum gelingt, alle Spuren des musikalischen Individualstils des Komponisten auszumerzen. Zusammen mit einer Zwölftontechnik, die eine spezifisch post-Bergianische Flexibilität aufweist, wenn es um die Herangehensweise an Reihenformen als streng geordnete Größen geht, liefert dieses Ambiente Argumente für die Beurteilung von Maxwell Davies als Komponist, dessen mit Berg übereinstimmende Bestrebungen ausgeprägt und konstruktiv sind. Tippetts Intentionen hingegen sind dies nicht: In der *Symphonie Nr. 3* wird der Eindruck erweckt, daß die heutigen Zweifel und Ambiguitäten Herausforderungen sind, die es zu bewältigen gilt, keine Gefühle, die man als unvermeidbar und unhintergehbar akzeptieren müßte.

Rosen stellt auch die These auf, daß *»die bemerkenswertesten Triumphe der romantischen Darstellung des Gedächtnisses nicht die sind, welche vergangenes Glück heraufbeschwören, sondern Erinnerungen an diejenigen Momente, wo künftiges Glück noch möglich schien, wo Hoffnungen noch nicht zunichte gemacht waren. [...] Romantische Erinnerungen sind oft die eines Defizits, von dem, was niemals geschah.«*[31] Solche Erwägungen helfen bei der Unterscheidung zwischen dem Ambiente, das von modernen Meistern wie Carter, Birtwistle oder Boulez erzeugt wird, und den hier beschriebenen Werken eines Berio und Maxwell Davies. Unter den gegenwärtigen Meistern einer Musik des Verlustes und des Bedauerns, die auch ein Gefühl von verstörender Desorientierung durch die bloße Stärke des Fühlens oder der erzeugten Konfrontationen bewirken können, ragen Kurtág, Henze und Schnittke heraus. In Kurtágs Fall verlangen die Gesetze des Netzwerkes die Anerkennung seines Vermögens, einen Expressionismus, der einige Grade stärker als der von Berg ist, heraufzubeschwören – in solchen Kompositionen wie *The Sayings of Peter Bornemisza* (1963–1968) und *Messages of the Late Miss R.V. Troussova* (1976–1980) –, ebenso wie das Eingeständnis seiner besonderen Beeinflussung durch Webern. Was Henze und Schnittke anlangt, so sind sie beide weitaus produktiver als Berg und weit weniger homogen: Nichtsdestoweniger demonstrieren beide, daß die Macht der Erinnerung in der Musik weit über wörtliche Zitate von »altem« Material hinausreicht. Schnittke ist am eindrücklichsten und intensivsten Bergs Erbe in einer kurzen Komposition wie *Stille Nacht* (1978), einem »Arrangement« des Weihnachtsliedes, das in ein Durcheinander übergeht, obgleich ein komplexeres und ambitionierteres Werk wie das *Dritte Streichquartett* (1983) mit seinen Zitaten von Lassus, Beethoven und Schostakowitsch in einem Kommentar mit Worten umrissen wird, die unwillkürlich an Berg denken lassen: *»Das Geflecht von Reminiszenzen, in denen sich das zitierte Material oftmals in seiner ursprünglichen Gestalt präsentiert, zeigt, wie weit die Musik von wahrer Integration entfernt ist.«*[32] Trotzdem wird man sowohl bei Kurtág wie bei Schnittke den Schluß ziehen dürfen, daß sich dort das Klima des Fatalismus um einiges reiner und weniger zweideutig als bei Berg darstellt. Andererseits mögen sich bei Henze durchaus die Kontraste zwischen einem Gefühl des Verlustes und einem heiteren, ganz unterschwelligen Sich-Abfinden mit diesem Verlust zu weit einander angenähert haben. Die Spannung und der Konflikt haben sich eher verflüchtigt, als daß sie tatsächlich polarisiert wären. In Henzes zehnsätzigem instrumentalem *Requiem* (1990) sind die Anklänge an andere Komponisten weit weniger offensichtlich als in einem früheren Werk wie dem *Tristan* (1973), jedoch lediglich, weil dieser Musik des Verlustes kaum je etwas von einem religiösen Ritual eignet; eine Verknüpfung mit dem Geist, wenn nicht gar dem Stil von Bergs Musik kann noch immer wahrgenommen werden.

Die Spannungen im Zentrum

Berg ist insofern eine Figur von zentraler Bedeutung für die Musik des 20. Jahrhunderts, als der Pluralismus, dessen Vorreiter er war, ein fundamentaler Faktor in der späteren Entwicklung geblieben ist. Berg war vor allem ein großes Genie in einem Jahrhundert, das von der Individualität so fasziniert und beunruhigt war, wie es einer »schäbigen« – jedoch noch sehr mächtigen – Vergangenheit skeptisch gegenüberstand. Im weiteren Verlauf des Jahrhunderts hat sich der Expressionismus einiger seiner eher surrealen Assoziationen entledigt und sich immer mehr der harten Realität angenähert, den Extremen völliger Dekadenz und absoluter Transzendenz hingegen widerstanden. Das 20. Jahrhundert mag wirklich ein »Zeitalter der Extreme« sein, in der Musik jedoch verleiht die darin bevorzugte Strategie der Erkundung der Spannungen, die aufkommen, wenn Fortschritt auf Rückzug trifft, neuen Gesichtspunkten auf alte Genres ein spezielles Gewicht. Berg widerstand traditionellen Modellen mehr als Bartók, Strawinsky oder Schönberg, war weniger radikal in seiner Neuorientierung als Webern oder Varèse. Vornehmlich in seinem *Violinkonzert*, dessen Zugriff auf Bach als manifestem Echo einer Vergangenheit, die Mißklang hervorruft, eine Reibung zwischen Altem und Neuem erzeugt, das Gefühl für Fortschritt aus dem Gleichgewicht bringt und das Erreichen eines Abschlusses (die Ankunft an einem Ziel) zweideutig werden läßt, schuf Berg ein Bild von Entfremdung, das der Akzeptanz unversöhnlich gegenübersteht, dessen Resonanz wirkungsmächtig bleibt und in musikalische Bereiche ausstrahlt, die von seinem eigentlichen Stil weit entfernt sind.

Ein weiterer Komponist innerhalb von Bergs Umfeld bleibt zu erwähnen. Wie Janáček verhalf Berg einer Musik, die zugleich mit ihrer technischen Fortschrittlichkeit einen mitleidsvollen sozialen »Kommentar« impliziert, dazu, ihre Berechtigung zu erweisen: Er trug zur Legitimierung einer Musik bei, in der das »Niedrige« und das »Erhabene« zusammengehen, sich sogar zusammenschließen.

Jedoch in dem Sinne, wie sie Adornos Modell vom »Chaos«, das durch »Rationalität« an Wert gewinnt, mit besonderer Überzeugungskraft einzulösen vermögen, sprechen die Schlüsse von Bergs späteren Werken die nachfolgenden, jüngeren Komponisten mit besonderer Unmittelbarkeit an, in ihrer Differenz zu den weniger ambivalenten affirmativen Schlüssen von Mahler oder Janáček und ihrem Anliegen, ein starkes Gefühl von Verlust durch eine Haltung des Sich-Abfindens auszugleichen. Auch die jüngeren Komponisten trachten danach, ihr Gefühl des Verlustes durch ein Fünkchen humanistisches Verständnis und Engagement zu lindern. Berg trug auch dazu bei, eine Musik zu autorisieren, in der disparate Verfahren (und sogar Stile) nach Integrationen streben können, in Gattungen (Konzert, Streichquartett, Oper), die durch ihren Nachvollzug eine Erneuerung erfahren. Anders als Janáček legitimierte Berg auch ein ausgeprägtes Interesse an den Möglichkeiten symmetrischer Konzeptionen und einer »flexiblen« Herangehensweise an die Zwölftontechnik, in der »brave new world« der post-tonalen Komposition.

Ich bezog mich weiter oben auf die im *Violinkonzert* offen zu Tage liegende, bemerkenswerte Spannung zwischen dem Religiösen und dem Sinnlichen und auf die verstörende Konfrontation des Niedrigen mit dem Erhabenen am Schluß der *Lulu*. Doch gibt es weitere stark nachhallende Gegensätze, wie die zwischen persönlichen, privaten Anspielungen und allgemeinen, strukturellen Modellen in der *Lyrischen Suite* und die nicht weniger persönliche Konfrontation von blankem Gefühl und Konstruktivismus im *Wozzeck* und dem *Kammerkonzert*.[33] Dies ist Bergs Welt, eine auf der Art von Widersprüchen basierende Welt, auf die sich Boulez und nachfolgende Musikwissenschaftler bezogen, und eine Welt, in der sich viele andere Komponisten des 20. Jahrhunderts – ebenso wie andere Musiker –, wie unwohl auch immer, zu Hause gefühlt haben. Sogar wenn man von Berg behauptet, er biete eine Synthese, die Popularität hervorruft, wie Burkholder dies vorgeschlagen hat, steht dies neben einer endlosen Reihe von Möglichkeiten und Tendenzen, die alle die außergewöhnliche Faszination von etwas letztlich schwer zu Begreifendem haben. Berg mag ebenso fortschrittlich in seiner Aufgeschlossenheit gegenüber solchen modernen Ausdrucksmitteln wie dem Jazz und dem Kino gewesen sein wie in seiner Bereitschaft, sie in seine eigene Form von Hoher Kunst mit einzubeziehen. Nichtsdestotrotz hat seine Musik – und vornehmlich seine Harmonik – die Tendenz, Klänge anzuvisieren, die immer noch die alte, romantische Welt von Konsonanz und Dissonanz heraufbeschwören, seine Fortschrittlichkeit einschränken und sein expressives Vokabular bereichern. Berg ist der Inbegriff eines facettenreichen modernen Genies, und die Tatsache, daß es eine gute Reihe weiterer bedeutender moderner Meister gibt, scheint seine Bedeutung kaum schmälern zu können oder gar seinen »Einfluß«, zu einem Zeitpunkt, da das 20. Jahrhundert dem 21. Jahrhundert Platz macht.

Anmerkungen

1 Eric Hobsbawm, *Age of Extremes: The Short Twentieth Century, 1914–1991*, London 1995.
2 Pierre Boulez, *Missverständnisse um Berg* (1948) und *Lexikon-Artikel Berg* (1958), in: Pierre Boulez, *Anhaltspunkte. Essays*, Kassel u.a. 1979, S. 318–324 und S. 335f., hier S. 356.
3 S. 355f.
4 Ebd., S. 322.
5 Ebd., S. 352.
6 Robert Craft (Hg.), *Igor Strawinsky: Gespräche mit Robert Craft*, Zürich 1961, S. 97.
7 Igor Strawinsky und Robert Craft, *Dialogues*, London 1982, S. 124f.
8 Igor Strawinsky, *The Composer's View*, in: Paul Griffiths, *Igor Strawinsky: The Rake's Progress*, Cambridge 1982, S. 2.
9 Pierre Boulez, *Wille und Zufall. Gespräche mit Célestin Deliège und Hans Mayer*, Stuttgart/Zürich 1977, S. 25.
10 Ebd., S. 27.
11 Ebd., S. 25.
12 Leo Treitler, *Music and the Historical Imagination*, Cambridge 1989, S. 282.
13 Douglas Jarman, *Alban Berg: Wozzeck*, Cambridge 1989, S. 68.
14 Douglas Jarman, *Alban Berg: Lulu*, Cambridge 1991, S. 100f.
15 Robin Holloway, *The Complete Lulu*, in: Tempo 129 (1979), S. 37.
16 Theodor W. Adorno, *Berg. Der Meister des kleinsten Übergangs* (Gesammelte Schriften Bd 13), Frankfurt/Main 1978, S. 353.
17 Richard Toop, *Ferneyhough's Dungeons of Invention*, in: The Musical Times 128 (1987), S. 626.
18 Max Paddison, *Adorno's Æsthetics of Music*, Cambridge 1993, S. 158.
19 Ebd., S. 171.
20 J.Peter Burkholder, *Berg and the Possibility of Popularity*, in: David Gable und Robert P. Morgan (Hg.), *Alban Berg: Historical and Analytical Perspectives*, Oxford 1991, S. 32f.
21 Ebd., S. 53.
22 Anthony Pople, *Berg: Violin Concerto*, Cambridge 1991, S. 7.
23 Ebd., S. 102.
24 Craig Ayrey, *Berg's ›Scheideweg‹: Analytical Issues in Op. 2/ii*, in: Music Analysis 1 (1982), S. 190.
25 Craig Ayrey, *Tonality and the Series: Berg* in: J. Dunsby (Hg.), *Early Twentieth-Century Music* [Models of Musical Analysis], Oxford 1993, S. 109.
26 Ebd., S. 111.
27 [*Wozzeck-Vortrag von 1929*], in: Frank Schneider (Hg.), *Alban Berg: Glaube, Hoffnung und Liebe. Schriften zur Musik*, Leipzig 1981, S. 267–289, hier S. 281.
28 Siehe George Perle, *Reflections (1990)*, in: *The Right Notes: Twenty-Three Selected Essays*, Stuyvesant 1995, S. 183–187.
29 Robin Holloway, *Where the Wild Things Are*, in: Tempo 137 (1981), S. 37.
30 Charles Rosen, *The Romantic Generation*, Cambridge 1995, S. 166.
31 Ebd., S. 174f.
32 Hugh Collins Rice, *Further thoughts on Schnittke*, in: Tempo 168 (1989), S. 13.
33 Eine weiter reichende Erörterung dieser Fragen bei Peter Cahn, *Klassizismen bei Berg*, in: W. Osthoff und R. Wiesend (Hg.), *Colloquium Klassizität, Klassizismus, Klassik in der Musik 1920–1950, Würzburg 1985*, Tutzing 1988, S. 95–138.

WERKVERZEICHNIS

I. Werke mit Opuszahl

1   *Klaviersonate*, 1908–1909, Uraufführung am 24. April 1911 (1910)

2   *Vier Lieder*, für Singstimme und Klavier, 1909–1910: »Schlafen, schlafen« (F. Hebbel), »Schlafend trägt man mich« (A. Mombert), »Nun ich der Riesen Stärksten« (Mombert), »Warm die Lüfte« (Mombert) (1910)

3   *Streichquartett*, 1910, Uraufführung am 24. April 1911 (1920)

4   *Fünf Orchesterlieder* nach Ansichtskartentexten von Peter Altenberg, für Singstimme und Orchester, 1912: »Seele, wie bist du schöner«, »Sahst du nach dem Gewitterregen«, »Über die Grenzen des All«, »Nichts ist gekommen«, »Hier ist Friede«, berühmte Aufführung von zwei Liedern unter Schönberg am 31. März 1913, Uraufführung aller fünf Lieder 1952 in Rom von Horenstein (Klavierauszug 1953, Partitur 1966)

5   *Vier Stücke für Klarinette und Klavier*, 1913, Uraufführung Wien 17. Oktober 1919 (1920)

6   *Drei Orchesterstücke*, 1913–1915: Präludium, Reigen, Marsch, Aufführung der ersten beiden Stücke am 5. Juni 1923 in Berlin unter Webern, Aufführung aller drei Stücke unter J. Schüler am 14. April 1930 in Oldenburg (1923)

7   *Wozzeck*, Oper in drei Akten nach Büchner, 1914–1922, Uraufführung am 14. Dezember 1925 in der Berliner Staatsoper unter E. Kleiber

II. Werke ohne Opuszahl

Zahlreiche Lieder 1900–1905, vgl. Chadwick (1971), Auswahl in 2 Bd. v. Christopher Hailey (1985)

Sieben frühe Lieder, für Singstimme und Klavier, 1905–08 (1928): »Nacht« (C. Hauptmann), »Schilflied« (N. Lenau), »Die Nachtigall« (T. Storm), »Traumgekrönt« (R.M. Rilke), »Im Zimmer« (J. Schlaf), »Liebesode« (O.E. Hartleben), »Sommertage« (P. Hohenberg), revidiert und orchestriert 1928, Uraufführung der orchestrierten Version 6. November 1928 (1969)

Schließe mir die Augen beide (Storm), für Singstimme und Klavier, erste Fassung 1907 (1930 veröffentlicht in: Die Musik 26)

An Leukon (J. Gleim), für Singstimme und Klavier, 1908 (veröffentlicht 1937)

12 Variationen über ein eigenes Thema C–Dur für Klavier, 1908 (veröffentlicht 1957)

Symphonie–Fragmente, Ausgabe in Faksimile mit Übertragung, hrsg. von R. Stephan (1986)

Drei Bruchstücke aus Wozzeck, für Gesang und Orchester, Uraufführung am 11. Juni 1924 in Frankfurt unter H. Scherchen (1924)

Kammerkonzert für Violine und Klavier mit dreizehn Bläsern, 1923–1925, Uraufführung am 27. März 1927 unter H. Scherchen (1925)

Adagio, für Violine, Klarinette, Klavier, Bearbeitung des 2. Satzes des Kammerkonzertes (1956)

Schließe mir die Augen beide (Storm), für Singstimme und Klavier, zweite Fassung 1925 (1930 veröffentlicht in: Die Musik 22)

Lyrische Suite für Streichquartett, 1925–1926, Uraufführung am 8. Januar 1927 in Wien durch das Kolisch–Quartett (1927)

Drei Stücke aus der Lyrischen Suite, für Streichorchester (Bearbeitung von Satz 2 bis 4), Uraufführung am 31. Januar 1929 unter J. Horenstein (1928)

Der Wein (Baudelaire, übersetzt von George), Konzertarie für Sopran und Orchester, 1929, Uraufführung 4. Juni 1930 in Frankfurt unter H. Scherchen (Klavierauszug 1930, Partitur 1966)

Alban Berg an das Frankfurter Opernhaus, vierstimmiger Kanon, 1930 (1937)

Lulu, Oper in drei Akten nach Wedekind: Erdgeist, Die Büchse der Pandora, 1928–1934, Orchestrierung des 3. Aktes unvollständig, Uraufführung am 2. Juni 1937 in Zürich unter R.F. Denzler, Klavierauszug von Akt 1 und 2 (1936), vollständige Partitur der Akte 1 und 2 sowie Teile von Akt 3, die in Lulu–Suite enthalten sind (1964), Klavierauszug von Akt 3 (1979), Vervollständigung der Orchestrierung von Akt 3 durch F. Cerha, Uraufführung der vollständigen Oper am 24. Februar 1979 unter P. Boulez

Fünf symphonische Stücke aus Lulu (Lulu–Suite) für den Konzertgebrauch: Rondo, Ostinato, Lied der Lulu, Variationen, Adagio, 1934, Uraufführung am 30. November 1934 unter E. Kleiber in Berlin (1935)

Violinkonzert, 1935, Uraufführung am 19. April 1936 mit L. Krasner unter H. Scherchen in Barcelona (1936)

LITERATURVERZEICHNIS

Adorno, Theodor W., *Gesammelte Schriften*, hg. von Rolf Tiedemann, 20 Bde., Frankfurt/Main 1970–1990

Altenberg, Peter, *Auswahl aus seinen Büchern von Karl Kraus*, Frankfurt/Main 1997

Berg, Alban, *Briefe an seine Frau*, hg. von Helene Berg, München 1965

Berg, Alban, *Glaube, Hoffnung und Liebe. Schriften zur Musik*, hg. von Frank Schneider, Leipzig 1981

Berg, Erich Alban, *Alban Berg. Leben und Werk in Daten und Bildern*, Frankfurt/Main ²1985

Berg, Erich Alban, *Als der Adler noch zwei Köpfe hatte. Ein Florilegium 1858–1918*, Graz 1980

Berg, Erich Alban, *Der unverbesserliche Romantiker. Alban Berg 1885–1935*, Wien 1985

The Berg-Schoenberg Correspondence, hg. von Juliane Brand, Christopher Hailey und Donald Harris, London 1987

Budday, Wolfgang, *Alban Bergs Lyrische Suite. Satztechnische Analyse ihrer zwölftönigen Partien*, Neuhausen 1979

Carner, Mosco, *Alban Berg. The Man and the Work*, London 1975

Cerha, Friedrich, *Arbeitsbericht zur Herstellung des 3. Akts der Oper LULU von Alban Berg*, Wien 1979

Chadwick, Nicolas, *Berg's Unpublishes Songs in the Österreichische Nationalbibliothek*, in: Music and Letters 52 (1971), S. 123–140

Chadwick, Nicolas, *Franz Schreker's Orchestral Style and Its Influence on Alban Berg*, in: Music Review 35 (1974), S. 29–46

Conglon, David, *Composition in Berg's Kammerkonzert*, in: *Perspectives of New Music* 24 (1985), S. 234–269

Csampai, Attila/Holland, Dietmar (Hg.), *Alban Berg: Lulu. Texte, Materialien, Kommentare*, Reinbek bei Hamburg 1985

Csampai, Attila/Holland, Dietmar (Hg.), *Alban Berg: Wozzeck. Texte, Materialien, Kommentare*, Reinbek bei Hamburg 1985

Csobadi, Peter/Gruber, Gernot/Kuchnel, Jürgen/Mueller, Ulrich und Panagl, Oswald (Hg.), *Alban Bergs »Wozzeck« und die Zwanziger Jahre. Vorträge und Materialien des Salzburger Symposions 1997*, Niederalm 1999

Ertelt, Thomas F., *Alban Bergs »Lulu«. Quellenstudien und Beiträge zur Analyse* [Alban Berg Studien 3], Wien 1993

Florack, Ruth, *Wedekinds »Lulu«. Zerrbild der Sinnlichkeit*, Tübingen 1995

Floros, Constantin, *Alban Berg. Musik als Autobiographie*, Wiesbaden 1992

Forte, Allen, *Tonality, Symbol, and Structural Levels in Berg's Wozzeck*, in: *Musical Quarterly* 71 (1985), S. 474–519

Fuss, Hans-Ulrich, *Musikalisch-dramatische Prozesse in den Opern Alban Bergs* [Hamburger Beiträge zur Musikwissenschaft 40], Hamburg und Eisenach 1991

Gable, David/Morgan, Robert P. (Hg.), *Alban Berg: Historical and Analytical Perspectives*, Oxford 1991

Gerlach, Reinhard, *Musik und Jugendstil. Die Wiener Schule 1900–1908*, Laaber 1985

Gratzer, Wolfgang, *Zur »Wunderlichen Mystik« Alban Bergs. Eine Studie*, Wien 1993

Hall, Patricia, *Berg's Tone Rows for Lulu. The Progress of a Method*, in: *Musical Quarterly* 71 (1985), S. 500–519

Headlam, Dave, *The Derivation of Rows in Lulu*, in: *Perspectives of New Music* 24 (1985), S. 198–233

Headlam, Dave, *Row Derivation and Contour Association in Berg's Der Wein*, in: *Perspectives of New Music* 28 (1990), S. 256–293

Headlam, Dave, *The Music of Alban Berg*, New Haven und London 1996

Hilmar, Ernst, *Wozzeck von Alban Berg. Entstehung – erste Erfolge – Repressionen (1914–1935)*, Wien 1975

Hilmar, Rosemary, *Alban Berg. Leben und Wirken in Wien bis zu seinen ersten Erfolgen als Komponist*, Wien 1978

Hilmar, Rosemary, *Katalog der Musikhandschriften, Schriften und Studien Alban Bergs im Fond Alban Berg und der weiteren handschriftlichen Quellen im Besitz der Österreichischen Nationalbibliothek* [Alban Berg Studien 1, Bd. 1], Wien 1980

Hilmar, Rosemary, *Katalog der Schriftstücke von der Hand Alban Bergs, der fremdschriftlichen und gedruckten Dokumente zur Lebensgeschichte und zu seinem Werk* [Alban Berg Studien 1, Bd. 2], Wien 1985

Jarman, Douglas, *The Music of Alban Berg*, London 1979

Jarman, Douglas, *Alban Berg: Wozzeck*, Cambridge 1989

Jarman, Douglas (Hg.), *The Berg Companion*, Houndmills 1989

Jarman, Douglas, *Alban Berg: Lulu*, Cambridge 1991

Klein, Rudolf (Hg.), *Alban Berg Symposion Wien 1980. Tagungsbericht* [Alban Berg Studien 2], Wien 1981

Kolleritsch, Otto (Hg.), *50 Jahre Wozzeck von Alban Berg. Vorgeschichte und Auswirkungen in der Opernästhetik* [Studien zur Wertungsforschung 10], Graz 1978

Kolleritsch, Otto (Hg.), *Die Wiener Schule und das Hakenkreuz. Das Schicksal der Moderne im gesellschaftspolitischen Kontext des 20. Jahrhunderts* [Studien zur Wertungsforschung 22], Wien und Graz 1990

König, Werner, *Der erste Satz der »Lyrischen Suite« von Alban Berg und seine »fast belanglose Stimmung«. Ein Deutungsversuch*, Tutzing 1999

Krämer, Ulrich, *Alban Berg als Schüler Arnold Schönbergs. Quellenstudien und Analysen zum Frühwerk* [Alban Berg Studien 4], Wien 1996

Kraus, Karl, *Schriften*, hg. von Christian Wagenknecht, 20 Bde., Frankfurt/Main 1986–1994

Krenek, Ernst, *Alban Bergs Lulu*, in: ders., *Zur Sprache gebracht. Essays über Musik*, München 1958, S. 241–250

Metzger, Heinz-Klaus/Riehn, Rainer (Hg.), *Alban Berg. Kammermusik*, Bd. I [Musik-Konzepte 4], München 1978; Bd. II [Musik-Konzepte 9], München 1979

Monson, Karen, *Alban Berg. Musikalischer Rebell im kaiserlichen Wien*, aus dem Amerikanischen von Ursula Stiebler, Frankfurt/Main und Berlin 1989

Morgenstern, Soma, *Alban Berg und seine Idole. Erinnerungen und Briefe*, hg. von Ingolf Schulte, Lüneburg 1995

Müller, Thomas, *Die Musiksoziologie Theodor W. Adornos. Ein Modell ihrer Interpretation am Beispiel Bergs*, Frankfurt/Main und New York 1990

Opel, Adolf, *Konfrontationen. Schriften von und über Adolf Loos*, Wien 1988

Perle, George, *Berg's Master Array of the Interval Cycles*, in: *Musical Quarterly* 63 (1977), S. 1–30

Perle, George, *The Operas of Alban Berg*, Bd. 1: *Wozzeck*, Berkeley 1980; Bd. 2: *Lulu*, Berkeley 1985

Pernye, A., *Alban Berg und die Zahlen*, in: *Studia musicologica* 9 (1967), S. 141–161

Petersen, Peter, *Alban Berg. Wozzeck. Eine semantische Analyse unter Einbeziehung der Skizzen und Dokumente aus dem Nachlaß Bergs* [Musik-Konzepte, Sonderband], München 1985

Pople, Anthony, *Berg: Violin Concerto*, Cambridge 1991

Porter, Charles, *Interval Cycles in Alban Berg's String Quartet Opus 3*, in: *Theory and Practise* 14–15 (1989–1990), S. 139–178

Redlich, Hans Ferdinand, *Alban Berg. Versuch einer Würdigung*, Wien 1957

Reich, Willi, *Alban Berg. Mit Bergs eigenen Schriften und Beiträgen von Theodor Wiesengrund-Adorno und Ernst Křenek*, Wien 1937

Reich, Willi, *Alban Berg. Leben und Werk*, Zürich 1963

Reiter, Manfred, *Die Zwölftontechnik in Alban Bergs Oper Lulu*, Regensburg 1973

Rode, Susanne, *Alban Berg und Karl Kraus. Zur geistigen Biographie des Komponisten der »Lulu«*, Frankfurt/Main 1988

Scherliess, Volker, *Alban Berg in Selbstzeugnissen und Bilddokumenten*, Reinbek bei Hamburg 1975

Schick, Paul, *Karl Kraus in Selbstzeugnissen und Bilddokumenten*, Reinbek bei Hamburg 1965

Schmalfeldt, Janet, *Berg's Wozzeck. Harmonic Language and Dramatic Design*, New Haven 1983

Schorske, Carl E., *Wien. Geist und Gesellschaft im Fin de Siècle*, deutsch von Horst Günther, Frankfurt/Main ²1982

Schroeder, David, *Alban Berg and Peter Altenberg*, in: *Journal of the American Musicological Society* 46 (1993), S. 241–294

Schweizer, Klaus, *Die Sonatensatzform im Schaffen Alban Bergs*, Stuttgart 1970

Seehaus, Günter, *Frank Wedekind in Selbstzeugnissen und Bilddokumenten*, Reinbek bei Hamburg 1974

Sichardt, Martina, *Die Entstehung der Zwölftonmethode Arnold Schönbergs*, Mainz 1990

Simms, Bryan, *Berg's Lulu and the Theater of the 1920s*, in: *Cambridge Opera Journal* 6 (1994), S. 147–158

Stephan, Rudolf, *Zur Sprachmelodie in Alban Bergs LULU-Musik*, in: Günter Schnitzler (Hg.), *Dichtung und Musik. Kaleidoskop ihrer Beziehungen*, Stuttgart 1979, S. 246–264

Stephan, Rudolf, *Alban Berg als Schüler Arnold Schönbergs. Auf dem Weg zur Sonate op. 1*, in: Rudolf Stephan und Sigrid Wiesmann, *Bericht über den 2. Kongreß der Internationalen Schönberg-Gesellschaft*, Wien 1986, S. 22–30

Stephan, Rudolf, *Alban Berg. Violinkonzert (1935)* [Meisterwerke der Musik 49], München 1988

Straus, Joseph N., *Remaking the Past: Musical Modernism and the Influence of the Tonal Tradition*, Cambridge (Mass.) 1984

Treitler, Leo, *Wozzeck and the Apocalypse*, in: ders., *Music and the Historical Imagination*, Cambridge (Mass.) 1989, S. 242–263

Vogelsang, Konrad, *Dokumentation zur Oper »Wozzeck« von Alban Berg*, Laaber 1977

Wellering, Peter, *Zwischen Kulturkritik und Melancholie. Peter Altenberg und die Wiener Jahrhundertwende*, Stuttgart 1999

Wunberg, Gotthart (Hg.), *Die Wiener Moderne. Kunst und Musik zwischen 1890 und 1910*, Stuttgart 1982

Alban Berg mit seinen Geschwistern Charly (1881–1952) und
Smaragda (1886–1954) im Salon des sogenannten »Schönbrunner Hauses« beim häuslichen Musizieren (aus: Erich Alban Berg, *Alban Berg. Leben und Werk*, S. 66) Alban sitzt auf
dem Sofa, offenbar in die Betrachtung der Noten vertieft. Den
Geschwistern ist es zu verdanken, daß Berg bei Arnold
Schönberg Komposition studierte: Schwester Smaragda hatte
am 8. Oktober 1904 in der »Neuen musikalischen Presse« eine
Unterrichtsanzeige Schönbergs entdeckt, Bruder Charly trug
heimlich einige Lieder Albans zum Komponisten, der Berg
daraufhin als Schüler – zunächst unentgeltlich – annahm.

Der Architekt Hermann Watznauer (1875–1935), zehn Jahre
älter als Alban Berg, war nicht nur zeitlebens Bergs Freund,
sondern auch sein Mentor bei den ersten autodidaktischen
Kompositionsversuchen. So ist das Lied *Im Zimmer* auf Verse
von Johannes Schlaf, das Eingang in die *Sieben frühen Lieder* gefunden hat, ursprünglich ihm gewidmet. Watznauer schrieb
auch die erste Biographie Bergs Ende der zwanziger Jahre,
welche jedoch erst in den achtziger Jahren veröffentlicht wurde. (Aus: Erich Alban Berg, *Alban Berg. Leben und Werk*, S. 72).

Die sechsjährige Studienzeit bei Schönberg war für Bergs kompositorischen Werdegang von nicht zu überschätzender Tragweite. Bergs schöpferische Mentalität wird in Schönbergs späterer Charakterisierung des neunzehnjährigen Studienanfängers deutlich: »Schon aus Bergs frühesten Kompositionen, so ungeschickt sie auch gewesen sein mögen, konnte man zweierlei entnehmen: Erstens, daß Musik ihm eine Sprache war, und daß er sich in dieser Sprache tatsächlich ausdrückte; und zweitens: überströmende Wärme des Fühlens.« Die Art, wie der sitzende Berg auf dem Foto zum stehenden Schönberg aufschaut, bezeugt seine mitunter an Devotheit grenzende Bewunderung für den Lehrer, der ihn nicht nur künstlerisch, sondern auch menschlich entscheidend prägte. (Arnold Schönberg Center, Wien).

Anton Webern, ebenfalls Schüler Schönbergs in den Jahren
1904 bis 1908, war mit Berg ein Leben lang eng befreundet.
Ihre künstlerische Verbundenheit ging Hand in Hand mit einer tiefen Zuneigung. Der bislang nur auszugsweise veröffentlichte Briefwechsel ist ein bleibendes Denkmal dieser
Freundschaft. Ihre gemeinsame Hingabe an Schönberg und
ihre Bewunderung für Mahler knüpfte ein über Jahrzehnte
hinweg nicht zu lösendes Band zwischen zwei ansonsten
höchst unterschiedlichen künstlerischen und menschlichen
Charakteren. (Aus: Willi Reich, *Alban Berg. Leben und Werk*).

ALBAN·BERG
OP.1·SONATE
FÜR·KLAVIER

VERLAG·DER·SCHLESINGER'SCHEN
BUCH·UND·MUSIKHANDLUNG
BERLIN·(ROB.VND·WILH.LIENAU)
CARL·HASLINGER·Qᵗᵗᵒ·TOBIAS·WIEN
AUFFÜHRUNGS=UND·ALLE·ANDERN
RECHTE·VORBEHALTEN·PR. 2,50
——— UND ZUSCHLAG ———

Im Jahre 1910 erschien Bergs einsätzige *Klaviersonate* als op. 1 zusammen mit den *Vier Liedern* op. 2 bei Robert Lienau in Berlin. Berg hatte sie auf eigene Kosten drucken lassen. Sein Sinn für das Kalligraphische dokumentiert sich in den Schriftzeichen, die Berg selbst entwarf und zeichnete. Erst in den zwanziger Jahren wurde seine Musik bei der Universal Edition in Wien verlegt. Dem Direktor der UE, Emil Hertzka, eignete Berg seine beiden Lieder auf einen Text von Theodor Storm zu. (Aus: Erich Alban Berg, *Alban Berg. Leben und Werk*, S. 118).

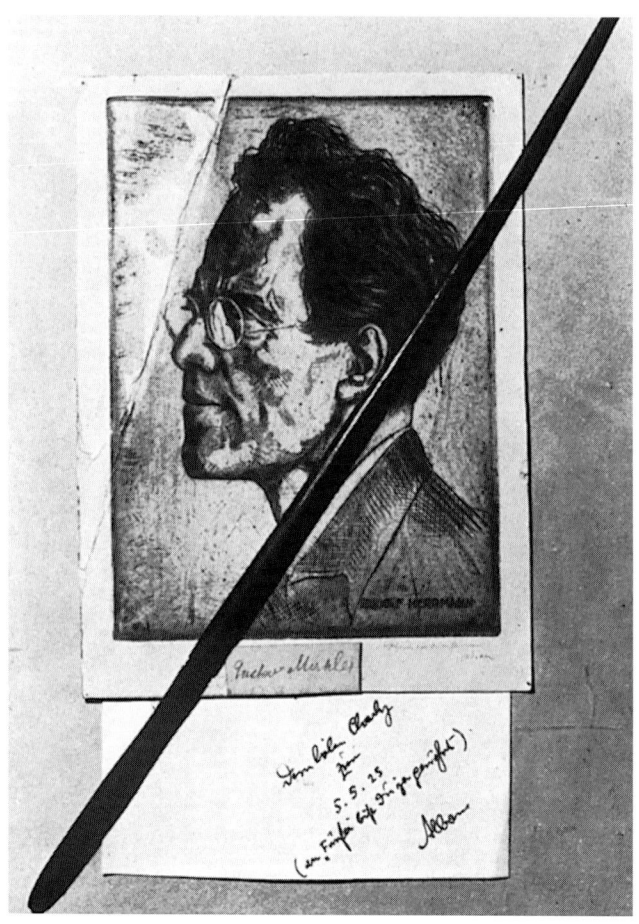

Ausdruck von Bergs leidenschaftlichem Kult um Mahler ist
eine Sammlung von Devotionalien, die er sorgsam aufbe-
wahrte. Sie enthielt u.a. Originalhandschriften Mahlers, darunter eine Entwurfspartitur zur *Neunten Symphonie*, eine Foto-
grafie der Rodin-Büste Mahlers und den berühmten Dirigierstab, den Berg nach einem Opernabend entwendete. Seine
Mahler-Verehrung manifestierte sich auch in stilistischen Allusionen an das große Vorbild, am berühmtesten wohl in den
Drei Orchesterstücken op. 6. (Aus: Erich Alban Berg, *Alban Berg.
Leben und Werk*, S. 104).

„Pft! Wer murrt, zischt, pfeift, schreit, Bauchweh kriegt, oder gar in Ohnmacht fällt, wird arretiert!"

Diese Karikatur erschien nach dem berühmten Skandalkonzert am 31. März 1913 unter Leitung Schönbergs. Dort sollten zwei der *Fünf Orchesterlieder nach Ansichtskartentexten von Peter Altenberg* op. 4 uraufgeführt werden, doch es kam zu solchen Tumulten, daß Schönberg sich gezwungen sah, mitten im zweiten Lied abzubrechen. Es gab sogar einen Prozeß. In der Presse berichtete man ausführlich über die Affäre, die Berg sehr bekümmerte. (Aus: Erich Alban Berg, *Alban Berg. Leben und Werk*, S. 145).

Berg wurde 1915 zum Militärdienst eingezogen, wegen seiner angegriffenen Gesundheit aber später ins Kriegsministerium versetzt. In den längeren Urlaubszeiten, die man ihm gewährte, trieb er die Komposition des *Wozzeck* voran. Seine Erfahrungen als Soldat, etwa die Geräuschkulisse in den überfüllten Schlafbarakken, haben Eingang in die musikalische Gestaltung der Oper gefunden: »Haben Sie schon jemals viele Leute zugleich schnarchen gehört? Dieses vielstimmige Atmen, Röcheln und Stöhnen ist der eigenartigste Chor, den ich je gehört habe. Es ist wie eine Musik der Urlaute, die aus den Abgründen der Seelen aufsteigt.« (Arnold Schönberg Center, Wien).

Der hier im Manuskript abgebildete Aufsatz Bergs über die Wiener Musikkritik (Arnold Schönberg Center, Wien) blieb zu seinen Lebzeiten ungedruckt. Weder Emil Hertzka gewährte Berg die Möglichkeit einer Veröffentlichung, noch fand sich die Zeitschrift »Melos« dazu bereit. Schönberg riet Berg ausdrücklich davon ab, diesen scharf abgefaßten Artikel zu publizieren: »Ich halte es nicht für gut, daß Du Dich mit den Journalisten herumschlägst. Es verschärft den Haß, verringert die Verachtung, nützt somit den Journalisten und schadet Dir!«

337

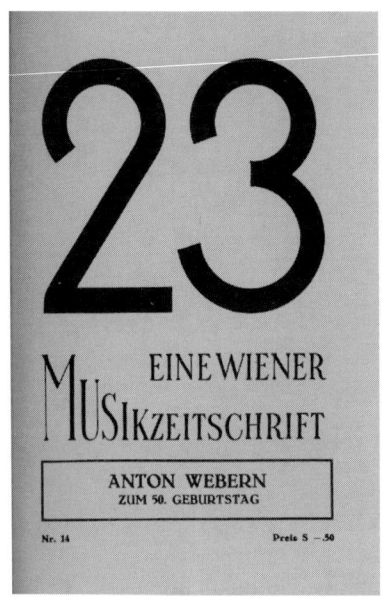

Rechtfertigung

„Eine neue Wiener Musikzeitschrift?" Wo doch vor wenigen Wochen eine solche, getragen von den gewichtigen Namen Felix Weingartner, Erich Wolfgang Korngold, Edmund Eysler, Emmerich Kálmán und Carl Maria Haselbruner hier herausgekommen ist — und wir zwischen Creditanstalt, Devisenordnung, Heimwehrputsch und sonstigen Fehlgeburten wirklich „andere Sorgen" haben, als die Kunst im Allgemeinen und die Musik im Besonderen!

Gerade darum muß sie erscheinen! Der vielleicht mysteriös erscheinende Obertitel „23" gibt die Rechtfertigung.

W i r   w o l l e n   b e r i c h t i g e n ! Berichtigen, was sich im weiten Kreise der Künste und des musischen Betriebes — der Rahmen soll nicht allzu enge gezogen werden — an Schiefem, Halbem, Falschem, Böswilligem, Wertfeindlichem ereignet. Und wir wissen, daß wir da ein weites Feld der Betätigung haben — und eines, dessen Bearbeitung nottut.

Von einem Punkte aus läßt sich alles Uebel zwar nicht kurieren, wohl aber fassen, begreifen, ergreifen, bekämpfen und es ist schließlich vielleicht von untergeordneter Bedeutung, von wel-

Willi Reich (1898–1980), ein Schüler Bergs, gründete in enger Absprache mit Berg eine eigene Musikzeitschrift, deren Namen man gemeinsam ersonnen hatte: Offiziell in Anspielung auf den Paragraphen des Österreichischen Pressegesetzes, mit dessen Hilfe man die Richtigstellung von Zeitungsartikeln einklagen konnte, inoffiziell war dies Bergs »Schicksalszahl«. Berg, der dann das Titelblatt auf der Grundlage eines Entwurfs von Josef Humplik zeichnete, schrieb Reich: »So eine musikalische ›Fackel‹ täte schon not: ich wünsche sie mir seit fünfundzwanzig Jahren. Am liebsten schrieb ich sie selber: aber dann müßte ich das Komponieren aufgeben.« (Arnold Schönberg Center, Wien).

Für die Oldenburger Einstudierung des *Wozzeck* unter Johannes Schüler im Jahre
1929 hat Berg seinen vielzitierten Vortrag über die Oper verfaßt. Die Aufführung
demonstrierte eindrucksvoll, daß das Werk auch an kleineren Bühnen ohne musikalische Einbußen realisierbar war. Das expressionistisch gestaltete Bühnenbild mit
seinen scharf gezeichneten Farbkontrasten und schräg gestellten Kulissenelementen
will wohl Ausdruck der inneren Kämpfe des Wozzeck sein. (Aus: Willi Reich, *Alban
Berg. Leben und Werk*).

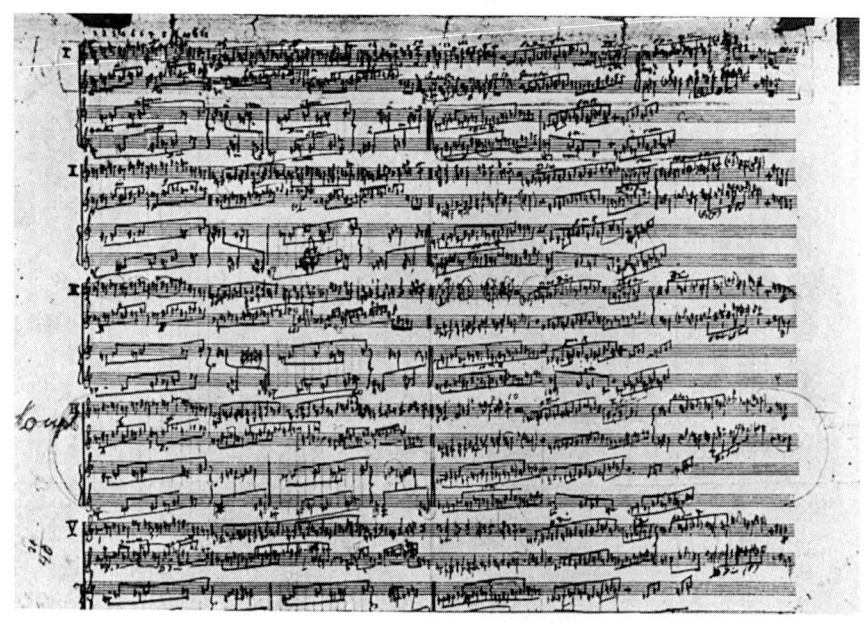

Diese Reihentafel mit der späteren Grundreihe der *Lulu* ist von Berg selbst auf den 27. Juli 1927 datiert und stellt damit den frühesten Beleg für das Werk dar (aus: Attila Csampai/Dietmar Holland (Hrsg.), *Alban Berg: Lulu*, S. 227). Berg hatte sich jedoch zu diesem Zeitpunkt noch nicht zwischen Wedekinds *Lulu* und Gerhart Hauptmanns *Und Pippa tanzt!* entschieden. Ähnlich wie Schönbergs *Moses und Aron* beruht Bergs Oper *Lulu* auf einer einzigen Zwölftonreihe. Berg leitete jedoch aus der Grundreihe durch teilweise komplizierte Verfahren weitere Reihen ab, die einzelnen Opernfiguren zugeordnet werden.

Auf dem 1932 gemachten Foto (Arnold Schönberg Center, Wien) lehnt sich
Berg aus dem Fenster seiner Wiener Wohnung. Darunter steht, an die Haus-
wand gelehnt, ein von Schönberg um 1920 gemaltes Ölbildnis. Dieses Porträt
Bergs betont die überaus charakteristische Physiognomie des Komponisten, seine unübersehbar lange, schlaksige Gestalt, zeigt aber zugleich in der nachdenkli-
chen Pose auch etwas von seinem künstlerischen Temperament.

Bergs *Violinkonzert*, ein Auftragswerk, erhielt erst nach dem Tod der an Kinderlähmung erkrankten achtzehnjährigen Manon Gropius, einer Tochter Alma Mahlers, seine endgültige Gestalt. Dem Konzert, das Berg »dem Andenken eines Engels« gewidmet hat, liegt ein offizielles Programm zugrunde. Durch Bergs überraschenden und vorzeitigen Tod wenige Monate später nahm es im nachhinein den Charakter eines Requiems auch für den Komponisten selbst an. (Aus: Willi Reich, *Alban Berg. Leben und Werk*).

342

Um die Vollendung der durch den Tod Alban Bergs Fragment gebliebenen *Lulu* hat es viel Aufsehen gegeben. Neben Webern und
Alexander Zemlinsky, die aus künstlerischen Gründen ablehnten, war
auch Schönberg um die Fertigstellung der Oper gebeten worden. Er
lehnte wegen vermeintlich antisemitischer Tendenzen des Textes ab
– ein tragisches Mißverständnis. Helene Berg untersagte jegliche Ein-
sichtnahme in die Skizzen. Nach ihrem Tod war es dann der österreichische Komponist Friedrich Cerha, der die heimlich bereits begon-
nene »Herstellung« des dritten Aktes zu Ende führte und publizierte.
1979 kam es zur vielbeachteten Uraufführung der vollständigen Oper
unter Pierre Boulez in Paris. Die Abbildung zeigt eine Seite aus dem
von Berg angefertigten Particell des 3. Aktes (Sammlung Jörg Polzin,
München).

343

Die Totenmaske Alban Bergs wurde von Anna Mahler abgenommen. Am 17. Dezember 1935 war Berg ins Spital gebracht
worden, nachdem ein Insektenstich im Sommer des Jahres zu einem Abszeß und schließlich einer Blutvergiftung geführt hatte.
Auch eine Bluttransfusion konnte nur kurzfristige Linderung bewirken. Der Blutspender war ein junger, einfacher Mann aus dem
Volke, was Berg zu der scherzhaften Bemerkung veranlaßte:
»Wenn jetzt nur kein Operettenkomponist aus mir wird.« (Aus:
Willi Reich, *Alban Berg, Leben und Werk*).

346